NEPAL

Mit Kathmandu, Everest und den schönsten Trekkingrouten

Ray Hartung

Trescher Verlag

2. aktualisierte Auflage 2014

Trescher Verlag Berlin
Reinhardtstr. 9
10117 Berlin
www.trescher-verlag.de

ISBN 978-3-89794-267-7

Herausgegeben von Detlev von Oppeln und
Bernd Schwenkros

Reihenentwurf und Gesamtgestaltung:
Bernd Chill
Lektorat: Corinna Grulich
Stadtpläne und Karten:
Martin Kapp, Johann Maria Just
Druck: Druckhaus Köthen

Das Werk einschließlich seiner Teile ist urheberrechtlich geschützt. Jede Verwertung ist ohne Zustimmung des Verlages unzulässig. Dies gilt insbesondere für den Aushang, Vervielfältigungen, Übersetzungen, Nachahmungen, Mikroverfilmung und die Einspeicherung und Verarbeitung in elektronischen Systemen.
Verantwortlich für die Inhalte einzelner, namentlich gezeichneter Artikel sind die jeweiligen Autorinnen und Autoren.

Gedruckt auf chlorfrei gebleichtem Papier

Alle Angaben in diesem Reiseführer wurden sorgfältig recherchiert und überprüft. Dennoch können aktuelle Entwicklungen vor Ort dazu führen, dass einzelne Informationen unvollständig oder nicht mehr korrekt sind. Gerne nehmen wir dazu Ihre Hinweise und Anregungen entgegen. Bitte schreiben Sie an:
post@trescher-verlag.de

LAND UND LEUTE

TREKKING UND BERGSTEIGEN

DAS KATHMANDU-TAL

ZENTRALNEPAL

DER OSTEN

POKHARA UND UMGEBUNG

DER WESTEN

DER MITTLERE WESTEN

DER FERNE WESTEN

SPRACHFÜHRER

REISETIPPS VON A BIS Z

Inhalt

Vorwort	13
Hinweise zur Benutzung	14
Zeichenlegende	15
Das Wichtigste in Kürze	15
Nepals Höhepunkte	17
Entfernungstabelle	19

Land und Leute — 20

Nepal im Überblick — 22

Geographie — 23
Die Entstehung des Himalaya — 23
Die Ebenen des Terai — 26
Das mittlere Hügelland — 26
Das Hochgebirge – der hohe Himalaya — 27
Die wichtigsten Städte — 28
Nationalparks und Reservate — 29

Pflanzen und Tiere — 33
Pflanzen – die grüne Vielfalt — 33
Tiere – von Affe bis Ziege — 38

Geschichte und Gegenwart — 47
Die Legende — 47
Frühe Geschichte — 47
Königreiche und Fürstentümer — 49
Das Königreich Nepal — 53
Nepal bis 1972 — 54
König Birendra — 56
Die Demokratische Bundesrepublik Nepal bis heute — 61
Politik und Wirtschaft heute — 64

Die Völker und Kasten Nepals — 69
Indigene Völker — 69
Bahun und Chhetri — 70
Magar — 72
Tharu — 73
Newar — 75
Tamang — 75
Rai — 76
Limbu — 77
Sherpas — 78
Thakali — 79

Inhalt

Dolpas	80
Satar	81
Raute	81
Sprachen in Nepal	82

Religionen — 84
Berge – Sitz der Götter — 84
Hinduismus — 87
Buddhismus — 93
Andere Religionen — 97

Kunst und Kultur — 98
Architektur — 98
Skulpturen aus Holz, Stein und Metall — 102
Malerei — 103
Musik und Tanz — 103
Literatur — 105
Die nepalesische Küche — 105
Die wichtigsten Feste und Feiertage — 110

Trekking und Bergsteigen — 116

Die Geschichte des Bergsteigens — 118
Die Entwicklung des Trekkings — 120

Trekking in Nepal — 125
Individuelles Trekking — 126
Organisiertes Trekking — 126
Trekkinggebiete — 127
Nationalpark- und Trekking-permit-Gebühren — 128
Trekkinggipfel — 132

Hinweise zum Trekking und zum Verhalten im Hochgebirge — 134
Vor der Reise — 134
Essen und Trinken — 137
Auf dem Weg — 137
In großen Höhen — 139
Höhenkrankheit — 142
Ausrüstung — 144
Übersicht über die im Buch beschriebenen Trekkingtouren — 146
Erklärung der Schwierigkeiten — 148

Das Kathmandu-Tal 150

Kathmandu 152
Die Geschichte Kathmandus 152
Thamel, das Touristenviertel 154
Sehenswürdigkeiten in der
   Altstadt 158
Durbar Square 160
Freak Street und New Road 164
Kantipath und Durbar Marg 164
Chhauni-Museum 166
Swayambhunath 167
Der Garten von Balaju 169
Boudhanath 169
Pashupatinath 175

Kathmandu-Informationen 177
Allgemeines 177
Anreise 178
Unterwegs in Kathmandu 179
Unterkunft 179
Gastronomie 183
Kultur 185
Einkaufen 185
Medizinische Versorgung 188

Sehenswürdigkeiten im
   Kathmandu-Tal 189
Patan 189
Nagarjun 194
Budhanilkantha 197
Shivapuri-Nagarjun-Nationalpark 197
Changu Narayan 199
Nagarkot 201
Dhulikel 201
Namobuddha 203
Bhaktapur 203

Wanderungen und Trekkingtouren
   im Kathmandu-Tal 208
Wanderung auf den Shivapuri 211
Budhanilkantha–Shivapuri–
   Chisopani–Nagarkot 211
Nagarkot–Banepa 212
Changu Narayan–Nagarkot 213

Zentralnepal	214
Bevölkerung	216
Städte in Zentralnepal	220
Nuwakot	220
Daman	223
Janakpur	223
Nationalparks in Zentralnepal	227
Langtang-Nationalpark	227
Gaurishankar Conservation Area	228
Chitwan-Nationalpark	230
Parsa Wildlife Reserve	233
Trekkingtouren in Zentralnepal	234
Chepang-Hill-Trek	234
Eine Runde im Ganesh Himal	235
Durch das Helambu zum Gosainkund-See	237
Die kleine Helambu-Runde	239
Im Langtang-Tal	240
Von Jiri nach Lukla	241
Vom Rolwaling in das Solukhumbu	243
Weitere Routen	244
Der Osten	246
Städte in Ostnepal	250
Biratnagar	250
Dharan	251
Hile	252
Ilam	253
Kakadbhitta	254
Schutzgebiete in Ostnepal	255
Sagarmatha-Nationalpark	255
Makalu-Barun-Nationalpark	257
Kanchenjunga Conservation Area	259
Koshi Tappu Wildlife Reserve	262
Trekkingtouren in Ostnepal	263
Kurzer Everest-Trek	264
Zum Mount-Everest-Basislager	265

Hinku und Hunku	269
Milke-Danda-Trek	270
In das Makalu-Basislager	272
Unbekanntes Gebirge zwischen Makalu und Kanchenjunga	273
Zum Kanchenjunga-Basislager Nord	275
Über die Eispässe vom Makalu zum Everest	277
Weitere Routen	278
Der Great Himalaya Trail	278

Pokhara und Umgebung 282

Pokhara 284
Geschichte Pokharas	285
Sehenswürdigkeiten	287

Ausflüge in die Umgebung 291
Phewa-See, World Peace Stupa und Devi's Falls	291
Die Dörfer der Exil-Tibeter	291
Um den Phewa-See	293
Bat's Cave und Mahendra Cave	293
Sarangkot	293
Kanun Danda	294
Begnas-See und Rupa-See	294

Trekking in der Nähe von Pokhara 297
Panchase-Trek	297
Gurung-Kultur-Trek	298
Royal Trek	299
Jomsom–Poon Hill–Pokhara	301
Ghachowk-Trek	302
Annapurna-Basislager-Trek	303
Besteigung des Mardi Himal	305
Andere Aktivitäten in und um Pokhara	305

Der Westen 308

Städte im Westen 311
Tansen	311
Bandipur	314
Lumbini	317
Gorkha	323

Schutzgebiete im Westen	327
Annapurna Conservation Area	327
Mustang Conservation Area	329
Manaslu Conservation Area	332
Trekkingtouren im Westen	334
Pokhara–Dhorpatan–Tansen	334
Durch den Lamjung Himal	335
Durch das ›Königreich‹ Mustang	337
Um die Annapurna	341
Um den Dhaulagiri	344
Um den Manaslu	346
Weitere Trekkingrouten	348

Der mittlere Westen 350

Im mittleren Westen	352
Städte im mittleren Westen	354
Nepalgunj	354
Jumla	357
Nationalparks im mittleren Westen	358
Rara-Nationalpark	358
Shey-Phoksundo-Nationalpark	358
Dhorpatan Hunting Reserve	363
Bardia-Nationalpark	364
Banke-Nationalpark	366
Blackbuck Conservation Area	366
Trekking im mittleren Westen	367
Simikot–Saipal–Simikot	367
Simikot–Limi-Tal–Simikot	369
Jumla–Rara-See–Jumla	372
Jumla–Phoksundo-See–Juphal	375

Der ferne Westen 380

Im fernen Westen	382
Städte im fernen Westen	384
Mahendranagar	384
Dhangadhi	385
Nationalparks im Fernen Westen	386
Sukla Phanta Wildlife Reserve	386

Inhalt

Khaptad-Nationalpark	387
Api Nampa Conservation Area	388
Berge im fernen Westen: Api und Saipal	389
Trekking im fernen Westen	390
Zum Api-Basislager	391
Sprachführer	393
Reisetipps von A bis Z	405
Glossar	422
Nepal im Internet	426
Literatur	426
Über den Autor	428
Danksagung	428
Ortsregister	429
Trekkingrouten	435
Personen- und Sachregister	436
Bildnachweis	440
Kartenregister	456

Essays

Die nepalesischen Schutzgebiete von West nach Ost	31
Das nepalesische Kastensystem	91
Momos im Vogtland	108
Auf dem Riesenrad	113
Die Schüssel – nach einer wahren Begebenheit	123
Ballspiele an der Annapurna	141
Kumari, die lebende Göttin	163
Sadhus	176
Hochbetrieb am Tempel	210
Die Nationalblume	222
Der Schneeleopard	261
Wie es immer weitergeht	267
Im Begnas-See	296
Siddhartha Gautama – die historische Gestalt	321
Gurkhas – die Krieger des Himalaya	325
Der König von Mustang	340
Der Dolpo Tulku	362
Egal! Das ist mein Tal – Begegnung mit einem Maoisten	378

Vorwort

Liebe Leserinnen und Leser,

Nepal ist ein Land zwischen Regen-Urwäldern und Bergwüsten, von den tropisch heißen Regionen im Terai bis zu den eisigen Spitzen des Himalaya. Diese Umwelt gehört allen Menschen, und es ist deshalb unser aller Verantwortung, sie zu beschützen. Es ist ein Land, bestehend aus weit mehr als 60 verschiedenen Völkern, ein Land uralter Kulturen, ein religiöses Land zwischen Tradition und Moderne, ein Land im Aufbruch und im Wandel. Es ist wichtig, diese Kulturen, Traditionen und Religionen zu erhalten. Nepal erwartet Sie.

Ich freue mich, dass der Autor Ihnen mein Heimatland in einem interessanten und sachlichen, dennoch spannend zu lesenden Querschnitt vorstellt. Nicht nur die ›Höhepunkte‹ wie Annapurna, Mount Everest, Kathmandu und Pokhara werden beschrieben, sondern auch unbekannte und weniger erschlossene Gebiete vorgestellt – Regionen, in denen Sie eine noch fast unverfälschte traditionelle Lebensart vorfinden können. Vor allem in diesen Gegenden erleben Sie die geduldige, in ihre Religion eingebettete Lebensweise, die den Menschen im Himalaya eigen ist. Ob im fernen Westen, im äußersten Osten oder auch in meiner Heimat, dem Dolpo.

Als spirituelle Leitfigur ist es meine Aufgabe, die buddhistischen Traditionen zu schützen und zu bewahren, aber als normaler Mensch auch Kontakte zur Moderne – zum Wohl der Menschen – herzustellen. Wir alle stehen in der Verantwortung, einen friedlichen und humanen Umgang miteinander zu pflegen und alles in unseren Kräften Stehende dafür zu tun, dass Frieden und Menschlichkeit auch weiterhin eine Grundlage und eine Zukunft in unserer Welt haben.

In diesem Sinne: Herzlich willkommen im Dolpo – herzlich willkommen in Nepal!

Von Dolpo Tulku Rinpoche, geistlicher Führer im Dolpo

Liebe Leserinnen und Leser,

Dinge ändern sich, und das auch in kürzester Zeit. Gerade in Nepal geht die Entwicklung, vor allem was den Bau von Straßen und den Ausbau von Ortschaften angeht, rasant voran. Soweit es dem Autor möglich war, sind diese Änderungen in die aktuelle Auflage eingeflossen. Vom Hotel, das seinen Standard nicht hält, über die Lodge, die es nicht mehr gibt, neue Straßenverbindungen und Fluglinien bis hin zur aktuellen politischen Entwicklung im Land.

Der Verlag und der Autor bedanken sich für die bisherigen Hinweise und die sachliche Kritik zum Buch ebenso wie für das eingegangene Lob.

Ray Hartung, Dresden und Berlin im August 2013

Dorf im mittleren Westen

Hinweise zur Benutzung

Dieser Reiseführer ist in drei Abschnitte gegliedert. Das Kapitel **Land und Leute** stellt das Land und seine Bewohner, seine Kultur und Geschichte vor. Der **Reiseteil** stellt die wichtigsten Städte, die Nationalparks und Schutzgebiete sowie lohnende Trekkingtouren vor. Er ist in sechs Kapiteln in die Entwicklungsregionen Nepals und den Großraum Kathmandu und Pokhara gegliedert. Die in den einzelnen Kapiteln beschriebenen Orte und Touren sind immer von West nach Ost geordnet. Im **Anhang** finden sich Sprachführer, Reisetipps von A bis Z, ein Glossar sowie Literatur- und Internethinweise.

Die verschiedenen Übersetzungen und Schreibweisen aus dem Nepalesischen und dem Hindi sorgen oft für Verwirrungen. Zwar gibt es feste Regeln für die Übersetzungen aus dem Sanskrit-Alphabet, aber diese fachlich richtigen Schreibweisen bleiben dem Laien meist unverständlich. In diesem Buch wird eine vereinfachte, verständlichere Transkription verwendet. Ich habe versucht, die oft unterschiedlichen Schreibweisen einheitlich zu gestalten. Diese deckt sich allerdings nicht immer mit den Angaben auf Landkarten und in anderen Veröffentlichungen. Sollte es hier und da zu Unterschieden kommen, ist das den verschiedenen Quellen geschuldet.

Ein großes Problem in Nepal sind die **Ortsnamen**. In der Literatur, auf Wanderkarten und Internetseiten werden viele Orte unterschiedlich benannt, auch von den Einheimischen. Das hängt zum einen damit zusammen, dass viele Orte in Nepal tatsächlich mehrere Namen tragen, und zum anderen liegt es an den verschiedenen Transkriptionssystemen. Zum Beispiel Lukla, Lughla oder Lhukla – es ist immer derselbe Ort. Auch hier habe ich eine Vereinheitlichung versucht und mich auf die gebräuchlichste und am einfachsten auszusprechende Namensgebung, im obigen Beispiel Lukla, festgelegt.

Die Hotels sind grob in folgende Kategorien sortiert (die Sterne bedeuten keine Auszeichnung nach offiziellen Klassifizierungen): ★ = bis 30 US-Dollar, ★★ = 30–100 US-Dollar, ★★★ = mehr als 100 US-Dollar. Die genauen Preise sind bei den Unterkünften angegeben. Sie beziehen sich immer auf ein Zimmer, egal ob Einzel- oder Doppelzimmer.

Häufig verwendete Begriffe

Chörten	kleiner buddhistischer Schrein
Chowk	Platz
Danda	Bergkamm
Durbar	Königsplatz
Gaon	Dorf
Gompa	Kloster
Gufa	Höhle
Himal	Gebirgsmassiv im Himalaya
Khola	Bach
La/Bhanjyang	Bergpass
Stupa	buddhistisches Monument
Tal	See
Tole	Straße

Zeichenlegende

- Allgemeine Informationen, Vorwahl
- Postamt
- Geldwechsel, Geldautomaten
- Anreise mit dem Flugzeug
- Anreise mit dem Bus
- Anreise mit dem Taxi
- Unterkünfte
- Restaurants
- Bars, Pubs
- Museen
- Einkaufsmöglichkeiten
- Bootsverleih
- Medizinische Versorgung, Krankenhäuser

Das Wichtigste in Kürze

Anreise

Nepal ist von Europa aus am besten mit dem Flugzeug zu erreichen. Leider bestehen momentan keine Nonstop-Verbindungen aus dem deutschsprachigen Raum. Flüge mit einem Zwischenstopp werden von verschiedenen Fluggesellschaften angeboten.

Mit dem eigenen Fahrzeug kann man über mehrere indisch-nepalesische Grenzübergänge und über den tibetischen Grenzübergang Kodari einreisen. Wer von Indien aus nach Nepal reisen möchte, hat zudem die Möglichkeit, mit Bahn oder Bus an die nepalesische Grenze zu gelangen.

Einreise

Für die Einreise nach Nepal wird ein Visum benötigt, das Touristenvisum gibt es für eine ein- oder mehrmalige Einreise sowie für unterschiedlich langen Aufenthalt. Voraussetzung ist ein noch sechs Monate gültiger Reisepass.

Genehmigungen

In vielen Gebieten sind Genehmigungen (Permits) vorzuweisen. Für die Restricted Areas werden nur Gruppengenehmigungen erteilt. → S. 131.

Impfungen

Es sind keine Impfungen vorgeschrieben. Empfohlen werden Impfungen gegen Tetanus, Diphtherie, Polio und Hepatitis A, bei längerem Aufenthalt auch gegen Hepatitis B, Typhus und Japanische Enzephalitis. Reisende, die auf eine Trekkingtour gehen, sollten auch über einen Tollwut-Impfschutz verfügen.

Geld

Die Landeswährung ist die Nepalesische Rupie (NRS), 1 Euro entspricht ca. 138 Rupien (September 2013). Der Kurs schwankt häufig, auch täglich, und ist vom Dollarkurs abhängig. In den Touristenzentren in Kathmandu und Pokhara werden zum Teil auch Dollar oder Euro akzeptiert. Es empfiehlt sich jedoch, in der Landeswährung zu bezahlen.

Für den Umtausch von Bargeld bietet sich eine der vielen Wechselstuben in Kathmandu oder Pokhara an. Hier gibt es mittlerweile auch eine Vielzahl von Geldautomaten (EC-, Visa und Master Card). Empfehlenswert sind die Automaten der Nabil Bank. Diese funktionieren am zuverlässigsten, und man kann gegen eine geringe Gebühr Summen von 400 NRS bis zu 30 000 NRS erhalten.

Telefon
Internationale Vorwahl: +977.
Vorwahl Kathmandu: 1 (in Nepal 01).
Vorwahl Pokhara: 61 (in Nepal 061).
Feuerwehr: 101.
Unfallrettung: 228094.
Polizei: 411210.
Touristenpolizei: 4247041
Zentrale Notrufnummer zum Sperren von Kredit-, EC- und auch Handykarten: 0049/116116 oder alternativ unter der Berliner Rufnummer: 0049/30/40504050.
Handy-Empfang ist in allen größeren Städten und auch in weiten Teilen des Landes möglich. Am besten funktionieren Mobiltelefone mit O_2-Verträgen, für die ein Roaming-Abkommen besteht, und teilweise auch E-plus und T-Mobile. Über Vodafon-Verbindungen kann man momentan nicht telefonieren. Am besten erkundigt man sich vor der Reise bei seinem Mobilfunkanbieter.

Unterwegs mit dem Auto
Eine gut ausgebaute Straße nach europäischen Verhältnissen sucht man vergebens. Es herrscht Linksverkehr, ansonsten gelten die üblichen Verkehrsregeln. Wenn man eine Durchschnittsgeschwindigkeit von 30 km/h erreicht, kann man vollends zufrieden sein.
Es wird dringend davon abgeraten, in größeren Städten selbst Auto zu fahren, und dies gilt in besonderem Maße für Kathmandu – es sei denn, man ist schon jahrelang mit den Verhältnissen im Land vertraut.

Reisen im Land
Die schnellste und effektivste Weise, im Land größere Entfernungen zurückzulegen, sind Inlandflüge, die von verschiedenen Airlines zwischen zahlreichen Orten angeboten werden.
Zudem gibt es viele Überlandbusse, die alle größeren Ortschaften anfahren. Die Benutzung dieser Busse ist aber sehr gewöhnungsbedürftig. Eher empfiehlt es sich, auf die Touristenbusse, zum Beispiel von ›Green Line‹, zurückzugreifen.

Unterkunft
In Kathmandu, Pokhara und anderen Touristenzentren reicht die Vielfalt vom Luxushotel bis zur einfachen Absteige. Auf den Trekkingrouten im Annapurna-, Langtang-, Helambu- und Everest-Gebiet findet man sowohl sehr gut ausgestattete Lodges als auch ganz einfache Hütten. Auf Trekkingtouren in allen anderen Gebieten muss größtenteils im Zelt übernachtet werden.

Verständigung und Verhalten
In der Hauptstadt, in Pokhara, den Touristenzentren, in größeren Hotels und auf den Haupttrekkingrouten kann man sich gut auf Englisch verständigen. In den ländlichen Gebieten hilft nur Nepali oder die Unterhaltung mit Händen und Füßen weiter. Der Sprachführer (→ S. 393) kann hierbei eine große Hilfe sein. Bewährt hat es sich, immer einen kleinen Notizblock als Verständigungshilfe bei sich zu tragen, um etwas aufschreiben oder zeichnen zu können.
Fremde Länder – fremde Sitten: So wie überall, sollte man sich auch in Nepal respektvoll der einheimischen Kultur nähern und sich mit den Gepflogenheiten und Verhaltensweisen im Land vertraut machen (→ S.137, S. 408).
Ausführliche Informationen in den Reisetipps von A bis Z ab Seite 405.

Nepals Höhepunkte

Wer Nepal besucht, hat unzählige Möglichkeiten, seine Reise zu gestalten. Die nachfolgend in aller Kürze angeführten Sehenswürdigkeiten gehören meiner Meinung nach zu den wichtigsten und bemerkenswertesten des Landes.

Kultur, Kunst und Religion: Der jeweilige Durbar Square in Kathmandu, Patan und Bhaktapur (→ S. 160, S. 190, S. 205); Swayambhunath, Boudhanath und Pashupatinath in Kathmandu (→ S. 167, S. 169, S. 175); der Tempel von Changu Narayan (→ S. 199), der Gorkha Durbar in Gorkha (→ S. 323), die Newar-Architektur der Altstadt von Bandipur (→ S. 315), die Tempelanlage von Muktinath (→ S. 339). **Persönlicher Tipp**: Die alten Ortskerne von Dhulikel (→ S. 201) und Lo Manthang (→ S. 329, 340).

Landschaft, Wanderungen und Bergblicke: Die Aussicht auf den Himalaya von Nagarkot oder Dhulikel (→ S. 201); der Phewa-See in Pokhara (→ S. 284), die Aussicht von Sarangkot (→ S. 293); eine Wanderung auf den Poon Hill zum Sonnenaufgang (→ S. 301); Wandern an der Annapurna (→ S. 341).

Persönlicher Tipp: Der Begnas- und der Rara-See (→ S. 294) sowie das Limi-Tal (→ S. 369).

Ausblick von Daman in Zentralnepal

	Besisahar	Biratnagar	Birendranagar	Butwal	Dhankuta	Dharan	Dhulikel	Dhunche	Gorkha	Ilam	Janakpur	Jiri	Kathmandu	Kodari	Lumbini	Mahendranagar	Narayanghat	Nepalgunj	Pokhara	Tansen	Taplejung	Trishuli
Besisahar	-	501	536	210	551	499	200	287	78	637	330	368	170	284	255	640	96	465	106	245	787	242
Biratnagar	501	-	845	519	98	46	581	668	473	184	209	749	551	665	564	949	405	774	533	554	334	623
Birendranagar	536	845	-	326	895	843	616	703	510	981	674	784	586	700	371	284	440	109	568	361	1131	658
Butwal	210	519	326	-	569	517	290	377	182	655	348	458	260	374	45	430	114	255	242	35	805	332
Dhankuta	551	98	895	569	-	52	631	718	523	234	259	799	601	715	614	999	455	824	583	604	384	673
Dharan	499	46	843	517	52	-	579	666	471	182	207	747	549	663	562	947	403	772	531	552	332	621
Dhulikel	200	581	616	290	631	579	-	147	172	717	410	168	30	84	335	720	176	545	232	325	867	102
Dhunche	287	668	703	377	718	666	147	-	259	804	497	315	117	231	422	807	263	632	319	412	954	45
Gorkha	78	473	510	182	523	471	172	259	-	609	302	342	142	258	229	614	68	439	110	217	759	214
Ilam	637	184	981	655	234	182	717	804	609	-	345	885	687	801	700	1085	541	910	669	690	150	759
Janakpur	330	209	674	348	259	207	410	497	302	345	-	578	380	494	393	778	234	603	362	383	495	452
Jiri	368	749	784	458	799	747	168	315	342	885	578	-	198	152	503	888	344	713	472	493	1035	270
Kathmandu	170	551	586	260	601	549	30	117	142	687	380	198	-	114	305	690	146	515	202	295	837	72
Kodari	284	665	700	374	715	663	84	231	258	801	494	152	114	-	419	804	260	629	316	409	951	186
Lumbini	255	564	371	45	614	562	335	422	229	700	393	503	305	419	-	475	159	300	287	80	850	377
Mahendranagar	640	949	284	430	999	947	720	807	614	1085	778	888	690	804	475	-	544	213	672	465	1235	762
Narayanghat	96	405	440	114	455	403	176	263	68	541	234	344	146	260	159	544	-	369	128	149	691	218
Nepalgunj	465	774	109	255	824	772	545	632	439	910	603	713	515	629	300	213	369	-	497	290	1060	587
Pokhara	106	533	568	242	583	531	232	319	110	669	362	472	202	316	287	672	128	497	-	128	819	274
Tansen	245	554	361	35	604	552	325	412	217	690	383	493	295	409	80	465	149	290	128	-	840	367
Taplejung	787	334	1131	805	384	332	867	954	759	150	495	1035	837	951	850	1235	691	1060	819	840	-	909
Trishuli	242	623	658	332	673	621	102	45	214	759	452	270	72	186	377	762	218	587	274	367	909	-

Namaste! Willkommen in Nepal!
Nepal ist ein Land, das vielschichtiger kaum sein kann.
Eine unglaubliche landschaftliche Vielfalt, offene und freundliche
Menschen erwarten die Besucher. Der Bogen des in Nepal
Erlebbaren ist weit gespannt: vom lauten, chaotischen
Kathmandu bis zur absoluten Stille in den Bergen des Himalaya.

LAND UND LEUTE

Nepal im Überblick

Name: Seit dem 29. Mai 2008 heißt das Land offiziell Demokratische Bundesrepublik Nepal (auf Nepali: Samghiya Loktantrik Ganatantratmak Nepal).

Staatswappen: Das heute gültige Staatswappen trat am 15. Januar 2007 gemeinsam mit der noch immer gültigen Übergangsverfassung in Kraft. Es zeigt innerhalb eines Kranzes von Rhododen-

Die nepalesische Flagge

dronblüten, der Nationalblume Nepals, die stilisierte Landkarte vor dem Umriss des Mount Everest und einer Gebirgslandschaft. Der Handschlag von Mann und Frau darunter symbolisiert die Gleichstellung der Geschlechter. Auf dem roten Spruchband steht in Sanskrit ›Janani Janmabhumisca svargadapi Gariyasi‹ (Das Mutterland ist teurer als das Himmelreich).

Flagge: Die aktuelle Nationalflagge des Landes wurde 1962 eingeführt. Ihre Farben sind auch die Nationalfarben des Landes. Rot steht für den blühenden Rhododendron, Blau symbolisiert den Frieden. Der Halbmond mit Stern und die Sonnen gelten heute als Symbol für die Hoffnung, dass die Nation Nepal ebenso lange bestehen möge wie die Himmelskörper. In früherer Zeit aber re-präsentierte die Sonne die Rana-Dynastie und der Mond mit Stern das Königshaus.

Größe: Das Staatsgebiet von Nepal ist 147 181 Quadratkilometer groß; das ist etwa die Hälfte der Größe der Bundesrepublik Deutschland. Das Land ist in seiner Ost-West-Ausdehnung etwa 880 Kilometer lang und von Süden nach Norden durchschnittlich um die 200 Kilometer breit.

Lage: Im Osten, Süden und Westen grenzt Nepal an die Indische Union und im Norden an die chinesische autonome Region Tibet. Es befindet sich zwischen dem 80. und 88. Grad östlicher Länge und dem 26. und 30. Grad nördlicher Breite.

Einwohner: Nepal hat momentan zirka 27,5 Millionen Einwohner (Erhebung 2011). Das bedeutet, dass die Einwohnerzahl (2008 waren es noch 29,5 Millionen laut CIA World Factbook) wohl erstmalig in der jüngeren Geschichte stark rückläufig ist. Zurückzuführen ist das auf die gesunkene Geburtenrate: Gab es im Jahr 2001 noch 33 Neugeborene pro 1000 Einwohner, so waren es im Jahr 2008 nur noch 27. Noch stärker ins Gewicht fällt jedoch die enorm hohe Abwanderung ins Ausland.

Internetkennung: np.

Das Wappen Nepals

Geographie

Die Nordgrenze Nepals bildet, mit Ausnahme der nördlichen Gebiete Mustangs und des Dolpo, die geographisch bereits zum tibetischen Hochland zu rechnen sind, fast komplett der Himalaya-Hauptkamm. Im Süden grenzt das Land an den Rand der Ganges-Ebene. Der tiefste Punkt Nepals liegt bei nur 70 Metern über Normalnull im Süden, der höchste bei 8850 Metern auf dem Gipfel des Mount Everest.

Nepal wird in drei topographische Zonen eingeteilt: Im Süden liegt das Terai mit einer durchschnittlichen Höhe von etwa 100 Metern über dem Meeresspiegel. Daran schließt sich das mittlere Hügelland mit den Himalaya-Vorgebirgen an, es liegt im Durchschnitt 2500 Meter über dem Meer. Und als Drittes folgt weiter nördlich der hohe Himalaya mit einer Durchschnittshöhe von 4500 Metern über dem Meeresspiegel. Im Himalaya befinden sich 10 von 14 Achttausendern der Erde, acht davon liegen ganz oder zum Teil auf nepalesischem Staatsgebiet. Mehr als ein Viertel des Landes liegt über 3000 Meter hoch.

Die Entstehung des Himalaya

Der Himalaya spannt sich in einem zirka 2400 Kilometer langen Bogen von der 7755 Meter hohen Namcha Barwa im Osten (in Tibet gelegen) bis zum 8125 Meter hohen Nanga Parbat im Westen (zu Pakistan gehörend). Wie aber ist er entstanden? Der deutsche Polarforscher, Meteorologe und Geowissenschaftler Alfred Wegener war der Erste, der die Theorie der Kontinentalverschiebung vertrat und sie 1923 erstmals der Öffentlichkeit vortrug. Er traf auf heftigen Widerstand in der Fachwelt. Nach seinen Beobachtungen ging Wegener davon aus, dass sich die Konturen der Kontinente aneinanderfügen lassen. Zudem fan-

Blick aus dem Marsyangdi-Tal zum Manaslu

24 Geographie

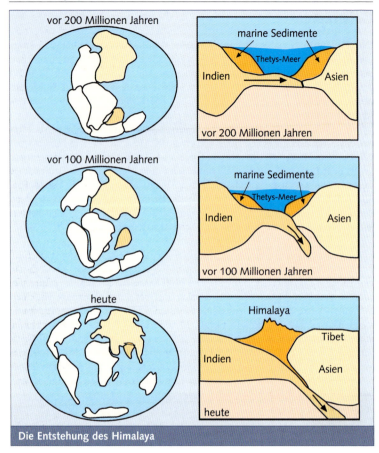

Die Entstehung des Himalaya

den sich häufig einander ähnelnde Fossilien und geologische Formationen an den gedachten Nahtstellen der einzelnen Kontinente. Seine These wurde erst Ende der 60er Jahre des vorigen Jahrhunderts vollends anerkannt.

Heute sind sich Geologen darin einig, dass die Entstehung des Himalaya mit dem Zusammenprall des indischen Subkontinentes mit der eurasischen Landmasse begann. Es gab also vor hunderten von Millionen Jahren einen riesigen Urkontinent, der auseinanderbrach und, begleitet von Plattenverschiebungen in der Erdkruste, auseinanderdriftete.

Man nimmt heute an, dass sich der indische Subkontinent vor etwa 130 Millionen Jahren vom Großkontinent Godwana abgelöst hat und seine Drift auf Eurasien begann. Er hat sich dann mit einer ungefähren Geschwindigkeit von 25 Zentimetern pro Jahr auf eine 4400 Kilometer lange Reise nach Norden gemacht. Vor 55 bis 60 Millionen Jahren kam es schließlich zur Kollision mit der Laurasia genannten Landmasse des heutigen Eurasiens. Dort, wo sich heute das mächtigste Gebirge der Erde erhebt, befand sich einst das Urmeer Tethys. In diesem warmen Meer lebten schon damals Fische, Muscheln und Krebse sowie eine große Zahl von Ammoniten. Gerade diese Ammoniten bildeten nach ihrem Sterben und dem Absinken der Schalen auf den Meeresgrund starke Sedimentschichten. Als der indische Kontinent die Küste von Eurasien erreichte, schob er eben diese Sedimentschichten des Tethys-Meeres vor sich her. Sie wurden gepresst, teilweise in die Tiefe gedrückt und vielfach gefaltet. Der indische Kontinent tauchte zum Teil unter den eurasischen und zerbarst. Die Bruchstücke schoben sich über- und untereinander und verkeilten sich. So entstanden tausende Meter hohe Steilwände.

Diese hier in sehr kurzer Form beschriebene Hebung dauerte Millionen von Jahren und lief in verschiedenen Phasen ab. Um zu verdeutlichen, wie lange diese Hebung gedauert haben könnte, sei an dieser Stelle erwähnt, dass es dem Kali Gandaki, einem der Hauptflüsse Nepals, gelungen ist, sich während dieser Zeit schneller einzugraben, als die Berge gehoben wurden. So bildet er heute mit fast 6000 Metern zwischen Annapurna und Dhaulagiri das tiefste Durchbruchtal der Erde.

Noch heute schiebt sich Indien mit einer Geschwindigkeit von etwa fünf Zentimetern pro Jahr nach Eurasien, und der Himalaya wächst weiter. Dadurch werden enorme Spannungen aufgebaut, die unter anderem periodisch auftretende Erdbeben auslösen. Das aktuell letzte gab es am 18. September 2011 mit einer Stärke von 6,9 auf der Richterskala, sein Epizentrum lag in Sikkim nahe der nepalesischen Grenze im Kanchenjunga-Gebiet. Nach offiziellen Angaben verloren dabei insgesamt 118 Menschen ihr Leben. Allein im dünn besiedelten Sikkim wurden 75 Todesopfer gezählt. Weitere Tote gab es in Westbengalen und Bihar, im Süden Tibets und auch einen in Bhutan. In Nepal starben elf Menschen, drei von ihnen im über 200 Kilometer entfernten Kathmandu, als eine Mauer an der britischen Botschaft einstürzte.

Ammoniten in Mustang

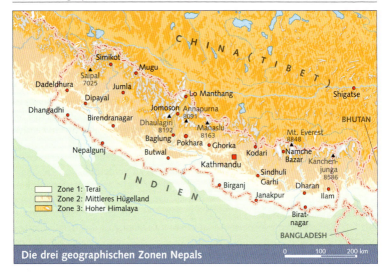

Die drei geographischen Zonen Nepals

Die Ebenen des Terai

Das Terai, zwischen 20 und 90 Kilometern breit, ist der südliche, dem Bergland vorgelagerte und zirka 100 Meter hoch gelegene flache Landstreifen, der sich parallel zur indischen Grenze schlängelt. Es ist ein nördlicher Ausläufer der indischen Ganges-Ebene und gilt als ein äußerst fruchtbares Gebiet. Diese Region mit ihrem tropischen bis subtropischen Monsunklima ist der niederschlagsreichste und zugleich wärmste Landesteil Nepals. Hier leben auf nur etwa 17 Prozent der Landesfläche fast 48 Prozent der nepalesischen Bevölkerung. In früheren Jahren waren große Teile des Terai von einem dichten Regenwald bedeckt und daher eher dünn besiedelt. In den 1950er Jahren allerdings, als sich im angrenzenden Hügel- und Bergland die Situation der dortigen Bauern wegen der extrem starken, vor allem durch Abholzung bedingten Bodenerosion zunehmend verschlechterte, stieg die Bevölkerungszahl hier rasant an. Es wurden große Teile des Regenwaldes und des ursprünglichen Graslandes gerodet, um Platz für die neuen Siedler zu schaffen.

Das mittlere Hügelland

Aus der Schwemmlandschaft des Terai steigen die bis zu 2000 Meter hohen Churia- und Siwalik-Berge an. Ihnen folgen die Berge der Mahabharat-Kette, die Höhen bis zu 3000 Metern erreichen. Zwischen den Siwalik- und Mahabharat-Bergen befinden sich parallel fruchtbare und bis zu 20 Kilometer breite Ebenen. Diese drei Gebiete bilden das sogenannte Mittelland, eine von unzähligen Flusstälern zerfurchte Landschaft. Diese vor allem in Nord-Süd-Richtung verlaufenden Täler, unzählige verschiedene Verwerfungsformen und verlandete Seitentäler erzeugen ein atemberaubendes Relief. Bedingt durch diese Landschaftsform, ist es extrem schwierig, Straßenverbindungen zu errichten. Nur die Täler von Pokhara und Kathmandu und einige wenige weitere Orte verfügen über einen Straßenanschluss. Das Mittelland ist die eigentliche Kornkammer Nepals. Aufgrund des milden subtropischen Klimas und der günstigen Regenmengen ist es das bevorzugte landwirtschaftliche Nutzgebiet des Landes. Der Mensch hat hier massiv in den Naturraum eingegriffen. Die einst bewaldeten Berghänge wurden in manchen Gegenden fast völlig gerodet und unzählige Terrassenfelder angelegt.

Das Mittelland stellt das alte Kernland Nepals dar. Die Mahabharat-Berge im Süden und der hohe Himalaya im Norden haben als natürliche Barrieren dafür gesorgt, dass sich die nepalesische Kultur hier über die Jahrhunderte ungestört entwickeln und erhalten konnte. Im Mittelland leben auf etwa 30 Prozent der Landesfläche rund 45 Prozent der Bevölkerung.

Das Hochgebirge – der hohe Himalaya

Die Berge im hohen Himalaya bilden zumeist die Nordgrenze Nepals. Sie haben asymmetrische Formen, die Hänge neigen sich fast immer nach Norden und bilden so extreme Steilhänge nach Süden hin. Hier ist die Landschaft, die mit ihren unzähligen, oft von Eis und Schnee gekrönten schroffen Gipfeln in atemberaubenden Höhen für die magische Anziehungskraft auf Trekkingtouristen und Bergsteiger aus aller Welt sorgt. Oben in den Bergen befindet sich das Randgebiet menschlicher Zivilisation. Fast alle Siedlungen dieses Terrains liegen in den Tälern. Bis in eine Höhe von etwa 4000 Metern werden noch Gerste, Kartoffeln und Gemüse angebaut, auch wenn die ergiebigen Monsunregen, die immer wieder zu Erdrutschen und zu starker Bodenerosion führen, die Landwirtschaft hier sehr, sehr schwierig machen. Hingegen bekommt das Land im Regenschatten – schon auf der Nordseite des Gebirgshauptkammes – kaum Niederschläge ab, sodass eine landwirtschaftliche Nutzung fast nicht möglich ist.

Blick auf den Lamjung Himal

Ein zweiter wichtiger Erwerbszweig für die Bauern und dörflichen Gemeinschaften in diesen Hochgebirgssiedlungen ist die Viehzucht (Ziegen) und die Waldwirtschaft. Der Tourismus spielt zwar ebenfalls eine bedeutende Rolle, allerdings nur in den dafür entwickelten Gebieten. Der ferne und der mittlere Westen sowie der Osten partizipieren davon so gut wie gar nicht. Die Hochgebirgsregionen sind nicht über Straßen erreichbar, sondern nur zu Fuß oder mit dem Flugzeug.

Die wichtigsten Städte

Nepals Stadtbevölkerung gehört mit einem Anteil von etwa 20 Prozent der Gesamtbevölkerung (2011) weltweit noch immer zu den kleinsten Gruppen (zum Vergleich: Deutschlands Stadtbevölkerung 75 Prozent). Jedoch steigt der Anteil der Stadtbewohner durch eine anhaltende Landflucht unvermindert an. Viele, vor allem junge Leute verlassen ihre Dörfer und die anstrengende Arbeit auf den Terrassenfeldern, um ihr Glück in den Städten zu suchen. Vor allem der Großraum Kathmandu und Pokhara sind ihre Ziele. Die drei größten Städte des Landes liegen im Mittelland, fast alle anderen Städte im Terai.

In Nepal besitzen 58 Gemeinden Stadtrecht, das in drei Stufen der Selbstverwaltung ausgeübt wird. Die Regierung ihrerseits verfügt darüber, welche Stadt sich auf welcher Stufe selbst verwalten darf. Die höchste Stufe ist Maha-Nagarpalika – diese besitzt momentan nur Kathmandu. Die zweithöchste ist Up-Maha-Nagarpalika – dieser Stufe gehören vier Städte an, so zum Beispiel Pokhara. Der untersten Stufe, Nagarpalika, werden die restlichen 53 Städte zugeordnet.

Hof in Kathmandu

Am dichtesten besiedelt ist das Kathmandu-Tal mit der Doppelstadt Kathmandu und Lalitpur (ehemals Patan), die von der Bebauung her nahtlos ineinander übergehen. Aber auch eine Fahrt in die benachbarten Städte Bhaktapur und Kiritpur sowie nach Banepa und Dhulikel zeigt, dass das Kathmandu-Tal in diesem Ballungsgebiet fast völlig zersiedelt ist. Es ist abzusehen, dass die Besiedlung diesen Großraum, in dem heute etwa zwei Millionen Menschen leben (die Dunkelziffer mitgeschätzt), schon bald vollständig vereinnahmen wird.

Nach dem Kathmandu-Tal ist das Tal von Pokhara der zweitgrößte Magnet mit schnell steigenden Einwohnerzahlen. Hier dürfte die Bevölkerungszahl des Ballungsraums mittlerweile auch schon die 250 000 überschritten haben.

Die Kommunen haben immense Probleme mit den steigenden Einwohnerzahlen. An allen Ecken und Enden fehlt es an Infrastruktur. Vetternwirtschaft und Korruption verhindern oft die Ausführung notwendiger Maßnahmen. Erschwerend kommt hinzu, dass in Nepal seit über zehn Jahren keine Kommunalwahlen stattgefunden haben und die Kommunen sozusagen ohne Bürgermeister sind, da es ohne die noch immer nicht verabschiedete Verfassung auch keine Regelungen zum Wahlrecht gibt. Die Verwaltungsaufgaben werden zurzeit großenteils von nicht gewählten Beamten wahrgenommen.

Die zehn größten Städte Nepals	
Stadt	**Einwohnerzahlen (Schätzung 2011)**
Kathmandu (1317 m)	1 400 000
Pokhara (922 m)	220 000
Lalitpur (Patan, 1310 m)	205 000
Biratnagar (79 m)	205 000
Birganj (68 m)	140 000
Bharatpur (147 m)	115 000
Dharan (320 m)	112 000
Janakpur (78 m)	97 000
Dhangadhi (178 m)	95 000
Butwal (314 m)	95 000

Die dritte der drei Königsstädte im Kathmandu-Tal, Bhaktapur (1323 m), folgt auf Platz 13 mit rund 80 000 Einwohnern.

Nationalparks und Reservate

Nepal verfügt heute über 21 verschiedene Schutzgebiete. Es existieren zehn Nationalparks, sieben Conservation Areas (Schutzzonen), drei Wildlife Reserves (Tierreservate) und ein Hunting Reserve (geschütztes Jagdgebiet).

Der erste Nationalpark, der Chitwan-Nationalpark im Terai, wurde 1973 gegründet. Die zuletzt unter Schutz gestellten Areale sind seit 2010 der

In der Mustang Conservation Area

Banke-Nationalpark, die Gaurishankar Conservation Area und die Api Nampa Conservation Area. Der Sagarmatha-(Mt. Everest)-Nationalpark wurde 1979 und der Chitwan-Nationalpark 1984 in die UNESCO-Liste als Welterbe aufgenommen.

Während in den Nationalparks jedwede Nutzung durch den Menschen verboten ist, wird in den Conservation Areas versucht, das Prinzip einer nachhaltigen ökologischen Nutzung der natürlichen Ressourcen in Zusammenarbeit mit der ortsansässigen Bevölkerung durchzusetzen.

Verantwortlich für alle Schutzgebiete ist das Department für Nationalparks und Wildlife Conservation im Ministerium für Forstwirtschaft und Bodenschutz (Ministry of Forests and Soil Conservation). Federführend in einigen der Conservation Areas ist, in Zusammenarbeit und in Abstimmung mit dem Ministerium, die 1982 als King Mahendra Trust for Nature Conservation gegründete Nichtregierungsorganisation NTNC, eine Non-profit-Organisation, die heute unter dem Namen National Trust for Nature Conservation arbeitet. Deren Aufgabe ist die Organisation der Aktivitäten in den Schutzgebieten sowie die Akquise von nationaler und internationaler Hilfe ebendort. Zahlreiche ausländische Umweltorganisationen, unter anderem der WWF, engagieren sich für den Aufbau und Erhalt dieser Räume.

In den Schutzgebieten lebt eine große Anzahl bedrohter Spezies. Dazu zählen in den südlichen Schutzgebieten im Terai unter anderem Bengal-Tiger, Asiatische Elefanten, Gaur, Nashörner und Ganges-Delphine sowie in den nördlichen Schutzgebieten Kragen- und Braunbär, der Rote Panda, das Moschustier, die seltenen Blauschafe und Schneeleoparden. Hinzu kommen zahlreiche seltene Vogel- und Pflanzenarten.

Die nepalesischen Schutzgebiete von West nach Ost

Die **Api Nampa Conservation Area**, gegründet im Juli 2010, hat eine Fläche von 1903 Quadratkilometern und liegt im äußersten Westen des fernen Westens im Distrikt Darchula → S. 388.

Das **Sukla Phanta Wildlife Reserve**, gegründet 1976, hat eine Fläche von 305 Quadratkilometern und liegt im Süden des fernen Westens im Distrikt Kanchanpur → S. 386.

Der **Khaptad-Nationalpark**, gegründet 1984, hat eine Fläche von 225 Quadratkilometern und eine ihn umgebene Pufferzone von 216 Quadratkilometern. Er liegt im mittleren Bergland des ›Fernen Westens‹ und umfasst Gebiete der Distrikte Doti, Bajhang, Bajura und Achham → S. 387.

Der **Rara-Nationalpark**, gegründet 1976, hat eine Fläche von 106 Quadratkilometern. Er befindet sich in der nordwestlichen Hochgebirgsregion im Mittleren Westen in den Distrikten Jumla und Mugu → S. 358.

Der **Bardia-Nationalpark**, gegründet als Schutzgebiet 1976, ist seit 1988 Nationalpark. Er hat eine Fläche von 968 Quadratkilometern und befindet sich im Süden des Mittleren Westens im Distrikt Bardia → S. 364.

Die **Blackbuck Conservation Area**, gegründet im März 2009, hat eine Fläche von 17 Quadratkilometern. Sie befindet sich südlich des Bardia-Nationalparks im Mittleren Westen im Distrikt Bardia → S. 366.

Der **Banke-Nationalpark**, gegründet im Juli 2010, hat eine Fläche von 550 Quadratkilometern und die ihn umgebene Pufferzone von 344 Quadratkilometern. Er befindet sich im Süden des Mittleren Westens im Distrikt Banke und schließt direkt an den Bardiya-Nationalpark an → S. 366.

Der **Shey-Phoksundo-Nationalpark**, gegründet 1984, hat eine Fläche von 3555 Quadratkilometern. Ihn umgibt seit 1998 eine Pufferzone von 1349 Quadratkilometern. Er liegt im Trans-Himalaya in den Hochgebirgsregionen des

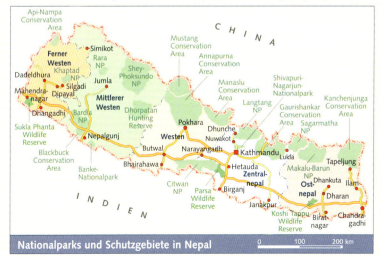

Nationalparks und Schutzgebiete in Nepal

Mittleren Westens in den Distrikten Jumla, Mugu und Dolpo → S. 358.

Das **Dhorpatan Hunting Reserve**, gegründet 1983, zum Reservat erklärt 1987, erstreckt sich auf 1325 Quadratkilometern und liegt in der Hochgebirgszone des Mittleren Westens und des Westens in den Distrikten Rukum, Myagdi und Baglung → S. 363.

Die **Annapurna Conservation Area**, gegründet 1992, hat eine Fläche von 7629 Quadratkilometern. Das Schutzgebiet liegt in den westlichen und nördlichen Hochgebirgsregionen des Westens. Es schließt Gebiete der Distrikte Kaski und Myagdi, den kompletten Distrikt Mustang, fast den ganzen Distrikt Manang sowie einen Teil des Distrikts Lamjung ein → S. 327.

Die **Mustang Conservation Area** ist Teil des Annapurna-Conservation-Area-Projekts (ACAP). Das Gebiet mit etwas mehr als 2500 Quadratmetern Fläche liegt nördlich des Annapurna-Massivs auf gut 2500 Metern Höhe. Seit 1992 gilt Lo Manthang als eines von sieben Unit Conservation Offices → S. 329.

Die **Manaslu Conservation Area**, gegründet 1998, hat eine Fläche von 1663 Quadratkilometern. Das Gebiet liegt in der nordöstlichen Hochgebirgsregion des Westens im Distrikt Ghorka → S. 332.

Der **Chitwan-Nationalpark**, gegründet 1973, in Teilen bereits seit 1963 Nashornschutzgebiet, hat eine Fläche von 932 Quadratkilometern und eine Pufferzone von 175 Quadratkilometern. Der Park befindet sich im Süden des Westens und in Zentralnepal in den Distrikten Chitwan und Makwanpur → S. 230.

Das **Parsa Wildlife Reserve**, gegründet 1984, hat eine Fläche von 499 Quadratkilometern und liegt im Süden von Zentralnepal östlich des Chitwan-Nationalparks in den Distrikten Chitwan, Makwanpur und Parsa → S. 233.

Der **Langtang-Nationalpark**, gegründet 1976, hat eine Fläche von 1710 Quadratkilometern und liegt im Norden von Zentralnepal in den Distrikten Nuwakot, Rasuwa und Sindhupalchok → S. 227.

Der **Shivapuri-Nagarjun-Nationalpark**, gegründet 2002, hat eine Fläche von 159 Quadratkilometern und liegt in Zentralnepal in den Distrikten Kathmandu und Nuwakot, nur zwölf Kilometer vom Zentrum der Hauptstadt Kathmandu entfernt → S. 197.

Die **Gaurishankar Conservation Area**, gegründet 2010, besitzt eine Fläche von 2179 Quadratkilometern und liegt im zentralen Norden von Zentralnepal in den Distrikten Sindhupalchwok, Dolakha und Ramechhap. Das neu geschaffene Schutzgebiet verbindet den Langtang- mit dem Sagarmatha-Nationalpark → S. 228.

Der **Sagarmatha-(Mt. Everest-)Nationalpark**, gegründet 1976, besitzt eine Fläche von 1148 Quadratkilometern und liegt in der nordöstlichen Hochgebirgsregion in Zentralnepal im Distrikt Solukhumbu → S. 255.

Der **Makalu-Barun-Nationalpark**, gegründet 1992, besitzt eine Fläche von 1500 Quadratkilometern und eine Pufferzone von 830 Quadratkilometern. Er befindet sich im Westen des Ostens in den Distrikten Solukhumbu und Sankhuwashaba → S. 257.

Das **Koshi Tappu Wildlife Reserve**, gegründet 1976, hat eine Fläche von 176 Quadratkilometern und liegt im südöstlichen Terai im Osten auf dem Gebiet der Distrikte Saptari und Sunsar → S. 262.

Die **Kanchenjunga Conservation Area**, gegründet 1997, hat eine Fläche von 2035 Quadratkilometern und befindet sich im äußersten Nordosten im Distrikt Taplejung → S. 259.

Pflanzen und Tiere

Nepal, das Land der Extreme, weist einen Höhenunterschied von 8780 Metern von seinem tiefsten Punkt im Terai bis zu seinem höchsten Punkt auf dem Gipfel des Mount Everest auf. So riesig dieser Unterschied in der Höhe ist, so groß ist auch die Vielfalt der Ökosysteme Nepals.

Grundlage für jegliches Leben ist bekanntlich unter anderem Wasser. Dieses bringt in Nepal der jährlich im Juni einsetzende Monsun. Aber gleichmäßig wird es nicht verteilt. Die Winde aus der bengalischen See bringen den Monsun zuerst nach Osten. Hier gibt es die meisten Niederschläge, und die Regenzeit hält hier am längsten an, wohingegen der Regen im Westen des Landes zuletzt einsetzt und dort von trockenen westlichen Sommerwinden aus Indien abgeschwächt wird.

Der hohe Himalaya und dessen südlich des Hauptkammes gelegene Ketten, zum Beispiel das Dhaulagiri-Massiv und der Kanjirobi Himal, sind dafür verantwortlich, dass Teile im Nordwesten des Landes im Regenschatten liegen. So verzeichnet man in Mustang, im oberen Kali-Gandaki-Tal, gerade einmal 250 Millimeter Niederschlag pro Jahr, im nur etwa 80 Kilometer südlich gelegenen Pokhara-Tal dagegen mehr als 3000 Millimeter.

Pflanzen – die grüne Vielfalt

Die geographische Lage Nepals und die aus dieser Topographie resultierende klimatische Situation bedingen eine artenreiche Pflanzenwelt, die sich zudem je nach Höhenlage unterscheidet. Gut ablesbar sind die verschiedenen Vegetationszonen.

Bananenstauden in Tatopani

Blüte des Puderquastenstrauches

Die Pflanzen der tropischen Ebenen und Täler

In der ersten Vegetationszone in den tropischen Ebenen des Terai und den flachen Tälern zwischen den ersten Hügelketten, die ›Dun‹ genannt werden, herrschen meist tropische Monsunregenwälder vor. In dieser Gegend dominiert der Sal-Baum (Shorea robusta), der hervorragendes Hartholz liefert, die Wälder. Aber auch Kappok-Bäume (Bombax malabricum und Bombax ceiba), Palisander (Dalbergia) und Föhrenkiefern (Pinus roxburghii) kommen hier in reicher Zahl vor. Ebenso der Karmal (Dillenia pentagyna), der auch Nepali-Elefantenapfel genannt wird. Er ist ein großer, bis zu 40 Meter hoher Laubbaum, dessen kugelförmige Früchte mit etwa 2,5 Zentimetern Durchmesser einen angenehmen, säuerlichen Geschmack haben. Sie können roh und auch gekocht genossen werden. Die Vegetation dieser Zone ist, im Gegensatz zu anderen Vegetationszonen, über die ganze Länge des Landes von West nach Ost nahezu gleich.

Die Pflanzen des subtropischen Mittellandes

In den daran anschließenden subtropischen immergrünen Mischwäldern des Mittellandes finden sich in Höhen bis etwa 2000 Meter vor allem Scheinkastanien (Castanopsis), Schima (Schima wallichii), Nepalesische Erlen (Alnus nepalensis), Ahorne, verschiedene Eichenarten und Rhododendren. In den oberen Regionen der subtropischen Zone findet man herrliche Magnolien vor. Das gelbe Holz dieser Bäume wird vielerorts zur Möbelherstellung genutzt. Ebenfalls hier vorkommend und von großer Bedeutung, vor allem für die Hindus, ist der Affengesichtsbaum (Mallotus philipensis), der in Nepal Sindur genannt wird. Aus seinen Früchten gewinnt man die gleichnamige rote Farbe, die bei vielen Riten Anwendung findet. Dazu werden die Früchte des Baumes geerntet und in grobgeflochtene Körbe gegeben. Unter den Körben werden Decken oder Tücher ausgebreitet und die Früchte in den Körben so lange geschüttelt, bis alle Haare von den Früchten abgebrochen und durch die Korbwände auf die Decken oder Tücher gefallen sind. Aus diesen stellt man dann den Farbstoff her.

Die Pflanzen der gemäßigten Zone

Der subtropischen Vegetationszone folgt der Wald der gemäßigten Zone zwischen etwa 2000 und 3000 Metern Höhe. Diese Zone unterscheidet sich im Westen des Landes allerdings stark von der im Osten. Im Westen finden sich große Eichenwälder (Quercus incana), in höheren Lagen vermischt mit Kastanien (Aesulus indica), Walnussbäumen (Juglans regia) und Ahorn (Acer caesium), oft gemeinsam mit dem, auch im Osten, überall anzutreffenden Rhododendron (Rhododendron aboreum).

Im Westen wie im Osten erreichen in den unteren Gebieten riesige Tannen (Abies pindrow) Höhen von bis zu 50 Metern. Weiter oben stehen diese zusammen mit der Himalaya-Zeder (Cedrus deodora). Die in den westlichen Gebieten des Landes in diesen Höhen ebenfalls häufig vorkommenden Himalaya-Zypressen (Cypressus torulosa) sind östlich vom Kali Gandaki nirgendwo mehr anzutreffen.

Im ganzen Land in dieser Zone sehr häufig zu finden ist neben den schon erwähnten Tannen die Himalaya- oder Tränen-Kiefer (Pinus Wallichiana). Mit viel Glück kann man in diesen Regionen die wunderschöne, bis zu etwa einen Meter hohe, duftende, fast immer einzeln stehende seltene Nepal-Lilie (Lilium nepalense) sehen.

Ein Jacaranda-Baum in Ostnepal

Die Pflanzen der subalpinen Zone

Die darauffolgende subalpine Zone bis in eine Höhe von etwa 4000 Metern stellt auch ungefähr die Baumgrenze dar. Wobei auch die Höhe der Baumgrenze von West nach Ost variiert. Wandert man im fernen Westen, am Rara-See zum Beispiel, auf 3500 Metern Höhe noch durch dichte Wälder, so findet sich im Marsyangdi-Tal bei Manang auf ungefähr gleicher Höhe schon die Vegetation der alpinen Zone.
In der subalpinen Zone trifft man vor allem auf kleinen Zwerg-Rhododendron und auf verschiedene Wacholderarten. Es gibt zwei Arten der Zwerg-Rhododendren, die endemisch sind, also nur in Nepal vorkommen: der gelbe Rhododendron lowndesii und der rotblühende Rhododendron cowanlum. Zwei Wacholderarten überraschen mit ihrer Größe: sie wachsen als Bäume. Während sie in den hohen, trockenen alpinen Steppen Westnepals nur zwei Meter hoch wachsen, können sie in anderen Gebieten durchaus eine Höhe von mehr als zehn Metern erreichen.

Auf den subalpinen Almwiesen findet man in den Sommermonaten bis in den Oktober hinein eine Vielzahl von Blüten, darunter Edelweiß und Enzian, Rittersporn und Fingerkraut, Anemonen und Primeln, von denen es etwa 70 Arten im Gebirge gibt.

Die Pflanzen der alpinen Zone

Die letzte Zone, in der noch Pflanzen gedeihen, ist die alpine Zone bis etwa 5000 Meter Höhe. Vor allem Gräser, Moose und Flechten sind hier noch anzutreffen. Das einzige holzbildende Gewächs, das es noch in diesen Höhen (bis 5500 Meter) gibt, ist ein Zwerg-Rhododendron (Rhododendron nivale).

Nepal verfügt über etwa 6400 verschiedene Blüh- und 2500 Gefäßpflanzenarten. Davon sind etwa 190 Arten der Gefäßpflanzen und etwa 400 Arten der blühenden Pflanzen endemisch. Es würde den Rahmen dieser Darstellung sprengen, wollte man den gesamten großartigen Pflanzenreichtum des Gebirges hier vorstellen, aber auf einige nepalesische Besonderheiten sei hier noch hingewiesen.

Heilpflanzen

Heilpflanzen erlangen im Himalaya besonders für den Ayurveda große Bedeutung. Diese einheimischen Pflanzen werden als ayurvedische Medikamente und homöopathische Heilmittel, vor allem im ländlichen Raum, angewandt. Sie sind hier nach wie vor der Grundstock der Gesundheitsvorsorge der einheimischen Bevölkerung. In den subtropischen, subalpinen und alpinen Vegetationszonen des Himalaya gibt es die größte endemische Vielfalt und die meisten in der Medizin verwendeten Pflanzen der Welt.

Annähernd 600 verschiedene einheimische Heilpflanzen sind bekannt. Farne und auch Flechten spielen hierbei ebenfalls eine große Rolle. So sind 30 Farnarten als Heilpflanzen bekannt, die vor allem bei Atemwegserkrankungen und

Rhododendronbaum

Schnittwunden Verwendung finden. In den alpinen Zonen oberhalb der Baumgrenze bedecken Flechten riesige Flächen, ihre Artenvielfalt ist bis heute noch nicht vollständig erfasst. Einige diese Flechtenarten besitzen antibiotische Wirkungen. Zwei Arten von Blattflechten (Parmelia) sind als Gewürz sehr gefragt. Nepal ist auch heute noch einer der wichtigsten Exporteure für medizinische Pflanzendrogen.

Die Himalaya-Birke

Betula utilis wächst in Höhenlagen zwischen 2000 und 4500 Metern und kann eine Größe von 35 Metern erreichen. Das dichte und harte Holz wird als Nutzholz verwendet. Die Borke findet bei manchen Bergvölkern Verwendung bei der Dacheindeckung ihrer Häuser. Als fettundurchlässiger Papierersatz dient sie zudem zum Einwickeln von Yak-Butter. Des Weiteren werden Aufgüsse aus der Rinde gegen Blähungen und als Antiseptikum eingesetzt.

Orchideen

In großer Zahl und Vielfalt eroberten Orchideen in Nepal ihren Lebensraum. Man unterscheidet Erd-Orchideen von Orchideen mit Luftwurzeln (Epiphyten). Sie wachsen verteilt über ein riesiges Gebiet in verschiedenen ökologischen Zonen: Von den Ausläufern des hohen Himalaya bis zu den Ebenen des Terai trifft man auf sie. In Nepal existieren rund 120 verschiedene Orchideenarten. Die meisten blühen vom März bis August, und man kann sie in den verschiedensten Gegenden bewundern. Die Palette der Arten reicht vom herrlichen Frauenschuh bis zur großen gelbblühenden Galeola, die als krautige Kletterpflanze wächst und blattlos zu sein scheint, weil ihre Blätter zu ganz kleinen Schuppen geschrumpft sind. Wer erst einmal in Nepal ist, muss keine weite Reise unternehmen, um Orchideen in der Natur zu sehen. Schon ein kleiner Ausflug in den Shivapuri-Nagarjun-Nationalpark genügt (→ S. 197). Hier kann man im März und April eine Reihe weiß- und gelbblühender Orchideen bewundern.

In Nepal stehen alle Orchideen unter Naturschutz, und ihre Ausfuhr ist strengstens verboten.

Tiere – von Affe bis Ziege

Nepal verfügt, genau wie in der Flora, auch in der Fauna über eine sehr große Artenvielfalt. Das Vorkommen der einzelnen Gattungen und Arten ist dabei ebenso wie bei den Pflanzen vom jeweiligen Ökosystem und der entsprechenden Klimazone abhängig.

Im Land kommen 30 Arten Großsäuger und über 80 Arten kleinerer Säugetiere vor. In Nepal gibt es eine noch immer nicht exakt bestimmte Anzahl von Reptilienarten (momentan geschätzte 75), und etwa 30 Amphibienarten. Mehr als 120 Fischarten tummeln sich in Flüssen und Seen, und in der Luft wird die Vielfalt noch größer. Nepal ist ein Vogelparadies, mit etwa 860 momentan be-

Haus-Yak in Ostnepal

kannten Arten. Vom weltweiten Vogelbestand existieren allein im kleinen Nepal ungefähr zehn Prozent. Doch es flattert noch viel mehr durch die nepalesischen Lüfte. Ungefähr 620 Schmetterlingsarten vertreten im Land 11 der weltweit 15 Schmetterlingsfamilien.

Säugetiere

In den südlichen Gebieten, vor allem in den Schutzzonen des Terai, kommen die meisten Großsäuger vor. Dazu zählen der Asiatische Elefant, dessen traditionelle Wanderrouten durch das Gebiet führen, das Panzernashorn, der Bengal-Tiger – König des Dschungels –, der mit dem Tiger um Beute rangelnde Leopard genauso wie die größte noch lebende Rinderart, der Gaur, oder der Lippenbär. Des Weiteren findet man in diesen Gebieten zum Beispiel verschiedene Hirscharten, Honigdachse, Fischkatzen, Bengalkatzen und Füchse, Schakale, Rothunde, Faultiere und Indische Zibetkatzen sowie die selten anzutreffende Streifenhyäne. Die Blackbucks, die Indischen Antilopen, kommen vor allem in der Region des Bardia-Nationalparks vor. Die letzten Exemplare von Flussdelphinen in Nepal findet man im Fluss Karnali.

Auch in den höheren Regionen des Landes gibt es eine erstaunliche Vielzahl von Säugetieren: Wildschweine, Rehe, Wildkatzen, die Kleinen Pandas, Otter, Wölfe, Affen und andere. Selten und sehr scheu ist der Kleine Panda, auch Roter Panda oder Katzenbär genannt. Rote Pandas findet man im Langtang-Nationalpark und in der Kanchenjunga Conservation Area. Der Himalaya-Tahr, eine Wildziege, und die Goral- oder Himalaya-Gämse sind dagegen im Sagarmatha-Nationalpark und im Dhorpatan Hunting Reserve anzutreffen. Die sehr seltenen Blauschafe findet man ebenfalls im Hunting Reserve und unter anderem im oberen Dolpo und in den Gebieten des entlegenen Nordwestens.

Elefant im Chitwan-Nationalpark

Das inzwischen selten gewordene Moschustier lebt in Höhen zwischen 2000 und 4500 Metern und ist wohl wie kein anderes in der Vergangenheit gejagt worden. Noch heute gibt es Verstöße gegen das strenge Schutzgesetz, ist doch der etwa 50 Gramm schwere (Duft-)Moschusbeutel des männlichen Tieres überaus kostbar. Moschus wird vor allem in der Parfümindustrie und in der Traditionellen Chinesischen Medizin verwendet. Sein Wert übersteigt den von Gold um ein Vielfaches.

Das seltenste und vielleicht schönste der Tiere Nepals ist der scheue Schneeleopard. Auch er wurde lange Zeit erbarmungslos wegen seines Fells gejagt, das viel heller und dicker als das des gewöhnlichen Leoparden ist. Momentan wird im äußersten Osten, im Gebiet am nördlichen Kanchenjunga-Basislager, eine Feldstudie zum Bestand – der sich in den letzten Jahren zum Glück etwas erholt hat – und zum Verhalten der Tiere durchgeführt (→ S. 261).

Von den Säugetieren Nepals stehen aktuell 26 gefährdete Arten unter strengstem Artenschutz:
- Assam-Makak oder Bergrhesus (Macaca assamensis)
- Chinesisches Schuppentier (Manis pentadactyla)
- Borstenkaninchen (Caprolagus hispidus)
- Wolf (Canis lupus)
- Himalaya-Bär (Ursus arctos)
- Kleiner Panda oder Roter Panda (Ailurus fulgens)
- Fleckenlinsang (Prionodon pardicolor)

Tiere – von Affe bis Ziege 41

- Bengalkatze (Felis bengalensis)
- Luchs (Felis lynx)
- Nebelparder (Neofelis nebulosa)
- Bengal-Tiger (Panthera tigris tigris), eine Unterart de Königstigers
- Schneeleopard (Panthera uncia)
- Asiatischer Elefant (Elephas maximus)
- Panzernashorn oder auch Indisches Nashorn (Rhinoceros unicornis)
- Zwergwildschwein (Sus salvanius)
- Moschustier (Moschus moschiferos)
- Barasingha oder Zackenhirsch (Rucervus duvaucelii oder Cervus duvaucelii)
- Gaur (Bos gaurus)
- Wildyak (Bos grunniens)
- Wildbüffel (Balis)
- Großes Tibet- oder Riesenwildschaf (Ovis ammon)
- Tschiru oder Tibet-Antilope (Pantholops hodgsonii)
- Blackbuck oder Hirschziegenantilope (Antilope cervicapra)
- Vierhornantilope (Tetracerus quadricornis)
- Streifenhyäne (Hyaena hyaena)
- Ganges- oder Flussdelphin (Platanista gangetica)

Reptilien und Amphibien

Schildkröten, Warane und viele kleinere Echsen tummeln sich im Land. An den Flussläufen des Mahakali, Narayani und Koshi gibt es noch einige Krokodile und Alligatoren. Nepal kennt zwei Arten einheimischer Krokodile: den fischfressenden Gangesgavial, auch Gharial genannt, und das Sumpfkrokodil. Ein erfolgreiches Zuchtprojekt hat die Gangesgaviale vor dem Aussterben bewahrt. Zu finden sind sie im Bardia- und Chitwan-Nationalpark.

Gangesgavial im Chitwan-Nationalpark

Unter den in Nepal vorkommenden Schlangenarten befinden sich Kobras und Königskobras, Kraits, Vipern und Pythons. Ihr Vorkommen beschränkt sich hauptsächlich auf die südlichen Gebiete des Terai. In einigen Seen und Flüssen leben zudem Wasserschlangen.

Drei gefährdete Arten stehen in Nepal unter Schutz:
- der Gangesgavial oder Gharial (Gavialis gangeticus)
- der Python (Python)
- der Gelbwaran (Varanus flavescens)

Vögel

Etwa 870 Arten von Vögeln sind in Nepal registriert. Erstaunlich ist, dass man die Hälfte davon bereits im Kathmandu-Tal und dessen Umgebung finden kann. Schon an den Ufern des Bagmati und Manohara entdeckt man Bruchwasserläufer, Reiher, Eisvögel und Regenpfeifer, um nur einige zu nennen. Im nahen Shivapuri-Nagarjun-Nationalpark und im nur 18 Kilometer südöstlich der Stadt gelegenen Gebiet von Pulchowki gibt es ebenfalls eine überraschende Vielfalt. Vom Nepalhaubenadler über Spechte, Papageimeisen bis hin zum seltenen rothaarigen Trogon sind allein in diesen Gebieten mehr als 100 Arten heimisch.

Während in den Hochgebirgsregionen die großen Greifvögel wie die Lämmer- und Weißkopfgeier und der Goldadler majestätisch ihre Runden durch die Lüfte ziehen, gibt es die größte Vielfalt auch unter den Vogelarten in den südlicheren subtropischen und tropischen Gebieten. Am Begnas- und am Phewa-See im Pokhara-Tal können viele Reiher, Ammer, Pieper, Möwen, Seeschwalben, Fasane und die wunderschön singenden Bulbule beobachtet werden. Das Koshi Tappu Wildlife Reserve im östlichen Terai ist einer der bedeutendsten Lebensräume für Wasser- und Watvögel. Hier gibt es allein 26 Arten von Enten, aber auch Schwarze Ibisse, Fischadler und Wanderfalken; Rotgänse, Störche, Reb-

Geier in Westnepal

Ein Argala-Marabu

hühner und Geier sind hier zu Hause. Einer der seltensten in Nepal registrierten Vögel, der bisher nur im Gebiet Koshi gesichtet wurde, ist der Jerdon's Baza (Suchit Basnet). Nationalvogel der Nepalesen ist übrigens der Himalaya-Glanzfasan (Lophophorus Impejanus), in Nepal als Daphne bekannt.

Unter den Vogelarten sind im Nepal neun besonders geschützt:
- der Wallichfasan (Catreus wallichii)
- der Himalaya-Glanzfasan (Lophophorus impejanus)
- der Satyrtragopan (Tragopan satyra)
- der Weißstorch (Ciconia ciconia)
- die Barttrappe (Houbaropsis bengalensis)
- die Flaggentrappe (Sypheotides indicus)
- der Kranich, auch Eurasischer Kranich genannt (Grus grus)
- der Doppelhornvogel (Buceros bicornis)
- der Schwarzstorch (Ciconia nigra)

Schmetterlinge

Die Vielfalt der Schmetterlinge in Nepal ist atemberaubend. Von den ziemlich seltenen Schwärmerarten über Gelblinge bis hin zu jenen Arten aus der Familie der Schwalbenschwänze, die sich auf große Höhen spezialisierten, sind 11 der weltweit 15 Schmetterlingsfamilien in Nepal vertreten.

Es gibt im Land etwa 10 Prozent paläarktische Arten und 90 Prozent orientalische Arten von Schmetterlingen. Erstere wird man in Höhen über 3000 Meter, Letztere ausschließlich darunter antreffen. Die oben genannten spezialisierten Arten der Schwalbenschwänze leben gar in einer Höhe zwischen 5000 und 5500 Metern. Abhängig von diesen Höhen und der Jahreszeit ist auch die Zeit des Schmetterlingsfluges und somit die Zeitspanne, in der sich die Falter beobachten lassen. Für die Schmetterlingsbeobachtung am besten geeignet sind in den tieferen Lagen die Monate März bis Oktober und im Hochland Mai bis August. Während des Monsuns erscheinen zudem Mengen prächtiger großer Schmetterlinge mit ausgeprägter Färbung.

Auch unter den Schmetterlingen gibt es viele geschützte Arten. Allein im Kathmandu-Tal sind mehr als 20 Arten auf der Liste, sodass es unmöglich ist, alle hier aufzuführen.

Insekten und Spinnentiere

Leider gibt es zur Insektenwelt in Nepal nur wenig Literatur, und man kann davon ausgehen, dass bisher nur ein Bruchteil der vorkommenden Arten dieser kleinen, dennoch faszinierenden Lebewesen Nepals beschrieben wurde. Für den Laien ist die immense Anzahl an Arten, Ordnungen, Unterordnungen und Familien erst recht nicht übersehbar, weshalb ich mich hier auf einige wenige persönliche Erfahrungen beschränke.

Der teilweise ohrenbetäubende Lärm der Zikaden in den Wäldern Nepals ist sicher jedem Wanderer geläufig, der schon einmal dort unterwegs war. Die drei bis fünf Zentimeter großen Tiere ernähren sich von Pflanzensaft. Da sie die meiste Zeit an den Bäumen sitzen und durch ihre Färbung perfekt getarnt sind, bekommt man sie höchst selten zu Gesicht. Wenn man sich ihnen nähert, verstummen sie, sodass man sie nicht lokalisieren kann. Nur wenn sie tagsüber einmal auffliegen, allerdings kommt das nur höchst selten vor, kann man einen Blick auf sie erhaschen.

Gottesanbeterinnen sind häufig im Land anzutreffen. Es gibt in Nepal verschiedene Arten von ihnen: kleinere beige und braune mit Körpergrößen von vier bis sechs Zentimeter und größere grüne Arten, die bis zu neun Zentimeter Körpergröße erreichen können. Vor allem diesen großen Arten bin ich in fernen Westen und auch in Ostnepal öfter begegnet. Gottesanbeterinnen sind eng mit den Schaben verwandte, räuberische Tiere, die sich von anderen Insekten ernähren. Für den Menschen sind Sie völlig ungefährlich.

In Nepal sollen zahlreiche Arten von Skorpionen vorkommen – eine genaue Angabe darüber gibt es nicht. Sie sind eher selten anzutreffen und werden vom ›normalen‹ Reisenden wohl überhaupt nicht wahrgenommen. Alle Skorpione sind Räuber und ernähren sich von Spinnentieren und kleinen Insekten. Am häufigsten anzutreffen ist wahrscheinlich der Chaerilus truncatus, von den Nepalesen einfach nur ›Bichchhi‹ (Skorpion) genannt. Er ist bisher in Höhen von 900 bis 1500 Metern im mittleren Hügelland gesichtet worden. Diese Tiere werden als sehr friedlich eingeschätzt und stechen nur in allerhöchster Bedrängnis. Es ist also höchst unwahrscheinlich, dass Reisende in Nepal von einem Skorpion gestochen werden. Sollte es dennoch passieren – jeder Stich eines unbekannten Skorpions sollte für mindestens drei bis sechs Stunden von einem Arzt überwacht werden. Näheres hierzu findet man auf der Internetseite www.toxinfo.org.

Im Land gibt es sehr viele verschiedene Spinnenarten. Beschrieben davon ist nur ein sehr geringer Teil. Alle Spinnen heißen auf nepalesisch Makuraa. Die Spinnen, denen man als Tourist in Nepal am häufigsten begegnet, sind

Spinne in Ostnepal

wahrscheinlich die Riesenkrabbenspinnen. Diese mittelgroßen bis großen Spinnen haben sehr flache Körper mit langen Beinen. Sie kommen bis weit über 2000 Meter Höhe vor und sind im ganzen Land sehr oft (häufig in Toiletten und Badezimmern) anzutreffen. Die ungefährlichen Tiere ernähren sich unter anderem von Schaben. Ihr Name geht darauf zurück, dass sie auch seitlich laufen können.

Von mir selbst beobachtet wurde die bisher einzige in Nepal beschriebene Vogelspinne (Selenocosmia himalayana), die zugleich als die größte Spinne in Nepal gilt. Diese Tiere erreichen (ohne Beine) eine Körpergröße von bis zu 4,5 Zentimeter. Ihre Kieferklauen, mit denen sie knisternde Geräusche erzeugen können, sind sehr auffällig und groß ausgeprägt. Der Körper ist blaugrau gefärbt und die Beine schwarz geringelt. Sie leben meist in Steinmauern (auch von Häusern) und warten nachts vor ihrer Höhle auf Beute. Sie kommen in Höhen bis zu 2000 Meter vor, wobei die in den höheren Lagen, etwa über 1000 Meter, vorkommenden Spinnen kleiner sind als ihre Artgenossen im Tiefland. Ich begegnete einem Exemplar in einer Lodge im Marsyangdi-Tal (Annapurna-Gebiet).

Übrigens: Ob das oben abgebildete Tier wirklich eine Spinne ist – ich nehme es an, weiß es aber nicht genau.

Nutz- und Haustiere

Die im Land am weitesten verbreiteten Nutz- und Haustiere sind Hühner, Schafe, Ziegen, Schweine, Wasserbüffel, Rinder (Milchkühe), Pferde, Maultiere und natürlich Yaks.

Hühner dienen als Eier- und Fleischlieferanten. In einigen Teilen des Landes – vor allem im mittleren und fernen Westen – kann es vorkommen, dass einem unterwegs niemand ein Huhn zum Essen verkauft. Die Menschen haben einfach nur so viele Hühner, wie sie für den Eigenbedarf brauchen, und können keine abgeben.

Pflanzen und Tiere

Schafe und Ziegen sind im gesamten Land sehr häufig anzutreffen. So erwirbt ein Teil der buddhistischen Bergbevölkerung einen erheblichen Betrag seines Einkommens damit, Ziegen für die Feste und Zeremonien der hinduistischen Bevölkerungsgruppen zu züchten. Alljährlich zum Dhasain-Fest (→ S. 112) werden riesige Ziegenherden zu Tal getrieben und verkauft. Ziegen dienen mitunter auch als Transporttiere.

Die großen Wasserbüffel werden als Arbeitstiere (zum Bestellen der Felder) und als Fleischlieferanten gehalten. Pferde dienen hauptsächlich zur Fortbewegung und wie auch die Maultiere als Lastenträger zum Warentransport.

Yaks werden in den hohen Lagen wegen ihrer Milch – aus der ein vorzüglicher Käse hergestellt wird – und wegen ihrer Wolle gehalten. Sie dienen aber auch als Transporttiere und werden zur Feldarbeit eingesetzt.

Yaks werden auch als Packtiere eingesetzt

Geschichte und Gegenwart

Von den Legenden und der Frühgeschichte auf dem Territorium des heutigen Nepal bis hin zu den aktuellen Entwicklungen unserer Tage führt der geschichtliche Überblick auf den folgenden Seiten. Das Wissen um die historische Entwicklung des Landes ist bei einer Reise nach Nepal vielleicht nicht zwingend notwendig, hilft aber sehr oft, Beobachtungen und Details während einer Reise in Nepal besser einordnen und verstehen zu können.

Die Legende

Das gesamte Kathmandu-Tal ist in grauer Vorzeit ein riesiger See gewesen. In ihm lebten magische Drachenschlangen, die einen unglaublich kostbaren Schatz auf dem Grund des Sees bewachten. Eines Tages kam ein vorzeitlicher Buddha daher und warf einen Lotussamen in den See. Etliche tausend Jahre später ging der Samen auf, und aus ihm wuchs ein großer Lotus mit tausend Blüten. Er besaß große goldene Blätter und Pollen aus Juwelen. Im Zentrum der Pflanze erschien das selbstgeborene Licht ›Swayambhu‹ und leuchtete mit dem Licht transzendentaler Weisheit. Wiederum gingen Ewigkeiten dahin, bis der Bodhisattva Manjushri zu dem See kam, von dem er gehört hatte. Von einem Berggipfel aus beobachtete er ihn, sah jedoch, dass er sich dem Lotus nicht nähern konnte. Daraufhin beriet er sich mit der Muttergöttin Tara und fasste einen elementaren Entschluss. Er nahm sein Schwert und holte zu einem einzigen, gewaltigen Streich gegen einen der Berge aus, die den See umgaben (in anderen Erzählungen ist es Krishna, der den Berg mit einem Donnerkeil spaltet). Es entstand eine Schlucht, und die Wasser des Sees flossen ab. Diese Schlucht ist die heutige Chobar-Schlucht südwestlich von Kathmandu. Das Licht der Weisheit leuchtete noch Jahrhunderte weiter, bis es von einem Priester versteckt wurde, um es vor dem kommenden sündhaften Zeitalter zu schützen. Er verbarg das Licht unter einem großen Edelstein und baute darüber einen Stupa. Dieser Stupa von Swayambhunath – auf einem im westlichen Kathmandu gelegenen Hügel – ist heute eines der bedeutsamsten Heiligtümer des Landes.

Jene Menschen, die das so entstandene Tal besiedelten, errichteten ihre neue Stadt um ein Haus herum, das aus dem Holz eines einzigen Stammes gebaut worden war. Es ist die Stadt Kathmandu. Besagtes Haus, Kasthamandap, steht noch heute am Durbar Square. Es ist tatsächlich eines der ältesten Holzgebäude der Welt und wurde wahrscheinlich im ausgehenden 12. Jahrhundert gebaut.

Mittlerweile bestätigt die Wissenschaft, dass das Kathmandu-Tal früher ein großer See war. Ein Erdbeben hat die Begrenzung des Sees im Süden vor etwa 20 000 Jahren zerstört und zum Abfluss des Wassers geführt.

Frühe Geschichte

Funde aus der Steinzeit, die nördlich, unweit von Kathmandu, freigelegt wurden, belegen eine sehr frühe (30 000–20 000 vor Christus) Besiedlung des Kathmandu-Tales. Das aber ist beinahe alles, was man darüber weiß. Wer diese Bewohner waren und ob es Verbindungen zu den späteren Siedlern des Tales gibt, ist unbekannt.

Der Stupa von Swayambhunath

Als ziemlich sicher gilt, dass die Kirata von etwa 700 vor Christus bis zur Einwanderung der Licchavi im Tal geherrscht haben. Es wird angenommen, dass sie mongolischen Ursprungs sind und aus dem östlichen Himalaya stammen. Es wird auch davon ausgegangen, dass außer den Newar (→ S. 75), was als sicher gilt, möglicherweise auch die Rai (→ S. 76) und Limbu (→ S. 77) von ihnen abstammen.

Ein erster Fixpunkt in der nepalesischen Geschichte ist im Jahre 563 vor Christus die Geburt von Siddhartha Gautama, dem geschichtlichen Buddha, im heute nepalesischen Lumbini. Einige Teile Nepals, vor allem aber das Kathmandu-Tal, waren zu jener Zeit schon besiedelt, und so fand der Buddhismus große Verbreitung.

Nepal ist bis in die heutige Zeit in vielen Belangen sehr stark mit Indien verknüpft. Es wundert daher nicht, dass der Name Nepal erstmals in Indien auftauchte. Eine Säule bei Allahabad nennt Mitte des 4. Jahrhunderts das Königreich Nepal als lehensabhängig vom indischen Gupta-Reich.

Die älteste in Nepal selbst erhaltene Inschrift stammt aus dem Jahr 464 nach Christus, als König Manadeva I. seine Herrschaft antrat. Die Säule befindet sich vor dem dem Gott Vishnu geweihten Tempel Changu Narayan im Ort Changu unweit von Kathmandu. Die Säule selbst soll vom vorherigen König Manadeva-Haridatta aufgestellt worden sein. Es wird angenommen, dass er nach dem Vorbild der indischen Kaiser den Vishnuismus in Nepal eingeführt hat. Aus den sehr wenigen erhaltenen Zeugnissen dieser Zeit lässt sich allerdings kein genaues Bild dieser Epoche zeichnen.

Die darauffolgenden, schon in klassischem Sanskrit verfassten Inschriften ermöglichen viel bessere Einblicke in die damalige Zeit. Bis etwa 750 folgt nun die Zeit der Licchavi-Fürsten. Wie auch im Indien der Guptas war Sanskrit die Sprache und Schrift jener Herrscher, was den Schluss zulässt, dass sie ursprünglich aus Indien stammten. Sie bauten weitere Siedlungen im Tal. Gebäude aus Holz und Ziegelsteinen entstanden, so, wie die Newar im Kathmandu-Tal teilweise noch heute bauen. Sie machten zu ihrer Zeit das Tal zu einem Zentrum von Kunst und Kultur.

Der erste König von Nepal war Amsuvarman. Unter ihm konnte sich das Land von jeglicher politischer Abhängigkeit befreien. Er führte ein Münzsystem ein und förderte die Wissenschaften. Seine Tochter verheiratete er weitsichtig mit Songtsen Gampo, dem damaligen Herrscher von Tibet, um dem Expansionsstreben der Tibeter entgegenzuwirken. Auf diese Tochter geht eines der Hauptheiligtümer der Tibeter, der Jokhang-Tempel in Lhasa, zurück. Trotz des sich schnell ausbreitenden Buddhismus waren die Herrscher der Zeit, die als Licchavi-Periode bezeichnet wird, Anhänger des Vishnuismus, einer Form des Hinduismus. Damals wie auch noch heute leben Hindus und Buddhisten in Nepal friedlich mit- und nebeneinander. Der aufkommende Karawanenhandel machte das Kathmandu-Tal zu einem wichtigen Umschlagplatz auf dem Handelsweg zwischen Tibet und Indien. Mit dem dadurch entstehendem Reichtum entwickelten sich Kunst und Kultur prächtig. Die Gründung von Kathmandu als Stadt wird mit dem Jahr 732 angegeben und fällt somit in die Zeit der Licchavi.

Königreiche und Fürstentümer

Informationen, die Folgezeit nach den Licchavi betreffend, sind spärlich. Bis etwa zum Jahr 1000 gibt es kaum schriftliche Zeitzeugnisse, und die in Stein gehauenen Inschriften sind so rar, dass man daraus keine schlüssigen Erkenntnisse gewinnen kann. Den vorübergehenden Niedergang der vorigen Gesellschaft, eine Epoche, in der die bestehende Monarchie langsam zerfiel, beschrieben meist später verfasste Schriften der buddhistischen Klöster des Kathmandu-Tales. Von Einfällen der Thakuri aus Rajastan wird berichtet, aber gesicherte Erkenntnisse darüber gibt es nicht. Ständige Herrschaftsteilungen zersplittern das Land in viele kleine Machtzentren, unter anderem auch bedingt durch die weitere Besiedlung des Landes mit verschiedenen Volksgruppen. Allein in Kantipur (Kathmandu) gab es zwölf, in Lalitpur (Patan) gar 24 Herrschaftsbereiche. Ungeachtet aller Zerfallserscheinungen des zentralen Königtums schien die Kultur der Licchavi-Zeit weiterzuleben.

In jene Zeit fiel ein weiteres wichtiges Ereignis nepalesischer Historie: die Einführung des Kalenders Nepal Sambat. Er wurde am 20. Oktober des Jahres 879 nach Christus durch ein

Statue des Nationalhelden Shankhadhar Sakhwa

königliches Dekret mit einer Opferzeremonie im hinduistischen Heiligtum Pashupatinath in Kraft gesetzt und ist für manche Angehörige des Volkes der Newar noch heute relevant. Eine alte Überlieferung erzählt dazu: »Der Händler Shankhadhar Sakhwa kaufte eine große Menge Sand aus dem heiligen Fluss Bagmati und verwandelt diesen mit alchemistischen Mitteln in Gold. Mit diesem Gold bezahlte er die Schulden aller Einwohner des Landes, linderte so eine große Not, und eine neue Zeitrechnung begann.« Shankhadhar Sakhwa zählt in Nepal seit 1999 zu den Nationalhelden.

Nachdem der Nepal-Sambat-Kalender 888 Jahre lang in Gebrauch war, wurde seine Benutzung 1903 zugunsten des Kalenders Bikram Sambat verboten. Bikram Sambat richtet sich nach den Mondphasen und ist dem Gregorianischen Kalender 56,7 Jahre voraus, das neue Jahr beginnt Mitte April. Höchst aktuell sei hierzu angemerkt, dass der Ministerrat Nepals am 25. Oktober 2011 eine dreiköpfige Kommission mit der Untersuchung beauftragte, ob der Nepal-Sambat-Kalender wieder als offizieller Kalender Nepals gelten solle. Bezeichnenderweise feierte man in Nepal zwei Tage später, am 27. Oktober, zum Ende des traditionellen Tihar-Festes, den Beginn des neuen Nepal-Sambat-Jahres 1132 so ausgiebig wie lange nicht. Dass die Wiedereinführung eines über 1000 Jahre alten Mondkalenders mit 354 Tagen im Jahr, der alle drei Jahre zum Ausgleich eines 13. Monats bedarf, Nepals weitere Entwicklung und die internationale Zusammenarbeit voranbringen wird, ist zu bezweifeln.

Das älteste erhaltene Bauwerk des Landes: der Changu-Narayan-Tempel

Die Malla-Dynastie

In der Zeit um das Jahr 1200 tauchte eine neue Dynastie im Kathmandu-Tal auf – die der Malla. Mit vielen anderen Menschen flüchteten die Malla vor den in Nordindien marodierenden islamischen Heeren hierher. Damit begann die sogenannte Zeit der Malla-Könige.

Ari Malla (1200–1216) übernahm die Macht und begründete die Dynastie, die bis zum Jahr 1768 regieren sollte. Zu Beginn des 14. Jahrhunderts erlitt das Tal etliche Invasionen, am verheerendsten waren die Plünderungen und Brandschatzungen nach dem Einfall muslimischer Truppen unter Sultan Shamsuddin Ilyas Shah. Er hatte ein geeintes Bengalen geschaffen, das er nun zu erweitern suchte. So drang er bis nach Kathmandu und zum Dudh Koshi vor. Beinahe alle erhaltenen Licchavi-Paläste wurden, ebenso wie sämtliche Tempel des Tales, zerstört. Nur die Anlage von Changu Narayan blieb unversehrt – versteckt in den Hügeln des Tales, wurde sie nicht gefunden. Das erklärt, warum Changu Narayan das älteste original erhaltene Bauwerk des Landes ist und sich weiter keine Gebäude finden lassen, die früher als auf das 15. Jahrhundert datiert werden können.

Viele Fürsten flohen in dieser Zeit aus dem Tal und gründeten im fernen Westen und im Westen des Landes kleine neue Reiche. Es ist bekannt, dass es ein Malla-Königreich Jumla gegeben hat, das im Norden bis in das heutige Tibet und im Süden bis nach Indien reichte.

In jenen turbulenten Zeiten gelang es Jaya Sthiti Malla (1381–1392), die Basis des Landes neu zu erschaffen. Er begann mit einer unerbittlichen Hinduisierung und setzte diese mittels einer neuen Kasten-Gesetzgebung auch durch. Er wandelte die bis dato offene Gesellschaft in eine in sich geschlossene, streng gegliederte Kasten-Gesellschaft um. Jaya Sthiti Malla gilt somit als Initiator einer neuen nepalesischen Nation. Die buddhistischen Newar wurden in dieses neue System integriert, wobei die buddhistischen Mönche den hinduistischen Brahmanen gleichgesetzt wurden.

Unter einem seiner Nachfolger, dem Jaya Yaksha Malla (1428–1482), dehnte das Reich seine Grenzen bis nach Nordindien aus. Er festigte die Strukturen, die seine Vorfahren geschaffen hatten. Nach ihm jedoch zerfiel das Reich wieder. Zwar hatte er verfügt, dass seine Tochter und seine sechs Söhne gemeinsam in Bhaktapur regieren sollten, aber sein vom Ehrgeiz getriebener Sohn Jaya Ratna Malla durchkreuzte die väterlichen Pläne. Nachdem er, angeblich durch eine List, seinem Vater auf dem Sterbebett die Formel für die Anrufung der Göttin Taleju, der Beschützerin der Dynastie, entrissen hatte (diese Formel wurde traditionell nur dem ältesten Sohn bekannt gegeben), forderte er sein Recht auf Kathmandu. Im Jahr 1484 erstürmte er die Stadt. So zerfiel das kaum geeinte Reich erneut in drei verschiedene Königreiche: Bhaktapur, Patan und Kathmandu.

Die anderen Fürsten auf dem Land hingegen regierten ihre Kleinstaaten als absolute Souveräne auf nepalesischem Boden. So gab es zum Beispiel einen Magar-König in Palpa (heute einer der 75 Distrikte des Landes), ein sogenanntes Chaubise-Reich in Zentralnepal und das Baisi-Reich an der heutigen Westgrenze Nepals.

Bauwerke der Malla-Zeit: Tempel in Patan

Drei Königreiche

Bis zur erneuten Einigung des Landes im Jahre 1867 wurde die Geschichte nun von der Rivalität der drei Königshäuser, die in allen Bereichen des Lebens miteinander konkurrierten, geprägt. Dieser Rivalität und dem daraus resultierenden Wettbewerb um die schönste Stadt und die prachtvollsten Bauwerke entsprangen die herausragenden Kunstwerke, die wir heute im Kathmandu-Tal bewundern können.

Die Geschichte der Malla ist also ebenso eine Geschichte der Künste. Unzählige Tempel, Pagoden und Heiligtümer entstanden unter den geschickten Händen newarischer Baumeister und Schnitzkünstler. Das Kathmandu-Tal gelangte in dieser Epoche zu Reichtum und Wohlstand, vor allem auch, weil es nach wie vor ein wichtiger Umschlagplatz auf der alten Handelsroute von Tibet nach Indien war. Aufgrund der Einnahmen aus Wegezöllen, aber auch durch die Herstellung und den Verkauf von Waren für das Ausland, wuchs der Wohlstand im Tal. Ein wichtiger Partner dabei war Tibet, für das unter anderem die Münzen geprägt und Bronzefiguren für die Klöster des Landes hergestellt wurden.

Wenn die drei Reiche auch in einem erbitterten Widerstreit standen, so bekundeten sie nach außen immer ihre Verbundenheit. Bei großen Festen und wichtigen Feierlichkeiten traten alle drei Könige gemeinsam auf. Und dennoch, die andauernden inneren Rivalitäten im Königshaus schwächten die drei Königreiche zunehmend, sie waren bald außerstande, das gesamte Land unter ihrer Kontrolle zu halten. Nepal zerfiel in der Folge in Klein- und Kleinststaaten. Der letzte Malla in Kathmandu, Jaya Prakash Malla, bestieg im Jahr 1734 den Thron und regierte mit einer kurzen Unterbrechung bis zu seinem Tod und dem Ende der Dynastie im Jahr 1768. Die Mallas hatten wohl den kraftvollen Aufstieg des Prinzen aus Gorkha, Prithvi Narayan Shah, übersehen oder falsch eingeschätzt.

Das Königreich Nepal

Die Geschichte des ›modernen‹ und vereinten Königreichs Nepal beginnt mit der Einnahme von Kathmandu durch Prithvi Narayan Shah im Jahr 1768. Der Grundstein dazu wurde aber schon früher gelegt. König Prithvi Narayan Shah übernahm im Jahr 1743 den Thron von seinem Vater, König Nara Bhupal Shah, in Gorkha. Er beabsichtigte, das Gebiet seines Reiches zu erweitern, die kleinen Königreiche und Fürstentümer zu erobern und sie zu einer starken Nation zu vereinen. Zuerst eroberte er im Jahr 1744 Nuwakot, zwischen Gorkha und dem Kathmandu-Tal gelegen. Einige Jahre später hatte er auch die strategisch wichtigen Hügel um das Tal eingenommen und kontrollierte somit die Handelswege, was die drei Königreiche im Tal von der Außenwelt abschnitt. Nachdem er dann auch den schon lange anhaltenden Konflikt mit Lamjung zu seinen Gunsten entscheiden konnte, rückte er auf Kiritpur vor. Zweimal wurde er zurückgeschlagen, 1767 gelang ihm schließlich die Einnahme der Stadt. Am 26. September 1768, als die Menschen in Kathmandu mit ihrem König Jaya Prakash Malla das Indra-Jatra-Fest feierten, überfielen die Gurkhas mit einen Blitzangriff die Stadt und nahmen sie ein. Es heißt, die Einwohner von Kathmandu wären zum Zeitpunkt des Überfalls viel zu betrunken gewesen, um sich zu verteidigen. Der Malla-König floh in den Taleju-Tempel und später nach Patan. Nur wenige Tage darauf griffen die Gurkhas auch Patan an und eroberten es ebenfalls. Nun floh der Herrscher von Patan, Tej Narasimha Malla, zusammen mit Jaya Prakash Malla und den Familien zum letzten herrschenden Verwandten nach Bhaktapur. Zusammengedrängt in einer Stadt, konnten sich die

Prithvi Narayan Shah *Jaya Prakash Malla*

drei Malla-Könige noch ein Jahr halten, ehe Prithvi Narayan Shah am 12. November 1769 auch Bhaktapur in sein Reich eingliederte. Dies nun war der Beginn der Shah-Dynastie und eines vereinten Groß-Königreiches Nepal.

Nicht nur durch seine Eroberungen, auch durch seinen Regierungsstil schuf Prithvi Narayan Shah die Basis für ein stabiles unabhängiges Land. Er führte eine ordentliche Verwaltung und eine solide Finanzpolitik ein. Um die heimische Wirtschaft zu stärken, erließ er ein Einfuhrverbot für ausländische Waren. Er förderte das Handwerk und die Kunst und bewies mehrfach politische Weitsicht. Aus Furcht vor der wachsenden Macht der Briten in Indien verbot er jegliche christliche Missionierung in Nepal. Von ihm stammte der Spruch: ›Mit der Bibel kommt das Bajonett, mit dem Händler kommt die Muskete.‹ Ihm war bewusst, dass sein Land, eingeklemmt zwischen China und Britisch-Indien, klug sein und diplomatisch handeln musste, um seine Souveränität zu erhalten. So schottete er das Land so gut es ging ab, setzte auf enge Beziehungen zu China und verhielt sich den Briten gegenüber freundschaftlich. Die Leitlinien seiner Außenpolitik, Blockfreiheit und friedliche Koexistenz, gelten noch heute in Nepal. Im Jahr 1775 starb er 52-jährig. Das Staatsgebiet umfasste zum Zeitpunkt seines Todes etwas mehr als ein Drittel des heutigen Nepal.

Nepal bis 1972

In den folgenden Jahrzehnten erweiterte Nepal mit der Armee von Gurkha-Kriegern sein Territorium weiter, bis ihm im Norden von den Chinesen während der Tibet-Kriege 1788 bis 1792 Einhalt geboten wurde. Diese Nepal-Tibet-Kriege verschoben den geplanten Angriff auf das Königreich Garhwal. Erst im Jahr 1803 wurde der König von Garhwal, Pradyuman Shah, geschlagen und sein Reich annektiert. Auch im Westen wurde der Herrschaftsbereich ausgedehnt

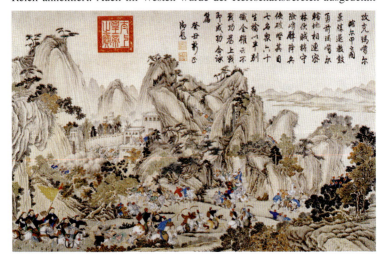

Zeitgenössische Darstellung einer Schlacht im Tibet-Krieg

und reichte teilweise bis nach Kangra. Allerdings wurden die nepalesischen Truppen mithilfe des Staates Punjab 1809 bis zum Fluss Sutlej zurückgedrängt. In der Folge kam es von 1814 bis 1816 zum Krieg mit den Briten. Einer Übermacht von indischen Kämpfern, gemeinsam mit den Truppen der British East India Company, gelang es nach zähem Kampf, die Gurkhas aus den Tiefebenen Indiens zu vertreiben. Nepal musste 1816 dem Friedensvertrag von Sagauli zustimmen. Mit dem Vertrag trat Nepal unter anderem Garhwal im Westen und Sikkim im Osten an Britisch-Indien ab. Im Zuge dieses Vertrages machten sich die Engländer Nepal zum Verbündeten. Nepal behielt seine Unabhängigkeit – als einziges Land im südasiatischen Raum – und stellte fortan Gurkha-Kämpfer für die britische Armee zur Verfügung.

Tribhuvan Bir Bikram Shah

Die Gurkhas, von deren Unerschrockenheit und Kampfkraft die Briten schwer beeindruckt waren, bildeten bald zehn Bataillone. Die Gurkhas entstammten verschiedenen Völkern, oft aber waren es Magar oder Gurung.

Auch in der jüngeren Vergangenheit wurden Gurkhas für die britische Armee rekrutiert. So kämpften im Ersten Weltkrieg etwa 60 000 und im Zweiten Weltkrieg 250 000 nepalesische Soldaten in 45 Bataillonen für die britische Armee. Der Mythos der unerschrockenen Gurkhas lebte 1982 im Falkland-Krieg zwischen Argentinien und England erneut auf.

Obwohl Prithvi Narayan Shah den Grundstein für ein stabiles Königreich Nepal gelegt hatte, begann bald der Rückgang der königlichen Macht zugunsten anfänglich mehrerer Adelsfamilien. Morde waren im Zentrum der Macht an der Tagesordnung, und am Hofe löste eine Intrige die andere ab. Alle Premierminister zwischen 1769 bis 1846 wurden ermordet. Im Jahr 1846 übernahm eine Erbdynastie von Staatsministern, die sogenannten Ranas, die Regierung. Dem König blieb nur mehr eine repräsentative Rolle.

Erst im Jahr 1951 konnte er mit der Hilfe und Unterstützung Indiens die Rana-Herrschaft verdrängen. Die Zeit des ›modernen‹ Königtums brach in Nepal an, gleichzeitig mit der Unabhängigkeit Indiens von England. Der Nepali National Congress (heute die Nepali-Kongress-Partei) wurde 1947 gegründet. Der König Tribhuvan Bir Bikram Shah unterstützte die gegen das Rana-Regime kämpfende nepalesische Opposition im Land. Am 6. November 1950 musste er nach einem Überfall auf seine Leibwache in der indischen Botschaft Asyl beantragen. Die Rana-Herrscher setzten daraufhin seinen vierjährigen Enkel Gyanendra, der noch einmal König werden sollte, auf den Thron. Indien erreichte in Verhand-

Ministerpräsident Bishweshwar Prasad Koirala (rechts) mit Ben Gurion 1960

lungen mit den Ranas die ungehinderte Ausreise Tribhuvans aus Nepal und gewährte ihm Asyl. Mithilfe der indischen Regierung und einer großen Anzahl an Kämpfern, die die Führer des Nepali-Kongresses hinter sich bringen konnten, kehrte Tribhuvan am 15. Februar 1951 nach Kathmandu zurück und bereitete dem Rana-Regime ein Ende. Er verkündete die konstitutionelle Monarchie nach englischem Vorbild und versprach, demokratische Verhältnisse zu schaffen. In der Folgezeit überwachte Tribhuvan die Bildung einer demokratischen Regierung in Nepal. Er starb 1955 in Zürich, wo er medizinisch versorgt worden war. Aber schon sein Nachfolger, Mahendra Bir Bikram Shah, stellte die absolute königliche Macht wieder her. Er entließ den bei der ersten Wahl in Nepal gewählten Ministerpräsidenten Bishweshwar Prasad Koirala, der schon mit Gandhi und Nehru in Indien gekämpft hatte, als dieser versuchte, alle Ministerien unter seine Kontrolle zu bringen. 1960 löste er Parlament und Regierung auf und steckte Koirala und seine Anhänger für Jahre ins Gefängnis. Er führte 1961 das Panchayat-System ein, das bis 1990 gültig war. Freie Wahlen gab es darin nur auf den Gemeindeebenen, in denen der ›Bürgermeister‹ von den jeweiligen Einwohnern gewählt wurde. In der Verfassung von 1962 steht geschrieben: »Die Souveränität Nepals liegt im Königtum begründet, und alle Gewalt – Exekutive, Legislative und Rechtsprechung – geht von ihm aus.«. Die Bevölkerung war praktisch vom politischen Leben ausgeschlossen. Nach dem Tod Mahendras folgte ihm im Januar 1972 sein ältester Sohn auf den Thron.

König Birendra

Birendra Bir Bikram Shah übernahm zunächst das System seines Vaters. Doch Birendra, mit westlicher Bildung ausgestattet, kümmerte sich um eine Reihe lokaler Probleme. Im Jahr 1979 ließ er die Bevölkerung über die weitere Existenz des Panchayat-Systems abstimmen. Mehr als 55 Prozent der damals Wahlberechtigten stimmten für das alte System. Politische Parteien waren noch verboten, aber verschiedene Volksgruppen sowie Arbeiter- und Frauenorganisationen stellten 1981 ihre Vertreter für die Wahl zum Nationalrat auf. 1985 kam es bei Demonstrationen vor dem Palast zu Bombenanschlägen. Im Februar 1990 kündigte die seit 1960 verbotene Nepali-Kongress-Partei eine Massendemonstration zur Abschaffung des Panchayat-Systems an, in deren Folge Verhaftungen zu blutigen Volksaufständen mit hunderten von Toten führten.

König Birendra war nun gezwungen, das Panchayat-System zu beenden, ein Mehrparteiensystem einzuführen. Im November 1990 gab der König eine neue Verfassung bekannt, in der er zur konstitutionellen Monarchie von König Tribhuvan zurückkehrte und seine eigene Macht stark beschränkte. Im Mai 1991 fanden erstmals nach 32 Jahren wieder freie Wahlen statt. Gewinner war die Nepali- Kongress-Partei. Doch schon 1994 übernahmen die Kommunisten die Macht. Eine Zeitspanne häufiger Regierungswechsel folgte, Korruption und Vetternwirtschaft waren (und sind es zum Teil auch heute noch) an der Tagesordnung. Die Kluft zwischen wenigen Reichen in der Stadt und der bettelarmen Landbevölkerung wurde größer. Im Jahr 1996 begannen bürgerkriegsartige bewaffnete Auseinandersetzungen, die von der maoistischen Untergrundbewegung ausgingen, die ihrerseits vom Westen her große Teile des Landes unter ihre Kontrolle brachte. In dieser schwierigen Zeit gewann der König wieder an Bedeutung und wurde erneut zur Führungskraft im Lande. Die Bevölkerung war völlig verunsichert. Einerseits sympathisierte sie mit den Maoisten, andererseits fürchtete sie die Gewalt, die von ihnen ausging. So habe ich es auf meinen zahlreichen Reisen, vor allem im Westen des Landes, auch immer wieder selbst erlebt und beobachtet.

Birendra versuchte in dieser Zeit, zwischen den Fronten zu vermitteln. Sicher war er der beliebteste König in seinem Land. König Birendra und der größte Teil der Königsfamilie wurden am 1. Juni 2001 unter mysteriösen Umständen – in einem bis heute nicht aufgeklärten Massaker – im Königspalast ermordet. Der mutmaßliche Täter, Kronprinz Dipendra, wurde daraufhin zum König ausgerufen, starb aber drei Tage später an den Folgen seiner vermutlich selbst zugefügten Verletzungen, ohne aus dem Koma aufgewacht zu sein.

Parlamentsgebäude in Kathmandu

Das Ende der Monarchie

Nachdem die Königslinie fast komplett ausgelöscht wurde, bestieg Gyanendra am 4. Juni 2001 zum zweiten Mal den Thron. Das Ende der Shah-Dynastie war damit eingeläutet. Die dem 1. Juni 2001 folgenden anhaltenden Unruhen veranlassten König Gyanendra zur Ausrufung des Notstandes im November desselben Jahres. Im Mai 2002 löste Premierminister Shaer Bahadur Deuba das Parlament auf und wurde vom König abgesetzt. Damit lag nach 22 Jahren wieder alle Macht in den Händen des Königs.

Die Unruhen im Land, die mit dem schrecklichen Massaker im Königspalast begonnen hatten, ebbten nicht ab. Die nach der Ausrufung des Notstandes durch den König eingesetzte Regierung und seine absolute Machtübernahme waren verfassungswidrig. Seit 2001 setzte der Staat nun das Militär gegen die maoistischen Rebellen ein. Die Folge waren bürgerkriegsartige Zustände in einigen Teilen des Landes. Erstaunlicherweise wurden Touristen, die das Land besuchten, zu keinem Zeitpunkt in diese Kämpfe verwickelt. Darauf achteten sowohl die Maoisten als auch Polizei und Armee. Gleichwohl kam es zu Einschränkungen und Beeinträchtigungen im Tourismus. Mir selbst wurde einmal – mit vorgehaltener Waffe der ›Solidaritätsbeitrag‹ für die Maoisten abgerungen. Am Vorabend hatte ich mich nach langer Diskussion mit dem örtlichen Maoisten-Vertreter geweigert, den Betrag für ›meine‹ Gruppe zu entrichten, so wurden wir dann am nächsten Morgen abkassiert. Die Beträge waren in den meisten Gebieten allerdings für europäische Verhältnisse recht gering – ein Kinobesuch in Deutschland kostet mehr. Mir aber ging es um das Prinzip (→ S. 378).

Die Gesamtsituation im Land führte zu drastisch sinkenden Touristenzahlen vor allem in den Jahren 2002 bis 2004. Weil die Einnahmen aus dem Tourismusgeschäft ausblieben, musste Nepal erhebliche finanzielle Verluste hinnehmen. Zu Beginn des Jahres 2003 vereinbarten die Maoisten und der Staat einen

Maoisten-Plakat im Jahr 2000

Waffenstillstand. Beide Parteien waren sich darüber einig geworden, dass keine von ihnen in der Lage sein würde zu gewinnen. So wurden Verhandlungen aufgenommen. Doch schon bald, nach einer Schießerei, bei der 17 Rebellen den Tod fanden, kündigten die Maoisten im August 2003 den Waffenstillstand auf, verstärkten ihre Aktivitäten wieder und konnten weitere Gebiete des Landes unter ihre Kontrolle bringen.

Im Jahr 2004 sollten die Vertreter von fünf Parteien einen gemeinsamen Premier benennen. Dies misslang, weil jede Partei den Posten für sich beanspruchte. Daher setzte der König erneut Shaer Bahadur Deuba als Ministerpräsidenten ein. Deuba sollte nun eine Mehrparteienregierung auf die Beine stellen und für April 2005 allgemeine Wahlen ansetzen. Die Hoffnung, dass es in Kathmandu wieder ruhiger würde, erfüllte sich leider nicht. Die Nepali-Kongress-Partei und auch die Maoisten waren nicht an der Regierung beteiligt. Obwohl die Maoisten Gesprächsbereitschaft signalisierten unter der Bedingung, dass sich die Regierung mit deren Forderungskatalog auseinandersetzte, kam es nicht zu neuen Verhandlungen. Am 1. Februar 2005 setzte König Gyanendra die Regierung erneut ab und ernannte sich selbst zum absoluten Machthaber. Dabei wandelte er den bisherigen Notstand in einen Ausnahmezustand um – ebenfalls verfassungswidrig. Jegliche Demokratie in Nepal war somit abgeschafft. Bereits Ende April 2005 musste der König den Ausnahmezustand auf Druck aus dem Ausland wieder aufheben. Das bedeutete, dass es nicht mehr zu willkürlichen Verhaftungen demokratischer Kräfte unter Berufung auf den Ausnahmezustand kommen konnte.

Ringen um Demokratie

Die Maoisten hatten mittlerweile beinahe zwei Drittel des Landes unter ihrer Kontrolle, als sie am 3. September 2005 einen einseitigen Waffenstillstand, befristet auf drei Monate, verkündeten. Der Vorsitzende der Maoisten, Pachandra, wandte sich zudem an die Vereinten Nationen mit der Bitte um Hilfe, die Generalsekretär Kofi Annan auch zusagte. Die Zeichen für eine politische Lösung standen so gut wie selten zuvor. Immerhin hatten sich die Maoisten mit den sieben wichtigsten Parteien des Landes (Sieben-Parteien-Allianz) auf ein gemeinsames Programm zur Einführung der Demokratie und von Wahlen zu einer Verfassunggebenden Versammlung geeinigt. Sollte das gelingen, würden sie ihre Waffen vollständig abgeben. Selbst der Präsident der Vereinigten Staaten von Amerika mischte sich ein. George W. Bush mahnte den König, den Prozess zur Bildung einer demokratischen Regierung einzuleiten, doch dieser versprach lediglich Lokal- und Parlamentswahlen, was sowohl der Sieben-Parteien-Allianz als auch den Maoisten zu wenig war. In der Folge kam es im Zeitraum von Januar bis April 2006 (die Maoisten kündigten erneut ihren Waffenstillstand auf) immer wieder zu Unruhen, angesagten und abgesagten Streiks, Straßensperren und Blockaden. Der April 2006 wurde ereignisreich: Am 22. demonstrierten trotz Ausgangssperre in Kathmandu über 200 000 Menschen, am 28. wurde das Parlament, das Gyanendra vor vier Jahren aufgelöst hatte, wieder eingesetzt, am 30. vereidigte der König den 84-jährigen Girija Prasad Koirala zum neuen nepalesischen Ministerpräsidenten. Koirala sah es als seine wichtigste Aufgabe an, die

Maoisten-Demonstration am 1. Mai

maoistischen Rebellen zu integrieren und zu neuen Friedensgesprächen zu bewegen. Die Maoisten ihrerseits boten eine erneute Waffenruhe an, um das Zustandekommen einer neuen Verfassung zu befördern, sofern sie an der Macht beteiligt würden.

Am 18. Mai 2006 verkündete der Premierminister Girija Prasad Koirala eine Proklamation, in der die Macht des Königs erheblich beschnitten wurde. So wurde zum Beispiel bei allen Namensgebungen das ›Royal‹ wegradiert: also hieß es fortan ›Nepal Government‹ anstelle ›Royal Nepal Government‹. Selbst auf den Geldscheinen verschwand der König und wurde durch eine Blüte ersetzt. Es folgte eine Zeit langer und zäher Verhandlungen zwischen Regierung und Maoisten. Im November 2006, nach siebenmonatigem Ringen, unterzeichneten die Maoisten und die Regierung Kathmandu endlich das Friedensabkommen, in dem festgelegt war, dass die Maoisten an der Regierung und bei der Ausarbeitung einer neuen Verfassung beteiligt würden. Damit war der Aufstand der Maoisten nach etwas mehr als zehn Jahren offiziell beendet. Etwa 17 000 Menschen hatten in diesen Kämpfen ihr Leben verloren.

Im Januar 2007 zogen 73 maoistische Abgeordnete in das Parlament ein. Eine weitere Runde politischen Ringens und Verhandelns folgte, in der jeder seinen Machtanspruch zu behaupten suchte. Definitiv wurde die Monarchie abgeschafft. Ein neues Staatswappen und eine neue Nationalhymne wurden eingeführt, der Grundbesitz des Königs verstaatlicht. Ihm blieb lediglich der Besitz, über den er bereits vor der Thronbesteigung verfügt hatte. Landesweite Wahlen zu einer Verfassunggebenden Versammlung wurden ausgeschrieben und immer wieder verschoben, bis sich schließlich die Maoisten veranlasst fühlten, aus der Übergangsregierung auszutreten. Sie kündigten an, das öffentliche Leben lahmzulegen, auch andere Parteien und Gruppen planten Proteste. Endlich kam es am 23. Dezember 2007 zu einer Einigung: Die regierenden sechs Parteien und die Maoisten einigten sich darauf, dass das Übergangsparlament das bisherige Königreich Nepal in eine Republik umwandelte und dies in einer entsprechenden Resolution erklärte. Mitte April 2008 sollte die Republik mit der Wahl zur Verfassunggebenden Versammlung auch formal betätigt werden. Daraufhin waren die Maoisten bereit, sich wieder an der Regierung zu beteiligen. Das politische Tauziehen endete am 11. Januar 2008 mit der Bekanntgabe des Termins für die Wahlen zur Verfassunggebenden Versammlung: Diese sollten am 10. April 2008 stattfinden. König Gyanendra gab zu alldem keinerlei Kommentar ab.

Die Demokratische Bundesrepublik Nepal bis heute

Die Wahl am 10. April 2008 verlief überwiegend friedlich. Etwa 65 Prozent der Wahlberechtigten nahmen an der Wahl teil. Zwar waren die Maoisten Wahlsieger mit den meisten Stimmen, sie waren stärkste Kraft in der Verfassunggebenden Versammlung, doch mit 220 Sitzen erreichten sie nicht die absolute Mehrheit und waren auf Koalitionspartner angewiesen. Mitte Mai war die Bildung der Regierung noch immer umstritten. Sowohl die Maoisten als stärkste Partei als auch der Nepali-Kongress wollten den Premierminister stellen. Am 26. Mai 2008 wurde Nepals Verfassunggebende Versammlung vereidigt. Die neuen Abgeordneten des Vielvölkerstaates legten den Eid in mehr als 40 Sprachen ab. Die Versammlung fungierte gleichzeitig als Übergangsparlament. Nepal verfügte über ein Parlament mit einem vermutlich weltweit einzigartigen Phänomen: In ihm saßen Abgeordnete, die weder lesen noch schreiben konnten. Die Verfassunggebende Versammlung wurde am 28. Mai eröffnet, mit mehr als 600 Sitzen, in ihr waren alle Volksgruppen, Parteien und nationalen Minderheiten vertreten. Es gab sogar zwei Abgeordnete der ›Blue Diamond Association‹, die die Homosexuellen des Landes vertraten.

Am 29. Mai 2008 wurde die Demokratische Bundesrepublik Nepal ausgerufen. In ihrer ersten Amtshandlung wurden die Abschaffung der Monarchie und die Ausrufung der Republik Nepal beschlossen. Der 29. Mai wurde zum ›Tag der

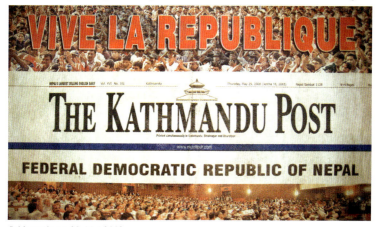

Schlagzeile am 29. Mai 2008

62 Geschichte und Gegenwart

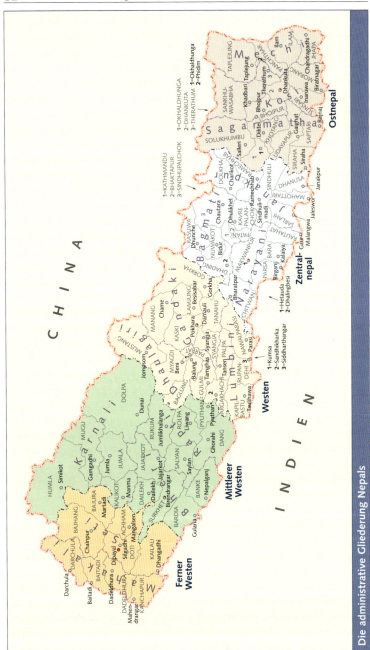

Die administrative Gliederung Nepals

Die Demokratische Bundesrepublik Nepal bis heute

Republik‹ proklamiert. Der König, zu einem gewöhnlichen Bürger geworden, erhielt eine Frist von 15 Tagen, um seinen Palast zu räumen. Ex-König Gyanendra und seine Familie zogen am 11. Juni aus dem Königspalast in die frühere Sommerresidenz Nagarjun am Rand von Kathmandu. Der ehemalige Königspalast ist heute ein Museum.

Die nun folgende Regierungsbildung und die Wahlen des Präsidenten und des Ministerpräsidenten gestalteten sich wieder langwierig und schwierig, wie wir es aus Nepal schon kennen. Die Maoisten wollten beide Posten, die anderen ließen das nicht zu. Als der Kandidat der Maoisten bei der Präsidentschaftswahl in einer Stichwahl am 21. Juli unterlag und der Generalsekretär der Kongress-Partei, Ram Baran Yadav, erster Präsident Nepals wurde, wollten die Maoisten, obwohl deren Vorsitzender Pachandra als designierter Ministerpräsident galt, sich an der Regierungsbildung nicht mehr beteiligen und zogen sich aus der Verantwortung zurück. Wieder vergingen Wochen, in denen nur verhandelt, aber keine der dringenden Aufgaben im Land angegangen wurde.

Am 15. August 2008 wählte die Verfassunggebende Versammlung endlich doch den Maoisten-Chef, Pushpa Kamal Dahal, genannt Prachanda, zum neuen Premierminister. Er regiert nun mit den Stimmen seiner eigenen Maoistischen Partei (Communist Party of Nepal/CPN-M), denen der moderaten Kommunisten (Communist Party of Nepal/United Marxist Leninist/UML) und der Madhesi-Volkspartei aus dem Terai (Madhesi People's Rights Forum/MPRF).

Die Bevölkerung hoffte, dass die Verfassunggebende Versammlung nun endlich an die Arbeit ginge. Ein Entwurf für die neue Verfassung sollte eigentlich am 28. Mai 2010 von der Versammlung öffentlich bekannt gegeben werden. Dieser Termin wurde nicht eingehalten. Zu groß waren die Meinungsverschiedenheiten im Parlament und zu instabil die Regierungen. Auf den ersten Ministerpräsidenten Prachanda, der schon am 4. Mai 2009 zurücktrat, folgte mit Madhav Kumar Nepal von der CPN-UML (die Maoisten hatten bei der Wahl keinen Kandidaten benannt) der zweite. Er musste auf Druck der maoistischen Opposition bereits im Juni 2010 das Amt niederlegen. Nach siebenmonatiger Vakanz des Postens folgte ihm Jhala Nath Khanal, wiederum von der CPN-UML. Als er sein erfolgloses Bemühen um eine neue Verfassung erkennen musste, trat er im August 2011 zurück.

Ende August wurde mit Baburam Bhattarai von den Maoisten der vierte Premierminister in vier Jahren gewählt. Er war während des zehnjährigen maoistischen Aufstandes der Stellvertreter von Prachanda. Bhattarai hat an der Tribhuvan-Universität in Kathmandu und an der Jawaharlal-Nehru-Universität in Neu-Delhi Architektur studiert. Er ist der vielleicht beliebteste Politiker in Nepal und gehört dem gemäßigten Flügel der Maoisten an. Er gibt sich sehr volksnah und beansprucht, ganz anders als viele seiner Vorgänger, keine besonderen Privilegien für sich. So erzählt man sich auf den Straßen von Kathmandu, dass er sich sein Auto in Nepal zusammenbauen ließ. Jedenfalls fährt er keine teure Luxuslimousine. Wenn er auf den Straßen unterwegs ist, werden diese für ihn nicht gesperrt, er nimmt am ›normalen‹ Straßenverkehr teil. Seine Volksverbundenheit und die Tatsache, dass er bisher alles in seinem Leben erreichte, was er sich vorgenommen hatte – so sagen es jedenfalls die Einheimischen –, erfüllt die

Bevölkerung mit der Hoffnung, dass ihm gelingt, was er selbst als sein vordringlichstes Anliegen benennt: »Meine wichtigsten Aufgaben sind die Vollendung des Friedensprozesses und die Ausarbeitung der Verfassung.«

Die großen Erwartungen, die die Bevölkerung in Dr. Baburam Bhattarai als Premierminister des Landes gesetzt hatte, konnte er leider nicht erfüllen. Das lag wohl in erster Linie daran, dass er die geplanten Änderungen in der Koalitionsregierung nicht durchsetzen konnte. Seine Regierung wurde von den Nationalisten im Land als zu sehr ›pro-indisch‹ kritisiert, und es wird gemutmaßt, dass Indien versucht hat, einige der nepalesischen Politiker direkt im Sinne seiner Interessen zu beeinflussen.

Eine Verfassung konnte ebenfalls noch immer nicht zu Papier gebracht werden. Wohl waren und sind sich die vier Hauptparteien einig darin, dass die Verfassung und der auf den ethnischen Identitäten beruhende Bundesstaat nötig sind, aber über das ›Wie‹ gibt es wohl vier verschiedenen Ansichten. So verstrich auch der 22. November 2012 ohne eine neue Verfassung.

Im März 2013 trat die Regierung zurück. Nun wurde die liberale Kongress-Partei mit der Regierungsbildung beauftragt. Aber die Maoisten (die stärkste Kraft der letzten Wahlen) legten in deren Zuge oftmals ihr Veto ein. So dauerte es eine ganze Weile, ehe sich die aktuell vier führenden Parteien des Landes, Maoisten, UML-, Kongress-, und die Madheschi-Partei, auf eine Übergangsregierung unter Vorsitz von Khil Raj Regmi (er war seit 2011 Vorsitzender des Obersten Gerichtshofes) einigen konnten. Regmi übernahm die Regierungsgeschäfte am 14. März 2013. Als sogenannter Vorsitzender des Konzils der Minister ist er gleichzeitig auch für das Verteidigungs- und das Finanzministerium zuständig. Bis zu den angekündigten Neuwahlen im Juni 2013 sollte er der Regierung vorstehen. Da auch diese nicht stattfanden, ist er als Interimsstaatschef noch immer im Amt.

Die nächsten Neuwahlen zur Regierung und zur Verfassungsgebenden Versammlung sind nun für den 19. November 2013 angesetzt. Ob und mit welchem Ergebnis sie stattfinden werden, steht noch in den Sternen.

Politik und Wirtschaft heute

Der Staatspräsident Nepals ist Dr. Ram Baran Yadav. Nepals aktuelle Regierung setzt sich aus dem Premierminister, zwei Stellvertretenden Premierministern, 23 Ministern und 22 Staatsministern zusammen. Der aktuelle Premierminister wurde im vorhergehenden Kapitel schon kurz vorgestellt.

Dr. Ram Baran Yadav wurde am 4. Februar 1948 in Sapahi, im Distrikt Dhanusha, im Terai geboren. Er gehört der Volksgruppe der Madhesi an und erblickte als vierter Sohn eines Bauern das Licht der Welt. Nach dem Studium der Medizin im indischen Kalkutta promovierte er 1983 in Chandigarh. Während seines Studiums begann er sich politisch zu engagieren und trat 1967 der Nepali-Kongress-Partei bei. Er praktizierte als Chirurg in Janakpur und war unter anderem der private Arzt seines Förderers Bishweshwar Prasad Koirala, des ersten demokratisch gewählten Ministerpräsidenten Nepals (1959–1960). Im Jahr 1999 wurde Dr. Yadav zum Gesundheitsminister ernannt. Er ist seit 2006 der Generalsekretär

Landwirtschaft mit archaischen Mitteln

der Kongresspartei. Bei den Wahlen zur Verfassungsgebenden Versammlung im April 2008 wurde Yadav zum Abgeordneten von Dhanusha gewählt. Am 21. Juli 2008 wurde er im zweiten Wahlgang mit der Unterstützung mehrerer kleinerer demokratischer Parteien zum Präsidenten gewählt. Als Präsident Nepals nimmt er, ähnlich dem deutschen Bundespräsidenten, eine repräsentative Funktion wahr.

Die politische Situation

Noch immer ist der Friedensprozess – hierbei geht es vor allem um die Eingliederung und Rehabilitation der ehemaligen maoistischen Kämpfer in die Gesellschaft – nicht abgeschlossen. Fortschritte in diesem Prozess sind allerdings erkennbar. Ein Teil der Kämpfer hat eine Zahlung von einigen hunderttausend Rupies angenommen, um damit ein neues Leben zu beginnen. Die restlichen Angehörigen der ehemaligen Rebellentruppen sollen in Zukunft in die Staatsarmee eingegliedert werden.

Auch die Bemühungen um eine gültige Verfassung geraten immer wieder ins Stocken oder scheitern gar an der Vielzahl der Meinungen und sich widerstreitenden Auffassungen der im Parlament vertretenen Parteien.

Der Nationalfeiertag 2012 zum vierjährigen Jubiläum der Gründung der Republik am 28. Mai brachte dem Land keine guten Nachrichten. Die Frist zur Vorlage der neuen Verfassung lief wieder einmal ergebnislos aus. Erneut konnten sich die streitenden Parteien nicht auf einen gemeinsamen Text einigen. So musste auf Beschluss des Obersten Gerichtshofes Premierminister Bhattarai die Verfassungsgebende Versammlung auflösen und für den 22. November Neuwahlen ankündigen. Der Premier sagte in seiner Botschaft zum Nationalfeiertag: »Wir haben keine andere Option, als vor das Volk zu treten und eine neue Versammlung zu wählen, um die Verfassung zu vollenden.« Bleibt nur zu hoffen, dass es friedlich bleibt im Land und sich die jetzt und künftig Regierenden endlich der vollen Tragweite ihrer Verantwortung für das Land bewusst werden.

Das Scheitern der letzten Regierung unter Bhattarai und die Tatsache, dass der jetzigen Übergangsregierung viele pensionierte ehemalige Beamte angehören, sehen Beobachter in Nepal auch als ein Scheitern des Mehrparteiensystems an. Die politischen Probleme im Land sind also weiterhin ungelöst, und es gibt 33 Parteien, die mit der jetzigen Situation nicht einverstanden sind. Allen voran das sogenannte Baiddhya Team, eine radikale Splittergruppe der Maoisten. Sie kündigen an, die Wahlen im November 2013 zu boykottieren und rufen schon jetzt zu Demonstrationen auf die Straße. Das politische Desaster und das völlige Durcheinander der Zuständigkeiten im Land hat die schon immer große Korruption in ungeahnte Höhen katapultiert. Da die amtierenden Regierungen mehr mit sich selbst beschäftigt sind und zu einem guten Teil wohl auch in Korruptionsfälle verwickelt sind, gibt es aktuell keine Kraft im Land, die dagegen vorgeht.

Sollte die Wahl im November nicht stattfinden, besteht wohl die sehr große Gefahr, dass Nepal auf einen politischen Nullpunkt oder in die völlige Anarchie zurückfällt, und niemand weiß, wie die Zukunft der jungen Republik dann aussehen wird.

In diesem Zusammenhang ist es interessant zu beobachten, dass der ehemalige König Gyanendra auf seinen vielen Pilgertouren in der Öffentlichkeit zeigt, dass er noch immer eine große Anzahl von Anhängern hat und seine Präsenz in den Medien zur Zeit sehr groß ist.

Die Wirtschaft

Mit einem Jahreseinkommen von etwa 450 US-Dollar pro Kopf der Bevölkerung gehört Nepal zu den ärmsten Ländern der Erde. Damit nimmt das Land momentan den 147. Platz unter 179 Ländern der Welt ein. Die wirtschaftliche Entwicklung wird massiv durch die noch immer sehr schwach ausgebildete Infrastruktur, durch Mangel an Fachkräften, die instabile politische Lage und Inflation behindert. Die Vollendung des Friedensprozesses im Land und das Inkrafttreten einer Verfassung sind die grundlegenden Voraussetzungen, um bessere Rahmenbedingungen für die weitere wirtschaftliche Entwicklung zu schaffen.

Nepal lebt nach wie vor zu etwa 70 Prozent von der Landwirtschaft. Die in den letzten Jahrzehnten stark angestiegenen Bevölkerungszahlen haben dazu geführt, dass das Land gegenwärtig Lebensmittel importieren muss, um die Versorgung zu sichern. Noch in den achtziger Jahren des letzten Jahrhunderts hat Nepal Lebensmittel exportiert. Feldwirtschaft und Tierhaltung bringen heute den Familien auf dem Lande oftmals nicht genug ein, um das Lebensnotwendige zu erwirtschaften. Ständig steigende Preise für Nahrungsmittel, und die Naturkatastrophen der letzten Jahre sowie wetterbedingte Missernten verschlechtern diese Situation weiter.

Die wichtigsten Industrien in Nepal sind die Textil- und die Teppichindustrie, Betriebe, die Lebensmittel und Getränke herstellen, lederverarbeitende und Kunststoffindustrie und zum Teil auch die Baustoffindustrie (Ziegeleien). Die meisten dieser Industriezweige existieren als Kleinbetriebe und Manufakturen, die sich größtenteils im Terai, in Kathmandu und in dessen Umland ansiedelten. Die größten Hindernisse für die industrielle Entwicklung des Landes bestehen in der fehlenden Energieversorgung, den billigen Erzeugnissen der chinesischen und indischen Konkurrenz und dem kleinen Binnenmarkt – neben den oben genannten politischen Hemmnissen. Die meisten Devisen nimmt Nepal durch den sich wieder verstärkenden Tourismus ein, nicht zuletzt aber auch durch die Millionen von Nepalesen, die als Gastarbeiter in den Golfstaaten, Indien und Südostasien tätig sind.

Das Bildungswesen

Noch im Jahr 1952 betrug die Analphabeten-Rate in Nepal 98 Prozent. Dies verbesserte sich mit Einführung der Schulpflicht im Jahr 1975, doch trotz gesetzlich gefordertem Schulbesuch sind etwa zehn Prozent der Kinder, vor allem auf dem Land, in keiner Schule angemeldet. Die meisten von ihnen müssen den Familien auf den Feldern helfen, um deren Überleben zu sichern. Noch heute sind etwa 40 Prozent der Bevölkerung Analphabeten. Die Gründe dafür liegen in der Armut auf dem Land, dem mitunter katastrophalen Zustand der Schulen sowie dem Fehlen von Lehrmaterialien und ausgebildeten Lehrkräften. Fast immer sind die Klassen überfüllt – manchmal drängeln sich bis zu 70, 80 Schüler in einer Klasse. Von 100 eingeschulten Kindern erreichen im Durchschnitt nur zehn einen Abschluss. Dennoch steigt jährlich die Zahl der Hochschulstudenten – eine Entwicklung, der Nepals fünf staatliche Universitäten und mehrere private Bildungseinrichtungen zurzeit nicht gewachsen sind. Es ist verständlich, dass viele Schulabgänger aus wohlhabenden Familien zum Studium ins Ausland gehen.

Schulkinder im ostnepalesischen Dhoban

Das Gesundheitswesen

Die Entwicklung des schwach entwickelten Gesundheitswesens ist eine der Hauptherausforderungen der jungen Republik. Auf etwa eine Million Einwohner kommen in Nepal nur etwa 200 Ärzte. Vor allem auf dem Land ist die medizinische Grundversorgung völlig unzureichend. Die weiten Wege zur nächsten Behandlungsstelle sind durch die fehlende Infrastruktur oft nur in mehrtägigen Fußmärschen zu bewältigen. Seit den neunziger Jahren wird versucht, durch die Errichtung sogenannter ›Health Posts‹ ein Grundmaß an medizinischer Versorgung zu gewährleisten. Im Land am meisten verbreitet sind Magen- und Darmerkrankungen, Tuberkulose, Augenerkrankungen und parasitäre Erkrankungen. Die Kindersterblichkeit ist hoch, ebenso auch die Müttersterblichkeit bei der Geburt. Unterernährung ist noch immer anzutreffen, und etwa 50 Prozent der Nepalesen haben keinen Zugang zu Medikamenten. Die durchschnittliche Lebenserwartung beträgt ungefähr 63 Jahre.

Der Umweltschutz

Das Bewusstsein, dass die eigene Umwelt eines aktiven Schutzes bedarf, ist in der Bevölkerung noch kaum ausgeprägt. Es ist vorstellbar, dass, wer mit dem eigenen Überleben beschäftigt ist, keinen Blick für solche ›Nebensächlichkeiten‹ hat. Das Hauptproblem stellt meines Erachtens neben der Verschmutzung der Gewässer die weiterhin anhaltende Abholzung der Wälder und die mit ihr einhergehende Bodenerosion dar. Die ungebremste Abholzung hat ihre Ursache in der fehlenden Energieversorgung im Land. Noch immer werden etwa drei Viertel des Energiebedarfs mit Holz gedeckt. Da Nepal weder über Kohle noch über Erdöl oder Erdgas verfügt, kann Energie im Land umweltverträglich also nur mit Wasserkraft erzeugt werden – eine Ressource, die ein riesiges Potenzial darstellt. Das Gesamtpotenzial der zur Energiegewinnung zur Verfügung stehenden Wasserkraft in Nepal wird auf etwa 80 000 Megawatt geschätzt. Diese riesigen Ressourcen werden gegenwärtig nur zu einem halben Prozent zur Stromgewinnung genutzt. Das im Land vorhandene Wasser birgt also berechtigte Hoffnungen für Nepals Zukunft.

Eines der größten Probleme Nepals: die Abholzung der Wälder

Die Völker und Kasten Nepals

Die Bevölkerung Nepals setzt sich aus weit mehr als 100 verschiedenen Völkern, Rassen, Stämmen und Kastengruppen zusammen. Es existieren allein 59 näher beschriebene indigene Völker, die ebenso viele verschiedene Sprachen und Dialekte sprechen. In der ›Ethnologie der Weltsprachen‹ sind für Nepal 124 gesprochene Sprachen aufgeführt. Einige der Völker, die für die unglaubliche Vielfalt an Religionen und Kulturen in dem kleinen Himalaya-Staat verantwortlich zeichnen, sind vom Aussterben bedroht.

Die Volksgruppen Nepals lassen sich hauptsächlich zwei verschiedenen Ursprüngen zurechnen – den tibetobirmanischen, deren Vorfahren aus dem Norden stammten, und den indoarischen Völkern aus dem Süden. Darüber hinaus existieren auch austroasiatische Völker und weitere Volksgruppen, deren ethnische Beschreibung aufgrund der Verschmelzung mit anderen nicht oder nicht eindeutig definiert ist. Außerdem verleugneten in der Vergangenheit Angehörige mancher Ethnien ihre eigene Herkunft aus politischen und sozialen Gründen und gaben sich als anderen Völkern zugehörig aus, was mitunter zu falschen Angaben führt. Zum Beispiel haben sich viele der seit Jahrhunderten stark benachteiligten Tamang als Angehörige der etwas besser gestellten Magar ausgegeben und werden heute diesem Volk zugerechnet, obwohl sie eigentlich Tamang sind.

Für den ›Normaltouristen‹, der kein Ethnologe ist, ist es sehr schwer, die Völker am Aussehen der Menschen zu bestimmen. Manche erkennt man gut an ihrem auffälligen Schmuck. Die Limbu-Frauen zum Beispiel tragen große, breite Ringe in der Nase, die tibetischstämmigen Völker in den Bergen erkennt man leicht an der traditionellen Bekleidung, aber in Kathmandu einen Rai in Jeans und Hemd von einem Tamang in Jeans und Hemd zu unterscheiden, bleibt wohl den Experten vorbehalten.

Indigene Völker

Die indigenen Völker in Nepal, das ist nach Ansicht der NEFIN (Vereinigung indigener Völker Nepals) der Teil der Bevölkerung, der schon lange vor der Bildung der Königreiche von Gorkha und später des geeinten Nepal auf diesem Gebiet gesiedelt hat. Der Anteil der indigenen Völker an der Gesamtbevölkerung Nepals beträgt etwa 38 Prozent. Zu diesen Völkern gehören die folgenden, von der NEFIN verschieden eingestuften Völkerschaften.
Unbedrohte/Privilegierte Völker: Newar und Thakali.

Benachteiligte Völker: Tangbe, Teengaunle Thakali, Barahgaunle Thakali, Marphali Thakali, Gurung, Magar, Rai, Limbu, Sherpa, Yakkha, Chhantyal, Jirel, Byansi und Yolmo.

Marginalisierte Völker: Sunuwar, Tharu, Tamang, Bhujel, Kumal, Rajbanshi, Gangaai, Dhimal, Bhote, Darai, Tajpuriya, Pahari, Topkegola, Dolpo, Mugal, Larke, Lopas, Dura und Walung.

Stark marginalisierte Völker : Majhi, Siyar, Lhomi, Thundam, Dhanuk, Chepang, Santhal, Jhagad, Thami, Bote, Danuwar und Baramu.

Die Bevölkerung Nepals nach Volksgruppen und Kasten

Volk	Anteil an der Gesamtbevölkerung in Prozent
Chhetri	16,0
Brahman	13,0
Magar	7,0
Tharu	6,9
Newar	5,6
Tamang	5,5
Muslime	4,0
Kami	3,9
Yadav	3,8
Rai	2,8
Gurung	2,3
Limbu	1,6
Andere	27,6

Stand 2011, geschätzt

Bedrohte Völker: Kusunda, Bankariya, Raute, Surel, Hayu, Raji, Kisan, Lepcha, Meche, und Kuswadiya.

Diese Völker sind – zu einem großen Teil bis heute – im gesellschaftlichen Leben gegenüber den aus Indien eingewanderten Volksgruppen und Kasten (Bahun, Chhetri, Madeshi) benachteiligt. Das hängt, meiner Auffassung nach, stark mit dem jahrhundertealten nepalesischen Kastensystem zusammen, in dem die meisten der oben aufgeführten indigenen Völker nicht integriert sind.

Informationen über die indigenen Völker Nepals erhält man über die NEFIN,The Nepal Federation of Indigenous Nationalities (www.nefin.org.np; Kusunti, Lalitpur, Nepal; Tel. +977/1/5001754).

Im Folgenden werden die Volksgruppen näher beschrieben, die prozentual am stärksten vertreten sind, beziehungsweise jene, die sich durch ethnische Besonderheiten von der Breite der Bevölkerung abheben.

Bahun und Chhetri

Brahmanen werden in Nepal Bahun genannt. Sie sind die Angehörigen der höchsten hinduistischen Kaste Nepals. Die meisten Bahun sind sehr orthodoxe Hindus, die praktisch kein Fleisch essen, keinerlei Alkohol trinken und die Kastenregeln auf das strengste befolgen. Allerdings werden diese Regeln unter dem Einfluss der modernen Zivilisation, vor allem in den Städten, oft nicht mehr ganz so streng eingehalten. Die Häuser der Bahun findet man – im ganzen

Land verteilt – meist als Streusiedlungen in der Nähe ihrer Reisterrassenfelder in subtropischen Gebieten. Alle hinduistischen Priester müssen zwingend aus der Kaste der Bahun stammen.

Die Chhetri sind die zweithöchste Kastengruppe in Nepal, die aus einer Kriegerkaste hervorgegangen ist. Die nepalesischen Könige der Shah-Dynastie zum Beispiel stammen aus dieser Kaste. Chhetri siedeln im gesamten Land, sie bevorzugen subtropische Lagen bis in eine Höhe von etwa 1500 Metern und oft auch die unmittelbare Nähe der Bahun. Eine Ausnahme bildet der ferne Westen Nepals, hier haben sich die Chhetri mit den ebenfalls indoarischen Kha vermischt. Dort kann man ihre Ortschaften auch noch in 3000 Metern Höhe antreffen. In den letzten Jahrzehnten sind viele Bahun und Chhetri von den Hügeln in die südlichen, tropischen Gebiete des Terai abgewandert.

Fast alle Chhetri sind – wie die Bahun – Hindus und tragen ebenso wie die Bahun Nachnamen, im Gegensatz zu den meisten anderen Völkern Nepals. Chhetri und Bahun bilden zusammen den größten Teil der nepalesischen Bevölkerung. Brahmanen und Chhetri sprechen die offizielle Landessprache, Nepali, als ihre Muttersprache. Nepali ist eine indogermanische Sprache, die eng mit dem Hindi verwandt ist.

Hochzeiten sind bei diesen Volksgruppen sehr langwierige Angelegenheiten. Unzählige Riten und Zeremonien müssen vorbereitet und ausgeführt werden. Die meisten Ehen der Bahun und Chhetri sind heute monogam. Polygamie war früher häufig anzutreffen, heute gibt es sie nur noch gelegentlich. Die Zweit- oder Drittfrauen waren und sind dann meistens Angehörige anderer ethnischer Gruppen wie der Magar, Tamang, Newar oder Sherpa. Bahun können als Priester für Bahun- und Chhetri-Haushalte, nicht aber für andere Kasten und ethnische Gruppen, bei den großen religiösen Feierlichkeiten handeln.

Kinder in Ghunsa, Ostnepal

Zeremonie zum Eintritt in das hinduistische Leben bei Bahun und Chhetri

Das Kastenwesen (→ S. 90) ist in Nepal seit 1963 offiziell abgeschafft. Dennoch bildet es noch immer, vor allem auf dem Land, die gesellschaftliche Grundlage des Lebens der Chhetri und Bahun. Eine über 4000 Jahre alte Geschichte und Tradition ist nicht in einigen Jahrzehnten zu überwinden.

Das Wort ›Kaste‹ haben übrigens die Portugiesen auf dem indischen Subkontinent eingeführt. Es stammt vom portugiesischen Wort ›casta‹ ab und bedeutet so viel wie ›pur‹, ›rein‹.

Magar

Die Magar sind ein tibetobirmanisches Volk und sprechen ihre eigene Magar-Sprache. Diese bildete allerdings drei Dialekte aus: Kham, Kaike und Magarati, die sich so sehr unterscheiden, dass eine Verständigung untereinander nur schwer möglich ist.

Magar sind vor allem im westlichen und mittleren Nepal von den Vorgebirgen bis in die Tiefebenen des Terai anzutreffen. Sie sind mit rund 1,7 Millionen Angehörigen das zahlenmäßig größte der indigenen Völker des Landes. Die Magar gelten als sehr mutig und kriegerisch. So verwundert es nicht, dass viele von ihnen in den Gurkha-Regimentern dienten und auch heute noch dienen, um sich und ihre Familien finanziell abzusichern. Im Grunde aber sind die Magar Bauern, die vom Anbau von Reis, Hirse, Mais, Gemüse und Obst leben.

Die Gesellschaft der Magar wird in Clans und Unterclans eingeteilt. Eine bestimmte Rangordnung wie bei den Kastengesellschaften gibt es nicht. Magar sind Anhänger der Endogamie. Das heißt, es wird strikt darauf geachtet, innerhalb des Clans zu heiraten. Die Ehen werden oft von den Eltern, aber auch zwischen den Brautleuten vereinbart. Hochzeiten zwischen Cousin und Cousine sind an der Tagesordnung. Allerdings wird nach der siebenten Generation dieser Kreislauf der Heirat zwischen Blutsverwandten unterbrochen. Viele Magar sind Buddhisten, eine größere Anzahl von ihnen ist hinduisiert, und nur einige sind Anhänger alter animistischer Glaubensrichtungen. Magar gelten als sehr anpassungsfähig und lassen oft die Traditionen ihres jeweiligen Siedlungsgebietes in ihre eigenen einfließen oder übernehmen jene sogar gänzlich.

Tharu

Die Tharu sind die größte und älteste Volksgruppe im Terai und werden zu den indoarischen Völkern gezählt, obwohl ihr genauer Ursprung bis heute unbekannt ist. Von sich selbst sagen die Tharu, dass sie Menschen des Waldes sind. Sie siedeln größtenteils in der Nähe dicht bewaldeter Regionen und betreiben zumeist Ackerbau und Viehzucht.
Die Tharu leben traditionell in großen Familiengemeinschaften, die bis zu 50 Personen umfassen können. Sie bewohnen Langhäuser, die sogenannten Badaghar. Einnahmen und Ausgaben werden in dieser Gemeinschaft geteilt, die ebenso die soziale Absicherung der Familienmitglieder gewährleistet. Diese Lebensweise hat nicht zur Ausbildung von Kasten geführt.
Tharu nennt sich auch ihre Muttersprache, eine dem ostindischen Zweig zugehörige indoarische Sprache, die sich – wie auch die Tharu selbst – in neun Untergruppen teilt und von etwas mehr als anderthalb Millionen Menschen in Nepal gesprochen wird. Die Tharu sind traditionell sehr stark mit ihrer Umwelt verwurzelt, daher spielt nach wie vor die Verehrung verschiedener Naturgottheiten aus

Tharu-Zeremonie im Terai

den Wäldern eine besondere Rolle im religiösen Leben der heute zum Großteil hinduistischen Tharu. Mit einem Anteil von fast sieben Prozent der Bewohner sind sie die viertgrößte Bevölkerungsgruppe in Nepal.

Newar

Die Newar sind die Ureinwohner des Kathmandu-Tals. Über ihre genaue Herkunft ist wie bei den Tharu fast nichts bekannt. Etwa die Hälfte der Bevölkerungsgruppe bekennt sich zum Buddhismus, die andere zum Hinduismus. Dieses Verhältnis kann aber örtlich auch stark variieren. Oftmals ist festzustellen, dass sich beide Religionen zu einem großen Gemisch vereinen. Die Newar sprechen ihre eigene Sprache – Newari oder auch Nepal Bhasa genannt –, die als tibetobirmanische Sprache nicht mit dem indoarischen Nepali verwandt ist. Als Schriftsprache nutzt sie die Silbenschrift des Devanagari – im Sanskrit und heute noch in einigen modernen Sprachen wie Hindi und Nepali gebräuchlich.

Die hinduistischen Newar haben ein eigenes Kastensystem, das sich von dem der andern nepalesischen Hindus unterscheidet und nur im Kathmandu-Tal gilt. Dieses Kastensystem wurde teils auch von buddhistischen Newar übernommen, allerdings wird es nicht so streng gelebt und eingehalten wie bei den anderen hinduistischen Völkern. Viele geschickte Künstler entspringen dem Volk der Newar. Vor allem Schnitzkünstler, deren Kunstfertigkeit man an vielen Häusern und unzähligen Heiligtümern im Tal bewundern kann.

Unzählige Rituale bestimmen und begleiten das Leben der Newar von ihrer Geburt bis zum Tod. Zum Beispiel wird für alle Kinder im Alter von sieben Monaten und sieben Tagen das Ritual der Reisfütterung (Pasni) veranstaltet. Hat ein Newar das hohe Alter von 77 Jahren, sieben Monaten und sieben Tagen erreicht, wird es wiederholt.

Die soziale Grundlage der Newar ist, wie bei den meisten nepalesischen Völkern, die Großfamilie. In ihren Häusern, bei deren Bau zweimal der Segen der Götter erbeten werden muss, leben oftmals 20 bis 30 Familienangehörige in drei Generationen unter einem Dach.

Tamang

›Pferdehändler‹ bedeutet der Name der Tamang im ursprünglichen Tibetisch (ta – Pferd; mang – Händler). Somit ist klar, dass auch die Tamang ein tibetobirmanisches Volk sind. Tamang sind generell Buddhisten. Ihre Sprache, Kultur und Traditionen gehen auf die Ursprungsgebiete in Tibet zurück, aus denen sie vor ›ewigen Zeiten‹ eingewandert sind. Einige von ihnen hängen auch noch dem vorbuddhistischen Bön-Glauben an. Daher verwundert es wenig, dass bei den Tamang neben den Lamas auch noch die Jihankris (Schamanen) eine Rolle im religiösen Leben spielen. Erstmals urkundlich erwähnt ist das Wort Tamang in Nepal im 13. Jahrhundert.

Newar-Frau in Dhulikel

Tamang-Führer

Das Hauptsiedlungsgebiet der Tamang liegt in den Hügeln und Bergen in Höhen zwischen 1500 und 2500 Metern. Etwa 1,3 Millionen Menschen machen die Tamang zum zweitgrößten indigenen Volk des Landes. Die Sprache der Tamang ist die am meisten gesprochene tibetobirmanische Sprache des Landes, da bei den Tamang alle eine einzige Sprache sprechen.

Die Tamang-Gesellschaft ist in Clans organisiert, von denen es etwa 70 Untergruppen gibt. Obwohl gesetzlich verboten, ist die Polygamie bei den Tamang an einigen Orten noch heute anzutreffen. Tamang sind meist Bauern, aber auch geschickte Maurer und Zimmerer, bekannt sie sind für die Herstellung von Bambuskörben. Künstlerisch betätigen sich einige der buddhistischen Tamang in der Thankga-Malerei. Ob die Tamang, so wie es ihr Name sagt, irgendwann einmal mit Pferden gehandelt haben, bleibt in den Wirren der Geschichte verborgen.

Rai

Dieses Volk gehört zur Familie der Kiranti-Völkerschaften (indigene Völker in Ostnepal). Die Rai siedeln in Ost-Nepal, hauptsächlich in den Tälern des Arun und Dhud Khoshi und im Solukhumbu. Sie selbst bezeichnen das Land östlich von Kathmandu als Land der Rai. Seit der Gründung eines geeinten Königreichs Nepal besitzen die etwa 640 000 Rai einige autonome Rechte. Die Rai sprechen ihre eigene Sprache, diese allerdings in sehr vielen verschiedenen Dialekten. Sowohl die Sprache als auch das Volk gehören zur tibetobirmanischen Familie. Sie haben eine eigene Religion – Kirat Mundhum. Mundhum ist die Hauptschrift dieser Religion. Sie ist eine Mischung aus einem alten Ahnenkult, aus Shivaismus – einer der vier Hauptrichtungen des Hinduismus – und tibetischem Buddhismus.

Rai sind als mutige Krieger und sehr ausdauernde Arbeiter bekannt. Viele von ihnen verdingen sich beim Militär, einige arbeiten als Träger für Trekkinggruppen und Bergexpeditionen. Ansonsten bauen sie Obst und Getreide an: vor allem Guaven, Bananen, Mandarinen und Orangen, aber auch Weizen, Hirse, Mais und Reis.

Limbu

Die Limbu gehören wie die Rai zur Familie der Kiranti-Völker. Die etwa 360 000 Angehörigen dieses Volkes siedeln ebenfalls in Ostnepal, hauptsächlich in den Gebieten östlich des Arun bis an die Grenze des indischen Bundesstaates Sikkim. Die Limbu haben eine eigene, sehr alte tibetobirmanische Sprache, die Yakthungpan heißt. Ihre Schriftsprache wird Kirat Sirjanga genannt. Es gibt eine ganze Reihe von Buchveröffentlichungen in dieser Sprache. In ihrer Sprache bedeutet das Wort Limbu: ›einer, der den Bogen trägt‹.

Zur Zeit der Eingliederung durch den König von Gorkha, Prithvi Narayan Shah, gab es zehn verschiedene Limbu-Königreiche. Die Limbu-Gebiete wurden zu jener Zeit Pallo Kirät Limbuwan genannt. Das mächtigste, damals mit einer Zentralregierung ausgestattete Königreich war Morang mit der Hauptstadt Morang Bijapur. Es bestand von Anfang des 7. Jahrhunderts bis zum Jahr 1774. Die Limbu-Gebiete sind die einzigen, die nicht ausschließlich durch Waffengewalt, sondern durch einen Vertrag, der ihnen volle Autonomie zusicherte, dem Königreich Nepal angeschlossen wurden. Diese Autonomie wurde in den folgenden Jahrhunderten von den nepalesischen Regierungen untergraben und die Limbu allmählich ihrer Rechte aus jenem Vertrag beraubt. So wundert es nicht, dass die heutigen Limbu große Verfechter des Föderalismus und der Autonomie im neuen Nepal sind. Es gilt als ziemlich sicher, dass sie in der neu zu schaffenden Gliederung – der Bundesrepublik Nepal – ihren eigenen Bundesstaat erhalten. Morang ist heute einer der 75 nepalesischen Distrikte mit der Hauptstadt Biratnagar.

Die Religion der Limbu ist ähnlich der der Rai, und der Mundhum ist auch ihre heilige Schrift. Als besonders heilig und verehrungswürdig gilt bei diesem Volk das Hundszahngras (Cynodon dactylon). Auch die Limbu leben in Clans. Frauen und Männer werden in der Limbu-Gesellschaft gleichberechtigt behandelt. In der Regel heiraten sie innerhalb ihrer Gemeinschaft, wobei beide Geschlechter frei sind in ihrer Partnerwahl. Hochzeiten inner-

Limbu-Frau in Ost-Nepal

halb der Familie (Cousin-Ehe) sind in der Kultur der Limbu nicht erlaubt. Eine Ausnahme ist die Ehe zwischen einem Mann und der Witwe seines älteren Bruders, wenn beide dem zustimmen.

Sherpas

Von den in Nepal lebenden Völkern am bekanntesten ist in Europa wohl das Volk der Sherpas. Erste Sherpastämmige siedelten sich vor etwa 500 Jahren, aus Ost-Tibet kommend, an der Südseite des Himalaya an. Der Name Sherpa leitet sich aus dem Tibetischen ab und bedeutet so viel wie ›Mensch aus dem Osten‹ (sher – Osten; pa – Mensch).

Im heutigen Nepal haben die Sherpas drei Hauptsiedlungsgebiete. Die meisten von ihnen leben im Solukhumbu am Fuße des Mount Everest, aber auch im Helambu und im Osten des Landes, im Arun- und Barun-Tal sowie im Gebiet von Taplejung, sind Sherpas anzutreffen. Sherpas leben auch in Indien (Sikkim, Westbengalen und Arunachal Pradesh) sowie in Tibet und Bhutan. Mittlerweile sind viele der rund 115 000 Sherpas des Landes aus den angestammten Bergdörfern in die Städte, vor allem nach Kathmandu, abgewandert.

Sherpas in Nepal sind zu 95 Prozent Buddhisten und sprechen ihre eigene, auch Sherpa genannte Sprache. Diese hat sich in den letzten 500 Jahren aus einem tibetischen Dialekt zu einer eigenständigen Sprache entwickelt.

Die Sherpas werden in verschiedene Gruppen (Clans), die sogenannten ›Thar‹, eingeteilt und leben meist auch in Großfamilien. Bei ihnen gibt es keine Einteilungen in Kasten. Sherpas tragen im Allgemeinen ein oder zwei Rufnamen und benutzen in den meisten Fällen ihren Volksnamen Sherpa als Nachnamen. Be-

Tshering Sherpa

Gasse in Marpha, einem Thakali-Dorf

merkenswert ist, dass viele nach dem Wochentag ihrer Geburt benannt werden, zum Beispiel: Lhakpa Sherpa, Purba Sherpa oder Pasang Sherpa (Mittwoch, Donnerstag, Freitag).

Traditionelle Erwerbstätigkeit der Sherpas ist Viehzucht und Anbau von Kartoffeln und Getreide. Bekannt geworden als Träger und Führer für die ersten Hochgebirgsexpeditionen, lebt ein Großteil von ihnen heute vom Tourismus. Als Führer, Köche und Träger für Trekking- und Bergsteigergruppen ernähren viele Sherpas ihre Familien. Die mit dieser Tätigkeit verbundene Ausbildung und die Erfahrungen mit Gästen aus aller Welt haben großen Einfluss auf ihre kulturelle Entwicklung. So kann man vielleicht sagen, dass das Volk der Sherpas dasjenige in Nepal ist, das am stärksten die ›Neuzeit‹ erfahren hat und in der Folge seine Traditionen mit der Moderne verband.

Thakali

Die Thakali sind wohl eines der interessantesten Völker Nepals. Sie stammen von Thak Khola im Distrikt Mustang im Westen des Landes. Mit nur etwa 14 000 Angehörigen gehören sie zu den kleinen indigenen Völkern. Sie sind ebenfalls ein tibetobirmanisches Volk, und ihre Sprache ähnelt jener der Tamang und Gurung. Sie sind in vier größeren Clans organisiert und fast alle Buddhisten, wenngleich einige noch immer Anhänger des alten Bön-Glaubens sind. Sie siedeln heute im gesamten Bereich des oberen Kali-Gandaki-Tales, sind aber auch in Städten wie Nepalgunj, Baglung, Beni, Pokhara und Kathmandu anzutreffen, was vermutlich auf der sprichwörtlichen ›Bauernschläue‹ beruht, die ihnen nachgesagt wird. Die Thakali sind sehr geschickte Händler und wahrscheinlich die erfolgreichsten Unternehmer im Land. Angefangen haben sie mit dem Salzhandel zwischen Tibet und Nepal, und unterstützt durch das Dighur-System ihrer bestens organisierten Gesellschaft, haben sie sich in allen Bereiche des wirtschaftlichen und politischen Lebens Nepals ausgebreitet. Das Dighur-System bildet wohl die Grundlage für ihren wirtschaftlichen Erfolg. So funktioniert es: Eine Gruppe (Freunde und Verwandte) legt Geld zusammen, das einem Angehörigen der Gruppe anvertraut wird. Der setzt dieses Geld, entsprechend seiner Ideen, so gewinnbringend als möglich ein. Für das System ist es nicht von entscheidender Bedeutung, ob der Einzelne mit seinen Unternehmungen erfolgreich ist, solange er das System weiterhin mitträgt. Das Dighur-System kennt keine Zinsen, seine Basis ist gegenseitiges Vertrauen. Hat jedes Gruppenmitglied einmal Geld von der Gruppe erhalten, wird sie aufgelöst.

Wer auf der Annapurna-Runde oder dem Jomsom Trek in das Dorf Marpha kommt, hat dort Gelegenheit, die Lebensweise der Thakali zu beobachten. Es herrscht tadellose Sauberkeit im Ort; gepflasterte Wege, frisch getünchte Häuser und eine Kanalisation lassen sich, auch heute noch, nur in wenigen nepalesischen Dörfern finden.

Dolpas

Die Dolpas leben im mittleren und fernen Westen Nepals. Die Region teilt sich in das Lower Dolpo (Unteres Dolpo) und das Upper Dolpo (Inneres Dolpo). Etwa 5000 der insgesamt rund 15 000 Dolpas leben im Upper Dolpo. Hier gibt es die höchsten bewohnten Täler der Erde. Fast 90 Prozent dieses Siedlungsgebietes liegen in Höhen von über 3500 Metern.

Die Dolpas sprechen Tibetisch, wie es in West-Tibet gesprochen wird. Von dort sind sie, wie angenommen wird, auch eingewandert. Das Wort Dolpo wird in einer Urkunde aus dem 11. Jahrhundert im Königreich Jumla erstmals erwähnt. Die Menschen im Dolpo sind Buddhisten. Ihr geistlicher Führer ist der Dolpo Tulku Rinpoche (→ S. 362).

Die Dolpas sind Viehzüchter und Ackerbauern und betreiben ein wenig Handel. Die meisten der Viehzüchter leben als Halbnomaden im Sommer mit ihren Herden auf den Hochweiden und kehren im Winter in ihre Dörfer zurück.

Das Dolpo, vor allem das Upper Dolpo, ist eines der ärmsten und rückständigsten Gebiete Nepals. Durch die extrem schwere Feldarbeit und mangelnde Hygiene leiden die Menschen unter vielen Krankheiten. Das Fehlen jeglicher Infrastruktur – es gibt weder elektrischen Strom noch fließendes Wasser oder Maschinen – macht das Leben im Dolpo zum Überlebenskampf. Etwa 90 Prozent der Bevölkerung leben unterhalb der Armutsgrenze, die Analphabetenrate ist noch immer sehr hoch, und die Lebenserwartung liegt hier bei gerade einmal 50 Jahren. Das Gebiet ist über Straßen nicht zu erreichen. Alle Waren müssen mit dem Flugzeug von Kathmandu nach Juphal transportiert und von dort mit Maultieren und Yaks bis ins Upper Dolpo gebracht werden. Dabei müssen mehrmals über 5000 Meter hohe Pässe überquert werden. Das dauert mehrere Tage und macht die Waren letztendlich so teuer, dass sich die Einheimischen diese kaum leisten können.

Satar

Die Satar sind eine der am weitesten zurückgebliebenen Ethnien Nepals. Die etwa 40 000 Angehörigen dieses Volkes in Nepal (etwa fünf Millionen in Indien) leben meist in den Bezirken Jhapa, Morang und Sunsari im Terai. Sie siedeln bevorzugt in der Nähe von Wäldern und Flüssen. Die Satar gehören zu den austroasiatischen Völkern. Sie sprechen Santali, eine Sprache aus der Familie der Munda-Sprachen, die zum Beispiel auch in Westbengalen und Bangladesch gesprochen wird. Sie sind somit das einzige in Nepal lebende Volk, das aktiv eine austroasiatische Sprache spricht. Die Schrift zur Sprache – Olchiki – wurde erst im Jahre 1925 von Dr. Raghunath Murmu entwickelt.

Die Religion der Satar nennt sich Sarna. Die Satar bauen keine Tempel und verehren auch keine Bildnisse ihrer Gottheiten. Sie sind Animisten und glauben an Geister und Gespenster. Sie verehren ihre Götter durch die Darbringung von Tierköpfen. Ihre Schöpfungsgottheit ist Marang-Buru, der in ihren Riten allerdings nicht verehrt wird.

Die Satar entwickelten ein in sich geschlossenes, klar strukturiertes Gesellschaftssystem. Sie sind in zwölf Clans eingeteilt und befolgen umfassende soziale Regeln. Hochzeiten sind nur zwischen Angehörigen der verschiedenen Clans möglich. Eine Ehe mit Angehörigen anderer Völkerschaften ist nicht erlaubt und würde den Ausschluss aus der Gemeinschaft bedeuten.

Die Satar leben von der Landwirtschaft, der Jagd und dem Fischfang. Hierin sind sie wahre Meister.

Raute

Das kleine Volk der Raute ist das einzige reine Nomadenvolk Nepals. Die Angaben zur Bevölkerungszahl der Raute sind sehr verschieden. Sie schwanken zwischen 650 (Volkszählung), 900 (laut einer Feldforschung) und 200 nach Angaben der Raute selbst. Damit sind sie eines der zahlenmäßig kleinsten Völker in Nepal. Die Raute sprechen ihre eigene tibetobirmanische Sprache– Ramchi.

Die Stammesgemeinschaft verweigert bis heute eine dauerhafte Ansiedlung und die damit verbundene Ausübung von Landwirtschaft oder Lohnarbeit. Nur einige wenige Raute-Familien sind bisher in Dadeldhura und Darchula sesshaft geworden. Sie halten sich meist zwischen einer Woche und einem Monat, nie aber länger als zwei Monate an einem Ort auf, ehe sie weiterziehen. Die Raute sind Jäger und Sammler und leben am Rande der gebirgigen Dschungelwälder in der Mitte West-Nepals. Dort bauen sie einfache temporäre Hütten. Ihr Name wird von diesen einfachen Hütten – Rautee oder Rauti – abgeleitet. Ihren Lebensunterhalt bestreiten sie mit dem Sammeln von Früchten und Wurzeln und mit der Affenjagd. Diese ist eine der grundlegenden Traditionen der Raute und dient nicht nur der eigenen Ernährung, Affenfleisch wird auch verkauft. Außerdem stellen die Raute Waren aus Holz her, zum Beispiel Schüsseln und Truhen, die sie ebenfalls weiterverkaufen oder eintauschen. Der Vormarsch billiger Produkte aus Metall und Plastik entzieht dem Volk leider einen Teil seiner Lebensgrundlage.

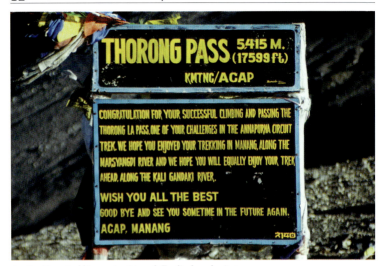
An den Haupttrekkingrouten ist auch Englisch verbreitet

Die Raute leben in einer egalitären Gemeinschaft. Ihre Toten werden zusammen mit deren Habseligkeiten an einem Ort vergraben, der in der Folge für immer verlassen wird.
Die Raute sind eines von zehn indigenen Völkern Nepals, die stark vom Aussterben bedroht sind.

Sprachen in Nepal

Wie schon aus den vorstehenden Beschreibungen einiger Volksgruppen ersichtlich, herrscht in Nepal das reinste Sprachengewirr. Es ist interessant zu wissen, dass die meisten in Nepal vorkommenden Sprachen tibetobirmanischen Ursprungs sind, die Mehrzahl der Menschen des Landes allerdings eine indogermanische Sprache spricht.
Neben den indogermanischen und den tibetobirmanischen Sprachen, den beiden größten Sprachfamilien weltweit, finden sich in Nepal auch vereinzelt Sprecher der austroasiatischen und der dravidischen Sprachfamilien.
Würden die Einwohner des Landes jeweils nur ihre eigene Muttersprache sprechen, wäre eine Verständigung untereinander nahezu unmöglich. So sind fast alle Nepalesen bilingual und sprechen außer ihrer Stammessprache auch Nepali, die heutige Amtssprache des Landes – zwar manche weniger gut als andere, doch Nepali bildet eine breite Grundlage, um miteinander zu kommunizieren. Viele Nepalesen sprechen mittlerweile auch Englisch, vor allem die jüngere Generation und die Bewohner der größeren Städte. Auf dem Land hingegen und in den abgelegenen und selten besuchten Landesteilen wird man mit dem Englischen nicht sehr weit kommen. Für Reisen in solche Gegenden empfiehlt es sich, einige Grundbegriffe des Nepali zu erlernen (→ Sprachführer ab Seite 393).

Nepali

In Nepal ist seit dem Jahr 1905 das Nepali die offizielle Landessprache. Damals wurde die bis dahin Gorkhali – nach den Fürsten von Gorkha – benannte Sprache in Nepali umbenannt. Das heutige Nepali hat sich aus dem Khas Kura entwickelt. Dies ist ein indoarischer Dialekt, der schon im zeitigen Mittelalter im damaligen Reich von Jumla gesprochen wurde und sich im Laufe der Jahrhunderte über das Gebiet des heutigen Nepal verbreitet hat. Diese indogermanische Sprache sprechen in Nepal etwa zwölf Millionen Muttersprachler, in Indien etwa sechs Millionen Menschen und rund 150 000 Bewohner von Bhutan.

Nepali stammt vom Sanskrit ab und ist eng mit dem Hindi verwandt. Die beiden Sprachen stehen ungefähr im gleichen Verhältnis zueinander wie Portugiesisch und Spanisch. Beherrscht man eine von beiden Sprachen, kann man die andere ganz gut verstehen – guten Willen und langsame Sprecher vorausgesetzt. Wie Hindi und auch das Maharani wird das Nepali in der Devanagari-Schrift geschrieben. Devanagari besitzt zwölf Vokale, 36 Konsonanten, zwei Nasalzeichen sowie eine riesige Anzahl kombinierter Konsonanten. Von diesen kombinierten Konsonanten – den sogenannten Ligaturen – werden im allgemeinen Sprachgebrauch allerdings nur etwa 40 benutzt.

Andere Sprachen

Wie schon erwähnt, sind die quantitativ am häufigsten vertretenen Sprachen Nepals tibetobirmanischen Ursprungs; sie werden allerdings nur von etwa 18 Prozent der Bevölkerung gesprochen, die indogermanischen Sprachen dagegen von rund 80 Prozent der Einwohner des Landes. Auf die austroasiatischen und dravidischen Sprachen entfallen jeweils weniger als ein Prozent der Bevölkerung. Die wichtigsten gesprochenen Sprachen Nepals (geschätzt in Prozent) sind:

Sprache	Typ	Prozent
Nepali	indogermanisch	49,0
Maithili	indogermanisch	12,5
Bhojpuri	indogermanisch	7,5
Tharu	indogermanisch	6,0
Tamang	tibetobirmanisch	5,5
Newar	tibetobirmanisch	4,0
Magar	tibetobirmanisch	3,5
Awadhi	indogermanisch	2,5
Bantawa	tibetobirmanisch	1,75
Gurung	tibetobirmanisch	1,5
Limbu	tibetobirmanisch	1,5
Bajjika	indogermanisch	1,0

Religionen

So wie es in Nepal ein Sprachengewirr gibt, kann man auch von einem Gewirr an Göttern, Dämonen, Heiligtümern, Ritualen und den daraus resultierenden Festlichkeiten sprechen. Das ist in erster Linie der nepalesischen Hauptreligion, dem Hinduismus mit seiner unermesslichen Göttervielfalt geschuldet. Allerdings tragen zu einem großen Teil auch der Buddhismus, in manchen Gebieten der alte Bön-Glaube und animistische Bräuche und oft in den Städten die ansässigen Muslime und Christen zu dieser unglaublichen religiösen Mixtur im Land bei.

Die Religionen sind die Grundlage sämtlicher traditioneller Kultur im Land: Feierlichkeiten und Feste, die Kunst in all ihren Facetten, Bräuche und Sitten, Politik und Wirtschaft und auch der normale Alltag – alles steht in Nepal unter dem Einfluss der Religionen.

Dem Kapitel ›Religionen‹ sei an dieser Stelle vorangestellt, dass es in Nepal manchmal nur schwer möglich ist, Hinduismus und Buddhismus zu unterscheiden, weil der Buddhismus aus dem Hinduismus hervorgegangen ist und sich beide oft vermischen – sei es in Tempeln, die von Angehörigen beider Religionen besucht werden, in Ritualen oder auch in den Menschen selbst, die sich zu beiden Religionen bekennen.

Berge – Sitz der Götter

Berge und ihre Gipfel, der Verbindungspunkt von Himmel und Erde, gelten in fast allen Religionen und Glaubensgemeinschaften unseres Planeten als Sitz der Götter. Im Himalaya ist dieser Glaube besonders stark ausgeprägt. Viele Gipfel werden

Opferstein in Kathmandu

Berge – Sitz der Götter

Yakkopf als Geisterabwehr im Annapurna-Gebiet

von den Bergvölkern als eigenständige Gottheiten verehrt, oder ihre Götter haben ihren Sitz dort oben in eisigen Höhen. Das wohl berühmteste Beispiel dafür ist der Mount Kailash, von den Tibetern Kang Rinpoche genannt. Er – oft auch als der Weltenberg Meru benannt – wird von vier Religionen als heilig verehrt. Als Beispiele für heilige Berge in Nepal seien stellvertretend die vier folgenden genannt.

Der Machhapuchhare

Er gilt gemeinhin als der heiligste Berg Nepals, der nicht bestiegen werden darf. Aber ist er es auch? Nein, er ist es nicht. Der Berg ist der einheimischen Bevölkerung heilig, ohne jeden Zweifel. Der wunderschön geformte, 6997 Meter hohe Gipfel des Berges gilt Hinduisten und Buddhisten gleichermaßen als Sitz verschiedener Gottheiten. Er wird von den buddhistischen Gurung, den Bewohnern dieses Gebietes, als Sitz des Amithaba, des transzendenten Buddha des grenzenlosen Lichtes, besonders verehrt.

Es wird vermutet, dass das 1964 vom König erlassene Besteigungsverbot für diesen Berg auf den Expeditionsleiter eines englischen Besteigungsversuches von 1957 zurückgeht. Für die Engländer war der Gipfel nicht zu erreichen, sie mussten in sehr schwierigem Felsgelände etwa 50 Meter unterhalb des Gipfels umkehren. Daraufhin soll der Leiter der Expedition James Roberts den Anstoß dazu gegeben haben, den Berg für weitere Versuche zu sperren – nach dem Motto: Wenn nicht wir, dann niemand.

Der Gaurishankar

Der Doppelgipfel des 7181 Meter hohen Gaurishankar ist der heiligste Berg in Nepal und wird sowohl von den Hindus als auch von den Buddhisten verehrt. Für die Hindus ist er der Sitz eines ihrer drei wichtigsten Götter – Shiva.

Der Machhapuchhare, einer der heiligen Berge Nepals

Shiva residiert mit seiner Gattin Parvati auf dem Doppelgipfel. Die südliche Spitze Gauri wird von Parvati, die höhere Spitze Shankar von Shiva selbst bewohnt.

Dem Glauben der Sherpas nach, die aus ihrem Siedlungsgebiet, dem Solukhumbu, nur den Südgipfel sehen können, ist er der Sitz der ältesten der ›fünf Feengöttinnen des langen Lebens‹, der Urmutter Tashi Tseringma, einer alten Bön-Göttin. Sie gilt auch als die Beschützerin der Menschheit. Sie wird von den Buddhisten in Tibet und Nepal geehrt und hat eine zweite Wohnstatt auf dem Chomolhari. Die sehr verehrten buddhistischen Heiligen Padmasambhava und Milarepa haben in Höhlen am Fuß des Gaurishankar meditiert.

Der Kanchenjunga

Das riesige Massiv des Kanchenjunga, auch Kangchendzönga genannt, erhebt sich an der Grenze von Nepal, Sikkim und Tibet bis in eine Höhe von 8586 Metern und ist damit der dritthöchste Berg der Erde.

Seine fünf Gipfel bilden den heiligsten Berg unter den Achttausendern. Den Buddhisten gilt er als der Sitz des Gottes des Reichtums und als Beschützer der Menschen. Die Übersetzung seines Namens bedeutet ›Die fünf Schätze des Großen Schnees‹ und geht auf einen uralten Text zurück, der besagt, dass auf jedem der fünf Gipfel ein riesiger Schatz verborgen sein soll: Gold auf dem höchsten Gipfel, Silber auf dem zweiten, Juwelen auf dem dritten, Getreide auf dem vierten und heilige Schriften auf dem fünften Gipfel. Ihre spirituelle Bedeutung finden ›die fünf Schätze‹ als Sinnbilder für Weisheit und Mitleid – Eigenschaften, die der Mensch auf dem Weg zur Erleuchtung entwickeln solle.

Auf diesem Berg hat der Gott des Reichtums, der bei den Buddhisten Vaisravana und bei den Hindus Kubera genannt wird, seine Wohnstatt. Er, der die Schätze hütet, aber auch verteilt, wird dafür vom Volk verständlicherweise sehr verehrt.

Die Annapurna

Die 8091 Meter hohe Annapurna, zehnthöchster Berg der Erde, ist die ›nahrungsspendende Göttin‹. Ihr Name setzt sich aus den Worten Anna (Nahrung) und Purna (erfüllt von) zusammen und steht in Verbindung mit der Hindu-Göttin Anna Purna. Sie schenkt als Erntegöttin den Menschen Nahrung.

Der aus dem Mahabharata (indisches Epos) bekannte und insbesondere in Südindien verehrte Rishi (Seher) Agastya widmete ihr einen eigenen Hymnus. Anna Purna wird auch als eine Erscheinungsform der Göttin Lakshmi verehrt. Lakshmi ist die Göttin des Geldes, des Wohlstandes und des Glücks und die Gemahlin von Vishnu.

Hinduismus

Die Welt der hinduistischen Götter und der ihnen zu Ehren zelebrierten Rituale ist so groß, dass es in diesem kurzen Abriss unmöglich ist, umfassend darauf einzugehen, daher folgt eine ganz kurze, sehr verallgemeinernde Beschreibung dieser Religion.

Als die Arier etwa 2000 vor unserer Zeitrechnung von Zentralasien nach Indien vorgedrungen waren, vermischte sich ihre vedische Religion mit der der angestammten dravidischen Bevölkerung – der Hinduismus begann sich zu entwickeln, ohne dass sich auch der Begriff ›Hinduismus‹ bereits herausbildete. Er kam erst viel später, zur Zeit der Perser, auf.

Im Kanchenjunga-Massiv

Der Hinduismus kennt keinen Religionsgründer, vielmehr entstanden mit der Zeit die für Hindus wichtigen Schriften: die Veden, die Upanishaden, die Puranas und die großen Sanskrit-Epen Ramayana und Mahabharata, aus denen sich die Religion entwickelte. Der wichtigste Teil des Mahabharata, Bhagavad Gita, ist für Hindus wohl die bedeutendste Schrift. Bei dieser in Indien nur kurz Gita genannten Schrift handelt es sich um eine Selbstoffenbarung Krishnas, der sich auf dem Schlachtfeld von Kurukshetra dem Fürsten Arjuna, Sohn des Himmelsgottes Indra und der Königin Kunti, als göttliches Selbst zu erkennen gibt.

All diese Schriften, Diskussionen und Auslegungen darüber führten zur Entwicklung der hinduistischen Lebensart. Die spirituellen Lehren und Gottesvorstellungen werden in den zahlreichen verschiedenen Strömungen des Hinduismus unterschiedlich ausgelegt. So unterscheiden sich die Auffassungen der Anhänger des Shivaismus von denen des Vishnuismus oder des Shaktismus, um nur die drei Hauptrichtungen zu nennen. Die Anhänger des Shivaismus gehen davon aus, dass Shiva der höchste aller Götter ist und die anderen Götter erst erschaffen hat. Er gilt als asketischer Gott, der in den Bergen des Himalaya meditiert, die Welt immer wieder zerstört, um sie wieder neu zu erschaffen. Die Vishnuisten glauben, dass Vishnu sich in mehreren Inkarnationen in der Welt zu erkennen gibt. Vishnu inkarniert sich immer dann, wenn die Welt gerettet werden muss, damit die kosmische Ordnung erhalten bleibt. Vishnu ist das höchste der göttlichen Prinzipien, das alle anderen Dinge auf der Welt, auch die anderen Götter, hervorbringt. Der Shaktismus huldigt der Shakti als der weiblichen Urkraft des Universums. Die männliche Gottheit kann nur durch ihre Energie, die Shakti, handeln. Als Hauptgöttinnen des Shaktismus kann man Durga, Kali und Devi ansehen. Innerhalb dieser drei Hauptströmungen gibt es wiederum verschiedene Richtungen, abhängig vom Land oder Gebiet, in dem die Religion ausgeübt wird.

Eine große Gemeinsamkeit und von allen Hindus anerkannt ist, dass Leben und Tod ein sich ständig wiederholender Kreislauf – das Samsara – ist. Es gibt im Hinduismus also kein allgemein gültiges Glaubensbekenntnis. Trotz all ihrer verschiedenen Auffassungen ist es für die Hindus kein Problem, gemeinsam zu beten, zu feiern und zu diskutieren, mögen ihre Ansichten zu einzelnen Glaubensfragen auch noch so verschieden sein. Diese erstaunliche Toleranz wünschte ich mir öfter auch in unserem europäischen Alltag.

Wichtige hinduistische Gottheiten

Als hinduistische Hauptgottheiten wurden Vishnu und Shiva schon kurz beschrieben, weitere wichtige sind:

Durga, die Göttin der Vollkommenheit: Sie wird in ihrer Erscheinungsform als Lakshmi dem Shiva zugeordnet, als Saraswati gehört sie zu Brahma, im Tantrismus und Shaktismus ist sie Shakti. Als Durga ist sie keinem männlichen Gott zugeordnet.

Indische Pilger in Budhanilkantha

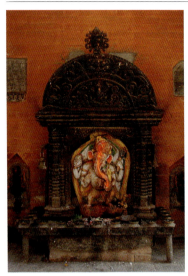
Ganesh, der Gott mit dem Elefantenkopf

Brahma, der Schöpfer: Seine vier Köpfe sollen den absoluten Überblick, den er als Weltenschöpfer hat, darstellen. In der Anbetung durch die Menschen steht Brahma deutlich hinter den anderen Göttern. Dafür spielt er in der Mythologie der Hindus noch immer eine entscheidende Rolle.

Krishna, der Hirtengott: Er ist in Indien wohl die populärste aller hinduistischen Gottheiten. Er ist der Helfer der Menschheit. Er ist in der schon erwähnten Gita der Wagenlenker Arjunas und lehrt ihn, Gott zu vertrauen, ohne Fragen zu stellen.

Hanuman, der Sohn des Windgottes Pavana: Als solcher kann er fliegen. Er half Rama, seine Frau Sita aus den Fängen des Dämonenkönigs Ravana zu befreien. So wurde er zu einer der Hauptfiguren im Ramayana.

Ganesh, der elefantenköpfige Sohn von Shiva und Parvati: Er ist der Überwinder aller Hindernisse und verkörpert Weisheit und Intelligenz.

Das sind nur einige der wichtigsten Hindu-Götter, deren Zahl wahrscheinlich in die Millionen geht. Gesicherte Erkenntnisse zum Umfang des schier unüberschaubaren Götterhimmels gibt es nicht.

Die Kasten

Neben all diesen Gottheiten, die in den vielfältigsten Erscheinungsformen und Varianten auftreten können, ist das Kastensystem einer der grundlegenden Bestandteile der Hindu-Gesellschaften. Es werden vier Hauptkasten, die sich in etwa 2000 bis 3000 Unterkasten aufgliedern, unterschieden.

Den Brahmanen (in Nepal Bahun) als höchste Kaste folgen die Kshatriya (in Nepal Chhetri), danach kommen die Vaishya und als unterste Kaste die Shudra. Die Brahmanen sind Priester und Gelehrte, die Kshatriya sind Könige und Krieger, die Vaishya Kaufleute und Bauern, und die Shudra ist die Kaste der Knechte, Handwerker und Arbeiter. Unter diesen vier Kasten stehen die Unberührbaren – meist Nachfahren der indischen Urbevölkerung, aber auch Moslems und Christen. Der Ursprung des hinduistischen Kastensystems ist völlig unklar. In keiner Schrift wird es verordnet, und von keinem König ist es angewiesen, auch keine Institution hat es je erlassen. Als höchstwahrscheinlich gilt, dass der Ursprung im Zusammenwachsen der verschiedenen Völker über die Jahrhunderte hinweg zu suchen ist, es sich in diesem Prozess herausgebildet hat. Eine Sonderstellung in der hinduistischen Welt nehmen die Sadhus, als heilig geltende Wandermönche, ein (→ S. 176).

Das nepalesische Kastensystem

Als die größte nepalesische Besonderheit gilt, dass das Kastenwesen mehr als 100 Jahre lang, nämlich von 1854 bis 1963, Gesetz im Land war. Mit dieser Regelung war Nepal das einzige Land weltweit, das den Hinduismus zum Gesetz erhoben hatte.

Die Gesellschaft wird also in unterschiedliche Kasten und damit Klassen aufgeteilt; dies wurde und wird in Nepal jedoch viel weniger streng gehandhabt als in Indien. In Nepal gibt es wahrscheinlich kaum Menschen aus den unteren Kasten oder Unberührbare, die ihrer Kastenzugehörigkeit oder Kastenlosigkeit wegen diskriminiert werden – anders als in Indien. Gleichwohl sind die unteren Kasten fast immer die ärmeren, ihre Angehörigen verrichten sogenannte ›niedere‹ Arbeiten. Die Unberührbaren in Nepal, ein verschwindend kleiner Teil der Bevölkerung, sind im Vergleich zu anderen oft sogar als richtiggehend wohlhabend zu bezeichnen.

Im nepalesischen Völkermosaik lassen sich allerdings nicht alle Ethnien nahtlos in diese Rangordnung eingliedern. So ist die Kastenzugehörigkeit auch nicht immer wirklich eindeutig erkennbar, und auch die Benennung und Einteilung kann regional variieren. Verallgemeinernd lässt sich aber wohl Folgendes sagen: Anders als im indischen Kastensystem, das drei Trennungen kennt, gibt es im nepalesischen nur eine Trennung – die sogenannte Wasserlinie. Das bedeutet im gelebten Alltag, dass die über der Linie befindlichen ›reinen‹ Kasten von den unteren ›unreinen‹ kein Wasser und keine gekochten Speisen (meist beschränkt sich das auf Reis) annehmen dürfen. Diese Verhaltensweise konnte ich mehrfach schon selbst beobachten.

Normalerweise zählen wir, wenn wir als Europäer nach Nepal kommen, zu den Unberührbaren, werden aber von vielen Hindus Nepals in die zweithöchste Kaste eingestuft – wir gehören dann zum Beispiel zu den alkoholtrinkenden Chhetri. Das mag daran liegen, dass wir als wohlhabend gelten, es kann aber auch belegen, dass die Norm doch nicht mehr ganz so streng ausgelegt wird wie früher. Allerdings habe ich es bei den noch sehr fundamentalen Newar auch schon erlebt, ein Unberührbarer zu sein.

Die Newar haben ihr eigenes Kastensystem fast komplett vom indischen übernommen. Sie halten, im Vergleich zum Rest der nepalesischen Bevölkerung, noch sehr stark daran fest. So halten sie sich zum Beispiel noch immer strikt daran, nur innerhalb der jeweiligen Kaste zu heiraten. Bei ihnen sieht man im täglichen Leben relativ schnell die Unterschiede zwischen den verschiedenen Kasten. Wenn man in ihren Siedlungsgebieten unterwegs ist, kann man oft beobachten, dass sie schon bei kleinen Dingen einander spüren lassen, in welcher Kaste, also auch in welcher Hierarchie, man sich befindet.

Ich habe schon mit einigen Nepalesen über dieses Kastensystem gesprochen und sie auch gefragt, ob es ihrer Meinung nach noch lange Bestand haben wird. Der fast einhellige Tenor meiner Bekannten ist, dass es zwar immer mehr an Bedeutung verliert und immer weniger streng ausgelegt wird – aber dass es sehr, sehr lange dauern wird, bis es seine Bedeutung im Leben der Nepalesen verliert – eben weil es eine der Grundlagen des Hinduismus ist.

Das nepalesische Kastensystem

Bahun (Bramahnen)
Chhetri
einige Thakuri und die Newar Bahun
(Thagadari – die Träger der heiligen Schnur)

Chhetri und Thakuri
Newar
Rai, Limbu, Gurung,
Magar, Tamang, Sherpa...
(Volksgruppen)
(Matawali – die Alkoholtrinkenden)

Wasserlinie*

Handwerker, Landarbeiter
(oft Unberührbare)

Muslime, Christen, Weiße
(untere Kasten)

Damai, Gaine, Kami, Sarki
(Unberührbare)

* Die Wasserlinie bedeutet, dass die über der Linie Stehenden von den Unteren kein Wasser und keine gekochten Speisen (meist bezieht sich das auf gekochten Reis) annehmen dürfen.

Das Kastensystem der Newar

Newar Bahun und Vajracharya*

Shresta und Sakyabikshu**

Jaypu
(Lohnarbeiter, Bauern und Handwerker)

* die auch Guru Bahju genannten buddhistischen Newar-Priester
** die von buddhistischen Newar-Priestern abstammende Bevölkerung

Buddhismus

Über Buddhas Lehre wird im Kapitel über die historische Gestalt Siddhartha Gautamas berichtet (→ S. 321). Der Buddhismus hat wahrscheinlich zur Zeit des indischen Kaisers Ashoka (304–232 vor Christus) im Gebiet des heutigen Nepal Einzug gehalten. Der größte Teil der Bevölkerung bekannte sich formal zum Buddhismus, während die Herrschenden fast immer Hindus blieben. Allmählich wandelte sich dessen ursprüngliche Form durch Einflüsse aus Nordindien zum Mahayana-Buddhismus, worin auch göttliche Wesen, die sich nie als Menschen inkarnieren, Buddhas sind. Sie sind die sogenannten transzendenten Buddhas. Diese fünf Buddhas regieren ob ihrer geistigen Macht die Welt. Es sind: Amitabha (der in Nepal auf dem Machhapuchhare seinen Sitz hat) im Westen, Aksobhya im Osten, Ratnasambhava im Süden, Amogasiddhi im Norden und Vairocana in der Mitte. Man kann in Nepal die Abbildung dieser fünf über den Türen vieler buddhistischer Häuser finden.

Im Gegensatz zum zuvor geltenden Hinayana – dem ›kleinen Fahrzeug‹, das nur wenigen Mönchen den Weg zum Nirvana gewährt – können im Mahayana – dem ›großen Fahrzeug‹ – alle Menschen einen leichten Weg zur Erlösung finden. Wichtig dabei ist das Vertrauen auf den Buddha und seine Lehre. Im Mahayana tritt der Buddha als milder Gott auf und wird zum Ur-Buddha, von dem unzählige Ausstrahlungen erfolgen. Die ersten sind die fünf transzendenten Buddhas in der oberen Welt. Nach ihnen folgen die Bodhisattvas, die freiwillig auf den Eingang in das Nirvana verzichten, um den Menschen zu helfen. Letztendlich folgen die irdischen Buddhas. Der letzte von ihnen war Shakyamuni. Im gegenwärtigen Zeitalter des Buddhismus regiert als transzendenter Buddha Amitabha, der im westlichen Paradies thronende Erlösergott, der alle ihn Anrufenden selig macht. Der mächtige Bodhisattva der Gegenwart ist Avalokiteshvara, der in seiner Hilfsbereitschaft auch vor dem Begehen von Sünden und dem Erleiden von Höllenqualen nicht haltmacht.

Butterlampen

Unter König Jayastathi Malla wurden die Buddhisten in Nepal im 14. Jahrhundert in sein neu geschaffenes Kastensystem eingegliedert. Man unterstellte den Mönchen, dass sie aus der Bahun- oder Chhetri-Kaste stammen. Sie wurden zur Heirat gezwungen und sollten diesen Kasten weiterhin angehören.

Die heute in Nepal lebenden Buddhisten der Bergregionen, Mustangs und des Dolpo, sind oft Anhänger oder Mitglieder der Nyingma- oder der Sakya-Schule des tibetischen Buddhismus. Aber auch viele Klöster und Anhänger der anderen beiden Hauptschulen, der Gelugpa und Kagyü, sind im Land vertreten.

Die vier Haupt-Schulen des tibetischen Buddhismus

Die Nyingma-Schule, deren Anhänger Nyingmapa genannt werden, ist die älteste der vier großen Schulen. Sie wird auch die ›Alte‹ (nyingma) Schule genannt und gründet sich auf den ersten Übersetzungen der Lehren Buddhas in das Tibetische aus dem 8. Jahrhundert und die Lehrtätigkeit von Padmasambhava (von den Tibetern Guru Rinpoche genannt) in Tibet. Etwa vom 8. bis zum 11. Jahrhundert war sie die einzige Schule im tibetischen Buddhismus. Die Nyingmapa werden oft auch als ›Rotmützen-Sekte‹ bezeichnet. Einen Linienhalter (Tulku) gibt es bei den Nyingma nicht.

Die Kagyü-Tradition folgte im 11. Jahrhundert als eine der ersten der ›Neuen Schulen‹. Sie geht auf den Übersetzer Marpa (1012–1097) zurück. Sein bekanntester Schüler war der berühmte und hochverehrte Yogi Milarepa. Als eigentlicher Gründer der Kagyü-Schule gilt der Mönch Gampopa (1079–1153), der einer der Hauptschüler Milarepas war. Er fasste die buddhistischen Lehren in den sogenannten ›Vier Dharmas von Gampopa‹ zusammen. Bekanntester Lama und der Linienhalter der Kagyü ist der Karmapa. Momentan sind mit Urgyen Trinley Dorje und Thaye Dorje zwei Lamas als 17. Karmapa inthronisiert.

Die Sakya-Schule geht in der Namensgebung auf das Kloster Sakya in Tibet zurück. Das Kloster wurde 1073 von Khön Könchog Gyelpo (1034–1102) gegründet. In der Sakya-Tradition spricht man von den ›fünf ehrwürdigen Meistern‹: Der erste war Sachen Künga Nyingpo, der Sohn von Khön Könchog Gyelpo. Er hat die bisherigen Lehren der Sakya neu strukturiert und damit die Theorie der Schule erschaffen. Die Führer der Sakya-Schule waren bis Mitte des 14. Jahrhunderts gleichzeitig auch weltliche Herrscher. Vom mongolischen Kaiser Kublai Khan bekamen sie die Lehensherrschaft über Tibet verliehen. Der Tulku der Sakya ist der Sakya Thridzin. Ngawang Künga ist derzeit der 41. Sakya Thridzin.

Die Gelug-Schule wird auch als ›die Schule der Tugend‹ bezeichnet, ihre Anhänger als Gelugpa (auch ›Gelbmützen‹ genannt). Sie geht auf den großen Reformator Tsongkhapa (1357–1419) zurück, der 1409 das Hauptkloster der Schule in Ganden gründete. Seine ›Große Darlegung des Stufenwegs‹, in der

Stupa im Everest-Gebiet

Zeremonie der Nyingma in Lo Manthang

er die Lehren des Mahayana der drei oben genannten Schulen zusammenfasst, ist bis heute die Basis des von den Gelugpa gelehrten Wegs zur Erleuchtung. Der bekannteste Tulku und der Linienhalter der Gelug ist der Dalai Lama.

Buddhistisch besiedeltes Gebiet in Nepal erkennt man leicht an den äußeren Zeichen. An Gebirgspässen und Häusern flattern Gebetsfahnen im Wind. Diese Fahnenketten sind mit Gebeten und Mantras bedruckt. Sehr oft ist es – wie auch auf Manisteinen – das bekannteste Mantra ›Om mani padme hum‹. Die einzelnen Flaggen sind in fünf verschiedenen Farben gehalten – blau, weiß, rot, grün und gelb. Das blaue Fähnchen hängt immer links oben, Blau steht für den Himmel, Weiß für die Reinheit, Rot für das Feuer, Grün für das Wasser und Gelb für die Erde. Der Wind soll die Gebete für das Glück aller fühlenden Lebewesen zum Himmel tragen.

Vor den Ortschaften und auf den Wegen zwischen ihnen stehen Chörten und Mauern aus Manisteinen, und sicher werden einem oft die Bewohner der Dörfer mit kleinen Gebetsmühlen in der Hand begegnen. In diesen Hand-Gebetsmühlen befinden sich – wie auch in den größeren an Mauern oder Klöstern – ebenfalls Mantras. Das ständige Drehen der Gebetsmühle führt zu einem besseren Karma, und durch die Drehung werden die darin befindlichen Mantras aktiviert, die – wie die Mantras auf den Gebetsfahnen – zum Wohlergehen und Glück aller fühlenden Wesen beitragen sollen. Interessant ist, dass sich der in unseren Breiten gebrauchte Ausdruck ›gebetsmühlenartig‹ vom ständigen Drehen der buddhistischen Gebetsmühlen ableitet.

Andere Religionen

Außer dem allgegenwärtigen Hinduismus und dem Buddhismus gibt es noch eine ganze Reihe weiterer Religionen im Land, die allerdings sowohl von der Bedeutung für das Land als auch zahlenmäßig kaum eine größere Rolle spielen.

Muslime

Im religiösen Leben Nepals stellen die Muslime mit immerhin vier Prozent der Bevölkerung den größten Anteil anderer Konfessionen. Ihre Anwesenheit im Kathmandu-Tal geht auf das 14. Jahrhundert zurück, als sie unter Sultan Shamsuddin Ilyas Shah von Bengalen fast das gesamte Tal erobert hatten. In den folgenden Jahrhunderten wurden nur vereinzelte Muslime, vor allem Teppichhändler, im Tal sesshaft.

Die meisten Muslime siedelten sich von Mitte bis Ende des 19. Jahrhunderts, aus Indien kommend, vor allem im Terai, aber auch in Kathmandu an. Oft sind sie Feldarbeiter, doch sind auch viele Händler unter ihnen, die mit Schmuck, mehr noch mit Lederwaren handeln. Zurzeit fordern die Vertreter der muslimischen Minderheit in Nepal eine offizielle Anerkennung seitens der Regierung. Muslimische Gelehrte kündigten an, dass sie Maßnahmen ergreifen wollten, um die Gemeinde in allen Sektoren des Landes zu stärken. Gleichzeitig wird mit Massendemonstrationen gedroht für den Fall, dass die Regierung ihren Forderungen nicht nachkommt.

Christen

Zu den Christen zählen in Nepal nicht einmal zwei Prozent der Bevölkerung. Infolge ihrer Religionsausübung kommt es gelegentlich zu Problemen im Zusammenleben mit den anderen Glaubensgemeinschaften. Dennoch werden die vor allem in und um Kathmandu angesiedelten christlichen Schulen wegen der Qualität ihres Unterrichtes auch von Angehörigen der anderen Religionen genutzt.

In Nepal besteht übrigens ein Missionierungsverbot – nicht nur für Christen, sondern generell für alle Religionen. Vorwiegend die ärmeren Bevölkerungsteile sollen so davor bewahrt werden, den Glaubenswechsel aufgrund finanzieller Anreize zu vollziehen.

Animisten

Vor allem unter den kleinen Naturvölkern gibt es noch einige animistische Glaubensgemeinschaften. Diese verehren in ihren Kulten Geister und Dämonen, Gras oder Bäume, in denen sich die Natur repräsentiert. Wieder andere betreiben Ahnenkulte und verehren ihre Toten.

Es existieren keine gesicherten Erkenntnisse über Zahl und Größe dieser Gemeinschaften.

Kunst und Kultur

Kunst und Kultur sind in Nepal – wie fast alles im Land – sehr stark von den Religionen beeinflusst. Die Entwicklung der traditionellen Lebensstile, hervorgegangen aus den verschiedenen Kulturen der nepalesischen Bevölkerung, spiegelt sich in allen Bereichen der Kunst wider. Nepalesische Kunst wird wesentlich von den Menschen, deren Kultur und der geschichtlichen Entwicklung des Landes geprägt. Nach entscheidenden, frühzeitlichen Einflüssen aus Indien und Tibet ist die Zeit der Malla-Könige bis in das 18. Jahrhundert hinein als die Blütezeit von Architektur und Kunst zu bewerten. Dem Wettkampf der drei Königreiche im Kathmandu-Tal haben wir die schier unglaubliche Vielzahl an prachtvollen Bauten zu danken.

Architektur

Die prunkvollen Zeugnisse alter Architektur stellen einen einzigartigen und grundlegenden Ausdruck der nepalesischen Kunst dar. Vor allem in den drei Königsstädten im Kathmandu-Tal beeindrucken neben zahlreichen kunstvollen Profanbauten vor allem die religiösen Bauwerke.

Diese Tempelbauten lassen sich grob in drei Gruppen einteilen: in den Pagoden-, den Stupa- und den Shikhara-Stil. Die Errichtung dieser oft monumentalen Gebäude haben Unmengen an Zeit, Arbeit und Geld gekostet – getreu dem Motto: Das Beste ist gerade gut genug für die Götter.

Geschnitzter Türgiebel in Kathmandu

Der Durbar Square in Kathmandu

Der Pagoden-Stil

Der nepalesische Pagoden-Stil hat entscheidende Einflüsse in ganz Süd- und Ostasien hinterlassen. Tempel dieses Baustils folgen einem grundsätzlichen Bauschema: Sie besitzen einen oder mehrere quadratische Sockel, die meist über einen Treppenaufgang in der Mitte verfügen. Auf kunstvoll geschnitzten und verzierten Holzsäulen ruhen ein bis fünf Dächer. Das oberste Dach wird in der Regel von einem dreieckigen, oft goldenen Türmchen mit einer Glocke gekrönt.

Das herausragende Beispiel dieses Baustils in Nepal ist der Nyatapola-Tempel in Bhaktapur. Dieser der Göttin Lakshmi gewidmete Bau ist mit fünf Dächern und über 30 Metern Höhe der größte Tempel des Landes.

Der Stupa-Stil

Die Architektur dieser Bauwerke unterliegt strengen buddhistischen Gesetzen. Hier trägt ein quadratischer Sockel eine weiße, von einem Turm gekrönte Halbkugel. Die wahrscheinlich ältesten, von Kaiser Ashoka in Auftrag gegebenen Stupas in Nepal findet man in Patan, die berühmtesten, von der UNESCO zum Weltkulturerbe erklärten in Kathmandu: die Stupas von Swayambhunath und Boudhanath.

Der Shikhara-Stil

Für diesen wesentlich selteneren und nicht weit verbreiteten Stil sind vor allem die Säulenhallen charakteristisch. Die meist pyramidenförmigen Gebäude haben fünf oder neun vertikale Abschnitte, die ein turmartiger Aufbau krönt. Das wohl schönste Beispiel für den Shikhara-Stil ist der Cyasilim-Deval-Tempel in Patan. Er ist dem Gott Krishna und seiner Geliebten Radha gewidmet.

Kunstvoll geschnitztes Fenster in Dhulikel

Newar-Architektur

Spricht man in Nepal sonst von Architektur, ist damit meist die Bauweise der künstlerisch äußerst begabten Newar gemeint. Diese ist vorrangig im Kathmandu-Tal anzutreffen. Die Häuser der Newar, oft bis zu acht Meter lang und sechs Meter breit, haben zwei, drei, manchmal sogar vier Stockwerke. Sie sind aus Backsteinziegeln gebaut und mit kunstvoll geschnitzten Fenstern ausgestattet.

Die Häuser besitzen alle einen sogenannten Chowk – einen Innenhof, in dem sich meist ein religiöser Schrein oder Tempel befindet. Ein einzigartiges Beispiel für diese Architektur ist der alte Königspalast in Patan, dessen kunstvoll gestalteten Fenster und Balken und die drei Chowks die großartigen kunsthandwerklichen Fähigkeiten der Newar offenbaren.

Dorf-Architektur

Die Architektur oder Bauweise der kleinen Siedlungen und Dörfer auf dem Land sind, je nachdem von welchen Völkern sie bewohnt werden, sehr unterschiedlich. In den meist von buddhistischen Völkern besiedelten Gebieten im Norden Nepals bestimmt die traditionelle tibetische Bauweise den Charakter der Dörfer. Hier dominieren oft weißgetünchte, zweistöckige Häuser aus Feldsteinen mit einem Flachdach das Bild. Auf dem Dach werden Feldfrüchte und Getreide zum Trocknen ausgebreitet, Holz gestapelt oder auch Wäsche getrocknet. Meist befinden sich ein großer Wohn- und Aufenthaltsraum sowie die Küche im Untergeschoss und die Schlafräume im ersten Stock. Die Außenmauern ›schmückt‹ oft Tier-Dung, der dort in der Sonne getrocknet wird und als Brennmaterial dient. Diese Häuser findet man von West bis Ost im ganzen Land vor.

In den etwas südlicheren Gebieten im Westen gibt es flache, ebenfalls aus Feldsteinen errichtete, einstöckige Häuser. Auch hier dominiert das Flachdach aus zum Teil gestampftem Lehm, auf dem unter anderem Getreide gedroschen wird. Die Häuser haben im Inneren oft keine Treppen, und man erreicht das Dach nur über eine einfache, in einen angelegten Baumstamm gehackte Leiter.

In den wärmeren bergigen Hügelgebieten des Landes stehen vielfach einfache Häuser aus Lehmziegeln oder aus Bambusgeflecht, das mit Lehm verkleidet ist. Diese Häuser sind oft mit Stroh, Gras oder auch mit Holzschindeln gedeckt und besitzen ein Spitzdach und ein oder auch mehrere Vordächer, unter denen zum Beispiel Maiskolben, Zwiebeln oder auch Peperoni zum Trocknen hängen. Mittlerweile setzen sich allerdings in vielen Gegenden des Landes die nicht so schön anzusehenden, aber robusteren Dächer aus Wellblech durch. Bei zweistöckigen Bauten befindet sich im Untergeschoss meist der Platz für die Tiere, die Wohnräume liegen darüber. Auf die traditionelle Architektur der Newar mit ihren Häusern aus Backstein ist schon kurz eingegangen worden: Auch in den ländlichen Gebieten des Hügellandes findet man in den von Newar besiedelten Landstrichen diese Bauten in vereinfachter Form wieder.

Die ganz im Süden liegenden Dörfer des heißen Terai bestehen aus luftigen Häusern, die aus Bambus und/oder Holz errichtet werden. Diese sind zum Teil ebenfalls mit Lehm verkleidet. Oft mit Dachziegeln (Mönch auf Nonne) oder Elefantengras gedeckt, stehen diese Bauten zum Schutz vor wilden Tieren und Hochwasser häufig auf Pfählen.

Im Osten Nepals in den Siedlungsräumen der Rai und Limbu unterhalb der hohen Berge, findet man viele bunt bemalte zweistöckige Häuser vor. Markant sind ihre mit schweren Steinplatten belegten Dächer. Diese Häuser besitzen meistens große hölzerne Balkone, auf denen vielfach Tabak und allerlei Kräuter zum Trocknen hängen.

Häuser in Mustang

Skulpturen aus Holz, Stein und Metall

Skulpturen haben in Nepal eine sehr lange und interessante Geschichte. Als goldenes Zeitalter kann die Zeit der Licchavi-Periode vom 5. bis zum 8. Jahrhundert angesehen werden. In dieser Zeit entstanden im Kathmandu-Tal eine ganze Reihe großartiger Skulpturen. Ein Großteil von ihnen wurde für die Ausgestaltung der Klöster in Tibet hergestellt. Nepalesische Kunst war ein Exportschlager. Daher befinden sich einige der herausragenden Kunstwerke nepalesischer Meister im Ausland.

Kunstvolle Skulpturen aus Holz finden sich vorwiegend an Pfeilern und Dachbalken, Türen und Fenstern verschiedener Tempel. Besonders auffallend sind hier die figürlichen, erotischen Darstellungen, die meist an Tempelpfeilern ausgeführt wurden. Diese Darstellungen werden – noch heute – von vielen Besuchern, vor allem denen aus dem Westen, mit großer Verwunderung, oftmals auch mit Ablehnung wahrgenommen. Sie sind allerdings keinesfalls zur Nachahmung gedacht. Vielmehr handelt es sich um eine Darstellung sexueller schöpferischer Energien des tantrischen Maithuna-Rituals, in dem sich Shiva und Shakti vereinen.

Vishnu-Skulptur in Balaju

Arbeiten in Stein kennt man schon seit Urzeiten. Aus den einfachen, ebenfalls der Verehrung der Götter gewidmeten Steindarstellungen entwickelte sich im Laufe der Zeit eine kunstvolle Bildhauerei. Unter indischen Einflüssen erlebte auch die Bildhauerei ihren Höhepunkt im 8. und 9. Jahrhundert. Sehr viele herausragende Werke lassen sich noch im Land bewundern. Der von den Gläubigen hochverehrte liegende Vishnu von Budhanilkantha, die bekannteste Steinskulptur des Landes, ist ein wunderbarer Beleg dafür. Der kleinere, ebenso verehrte liegende Vishnu in Balaju soll eine spätere Kopie des großen Originals sein.

Metallskulpturen – vor allem aus Kupfer und Bronze, in früheren Zeiten auch aus Gold und Silber – haben als Darstellungen von Göttern und Dämonen ihren Platz in jedem Tempel oder Schrein. Diese Figuren wurden und werden zum überwiegenden Teil im Wachsschmelzverfahren gegossen. Bei diesem Verfahren wird ein Modell aus Wachs hergestellt. Dieses Modell wird mit Entlüftungs- und Einguss-Röhrchen versehen. Danach wird es mit einem Formstoff ummantelt, und das Modell wird ausgeschmolzen, sodass der gewünschte Hohlraum entsteht, in den nun das Metall gegossen wird. Ist das Metall erkaltet, wird die Ummantelung zerschlagen, und der Gusskörper kommt zum Vorschein.

Eine andere Art der Herstellung von Metallverzierungen, auch figürlicher Art, die man an Tempeln meist an den Eingängen anbringt, ist das Schlagen oder Hämmern von Blechen.

Malerei

Auch in der Malerei sind die religiösen Traditionen das Hauptthema. Die uralten hinduistischen und buddhistischen Legenden, die großen Hindu-Epen, Motive aus dem Tantra und nicht zuletzt die Sagen und Geschichten der einzelnen Völker bilden die Grundlagen für eine Vielzahl verschiedenster Gemälde. Ob als Buchillustrationen, als kleine und große Wandgemälde in Tempeln und Klöstern oder als Thankgas – überall im Land sind sie gegenwärtig.

Der Thankga, ein buddhistisches Rollbild, das in Tempeln oder an Hausaltären aufgehängt und in großer Ausführung bei verschiedenen Prozessionen mitgeführt wird, ist die bei den Touristen wohl begehrteste Form der Malerei. Hier werden hauptsächlich buddhistische Götter, Buddhas und Bodhisattvas dargestellt. Aber auch Mandalas mit überlieferten und religiösen Darstellungen sowie modernen Ausdrucksformen sind Motive für diese Rollenbilder. In Kathmandu, vor allem in Boudhanath, aber zum Beispiel auch in Bhaktapur und in Changu Narayan kann man heutzutage den Künstlern bei der Arbeit zuschauen.

Musik und Tanz

Die nepalesische Musik ist vielfältig und reicht von klassischer Hindu-Musik über traditionelle tibetische Musik und nepalesische Folklore bis hin zum modernen Nepali-Pop.

Die Grundlagen der klassischen Musik bildet Musik aus dem Buddhismus – der Überlieferung nach spielen hier 16 Musikgottheiten auf 16 verschiedenen Instrumenten indische Ragas. Die Ragas – aus denen sich die Raginis als weibliches Pendant herausbildeten – sind einer bestimmten Tonfolge verpflichtete Musikstücke, die instrumental oder gesungen vorgetragen werden. Sie drücken immer Stimmungen und Gefühle aus. Man kennt zum Beispiel Ragas für unterschiedliche Tages- und Jahreszeiten, welche die entsprechende Atmosphäre einfangen und dem Zuhörer vermitteln.

Volksmusik wird großgeschrieben in Nepal, immer wieder trifft man auf Reisen durch das Land auf Musikanten. Vom kleinsten Dorffest bis hin zu den großen religiösen Feiertagen kann man überall den traditionellen Klängen lauschen. Die Volksmusik ist natürlich genau so vielfältig wie die Völker Nepals selbst; einzelne Richtungen sind vom Besucher kaum zu unterscheiden. Musik wird auf über 100 verschiedenen Instrumenten zelebriert: Schlag- und Blas-, vor allem aber Saiteninstrumente werden gespielt. Besonders hervorzuheben und oft zu beobachten ist die Sarangi – eine kleine Fiedel, die Touristen allerorts auch zum Kauf angeboten wird, sowie die Murali, eine Bambusflöte.

Die jüngeren unter den Nepalesen sind Anhänger des Nepali-Pop, einer modernen, aus der melodiösen und schwülstigen Musik der Bollywood-Filme hervorgegangenen Musikrichtung. Es ist eine Art Popmusik, die sich an der des Westens orientiert und die durch die traditionellen Einflüsse interessante Klangvariationen hervorbringt, damit einen eigenen, für viele aber auch eigenartigen Stil kreiert.

Tanz gehört zur Musik. Im heutigen Nepal transportiert er kaum noch religiöse Inhalte, sondern wird vielmehr zur Unterhaltung und als Folklore dargebracht. Fast immer tragen die Folklore-Tänzer aufwendige, schillernde Kostüme und viel Schminke. Die Tänze gestalten sich oft als kleine Theaterstücke, in denen eine Geschichte – von Liebe oder von Göttern – erzählt wird. Auch hier prägen viele Volksgruppen ihre eigenen Tänze. Touristen erleben einen Querschnitt davon in

Private Tanzvorführung in Lo Manthang

vielen Restaurants in Kathmandu und Pokhara: Vom Damphu-Tanz der Tamang, der das Werben um die Liebe eines/einer Angebeteten darstellt, über den Erntetanz der Limbu, den Yalang-Tanz, bis hin zum wilden Jhyaure-Tanz der Gurung und Magar, der mit unglaublichen Verrenkungen und lautem Fußstampfen einhergeht, ist meist von allem etwas dabei.

Die größten Aufführungen religiöser Tänze kann man während der hohen Feiertage in Bhaktapur, Patan und Kathmandu erleben. Die bei diesen Tänzen skurrile, überdimensionale Masken tragenden Tänzer führen dann die alten Mythen und Legenden auf.

Literatur

Die Literatur spielt im Leben des größten Teiles der Bevölkerung nur eine untergeordnete Rolle. Das ist nicht verwunderlich angesichts der noch immer sehr hohen Zahl von Analphabeten im Land. Traditionell beherrschen auch hier – neben astrologischen und medizinischen Weisheiten – die alten Religionstexte die Szenerie. Die wichtigste Sammlung von Schriftstücken sind die Chroniken des Vamshavali. Diese lassen aber keinen wirklichen Schluss auf den Gang der Geschichte zu. Hier werden geschichtliche Fakten derart mit Mythen und Legenden vermischt, dass sie oft nicht nachvollziehbar, teils sogar unglaubwürdig sind.

Die alten Volkserzählungen findet man nur selten in schriftlicher Form. Heute noch werden sie wie vor Jahrhunderten von Geschichtenerzählern im Land mündlich weitergegeben. Wie in unseren Märchen siegt auch in den nepalesischen Geschichten immer das Gute über das Böse. Diese Mythen, Legenden und Fabeln aus alter Zeit leben so im einfachen Volk weiter.

Seit neuestem werden aber zunehmend Erzählungen und Romane von jüngeren nepalesischen Autoren verfasst. Stellvertretend möchte ich hier den Roman ›Geheime Wahlen‹ von Manjushree Thapa nennen, der 2007 erschien und von Phillip Thapa ins Deutsche übersetzt wurde. Im Mittelpunkt stehen die Geschehnisse in einer nepalesischen Kleinstadt in den neunziger Jahren, einer Zeit großer politischer Veränderung, die bis heute anhält. Sehr einfühlend beschreibt die Autorin, wie die Menschen trotz allgegenwärtigen Unrechts und Ausgrenzung versuchen, in Würde zu leben (→ S. 427).

Die nepalesische Küche

Das typische Essen der Nepalesen ist das Dhal Bhat – Dhal = Linsen, Bhat = gekochter Reis. Traditionellerweise essen die Leute zwei Mahlzeiten am Tag, und das ist zumeist das Dhal Bhat. Die erste Mahlzeit wird üblicherweise am Morgen zwischen neun und elf Uhr, die zweite am späten Abend eingenommen. Die Menschen können unglaubliche Berge davon in sich ›hineinspachteln‹, was bei ihrer meist schweren körperlichen Arbeit und bei nur zwei Hauptmahlzeiten auch nicht verwundert. Das ›Standard‹-Dhal Bhat besteht aus Reis mit Linsenbrei und pikant eingelegtem Gemüse. Die Zusammenstellung kann – je nach Geldbeutel – variieren, verschiedene köstliche Currys und Fleischbeilagen können die Grundlage ergänzen.

Kunst und Kultur

Dhal Bhat, Reis mit Linsen

Nepalesische Gerichte sind oft tibsetisch und indisch, teilweise auch chinesisch beeinflusst. Im Süden des Landes herrscht der indische Einfluss vor, in den größeren Städten des Mittellandes mischen sich alle Einflüsse, und in den nördlichen Gebirgsregionen überwiegt der tibetische Einfluss. Vor allem im Norden gibt es oft die von den Besuchern heiß geliebten Momos. Diese kleinen mit Fleisch oder Gemüse gefüllten Teigtaschen stammen aus Tibet und wurden, mit den von dort eingewanderten Völkern, nach Nepal gebracht. Heute bekommt man sie in Kathmandu fast an jeder Straßenecke. Momos werden in zwei Arten zubereitet: Sie werden entweder in heißem Öl ausgebacken oder in einem speziellen Topf gedämpft. Letztere Zubereitung ist am häufigsten anzutreffen.

Die nepalesische Küche ist fast immer raffiniert mit Knoblauch und Koriander, Ingwer und Chili, Pfeffer und Cumin, Senföl oder Yak-Butter gewürzt. Zu den klassischen nepalesische Spezialitäten zählen auch: Chatamari, pikante flache Fladen aus Reismehl, die oft wie Pizza belegt werden; Alu Tama, gekochte Kartoffeln mit Bambussprossen; Choyla, gegrilltes, scharf gewürztes Lammfleisch. Im heutigen Nepal werden in den Touristenzentren des Kathmandu-Tales, in Pokhara und Umgebung sowie in den bekannten und erschlossenen Trekkinggebieten von Annapurna und Everest auch sehr viele kontinentale Speisen angeboten. Vom Burger über Schnitzel und Pizza ist dort alles Mögliche zu haben. Man kann auf der Annapurna-Runde am Abend vor der Passüberquerung im High Camp auf 4900 Metern Höhe durchaus ein Bier trinken und eine Pizza essen, wenn man das will.

Getränke

Die typischen Getränke der Einheimischen sind vor allem Wasser und Tee. Chang, ein aus vergorenem Hopfen hergestelltes bierartiges Getränk, ist vor allem bei der tibetischstämmigen Bergbevölkerung beliebt. Nicht zu verwechseln ist es mit dem Chhaang – einem vergorenen, schäumenden Hirsebier, das besonders im Osten Nepals und bei den Sherpas, Limbu und Newar beliebt ist. Getrunken wird es aus einem Bambus- oder Metallgefäß – der Tomba oder Tongba – mittels eines Halms. Nicht unerwähnt bleiben sollte auch der Rakshi – schon das stilgerechte Einschenken dieses einheimischen Destillates ist eine Kunst für sich. Oft auch als ›Local Brandy‹ bezeichnet, wird er ebenfalls aus Hirse hergestellt und ist in seiner Wirkung keinesfalls zu unterschätzen. Neben diesen traditionellen Getränken wird in Nepal auch herkömmliches, durchaus auch leckeres Bier in verschiedenen Sorten gebraut: Tuborg und San Miguel in Lizenz sowie einige eigene Marken, unter anderem Everest, Gorkha oder Nepal-Ice und Star Beer.

Ein anderes für Nepal typisches, alkoholisches Getränk ist der Apfelschnaps (Apple-Brandy) aus dem Thakali-Dorf Marpha im Annapurna-Gebiet. Marpha ist das Zentrum des Apfelanbaus im Land.

In den gebirgigen nördlichen, buddhistischen Gebieten des Landes ist der Buttertee ein traditionelles Getränk und wird in großen Mengen zu sich genommen. Dem schwarzen Tee werden Salz und Yak-Butter zugefügt. Für den europäischen Gaumen sehr ungewohnt, ist der Buttertee nicht jedermanns Sache. Stellt man sich allerdings vor, eine Brühe zu konsumieren, ist er durchaus trinkbar. Den in großen Höhen lebenden Einheimischen dient dieser kalorienreiche Tee zur Komplettierung des Nahrungsangebotes.

Beim Chhaang-Trinken aus der Tomba

Momos im Vogtland

Lhakpa Sherpa aus dem Solukhumbu, mein langjähriger Freund und oftmaliger Gefährte auf Reisen in Nepal und Tibet, der heute mit seiner Großfamilie in einem Haus in Kathmandu wohnt, begleitete mich im Jahr 2009 auf einer kleinen Vortragstournee. Wir hielten den Diavortrag ›Abenteuer Himalaya – Nepal und Tibet 1996–2008‹ in Dresden, Leipzig, Jena und auch in Adorf im Vogtland. Im Vorfeld des Vortrages wurde mit Unterstützung der Bürgermeisterin ordentlich geworben. Um möglichst viele Zuschauer zu gewinnen, kündigten wir an, dass es zum Vortrag pro Person zwei Momos als Kostprobe gibt – das Ganze mit originalen Gewürzen aus Nepal von einem ›echten‹ Sherpa vor den Augen der Gäste zubereitet. Trotzdem rechneten wir in der kleinen Stadt Adorf mit nur wenigen Besuchern. Umso größer war unsere Verwunderung, dass nach einem eher verhaltenen Zustrom zu Beginn des Einlasses mehr und mehr Besucher kamen. Die Veranstaltung war schon bald restlos ausverkauft. Da die Stühle nicht mehr für alle Zuschauer reichten, holten die erfinderischen Adorfer alle möglichen Sitzgelegenheiten herbei, sodass am Ende sogar ein Sofa im Glashaus – dem Veranstaltungsort – stand. Ob der unerwartete, für uns sehr erfreuliche Ansturm an der Ankündigung der Momos, der Anwesenheit Lhakpas oder am Thema gelegen hat, wissen wir nicht. Jedenfalls bekam Lhakpa nun – und das kann man wörtlich nehmen – alle Hände voll zu tun. Er knetete den Teig, bereitete die Füllung – rollte, formte, füllte – und gab die gefüllten Teigtaschen in den speziellen Gar-Topf, ließ sie darin garen, stellte sie warm und verteilte sie an die Gäste. Das tat er immer wieder – in den Topf passen etwa 60 Momos –, und zwar nicht wie geplant zwei Mal, sondern fünf Stunden lang. Am Ende hatte Lhakpa weit mehr als 300 Momos hergestellt, und jedes einzelne hat wirklich lecker geschmeckt. So viele Momos allein und ohne Unterbrechung zuzubereiten ist nicht nur Schwerstarbeit, sondern höchstwahrscheinlich auch ein Rekord, zumindest in Europa. In der Vorrede zum Vortrag hatte ich die Zuschauer um eine kleine Spende für das behinderte Kind des fleißigen Kochs gebeten. Die Adorfer ließen sich nicht lumpen, und so kam eine ansehnliche Spende zur Betreuung des Jungen zusammen. Es war ein rundum gelungener Abend, an den wir uns noch immer gern erinnern. Wir hatten viel Spaß und ein interessiertes, großzügiges Publikum. Danke, Mariechen, danke, Lhakpa, danke, Adorf – das jetzt weiß, wie Momos schmecken!

Rezept für Momos mit Fleischfüllung (Masu Momo)
Für die Zubereitung gedämpfter Momos wird ein Spezialtopf benötigt.

Zutaten für den Teig: 500 Gramm Weizenmehl, 1 Esslöffel Öl, 1 Tasse Wasser, 1 Messerspitze Salz
Füllung: 500 Gramm Hackfleisch vom Rind, Schwein, Huhn oder gemischt, 150 Gramm fein gehackte Zwiebeln, 5 fein gehackte Knoblauchzehen, 40 Gramm frisch geriebener Ingwer, 1 Teelöffel fein gehackter frischer Koriander, 1/2 Teelöffel Kreuzkümmel, 1 fein gehackte Chilischote, 1 Teelöffel Tumeric (Gelbwurz), 1 Esslöffel Salz, 2 Esslöffel Ghee (oder Olivenöl)

Zubereitung: Mehl, Öl, Salz und Wasser in eine große Schüssel geben. Etwa 15 Minuten lang die Zutaten mischen und einen Teig kneten. Den Teig für 30 Minuten gehen lassen. Derweil die Zutaten für die Füllung in einer Schüssel ebenfalls gut vermischen.

Den Teig noch einmal durchkneten. Den fertigen Teig auf einem bemehlten Brett etwa zwei Millimeter dick ausrollen. Mit einem Glas oder etwas Ähnlichem etwa fünf Zentimeter große Kreise ausstechen. In die Mitte der Teigkreise einen Esslöffel der zuvor noch einmal gut durchgekneteten Füllung geben. Die Kreise zu einem Halbkreis zusammenklappen und an den Rändern gut festdrücken, sodass die Füllung gleichmäßig von Teig umhüllt ist. Am Anfang ist es schwierig, die typische Form zustande zu bringen, aber auch hier gilt: Übung macht den Meister. Es ist vor allem wichtig, dass die Teigtaschen an den Rändern gut geschlossen sind. Nun werden die vorbereiteten Momos in die vorher mit Öl eingepinselten Topfteile gelegt. Den unteren Teil des Topfes mit einem dreiviertel Liter Wasser füllen, die Teile übereinanderstapeln und die Momos zehn Minuten darin dämpfen. Die Momos können auch in heißem Öl ausgebacken werden. Gutes Gelingen und guten Appetit!

Momos, gefüllte Teigtaschen

Die wichtigsten Feste und Feiertage

An mehr als 120 Tagen im Jahr wird in Nepal anlässlich angeordneter Feiertage oder religiöser Feste gefeiert. Damit ist das Land im weltweiten Vergleich höchstwahrscheinlich Spitzenreiter. Uralte, auf animistischen Kulten basierende Feierlichkeiten vermischen sich dabei mit den Feiertagen der großen Hindu- und Buddha-Feste sowie mit den alten Ritualen zu Ehren der Jahreszeiten und der mit ihnen verbundenen Riten für eine gute Ernte oder das entsprechende Wetter.

Die wichtigsten Feste werden von den beiden Hauptreligionen bestimmt, deren Anhänger fast immer auch an den Festen der anderen Religionen teilnehmen. Da neben unserem gregorianischen Kalender in Nepal hauptsächlich der Mondkalender Bikram Sambat (→ S. 50) Anwendung findet, richtet sich der Zeitpunkt der Feste auch nach diesem kompliziert gerechneten Mondkalender. So ist das Datum der meisten Feiertage variabel und ändert sich von Jahr zu Jahr.

Am besten erkundigt man sich schon im Vorfeld einer Nepalreise über das genaue Datum der Feste, von denen im Folgenden einige der wichtigsten, beginnend mit dem nepalesischen Neujahr, vorgestellt werden.

Die unten aufgeführten Termine für die Jahre 2013 und 2014 wurden zwar mehrfach überprüft und bestätigt – dennoch wird keine Gewähr für deren Richtigkeit übernommen.

Alter Prozessionswagen in Changu Narayan

Navavarsha

Das nepalesische Neujahr fällt zumeist in die zweite Woche des Aprils, auf den ersten Tag des nepalesischen Monats Baisakh. Der Tag ist ein nationaler Feiertag und wird ausgelassen gefeiert. In Bhaktapur findet an diesem Tag zudem das Bisket-Jatra-Fest statt. 13. bis 15. April 2013 und 2014.

Bisket Jatra

Höhepunkt dieses Festes, bei dem die grimmigen Götter Bhadrakali und Bhairav auf großen Wagen durch die Stadt gezogen werden, ist das Tauziehen, um einen zuvor zentral aufgestellten, mit Fahnen geschmückten Mast wieder zu kippen. 14. April 2013 und 2014.

Mata Tirtha Puja

Dieses Fest findet überall in Nepal statt, und zwar immer am letzten Tag der dunklen Monatshälfte des Monats Baisakh. Es verlangt, dass ein jeder an diesem Tag seine Mutter besuchen soll. Diejenigen, deren Mutter im vorangegangenen Jahr verstorben ist, sollen in dem in der Nähe von Kathmandu gelegenen gleichnamigen Mata-Tirtha-Teich ein Bad nehmen. 9. Mai 2013.

Baisakh Poornima

Das Geburtstagsfest oder das Fest zur dreifachen Erleuchtung Buddhas (tibetisch Theravada) findet im April/Mai statt. Die Gläubigen finden sich zur Verehrung Buddhas und zu ausgelassenen Feiern vor allem in Boudhanath, Swayambhunath und an seinem Geburtsort in Lumbini ein. 25. Mai 2013 und 2014.

Tiji

Das Tanzfest Tiji ist eines der wichtigsten Feste der Buddhisten in Mustang. In farbenprächtigen Kostümen und mit riesigen, pittoresken Masken steigern sich die Tänzer von Tag zu Tag in einen wahren Tanzrausch. Ein unvergessliches Erlebnis. 8. bis 10. Mai 2013.

Tag der Republik

Der Tag der Republik hat ein fixes Datum und ist seit dem 29. Mai 2008 Nationalfeiertag in Nepal. An diesem Tag wurde auf Beschluss der Verfassungsgebenden Versammlung die königliche Standarte aus dem Narayanhity-Palast entfernt und durch die Nationalflagge ersetzt. Die Demokratische Bundesrepublik Nepal wurde ausgerufen. Jährlich am 29. Mai.

Janai Purnima

Eines der wichtigen Hindu-Feste findet alljährlich zum Vollmondtag des gleichnamigen Monats statt. An diesem Tag erneuern die männlichen Brahmanen die heilige Schnur, die sie um die Schulter tragen. Die Chhetri und die restlichen Brahmanen binden sich eine heilige Schnur um das Handgelenk. Dieses Fest findet in Patan, aber auch am heiligsten See Nepals, dem Gosainkund im Helambu, statt. Hier trifft man tausende von hinduistischen Pilgern an, die dieses Ritual, verbunden mit einem Bad im See, vollführen. 21. August 2013/10. August 2014.

Gai Jatra

Zum achttägigen Gai Jatra (Fest der Kuh) ziehen massenhaft maskierte und als Kühe verkleidete Jungen durch die Straßen Kathmandus. Es ist ein Art Karneval und im Ursprung zur Erheiterung der Königin gedacht, deren Sohn an einer Pockenerkrankung verstarb. Die zu diesem Fest ausgeübten Rituale sollen den Verstorbenen des Vorjahres das Hinübergleiten ins Jenseits erleichtern. 22. August 2013.

Teej

Teej ist das hinduistische Frauenfest. Vor allem in Pashupatinath baden, singen und tanzen die Frauen den ganzen Tag lang. Es ist die Gelegenheit, den schönsten Schmuck und die schönsten Saris zu präsentieren. 9. September 2013.

Indra Jatra

Das Fest des Indra, des Regengottes, wird im Kathmandu-Tal mit großer Begeisterung von Hindus und Buddhisten gleichermaßen gefeiert. Es dauert ebenfalls acht Tage lang. Während dieses Festes wird auch der lebenden Göttin Kathmandus – der Kumari – gehuldigt (→ S. 163). Sie wird, auf einem großen geschmückten Wagen thronend und von einer Eskorte begleitet, in aufwendiger Prozession durch die Straßen der Stadt gefahren. Ein weiterer Höhepunkt des Festes in Kathmandu ist die Enthüllung des Bildnisses des zornigen Gottes Bhairav, aus dessen Mund zur Feier des Tages das Hirsebier Chhaang fließt, um die begeisterte Menge zu erfrischen. 18. September 2013 und 2014.

Dhasain

Das Dhasain-Festival (auch Durga Puja) ist das größte und wichtigste Fest der Nepalesen überhaupt. Das ganze Land feiert, und das öffentliche Leben ist eine Woche lang komplett lahmgelegt. Fast alle Familien des Landes treffen sich, um die Muttergöttin Durga zu verehren und ihr mit Tieropfern zu huldigen. In den acht Nächten vor dem Haupttag des Festes ziehen – vor allem in Patan – zahlreiche Priester in Ekstase durch die Straßen, ehe sich endlich alle am Fleisch der Opfertiere satt essen.

In der Zeit des Dhasain-Festes ist es sehr schwierig, auf dem Land eine Unterkunft zu finden – selbst viele Lodges sind von Familienmitgliedern ›besetzt‹. Wer während des Festivals um eine Trekkinggenehmigung oder um irgendein anderes amtliches Papier ersucht, hat ganz schlechte Karten, er bekommt sie erst nach dem Fest. Daher ist dieser Termin ist bei der Reiseplanung unbedingt zu beachten, wenn man sich die Genehmigungen selbst besorgt. 5. bis 14. Oktober 2013.

Tihar

Tihar ist das Lichterfest, zu dem der Göttin Lakshmi gehuldigt wird. Diese Göttin des Glücks und des Reichtums wird am fünften Tag in die Häuser gelockt, deren Türen und Fenster mit Lichtern geschmückt sind. Krähen, Hunde und Kühe werden zu dem Fest mit besonderem Futter gesegnet, Brüder erhalten von ihren Schwestern Geschenke. 3. bis 7. November 2013.

Auf dem Riesenrad

Als in Nepal das größte aller Feste, das Dhasain-Festival, gefeiert wurde, befanden wir uns auf dem Weg zur Annapurna-Umrundung, und zwar der vollständigen. Das bedeutet, dass man eine fast komplette Runde mit Ausgangs- und Endpunkt in der Nähe von Pokhara geht. Schon im ersten Übernachtungsort erwartete uns ein ›Abenteuer‹: Alle Lodges im Ort waren wegen des Festes geschlossen oder mit feiernden Nepalesen hoffnungslos überfüllt. Was tun? Keiner wollte weiterlaufen, zumal die Hoffnung, im nächsten Ort könnte die Situation besser sein, gering war. So sprachen wir die Einwohner des Dorfes an und bekamen Quartier in einem Privathaus. Weil der Platz beengt war und die Betten für unsere Gruppe nicht reichten, trugen die Leute – an Freundlichkeit kaum zu übertreffen – Betten aus dem gesamten Dorf zusammen und stellten sie auf der Terrasse des Hauses auf. So hatte schließlich jeder von uns ein Bett, und auch wir konnten Dhasain feiern.

Am nächsten Morgen, gut ausgeschlafen, liefen wir bei bestem Wetter und in hervorragender, nahezu euphorischer Stimmung weiter. Noch vor dem Dorf Ramkot hörten wir schon von weitem ausgelassenes Lachen, Kichern und Kreischen. Betrunkene Feiernde schon am Vormittag? Nein, hier musste etwas anderes im Gange sein. Kurz vor unserer Ankunft im Dorf sahen wir auch, was – ein handgezimmertes, voll besetztes Riesenrad. Überall im Land werden zu Dhasain diese Riesenräder aus Holz und riesige Luftschaukeln aus Bambus aufgebaut. Am Riesenrad angekommen, machten wir Halt und beobachteten das Treiben. Von der Muskelkraft zweier junger Nepalesen mit den Füßen angetrieben, hatten die Dorfbewohner, Junge wie Alte, eine riesige Gaudi auf dem sich drehenden Riesenrad. Na, wollt ihr auch einmal? Klar wollten wir! Eine kleine Spende für die Dorfkasse erfreute die Leute, und schon saßen die ›Touris‹ im Riesenrad. Nun aber setzten die beiden menschlichen ›Motoren‹, zwei halbwüchsige Jungen, alles daran, den ›Langnasen‹ mal zu zeigen, dass es auch schneller ging, als sie es bisher gesehen hatten. Das Rad kam in Schwung, drehte sich schneller, schneller und immer schneller. Die Jungen holten das Letzte aus sich heraus. Das Geschrei, das die riesenradfahrenden Trekkingtouristen nun von sich gaben, stellte das Kreischen der Einheimischen schlichtweg in den Schatten. Immer mehr Leute aus dem Dorf liefen zusammen, um sich das Spektakel anzusehen. Die Geschwindigkeit des Riesenrades erhöhte sich derart, dass einer der deutschen Fahrgäste dem ›Druck‹ nicht länger standhielt. Als sein Sitz am weitesten unten war, wählte er den Notausstieg. Das führte zu einem rekordverdächtigen Weitsprung, mehreren Purzelbäumen und einem nicht enden wollenden Gelächter der Dorfgemeinschaft. Für uns war es ein großartiges Erlebnis mit den Einheimischen, das später auf der Tour noch oft für Erheiterung sorgte.

Ein Spaß für Touristen und Einheimische

Magh Sankranti

Mit diesem Fest beginnt der nepalesische Monat Magh. Es ist das Fest, an dem das Ende des Winters und der Beginn der wärmeren Jahreszeit gefeiert wird. Vor allem im Westen des Landes hat es einen hohen Stellenwert, beendet es doch den Monat Poush, der als unheilig gilt und in dem alle religiösen Zeremonien untersagt sind. Der Tag wird mit rituellen Waschungen begangen. 14. Januar 2013 und 2014.

Basant Panchami

Das Fest Basant Panchami (auch Shree Panchami oder Saraswati Puja) findet im ganzen Land statt. Es ist der Göttin des Wissens und Lernens, Saraswati, gewidmet. Die Gläubigen Kathmandus finden sich in Pashupatinath ein, wo der Göttin ein Hügel gewidmet ist, und bringen einfache Opfergaben wie Obst und Blumen dar. Es ist ein beliebter Termin für hinduistische Eheschließungen, da die Göttin den Paaren ihren Segen erteilt. 14. Februar 2013 und 4. Februar 2014.

Shiva Ratri

Das große Fest zu Ehren des Geburtstages Shivas wird mit Feierlichkeiten in Pashupatinath begangen. Tausende Hindus aus ganz Nepal und Indien pilgern an diesem Tag dahin, um eine Nacht lang zu feiern. Yogis aus Indien und die nepalesischen Saddhus vollführen hier im Rausch ihre teils sehr eigenartig anmutenden Riten. 10. März 2013 und 28. Februar 2014.

Losar

Losar ist das tibetische Neujahrsfest. Für die Buddhisten im Land ist es von großer spiritueller Bedeutung. Eine ganze Woche lang feiern die Menschen mit Tänzen und Gesängen das neue Jahr. Diese Tänze kann man vor allem im Solukhumbu, im Helambu und in den anderen nördlichen, meist von tibetischstämmigen Völkern bewohnten Regionen Nepals, aber auch in Boudhanath in Kathmandu sehen.
11. Februar 2013 und 2. März 2014. Die Termine beziehen sich auf das Losar-Fest der Tibeter und Sherpas. Die Gurung feiern Losar Ende Dezember und die Tamang im Januar.

Holi

Bei diesem uralten hinduistischen Fest der Farben feiern die Menschen überall in Nepal freudig das Ende des Winters. Es ist eine Art Frühlingskarneval, bei dem sich die Leute mit Wasserbomben und Farbbeuteln bewerfen. Wenn man sich gerade an diesem Tag in Nepal aufhält, bleibt man entweder im Hotel oder hat ein paar alte Kleidungsstücke im Gepäck, die man auf der Straße trägt. Selbst im Taxi ist man nicht sicher – die Farbbeutel fliegen durch die immer offenen Fenster in den Wagen. 26. März 2013 und 16. März 2014.

Saddhu in Pashupatinath

Man genießt die Natur auf keine andere Weise
so schön als beim langsamen, zwecklosen Gehen!

Wilhelm von Humboldt

TREKKING UND BERGSTEIGEN

Nepal ist wohl das Land auf unserem Planeten, das jeder beim bloßen Hören des Namens mit Bergsteigen und Trekking in Verbindung bringt. In der Tat ist es das Eldorado schlechthin für diese Betätigungen. Kaum ein anders Land der Welt verfügt über einen solche Naturreichtum. Hier sind alle Klimazonen unserer Erde vertreten, von den tropischen Gebieten im Tiefland bis in die arktische Kälte auf den Gipfeln des hohen Himalaya. Für jeden Anspruch ist etwas dabei: von der leichten zweistündigen Wanderung im Kathmandu-Tal bis zum expeditionsartigen Trekking über die Eispässe vom Makalu zum Everest, von der ornithologischen Themenwanderung im Terai bis zur Wildbeobachtung in den Bergen des Rara-Nationalparks, von der Besteigung einfacher Trekkinggipfel bis zur extremen Achttausender-Expedition. Die Möglichkeiten in Nepal sind nahezu unerschöpflich.

Die Geschichte des Bergsteigens

Die Geschichte des Expeditionsbergsteigens im Himalaya beginnt außerhalb Nepals und doch auch nicht. Der Erste, der mit dem ausschließlichen Ziel, ›nur‹ einen hohen Berg zu besteigen, im Himalaya unterwegs war, wird wohl der Engländer William Woodman Graham gewesen sein. Er führte 1883, von Darjeeling aus, eine Expedition in die Berge des Kanchenjunga-Massivs. Am 8. Oktober 1883 stand er nach eigenen Angaben auf dem Gipfel des 7338 Meter hohen Kabru, der zur Hälfte in Nepal liegt, da die Grenze über seinen Gipfel verläuft. Diese Besteigung wird heute im Allgemeinen nicht anerkannt. Es wird angenommen, dass es sich bei dem von ihm bestiegenen Berg um den Gipfel des 6600 Meter hohen Kabru Dome handelte. Wie dem auch sei, diese Unternehmung könnte man als die Geburtsstunde des Expeditionsbergsteigens im Himalaya bezeichnen. Der Kabru bleibt interessanterweise trotzdem in den

Einer der 8000er Nepals: der Dhaulagiri

Annalen des Bergsteigens, seine Besteigung durch Conrad Reginald Cooke am 18. November 1935, allein und ohne zusätzlichen Sauerstoff, blieb die höchste Solo-Besteigung bis zum Jahr 1953.

In den zwanziger Jahren des letzten Jahrhunderts waren es die Briten, die versuchten, den Mount Everest von Norden her zu besteigen. Während ihrer sieben Expeditionen bis 1938 gelang ihnen die Besteigung jedoch nicht. Das Jahr 1922 brachte die ersten Toten am Everest, 1924 erreichte Edward Felix Norton 8570 Meter ohne künstlichen Sauerstoff, das blieb Höhenweltrekord bis 1953. Im Zuge derselben Expedition prägte George Leigh Mallory auf die Frage nach dem Sinn des Bergsteigens – ›Warum wollen Sie den Mount Everest besteigen?‹ – den berühmten Satz: ›Weil er da ist!‹ Wenig später starb er am Berg, und seine Leiche wurde erst 1999 gefunden.

Seit 1949 genehmigt auch Nepal die Besteigung des Berges, es ist also gerade einmal rund sechs Jahrzehnte her, dass Nepal sich geöffnet hat und Ausländer offiziell ins Land lässt. Die Ersten, die kamen, waren die Bergsteiger. Allen voran diejenigen, die nun endlich den Everest besteigen wollten. So erkundete 1951 eine von Eric Shipton geführte Expedition einen Zugang zum Everest aus dem westlichen Rolwaling Himal. Ihm verdankt der beliebte Island Peak (6190 Meter) seither seinen Namen. Von dieser Expedition stammt auch das berühmte Foto eines Yeti-Fußabdruckes mit seinem Eispickel – welches die ›Jagd‹ nach der ›Wahrheit‹ über den Yeti auslöste.

Die Ersten, die an einem Achttausender Erfolg hatten, waren die Franzosen. Maurice Herzog und Louis Lachenal schafften 1950 an der Annapurna die erste erfolgreiche Besteigung eines Achttausenders. Es folgte am 29. Mai 1953 die erste Besteigung des Mount Everest durch Tenzing Norgay und Edmund Hillary. In den folgenden Jahren setzte ein Rennen um die Erstbesteigungen der Achttausender ein, bis am 13. Mai 1960 mit dem Dhaulagiri auch der letzte auf nepalesischem Gebiet stehenden Achttausender bestiegen war. Der Berg war der vorletzte bestiegene aller 14 Eisgiganten (der letzte war die Shishapangma 1964). Der Erfolg gelang einer internationalen Expedition unter der Leitung des Schweizers Max Eiselin. Kurt Diemberger, Peter Diener, Ernest Forrer, Albin Schelbert sowie die beiden Sherpas Nawang Dorje und Nyama Dorje standen an jenem Tag auf dem Gipfel. Waren die sechziger und siebziger Jahre noch relativ ruhig und beschaulich an den höchsten Bergen der Erde, so setzte schon bald ein größerer Ansturm auf die Gipfel ein. Als Reinhold Messner und Peter Habeler am 8. Mai 1978 den Everest ohne die Zuhilfenahme zusätzlichen Sauerstoffs bestiegen, kam die große Diskussion für und wider künstlichen Sauerstoff auf.

In den Achtzigern begann schließlich der von den Medien weltweit aufgebauschte, von vielen Bergsteigern abgestrittene Wettlauf darum, wer als Erster alle 14 Achttausender bezwingen wird. Nachdem Reinhold Messner der Erste war, dem das gelang, wurden neue Superlative gesucht und gefunden: der Schnellste, der Älteste, der Jüngste, der Erste eines jeden Landes …!

Ein Wort an die Leserinnen: Dass ich hier das Männliche betone, ist Absicht, ohne die bergsteigenden Frauen diskriminieren zu wollen. Aber in der Tat waren die ersten dieser Unternehmen männlich dominiert. Erst später machten Frauen von sich reden, auch sie waren – und sind es bis heute – an den Bergen des Hima-

Blick zum Kumbakarna (Jannu) im Kanchenjunga-Massiv

laya unterwegs, und das sehr erfolgreich. Als es vor zwei Jahren darum ging, wer denn nun die erste Frau wird, die alle Achttausender besteigt, erreichte die Berichterstattung der Medien eine neue ›Qualität‹. ›Kampf um die Achttausender‹, ›Wettlauf in der Todeszone‹, ›Duell über den Wolken‹ und was da nicht noch alles zu lesen war. Wer nun die erste Frau geworden ist auf allen Achttausendern, bleibt bisher umstritten. Die Koreanerin Oh Eun-Sun erreicht am 27. April 2010 mit dem Annapurna-Gipfel ihren 14. Achttausender. Damit wäre sie die Erste. Allerdings wird ihre Besteigung des Kanchenjunga vom Mai 2009 angezweifelt. So wird in manchen Statistiken die Spanierin Edurna Pasaban, die nur wenige Tage später, am 17. Mai 2010, die Shishapangma als Letztes bestieg, als Erste gezählt.

Anfang der achtziger Jahre begann auch das kommerzielle Bergsteigen in Nepal. Eine der ersten kommerziellen Expeditionen dürfte die von Max Eiselin 1980 öffentlich ausgeschriebene Dhaulagiri-Expedition gewesen sein. Heute ist fast jeder der Achttausender für fast jeden ›käuflich‹. Die Diskussion darüber hält unvermindert an. Auch hier gibt es ›Für‹ und ›Wider‹. Fakt ist, dass dies mittlerweile ein fixer Bestandteil des Bergsteigens ist. Vielen Bergsteigern eröffnet sich so überhaupt erst die Möglichkeit, ihre Wunschberge zu besteigen, da sie allein gar nicht dazu in der Lage wären.

Wohin die Jagd nach ›magischen‹ Zahlen und verrückten Rekorden allerdings noch führen wird – wir wissen es nicht. Was wir wissen, ist, dass es gerade in Nepal noch unendlich viele schöne und lohnenswerte Ziele für Bergsteiger gibt – und zwar jenseits des Achttausender-Rummels.

Die Entwicklung des Trekkings

Früher war ich wandern. Ob im heimischen Elbsandsteingebirge, in der hohen Tatra oder in den Bergen des Pirin-Gebirges, ob ich nur einen Tag ohne Gepäck unterwegs war oder mit vollbeladenem Rucksack, Zelt und allem Proviant, tage-

lang durchs Gebirge zog – ich war wandern. Ich hatte Wanderhosen, Wanderschuhe und einen Wanderrucksack. Heute besitze ich Trekkinghosen, Trekkingschuhe und einen Trekkingrucksack! Früher war ich draußen unterwegs, heute bin ich ›outdoor‹.
Die Industrie und deren Marketingexperten waren es wohl, die das Trekking ›erfunden‹ haben. Nun ist es im alltäglichen Sprachgebrauch fest verankert. Es gibt Trekking zu Fuß, Kameltrekking und das Trekkingrad.
Gehen wir also am besten davon aus, dass Trekking – heute definiert – das Zurücklegen einer längeren Strecke in mehreren Etappen mit Gepäck ist. Es gibt viele Leute, die, auch in Nepal, auf diese Art und Weise unterwegs sind. Die allermeisten der Touristen allerdings sind nur mit ihrem Tagesgepäck unterwegs, und das Hauptgepäck wird transportiert. Deshalb werden wir in diesem Buch zwar auf Trekkingrouten unterwegs sein, auf den einzelnen Tagesetappen aber wandern!
Nepal ist definitiv das Ursprungsland des Trekkings. Im Sog der Achttausender-Expeditionen, angelockt durch Berichte und Bücher, kamen Anfang der sechziger Jahre des 20. Jahrhunderts die ersten Trekkingtouristen ins Land.

Als Vorreiter kann man den Briten James Roberts ansehen. Er hat in den frühen Sechzigern bereits Trekkingtouren für englische und amerikanische Gruppen organisiert und gemeinsam mit Sherpas 1963 die erste Trekkingagentur ›Mountain-Travel‹ gegründet. Für den deutschsprachigen Raum war es der Bergsteiger Günter Hauser. Er brachte die Idee mit nach Deutschland. So fand 1967 die erste deutschsprachige Trekkinggruppe ihren Weg nach Nepal – zum Mardi Himal im südlichen Annapurna-Gebiet. Im Jahr 1973 gründete er die Firma ›Hauser Excursionen‹, die heute zu den bekanntesten deutschen Anbietern auf dem Gebiet von Trekkingreisen zählt. Waren es 1960 nur einige hundert Trekker, steigerte sich die Zahl auf etwa 50 000 Mitte der achtziger Jahre, in denen ein richtig-

Lodge in Ostnepal

gehender Trekkingboom ausgelöst wurde. Ende der Neunziger erreichte er mit mehr als 100 000 Trekkingtouristen seinen vorläufigen Höhepunkt. Im Zuge der Maoistenkonflikte nahm die Zahl in den darauffolgenden Jahren teilweise drastisch ab, seit 2008 steigt sie wieder.

Da es in Nepal in den bergigen Regionen, von wenigen Ausnahmen abgesehen, bis heute keinerlei Straßen gibt – was die örtliche Topographie auch gar nicht erlaubt –, ist das Reisen zu Fuß seit jeher im Land üblich. An den meist gut ausgebauten Wegen zwischen den Orten gab es schon immer einfache Übernachtungsmöglichkeiten, in denen man sich auch verpflegen konnte. Aus diesen traditionellen ›Bhatti‹ genannten Unterkünften entwickelten sich mit der steigenden Besucherzahl zuerst Teehäuser und später die Lodges, die ihren Service den ausländischen Wanderern anbieten. So wurden aus nepalesischen Bauern Unternehmer. Angefangen hat das Ganze im Annapurna-Gebiet, später entstanden im Khumbu, am Everest und im Langtang-Tal ebenfalls Lodges. In diesen drei Gebieten und im Helambu kann man heutzutage ein durchgängiges Lodge-Trekking durchführen. Mittlerweile sind im Everest-Gebiet sogar die ersten Luxus-Lodges entstanden, die den Komfort eines Vier-Sterne-Hotels bieten – natürlich zum entsprechenden Preis. Inzwischen entstehen auch Lodges in anderen Teilen des Landes. Trotzdem ist man in allen anderen Trekkinggebieten Nepals noch immer – zumindest teilweise – auf das Zelt angewiesen.

Der Tourismus ist Nepals wichtigste Devisen-Einnahmequelle. Etwa ein Viertel der Einnahmen des Tourismus in Nepal werden durch Trekking und Bergsteigen erwirtschaftet. Der Trekkingtourismus in Nepal konzentriert sich zum großen Teil auf die Nationalparks und Conservation Areas (Näheres zu diesen in den einzelnen Kapiteln). Schätzungsweise drei Viertel davon finden im Annapurna- und Everest-Gebiet statt.

Träger mit Proviant und Küchengeräten

Die Schüssel – nach einer wahren Begebenheit

Als ich die Schüssel zum ersten Mal sah, hatte ich sofort den alten Abwaschtisch meiner Mutter vor Augen. So groß, tief und blank, wie sie war, wurde sie wohl auch zum Abwaschen hergestellt. Aber lassen Sie sie doch einfach selbst erzählen:

Mein Geburtsdatum weiß ich, wie sogar einige Menschen in Nepal, selbst nicht genau. Ich erinnere mich, unter den geschickten Händen eines einheimischen Blechners im Königreich Nepal das Licht der Welt erblickt zu haben. Für ein paar Rupien wanderte ich nun aus seiner Werkstatt in den kleinen Ramschladen eines Händlers. Dieser wollte mich für ein paar ›Mäuse‹ mehr, als er selbst bezahlt hatte, weiterverkaufen.

Da stand ich nun, umgeben von allen möglichen Waren, im Qualm der nie verglimmenden Räucherstäbchen. Die Zeit verging, und ich harrte der Dinge, die da kommen sollten. Sie kamen, und zwar in der Gestalt zweier Bergsteiger. Den einen mit den langen schwarzen Haaren hielt ich zuerst für einen Inder und befürchtete schon Schlimmes. Es stellte sich aber heraus, dass auch er Europäer war wie sein blasshäutiger blonder Freund. Der Blonde verhandelte nun eine Weile mit meinem Besitzer und steckte ihm dann ein paar Scheine zu. Die beiden nahmen mich mit, und ich verschwand zusammen mit anderem Gepäck auf einem Lastwagen.

Hier war es stockfinster und staubig. Ich befand mich zudem in der unglücklichen Lage, nicht zu wissen, wohin die Reise geht und wie lange sie dauert. Als ich das helle Licht des Tages wieder zu sehen bekam, lag ich inmitten einer Steinwüste. Was soll ich sagen, ich glaubte meinen Schüsselaugen nicht zu trauen, da stand er direkt vor mir, der Berg der Berge, Sagarmatha – Chomolungma – Göttin Mutter der Erde. Im Ramschladen habe ich des Öfteren ehrfurchtsvoll von ihr sprechen hören. Nun wurde ich dieses herrlichen Anblicks allerdings jäh beraubt. Man brachte mich in ein Küchenzelt. Hier erfuhr ich, dass ich bei einer sächsischen Mount-Everest-Expedition gelandet war. Von nun an diente ich zur Aufbewahrung und zum Abwaschen des Geschirrs, so, wie es sich für eine ordentliche Abwaschschüssel gehört.

Eines Tages wurde mein fröhliches Abwaschdasein plötzlich unterbrochen. Ich wurde in das benachbarte Lagerzelt verschleppt, auf einem klapprigen Faltstuhl ausbalanciert und mit warmem Wasser gefüllt. Ich war gespannt, was nun kommen würde. Ob sie wohl jetzt hier abwaschen wollen? Doch – o Schreck – das hatte ich noch nie erlebt, mein Schüsselherz sprang mir bis zum Rand, als sich eine lange zottige Mähne in mir versenkte. Ich war schon darauf gefasst, dass nun gleich ein Yak mit seiner rauen Zunge aus mir trinken würde. Zum Glück war es nur der Haarschopf eines der Bergsteiger, der sich hier einer Kopfwaschung unterzog. Er hob sein Haupt aus meinem Inneren und beendete damit wohl seine Wasserspiele.

Doch plötzlich wurde es hell über mir, der Mond, dachte ich, der Mond. Groß, rund und hell stand er direkt über meinem Schüsselrand. Doch nun? He, was soll das denn werden, o hilf mir, Chomolungma! Der Mond senkte sich, kam immer näher, immer näher, bis er mich fast völlig ausfüllte. Dann wurde der Mond selbst, nebst einigen Kleinigkeiten, mittels Seife und reichlich warmen Wassers gereinigt.

Endlich fand diese Hygiene-Orgie ein Ende, und ich konnte meinen angestammten Platz im Küchenzelt wieder einnehmen. So ging das nun Woche für Woche, Küchenzelt – Lagerzelt – Küchenzelt. Alle paar Tage wurde ich als Badewannenersatz missbraucht. Langsam aber wurde es zur Routine.

Dass diese Sachsen hier irgendwie anders sind als die anderen Expeditionen am Berg, hatte ich durch meinen Spitzenplatz im Küchenzelt schon mitbekommen. Nicht ein einziger Sherpa war während der ganzen Zeit im Zelt aufgetaucht. Sie hatten weder Träger noch Kletter-Sherpas, ja, noch nicht einmal ein Küchenteam – die kochten doch tatsächlich selbst. Da sie auch keinen Flaschensauerstoff mitführten, kompensierten sie dessen Fehlen durch das Trinken von Bier, das durch freundliche, chinesische Kraftfahrer manchmal sogar nachts angeliefert wurde. Deswegen wurde Bier im Basislager schon bald ›German Oxygen‹ genannt. So viel am Rande.

Nun hing im Küchenzelt seit zwei Tagen eine riesige Yak-Keule am Gestänge, direkt über mir. Die hatten der lange Blonde und der kleine Schwarze angeschleppt. Ich hatte Angst, sie könnte bei den starken Winden, die das Zelt öfter durchschütteln, auf mich herabfallen und mich verbeulen. Es sollte viel, viel schlimmer kommen. Soeben aus dem Mond-Waschzelt zurückgekommen, wurde ich auf die bläulich flackernde Flamme des Gaskochers gestellt. Mir wurde heiß, verdammt heiß! Ja, wollen die mich jetzt etwa wieder einschmelzen – nach allem, was ich für sie getan habe? Dachte ich noch so für mich – da briet auch schon das klein geschnittene Yak-Fleisch in mir. Als es ordentlich angebraten war, wurde ich mit Brühe, Kartoffeln, Gemüse und andern Ingredienzien aufgefüllt. So wurde in mir mit viel Tamtam ein, wie ich hörte, vorzüglicher Yak-Eintopf hergestellt. Ich bekam meine dritte Aufgabe. So vergingen nun die Tage, Abwaschen, Waschen, Kochen – ich war völlig ausgelastet.

Aber alles hat seine Zeit. So kam der Tag heran, an dem meine Sachsen Abschied nahmen von der Göttin Mutter der Erde. Auf ihr Haupt haben sie ihre Füße nicht setzen können. Daran mag ein Japaner schuld sein, dem sie in fast 8000 Metern Höhe das Leben gerettet haben – oder auch nicht. Welche Schüssel mag das beurteilen. Jedenfalls kamen sie ein letztes Mal vom Berg in ihr Basislager zurück. Klaubten die Reste ihrer Verpflegung zusammen und kochten in mir ein letztes Essen für alle. Wuschen sich noch einmal von Kopf bis Fuß und reinigten ein allerletztes Mal ihr Geschirr in mir. Zwei Monate waren inzwischen vergangen, und sie brachen ihre Zelte ab. Was sollte nun aus mir werden? Meiner Dienste bedurften sie nun nicht mehr, und ich fürchtete schon das Schlimmste! Weggeworfen zu werden, so, wie es schon vielen meiner Brüder und Schwestern bei anderen Expeditionen widerfahren war.

Doch zum Glück – wie schon gesagt, meine Sachsen waren anders – luden sie mich mit auf ihren Lkw, und ich konnte sie noch ein kleines Stück auf ihrem Heimweg begleiten. Kurz vor dem nahe gelegenen Rongbuk-Kloster verschenkten sie mich an den dort lebenden Einsiedler. Nun bin ich ihm und seinem kleinen Sohn zu Diensten. In der Stille der Einsiedelei, von brennenden Kerzen, dem Duft von Weihrauch und den Gebeten des Lamas umgeben, geht es mir gut. Vielleicht kommen ja meine Sachsen wieder einmal zu Chomolungma und schauen bei ihrem Freund, dem Lama, herein. Ich würde mich freuen!

Trekking in Nepal

Wie im vorangegangenen Abschnitt schon angedeutet: Nepal ist das Trekkingparadies schlechthin. Trekking oder wandern, ganz wie man es nun nennen will, kann man im Land zu jeder Jahreszeit. Die beste Reisezeit ist vom jeweiligen Gebiet abhängig. Bei den in den nachfolgenden Kapiteln des Buches vorgestellten Regionen und Trekkingtouren wird diese beste Jahreszeit immer mit angegeben. Die beliebtesten und in den meisten Gebieten auch besten Zeiten sind das Frühjahr (März bis Mai) und der Herbst (September bis November). In den Wintermonaten sind die höher gelegenen Passübergänge unpassierbar. Dafür kann Ihnen aber ein Trekking im Winter in den unteren Lagen traumhafte Fernblicke auf das Gebirge bringen. Selbst während der Sommermonate, in denen der Monsun in den meisten Landesteilen vorherrschend ist, können Sie Nepal bereisen. In dieser Zeit bieten sich die nördlich des Himalaya-Hauptkammes gelegenen Gebiete im Dolpo, von Manang und Mustang an. Ganz egal, wie Sie sich entscheiden, Nepal zu Fuß ist immer ein Erlebnis.

Auf den kommenden Seiten erhalten Sie in Kurzfassung

- einen Überblick über die Trekkinggebiete in Nepal (ausführlichere Beschreibungen finden Sie in den jeweiligen Kapiteln des Buches);
- weiterhin Hinweise zu den Voraussetzungen, die erfüllt werden müssen, um in Nepal zu wandern;
- eine Übersicht über die Nationalparkgebühren und die genehmigungspflichtigen Trekkinggebiete mit den momentan anfallenden Gebühren (Stand April 2013);
- einen Überblick über die sogenannten Trekkinggipfel, die zur Besteigung ohne Expeditionspermit freigegeben sind; sowie
- Tipps zum Trekking im Allgemeinen und für das Verhalten im Hochgebirge.

Der Kontakt mit der Bevölkerung ist beim Trekking garantiert

Individuelles Trekking

Was passt besser zu Ihnen? Ein individuelles oder ein organisiertes Trekking? Wenn Sie individuell unterwegs sein möchten, ist das in vielen Gegenden kein Problem – mit Ausnahme jener Gebiete, für die spezielle Genehmigungen nötig sind (→ ab S. 130). Das heißt, Sie wandern alleine oder mit ein, zwei Freunden ohne örtliche oder andere Führer. Sie tragen Ihr Gepäck selbst oder engagieren eigenverantwortlich Träger oder Lasttiere. Sie übernachten in Lodges – ein Zelttrekking setzt meist auch voraus, sämtliche Verpflegung für die Trekkingzeit mitzuführen – oder in einfachen Herbergen. Sie verpflegen sich in Gasthäusern am Weg.

Die Vorteile bei dieser Art des Trekkings sind: Sie sind an keinen Plan gebunden außer an Ihren Rückflug und können sich die Zeit frei einteilen. Sie kommen schneller mit den Einheimischen in Kontakt und können sicher auch bei ihnen übernachten.

Die Nachteile sind: Zum einen haben Sie einen ziemlich hohen Aufwand in der Vorbereitung und einen teilweise großen Zeitaufwand bei der Besorgung aller nötigen Genehmigungen. Zum andern müssen Sie den Weg selbst finden und sich auf die Gebiete mit guter Infrastruktur beschränken, in denen ein durchgängiges Lodge-Trekking möglich ist.

Organisiertes Trekking

Möchten Sie Nepal organisiert erleben, haben Sie grundsätzlich erst einmal zwei Möglichkeiten. Entweder Sie buchen eine komplette Trekkingreise bei Ihrem Reisebüro oder Reiseveranstalter zu Hause, oder Sie lassen sich Ihr Trekking von einer Agentur in Nepal organisieren. In beiden Fällen müssen Sie sich um gar nichts mehr kümmern. Alles erledigen Ihre Agentur und Ihre Begleitmannschaft – vom Kochen über den Zeltaufbau bis hin zum Bereitstellen von warmem Waschwasser.

Die Vorteile bei dieser Art des Reisens sind: Sie können alle Gebiete des Landes bereisen und müssen nie nach dem Weg suchen. Ihr Reiseleiter, ob nun Einheimischer oder nicht, vermittelt Ihnen außerdem viel Wissenswertes über Land und Leute, Flora und Fauna, und es ist immer jemand da, sollte es Ihnen vielleicht doch einmal nicht so gutgehen.

Die Nachteile sind: Zum einen ist die Trekkingroute festgelegt, und es gibt nur wenig Spielraum im Programm. Zum anderen müssen Sie wahrscheinlich etwas mehr Geld ausgeben.

Nun müssen Sie entscheiden und schon kann es losgehen!

Abschiedstorte nach dem Trek

Wer organisiert reist, spart sich Zeltauf- und abbau

Trekkinggebiete

Eigentlich ist das ganze Land ein einziges großes Trekkinggebiet. Den einzelnen Regionen zugeordnet, kann man die Trekkinggebiete Nepals von West nach Ost wie folgt benennen:

Ferner Westen
- Api und Saipal → S. 367, 389.
- Khaptad-Nationalpark → S. 387.

Mittlerer Westen
- Simikot → S. 367, 369.
- Jumla und Rara-Nationalpark → S. 357, 358, 372.
- Dolpo → S. 358, 375.
- Dhorpatan → S. 363.

Westen
- Mustang → S. 329, 337.
- Dhaulagiri → S. 344.
- Manaslu → S. 332, 346.
- Annapurna → S. 327, 341.
- Pokhara-Tal → S. 297.
- Gorkha → S. 323.

Zentralnepal
- Ganesh Himal → S. 235.
- Langtang → S. 240.
- Helambu → S. 237, 239.
- Kathmandu-Tal → S. 208.
- Rolwaling → S. 243.

Osten
- Everest → S. 255, 264.
- Makalu → S. 257, 272.
- Kanchenjunga → S. 259, 275.

Selbstverständlich kann man auch außerhalb dieser Gegenden per pedes unterwegs sein.

Nationalpark- und Trekkingpermit-Gebühren

Im Folgenden sind die aktuellen Gebühren für ausländische Touristen für die Nationalparks, Conservation Areas und Wildlife Reserves aufgeführt (Stand April 2013, jeweils von West nach Ost).

Nationalparks	Gebühren für ausländische Touristen
Khaptad-Nationalpark	3000 NRS
Rara-Nationalpark	3000 NRS
Banke-Nationalpark	3000 NRS
Bardia-Nationalpark	3000 NRS
Shey-Phoksundo-Nationalpark	3000 NRS
Chitwan-Nationalpark	3000 NRS
Shivapuri-Nationalpark	3000 NRS
Langtang-Nationalpark	3000 NRS
Sagarmatha-Nationalpark	3000 NRS
Makalu-Barun-Nationalpark	3000 NRS
Conservation Areas	
Api Nampa Conservation Area	2000 NRS
Blackbuck Conservation Area	2000 NRS
Annapurna Conservation Area	2000 NRS
Mustang Conservation Area	2000 NRS
Manaslu Conservation Area	2000 NRS
Gaurishankar Conservation Area	2000 NRS
Kanchenjunga Conservation Area	1000 NRS
Wildlife Reserves	
Sukla Phanta Wildlife Reserve	500 NRS
Dhorpatan Hunting Reserve	500 NRS
Parsa Wildlife Reserve	500 NRS
Koshi Tappu Wildlife Reserve	500 NRS

Achtung: Die Genehmigungen für die Nationalparks sollte man sich unbedingt vor dem Eintritt in den jeweiligen Park besorgen. An den Parkeingängen selbst kann man diese zwar auch erwerben, hier werden aber die doppelten Gebühren, also 6000 NRS, verlangt. Für nepalesische Begleitpersonen (Führer, Träger) sind 25 NRS pro Person zu bezahlen.

Unterwegs im Königreich Mustang

Permitfreie Trekkinggebiete

Für die klassischen Trekkingrouten an der Annapurna, im Helambu, im Langtang und am Everest benötigt man kein spezielles Trekkingpermit mehr, hier genügen die Nationalparkgenehmigungen. Die Genehmigungen für die Nationalparks und auch die TIMS-Card erhält man in Kathmandu im Tourist Service Centre (am Ratna Park, PO Box 10115, Bhrikuti Mandap, Thamel, Tel. +977/1/4256909, 4256230, http://welcomenepal.com; Mitte Feb.–Mitte Nov. So –Fr 9 –17, Mitte Nov.–Mitte Feb. So –Fr 9 –16 Uhr).

Permitpflichtige Trekkinggebiete

Für alle Trekkinggebiete braucht man die TIMS-Card. Sie ist vor Antritt der Wanderungen zu erwerben und an vielen Kontrollstellen im Land vorzuzeigen. Für die Beantragung der TIMS-Card benötigt man eine Passkopie und zwei Passbilder. TIMS bedeutet ›Trekkers Information Management Systems‹ und wurde eingeführt, um illegalem Trekking entgegenzuwirken und um im Interesse der Touristen eine Datenbank zu erstellen, aus der hervorgeht, wer sich wann wo aufhält. Das soll etwaige Rettungsaktionen erleichtern. TIMS kostet 10 US-Dollar für Teilnehmer an einem organisierten Trekking und 20 US-Dollar für Individual-Trekker. Erhältlich ist es im oben genannten Tourist Service Centre in Kathmandu, in den TAAN (Trekking Agencies Association Nepal)-Büros in Maligaon (Kathmandu) und Pokhara oder bei einer örtlichen Agentur in Kathmandu und Pokhara, die TAAN angehört. Weitere Informationen zum TIMS gibt es auf der Website www.timsnepal.com.

In den folgenden Gebieten und Distrikten (von West nach Ost) benötigen Sie Trekkingpermits. Es werden für diese Gebiete nur Gruppenpermits ausgestellt. Es ist also nicht möglich, in diesen Gebieten allein zu wandern. Sie müssen mindestens zu zweit sein, was auf alle Fälle immer anzuraten ist.

Die Genehmigungen erhalten Sie gegen die Vorlage von zwei Passbildern im Büro des ›Department of Immigration‹ es befindet sich im IMPACT Building, Maitighar, in Kathmandu (Tel. 4223590, → S. 177).

Die Gebühren müssen in US-Dollar oder anderen konvertierbaren Währungen bezahlt werden, Nepalesische Rupien werden nicht akzeptiert!

Trekkingpermit

Checkpoint im Kanchenjunga-Gebiet

Ferner Westen

Darchula District (Areas of Byas Village Development Committee): 90 US-Dollar für die erste Woche, 15 US-Dollar für jeden weiteren Tag.
Baihang District (Areas of Kanda, Saipal, Dhuli): 90 US-Dollar für die erste Woche, 15 US-Dollar für jeden weiteren Tag.

Mittlerer Westen

Mugu District (Areas of Mugu, Dolpu, Pulu and Bhangri): 90 US-Dollar für die erste Woche, 15 US-Dollar für jeden weiteren Tag.
Lower Dolpo: 10 US-Dollar pro Woche.

Westen

Annapurna Region (Areas of Nar Phu, Northern Area of Tilche Village): 90 US-Dollar pro Woche von September bis November, 75 US-Dollar pro Woche von Dezember bis August.

Zentralnepal

Rasuwa District (Areas of Thuman and Timure): 10 US-Dollar pro Woche.
Dolakha District (Gaurishankar und Lamabagar):10 US-Dollar pro Woche.

Ostnepal

Everest Region (Solukhumbu District – north-west Area from Thame to Nangpa La): 10 US-Dollar pro Woche in den ersten 4 Wochen, danach 20 US-Dollar pro Woche.
Makalu (Sankhuwasabha, Areas of Kimathanka, Chepuwa, Hatiya and Pawa Khola): 10 US-Dollar pro Woche in den ersten 4 Wochen, danach 20 US-Dollar pro Woche.

Die folgenden permitpflichtigen Gebiete sind die sogenannten ›Restricted Areas‹. Hier ist kein individuelles Trekking möglich. Die Trekkingtouren müssen von einer registrierten und lizenzierten nepalesischen Agentur (→ S. 405) organisiert und begleitet werden, und nur über diese erhalten Sie die Genehmigungen.

Restricted Areas (von West nach Ost)

Ferner Westen

Humla District (Areas Simikot, Yari, Limi and Muchu): 50 US-Dollar für die erste Woche, danach 7 US-Dollar pro Tag.

Mittlerer Westen

Upper Dolpo: 500 US-Dollar für die ersten 10 Tage, danach 50 US-Dollar pro Tag.

Westen

Mustang: 500 US-Dollar für die ersten 10 Tage, danach 50 US-Dollar pro Tag.
Manaslu (Gorkha District): 70 US-Dollar pro Woche von September bis November, 50 US-Dollar pro Woche von Dezember bis August.
Manaslu (Chhekampar und Chumchet/Tsum Valley): 35 US-Dollar für die ersten 8 Tage von September bis November, 25 US-Dollar für die ersten 8 Tage von Dezember bis August.

Ostnepal

Kanchenjunga Region: 10 US-Dollar pro Woche.

Trekkinggipfel

Der Name der Liste darf nicht darüber hinwegtäuschen, dass man keinesfalls auf all diese Gipfel (Trekking Peaks) einfach so ›hinauftrekken‹ kann. Vielmehr sind für viele davon gute und sehr gute Kenntnisse im alpinen Bergsteigen unbedingte Voraussetzung. Hier darf der Umgang mit Seil, Steigeisen und Eispickel nichts Neues für die Aspiranten sein. Beraten Sie sich bei Interesse an einer solchen Gipfelbesteigung mit einem Bergführer und einer erfahrenen Agentur, die Bergbesteigungen organisieren.

Diese Berge werden von der Nepal Mountaineering Association (NMA) verwaltet und bedürfen keiner staatlichen Expeditionsgenehmigung durch das Ministerium. Gleichwohl sind die Berge permitpflichtig. Die Permits erhalten Sie nur über eine Agentur. Für die Berge beider Listen ist bei der NMA ein Müll-Pfand von 250 US-Dollar zu hinterlegen. Dafür erhält man registrierte Abfallbehälter (meistens Müllsäcke). Beim Austritt aus dem jeweiligen Gebiet erhält man bei Abgabe seines Mülls in diesen Behältern das Pfand zurück.

Die Gebühr für die folgende Liste A mit 15 Gipfeln beträgt: 500 US-Dollar für bis zu sieben Personen, 100 US-Dollar für jede weitere Person. Die maximale Gruppenstärke ist auf zwölf Personen begrenzt.

Name des Berges	Höhe (m)	Gebirgsstock	Distrikt
Cholatse	6440	Mahalangur	Solukhumbu
Machermo	6237	Mahalangur	Solukhumbu
Kyazo Ri	6186	Mahalangur	Solukhumbu

Trekkinggipfel

Name des Berges	Höhe (m)	Gebirgsstock	Distrikt
Nirekha	6186	Mahalangur	Solukhumbu
Langshisa Ri	6427	Jugal	Rasuwa
Ombigaichen	6340	Mahalangur	Solukhumbu
Bokta	6143	Kanchenjunga	Dolakha
Chekijo	6257	Gaurishankar	Dolakha
Phari Lapcha	6017	Mahalangur	Solukhumbu
Lobuje West	6145	Mahalangur	Solukhumbu
Larkya Peak	6249	Manaslu	Gorkha
ABI	6097	Mahalangur	Solukhumbu
Yubra Himal	6035	Langtang Himal	Rasuwa
Yala Peak	5732	Langtang	Rasuwa
Chhukung Ri	5550	Mahalangur	Solukhumbu

Die Gebühr für die folgende Liste B mit 18 Gipfeln beträgt: 350 US-Dollar für bis zu vier Personen; 350 US-Dollar für fünf bis acht Personen zzgl. 40 US-Dollar pro Person; 510 US-Dollar für neun bis zwölf Personen zzgl. 25 US-Dollar pro Person. Die maximale Gruppenstärke ist auch hier auf zwölf Personen begrenzt.

Name des Berges	Höhe (m)	Gebirgsstock	Distrikt
Shigu Chuli	6501	Annapurna Himal	Gandaki
Mera Peak	6476	Khumbu Himal	Sagarmatha
Kusum Kangru	6367	Khumbu Himal	Sagarmatha
Kwangde Lho	6011	Khumbu Himal	Sagarmatha
Chulu West	6419	Manang	Gandaki
Island Peak	6189	Khumbu Himal	Sagarmatha
Pharchamo Peak	6187	Rolwaling Himal	Janakpur
Lobuje	6119	Khumbu Himal	Sagarmatha
Ramdung	5925	Rolwaling Himal	Janakpur
Pisang Peak	6091	Manang	Gandaki
Tent Peak	5663	Annapurna Himal	Gandaki
Naya Kanga	5844	Langtang Himal	Bagmati
Pokalde	5806	Khumbu Himal	Sagarmatha
Mardi Himal	5553	Annapurna Himal	Gandaki
Paldor Peak	5896	Langtang Himal	Bagmati
Hiunchuli	6441	Annapurna	Gandaki
Chulu East	6584	Damodar	Gandaki

Hinweise zum Trekking und zum Verhalten im Hochgebirge

Grundsatz: Vermeiden Sie es, ganz allein unterwegs zu sein. Das mag für viele seinen Reiz haben, kann aber aus den unterschiedlichsten Gründen recht schnell gefährlich werden. Es sind in Nepal schon Trekker, ganze 300 Meter von einer Ortschaft entfernt, vor Hunger fast gestorben, nur weil sie allein unterwegs waren.

Vor der Reise

Wenn Sie an einer organisierten Reise teilnehmen, müssen Sie sich um deren Planung ja keinerlei Gedanken mehr machen. Wollen Sie eine individuelle Reise unternehmen, überlegen Sie zuerst, ob Sie allein oder mit Trägern und Führern unterwegs sein wollen. Wenn Sie Führer oder Träger einplanen, informieren Sie sich vor Ihrer Abreise, wo und wie Sie diese am besten verpflichten können.

Wie findet man aber einen guten Führer und/oder Träger? Informieren Sie sich vor Ihrer Reise in einschlägigen Internet-Foren, wie zum Beispiel www.nepalboard.de oder trekkingforum.com. Lassen Sie den gefundenen Führer eventuell von einer Agentur in Nepal oder dem Environmental Education Project (www.keepnepal.org) überprüfen. Einige Führer tragen auch Empfehlungsschreiben von ehemaligen Gästen bei sich – das ist eigentlich die beste Legitimation, da Sie davon ausgehen können, dass der Träger oder Führer diese Briefe nicht selbst geschrieben haben kann. Sollten Sie im Hilfefall (Krankheit, wunde Füße …) im Gebirge kurzfristig Träger benötigen, vermittelt Ihnen in den Gebieten mit guter Infrastruktur fast jede Lodge am Wege einen Träger.

Träger beim Carrom-Spiel

Wenn Sie in nepalesischer Begleitung unterwegs sind, sollten Sie beachten, dass die Führer in der Regel kein Gepäck tragen und auch nicht kochen. Das tun die Träger und das Küchenteam, die vom Führer angeleitet und kontrolliert werden. Diese Hierarchie ist zu beachten und einzuhalten. Wenn man einen Führer anmietet, übernimmt dieser im Normalfall auch die Verpflichtung der Träger.

Egal, ob Sie Träger und/oder Führer selbst anwerben oder sich von einer Agentur vermitteln lassen, achten Sie unbedingt darauf, dass mindestens die folgenden Voraussetzungen für Ihre Begleiter gegeben sind:

- eine ausreichende, den Witterungsbedingungen entsprechende Ausrüstung (wenn nicht, mieten Sie diese in Kathmandu oder Pokhara in einem der vielen Trekkingläden).
- dass Ihr Begleitpersonal versichert ist.
- dass Ihre Träger nicht mehr als 30 Kilogramm tragen (Faustformel: ein Träger für zwei Gäste – je Gast 15 Kilogramm).
- dass ein Erste-Hilfe-Set mitgeführt wird.
- dass die Träger im Falle einer Erkrankung medizinisch versorgt und nicht nur ausgezahlt und weggeschickt werden.
- Viele Träger, vor allem aus den tieferen Regionen, zeigen in großen Höhen öfter Anzeichen von AMS (→ S. 139). Achten Sie auf Ihre Träger!

Wollen Sie die Träger selbst anwerben, sollten Sie sich auf längeres Feilschen um den Tagessatz einstellen. Schreiben Sie vor den Verhandlungen Ihre geplante Route Tag für Tag auf und gehen Sie diese mit dem Anzuwerbenden durch. So kommt es nicht schon im Vorfeld der Tour zu Missverständnissen. Die geforderten Tagessätze können, abhängig vom jeweiligen Gebiet, extrem unterschiedlich sein. Vor allem im fernen und mittleren Westen und im Osten des Landes werden mittlerweile sehr hohe Preise verlangt. Zum Verständnis – der ungefähre Tageslohn eines Trägers, der <u>nicht</u> für Touristen, sondern für Einheimische trägt, liegt bei etwa 150 bis 300 NRS pro Tag bei einem zu tragenden Gewicht von manchmal über 50 Kilogramm.

Alle selbstständigen Führer und Träger müssen sich neuerdings, ehe sie mit Gästen auf Tour gehen, bei einer dem TAAN angehörenden Agentur registrieren lassen. Das kostet Sie schon einmal 100 NRS pro Wandertag.

Trinkgelder – ein guter Führer und ein guter Träger, die ihre Arbeit ordentlich gemacht haben, verdienen auch ein gutes Trinkgeld! Das wird erwartet und ist Usus. So mancher Träger und Führer hat sich vom Trinkgeld die Kosten für seine manchmal schon lange überfällige Hochzeit oder die Schulbildung seiner Kinder zusammengespart. Üblich sind nach der Tour zehn bis fünfzehn Prozent vom ausgehandelten Gesamtpreis. Beachten Sie bitte auch hier die Hierarchien, das gilt auch für organisierte Touren. Hier sollte ein guter Reiseleiter seinen Gästen die Prozedur der Trinkgeldübergabe nahebringen und verständlich machen sowie das Trinkgeld am besten auch selbst einsammeln. Es ist anzuraten, jedem Einzelnen der Begleitmannschaft das Trinkgeld persönlich zu übergeben und dies nicht dem Führer zu überlassen. Beispiel: Bei einer etwa zehntägigen Trekkingtour in einer zehnköpfigen Touristengruppe halte ich momentan folgen-

de Trinkgelder bei etwa fünf bis sechs Trägern, zwei Küchenhelfern, zwei Hilfsführern, einem Chefkoch und einem Sirdar (Führer) für angemessen: 2000 bis 3000 NRS für jeden Träger und Küchenhelfer, 3000 bis 4000 NRS für die Hilfsführer, 4000 bis 5000 NRS für den Chefkoch und 5000 bis 6000 NRS für den Sirdar. Natürlich nur, wenn sie ihre Arbeit gut gemacht haben. Das ist selbstverständlich nur eine Empfehlung, entscheiden muss das jede/r selbst. Wenn man mehrere tausend Euro für eine Nepalreise aufbringen kann, sollte das Gelingen der Tour, mit einer schönen gemeinsamen Abschiedsfeier aller Beteiligten am Ende, nicht an 30 bis 40 Euro Trinkgeld scheitern!

Besorgen Sie sich rechtzeitig alle Informationen über die Tour, die Sie unternehmen wollen, und arrangieren Sie die nötigen Genehmigungen mit genügend zeitlichem Vorlauf. Wenn Sie sich irgendwann nicht sicher sind, fragen Sie jemanden, der sich auskennt! Man kann sich hierzu in den einschlägigen Trekking-Foren im Internet schlaumachen (→ S. 427), oder man fragt bei einem auf Nepal spezialisierten Reiseveranstalter an.

Für beide – organisiert wie individuell – Reisende gilt: Wählen Sie eine Route, die ihren körperlichen Voraussetzungen und ihren eigenen Ansprüchen gerecht wird. Das kann nur jeder selbst einschätzen.

Essen und Trinken

Wenn Sie die wenigen folgenden Grundregeln beherzigen, werden Sie wohl von Übelkeit und Durchfallerkrankungen verschont bleiben.
▸ Trinken Sie nur Wasser aus versiegelten Flaschen oder abgekochtes Wasser.
▸ Essen Sie nur Obst, das Sie selbst mit sauberen Händen geschält haben.
▸ Essen Sie kein Eis.
▸ Essen Sie kein rohes oder halbrohes Fleisch.

Auf dem Weg

Unterwegs in einem fremden Land mit einer fremden Kultur – respektieren Sie bitte die jeweilige Bevölkerung, mögen sich ihre Sitten und Bräuche noch so sehr von den Ihren unterscheiden. Selbst die der Einheimischen können grundverschieden sein. Schon auf einer Distanz von nur wenigen Kilometern ist es ein riesiger Unterschied – das werden Sie sehen –, ob Sie sich zum Beispiel in einem Newar-Ort im Kathmandu-Tal aufhalten oder bei den Helambu-Sherpa in Talamarang. Respektieren und tolerieren Sie jegliche Kultur im Gastland, seien Sie tolerant und zurückhaltend! Betreten Sie nie unaufgefordert eine Küche! Kleiden Sie sich nicht zu freizügig und entblößen Sie sich nicht vor Nepalesen. Versuchen Sie, ein wenig Nepali zu lernen, das kann man schon vor der Reise tun, und es ist nicht sehr schwer. Schon wenige Worte werden Ihnen Tür und Tor öffnen.

Fotografieren Sie Menschen nur, nachdem Sie sich, sei es durch Fragen oder Gesten, vorher ihrer Zustimmung versichert haben. Stellen Sie sich dazu ab und

Träger in Ostnepal

an vor, Sie sitzen mit Ihrer Familie zu Hause auf der Veranda und grillen – eine Gruppe von zehn Nepalesen kommt vorbei, bleibt stehen, und alle zücken ihre Fotoapparate, kommen immer näher und knipsen wild drauflos – das hilft.

Werden Sie nicht ungeduldig, wenn Sie in Gasthäusern und Lodges nicht gleich Ihr bestelltes Essen bekommen. Oft, wenn es keine Instantsuppe ist, wird das Essen ganz frisch zubereitet. Das kann dauern. Ich habe einmal in Ghunsa im Kanchenjunga-Gebiet über eine Stunde auf eine einfache Suppe gewartet und war selbst schon, na ja, unwirsch. Es war eine der besten, die ich je gegessen habe.

Nehmen Sie, vor allem außerhalb der bekannten Touristengebiete, genügend Bargeld in kleineren Scheinen mit, auf 1000 Rupien wird Ihnen niemand herausgeben können. Stören Sie keine rituellen Zeremonien. Betreten Sie niemals das Innere eines Hindutempels ohne ausdrückliche Aufforderung. Bevor Sie buddhistische Klöster und Tempel betreten, ziehen Sie bitte die Schuhe aus, es sei denn, Ihnen wird bedeutet, dass es nicht nötig ist. Gehen Sie an Chörten, Manimauern und Klöstern immer links vorbei.

Respektieren Sie die natürliche Umwelt. Lassen Sie keinen Müll liegen. Wenn Sie den Müsli-Riegel in Ihrem Rucksack getragen haben, ist es ein Leichtes, auch dessen Verpackung bis zum nächsten Abfallpunkt mitzunehmen. Nehmen Sie nicht nur die Müsliriegel-Verpackung, sondern alle biologisch nicht abbaubaren Abfälle mit bis zur nächsten Mülltonne! In der Landschaft gebrauchtes Toilettenpapier lässt sich, samt dem sonstigen bei dessen Benutzung angefallenem Abfall, leicht in einem kleinen Loch vergraben. Das sieht erstens besser aus, und zweitens verrottet es schneller. Bei der Körperhygiene in der freien Natur verwenden Sie bitte nur biologisch abbaubare Shampoos und Seifen. Vermitteln Sie das auch Ihrer eventuellen Begleitmannschaft. Lassen Sie Pflanzen und Blumen

Trekkingmahlzeit

An Chörten immer links vorbei!

da, wo sie sind – in der Erde. Verbrennen Sie kein Holz, benutzen Sie Gas- oder Kerosinkocher! Last but not least – versuchen Sie während der Tour, sich auch mit Ihren nepalesischen Begleitern zu unterhalten. Seien Sie ruhig wissbegierig und fragen Sie sie aus. Es ist interessant!

Hier noch ein praktischer Hinweis: Blutegel – treten vor allem nach Regen in bewaldeten Gebieten häufig auf. Sie sind absolut harmlos und übertragen keine Krankheiten – aber sehr lästig. Am besten entfernt man sie, indem man Salz auf die ›Tierchen‹ streut. Dann fallen sie relativ schnell von selbst ab, und die kleine Wunde blutet nicht so lange. Oder man wartet, bis sie von selbst abfallen – nur halten das die meisten Leute doch nicht aus. Auf keinen Fall sollte man sie, haben sie sich einmal festgesaugt, abreißen. Dann blutet es recht stark und lange. Vorbeugend kann man sich die Füße und sonstige Körperteile auch mit Salz einreiben. Zum Behandeln der Wunde (Blutstillung) hilft ein Alaunstift.

In großen Höhen

Grundsatz: Nur wer langsam genug ist, wird am Ende das Ziel erreichen. Gehen Sie langsam. Sie haben alle Zeit der Welt. Verausgaben Sie sich niemals völlig, bleiben Sie immer etwas unter dem, was Sie leisten könnten. Der abnehmende Luftdruck mit zunehmender Höhe sorgt dafür, dass, um die gleiche Menge Sauerstoff wie auf Meeresspiegelniveau zu atmen, mehr Luft durch die Lungen gepumpt werden muss. Der Körper muss mehr rote Blutkörperchen produzieren, um diesen Sauerstoff im Körper verteilen zu können. Das braucht Zeit. Diese Zeit nennt man Akklimatisation. Nehmen Sie sich diese Zeit, so werden Sie Ihre Tour genießen können – nehmen Sie sich diese Zeit nicht, kann es Ihnen unter Umständen sehr schlecht gehen. Menschen reagieren unterschiedlich auf die Höhe. Der eine ist schneller akklimatisiert als der andere. Auch wenn Sie bereits die Erfahrung gemacht haben, dass Sie große Höhen gut verkraften, müssen Sie sich immer wieder neu daran gewöhnen. Ein Jahr muss auch nicht wie das andere sein, glauben Sie mir, ich weiß das. Eine Akklimatisation ist bis in eine Höhe von etwa 5500 Metern möglich, das bedeutet, noch in dieser Höhe können Menschen dauerhaft leben. Darüber hinaus ist nur noch eine Adaption möglich. Planen Sie auf Ihrem Weg, wenn es die Topographie zulässt, unbedingt jeweils einen Akklimatisationstag bei etwa 3500 Metern und einen bei 4300 bis 4500 Metern ein. Es gilt immer die Regel: hoch gehen, tief schlafen. Manchmal ist das nicht möglich. Dann versuchen Sie diese Zeit während der Akklimatisation so kurz wie möglich zu halten.

Noch einmal: steigen Sie möglichst langsam auf und gehen Sie auch langsam – das ›predige‹ ich seit Jahren. Manchen fällt das allerdings schwer. Haben Sie einen erfahrenen Mitreisenden, lassen Sie ihn als ›Bremse‹ vornweg gehen.

Tipp: Machen Sie kleine Schritte, das spart unheimlich viel Kraft. Atmen Sie in größeren Höhen möglichst durch die Nase, damit Ihre Halsschleimhäute nicht austrocknen. Bonbonslutschen kann Wunder wirken. Trinken Sie viel, trinken Sie, so viel Sie können, am besten einen Liter pro 1000 Meter Höhe. Das vollbringen nicht viele Menschen, versuchen Sie es dennoch. Trinken Sie während der Zeit der Akklimatisation an die Höhe möglichst keinen Alkohol.

Wichtig: Ausreichend Pausen machen

Ballspiele an der Annapurna

Wir kamen den steilen Weg von Chamje nach Tal hinauf und waren schon kurz nach dem Mittag an unserem Tagesziel. Nachdem wir uns mit einem leckeren Dhal Bhat und an einem kühlen Bier gestärkt hatten, blieb noch genug Zeit, den Ort und seine Umgebung zu inspizieren. Wir schauten den Leuten bei der Arbeit über die Schulter und spazierten zu den nahegelegenen Wasserfällen. Auf dem Rückweg fiel uns eine Gruppe von acht, neun Jungs und jungen Männern auf, die in der Nähe unserer Lodge Fußball spielten. Interessiert sahen wir ihnen zu. Sie unterbrachen ihr Spiel und begannen ein Gespräch mit uns. Wo wir herkämen – aus Deutschland – o yes, Beckenbauer and Klinsmann, Bayern Munchen – kam es wie aus der Pistole geschossen. Ob wir nicht mitspielen wollen, fragten sie uns. Wir schauten an uns herunter, auf unsere Bergstiefel, und uns gegenseitig fragend an. Wollen wir? Wenn wir den Jungs mit unseren Schuhen aus Versehen auf die Füße treten ... Wir wollten und spielten mit. Trotz der noch mäßigen Höhe spürten wir auch auf nur 1700 Metern, dass die Luft zum Atmen dünner ist. Die Jungs hatten aber nicht so viel Ahnung vom Spiel, und als wir nach kurzer Zeit mehr als zehn Tore Vorsprung hatten, verloren beide Parteien die Lust. Sie fragten uns, ob wir nicht lieber Volleyball spielen sollten, darin wären sie wirklich gut. Zwischen zwei Holzpfosten spannten sie ein altes Volleyballnetz und markierten das Spielfeld mit Strichen auf dem Boden. Ob wir nach den neuen oder den alten Regeln spielen wollten, fragten sie. Jetzt waren wir wirklich verblüfft, die neuen internationalen Volleyballregeln waren gerade erst eingeführt worden, und nur einer von uns wusste das. Also erklärte uns unser ›Experte‹ die neuen Regeln. Vor dem Match, das auf drei Sätze begrenzt wurde, schlugen die Jungs vor, dass die Verlierer jedem Spieler der Gewinnermannschaft eine Flasche Bier in unserer Lodge bezahlen sollten. Wow, das ist für Nepalesen ein Heidengeld und das nach dem Fußballergebnis – wir staunten. Siegesgewiss willigten wir ein, und das Spiel begann. Den ersten Satz hatte unser Sechser recht schnell mit 15:4 gewonnen. Wir wechselten die Seite, und die Nepalesen auch zwei Spieler. Das Spiel ging hin und her und war sehr ausgeglichen, den Satz gewannen die Nepalesen knapp mit 15:13. Wir waren recht sicher, den dritten Satz zu gewinnen, und wechselten abermals die Seite. Die Nepalis wechselten ihren kompletten Sechser, und wir sollten im letzten Satz nicht einen einzigen Punkt bekommen! Tja, sie waren wirklich gut und pfiffig. Sie wussten die ganze Zeit, dass wir gegen die Besten von ihnen keine Chance haben würden.

Nach dem ersten Satz hatten wir also für sechs Flaschen Bier zu zahlen, nach dem zweiten Satz waren es acht, und schließlich nach dem dritten Satz wurden es 14 Flaschen. Wir gingen zurück zur Lodge, und nach und nach trudelten auch die Einheimischen ein. Etwas später saßen dann alle an einem großen runden Tisch vor der Lodge: wir, die 14 nepalesischen Spieler und, da einige von ihnen noch zu jung zum Biertrinken waren, deren Väter. Es war eine lustige Runde, und das halbe Dorf verfolgte das Geschehen vom Zaun aus. Wir bestellten und bezahlten also die Lage Bier, das freute den Wirt. Wir tranken zusammen, das freute die Nepalesen. Wir hatten eine interessante Unterhaltung mit den Nepalis, während der wir viel über ihr Dorf und ihr Leben erfuhren, und verlebten alle zusammen einen fröhlichen Nachmittag, das freute uns. Ein Erlebnis, das man nie mehr vergisst!

Pause im Helambu

Höhenkrankheit

Wenn Sie die Spielregeln der Akklimatisation einhalten, werden Sie keine Bekanntschaft mit akuter Höhenkrankheit machen. Wenn aber doch, woran erkennen Sie, dass Sie oder einer Ihrer Begleiter höhenkrank ist?

Die Höhenkrankheit, Acute Mountain Sickness, kurz AMS genannt, tritt in drei Graden auf: leichte Höhenkrankheit – Lungenödem – Hirnödem.

Eine leichte Höhenkrankheit kennen sicher viele, die schon in den höheren Bergen unterwegs waren, die Symptome sind Kopfschmerzen und Appetitlosigkeit. Wird sie etwas stärker, kommen unübliche Schwellungen an den Händen und im Gesicht, Übelkeit und Schlaflosigkeit hinzu. Das ist nicht weiter gefährlich, wenn man auch hier die Regeln einhält. Die lauten: So lange mit einem weiteren Aufstieg warten, bis Sie vollständig wiederhergestellt sind. Wenn Sie sich nicht daran halten, kann das unmittelbar zu einem der Ödeme führen, und dann wird es gefährlich.

Ein Lungenödem ist wesentlich gefährlicher, wenn auch nicht lebensgefährlich in den meisten Fällen, solange man es rechtzeitig erkennt und entsprechend handelt. Es tritt mit den folgenden Anzeichen auf, die allerdings nicht alle auf einmal zutreffen müssen. Der Betroffene fühlt sich ständig müde und schwach, es kommt zu Husten mit wässrigem und/oder blutigem Auswurf, die Atmung und der Puls sind wesentlich erhöht, es wird ein Druck auf der Brust verspürt, und der Patient ›rasselt‹ in der Lunge. Kennen Sie das Geräusch, wenn jemand mit den Fingernägeln leicht über ein Waschbrett fährt – so klingt es ungefähr. Was ist zu tun? Sofort mindestens 1000 Meter tiefer gehen! Wenn möglich, mindestens bis auf 3000 Meter hinab. Dort ist der Patient nach zwei, drei Tagen meistens wieder genesen, wenn das Ödem rechtzeitig erkannt wurde. Achten Sie auf Ihre Mitreisenden und Ihre Begleitmannschaft. Auch Sherpas, Gurung und Rai sind nicht davor gefeit.

Das Hirnödem ist die dritte Stufe der Krankheit und direkt lebensgefährlich. Es tritt oft in Verbindung mit einem Lungenödem auf. Die Symptome dafür sind: sehr starke Kopfschmerzen, Gleichgewichtsstörungen, beeinträchtigtes Sprechen, Brechreiz, Halluzinationen, unnormales Benehmen, extreme Ermüdung bis hin zu Bewusstlosigkeit. Hier muss sofort und bedingungslos zu jeder Tages- und Nachtzeit der Abtransport in die tiefstmögliche Lage eingeleitet werden. Sofort! Auch gegen seinen Willen – denn der Patient ist meist nicht mehr bei klarem Verstand. Beim Abtransport ist darauf zu achten, dass der Kopf des Patienten möglichst hoch gelagert wird. Tragen Sie ihn, setzen Sie ihn auf ein Pferd (mit Führer, versteht sich) und vor allem: Warten Sie nicht auf irgendetwas. Runter, sofort! Wenn Sauerstoff zur Verfügung steht, verabreichen Sie ihm diesen, das erleichtert zumindest seine Beschwerden etwas. Wenn Sie ihn unten haben, so schnell wie möglich ins Krankenhaus.

Also noch einmal, steigen Sie langsam auf, gehen Sie langsam! Zum Schluss dieses bedrohlichen Abschnittes noch etwas ganz Wichtiges: Wenn Sie im Gebirge Beschwerden haben, egal, welcher Art, teilen Sie sich mit! Ihr Reiseleiter oder Guide ist kein Hellseher. Zu oft schon habe ich erlebt, dass Mitreisende sich aus falschem Stolz oder auch aus falschem Ehrgeiz zu spät geäußert haben. Hätten Sie es eher getan, wären manche Unannehmlichkeiten noch nicht einmal halb so schlimm gewesen. Hier zitiere ich gern einen Ausspruch eines Freundes, der mir einer der liebsten Sätze geworden ist: ›Nur sprechenden Menschen kann geholfen werden‹!

Blick ins Tal

Ausrüstung

Die folgende Ausrüstungsliste stellt eine Empfehlung für ein **mittelschweres, etwa 14-tägiges Lodge-Trekking** dar und beinhaltet natürlich nicht Ihre persönlichen Dinge wie Unterwäsche, Medikamente, Fotoausrüstung und was Sie sonst noch so brauchen.
Die mit einem * versehenen Ausrüstungsgegenstände können problemlos in Kathmandu erworben werden.

- Rucksack oder Reisetasche für das Hauptgepäck
- Ein Überzug als Schutz für das Gepäck*
- Eine zweite kleine Tasche zum Deponieren Ihrer An- und Abreisegarderobe im Hotel*
- Tagesrucksack
- Schlafsack (Komfortbereich etwa -10 Grad Celsius)
- Hüttenschlafsack oder Schlafsacküberzug*
- Wanderschuhe: knöchelhoch, gut eingetragen, mittelschwer
- ein zweites Paar leichte Wanderschuhe oder Trekkingsandalen
- Badelatschen*
- 2 Wanderhosen
- Tourenjacke aus Goretex o. ä.
- Fleece- oder Softshelljacke*
- Pullover
- Regenbekleidung
- Funktionsunterwäsche lang
- warme gepolsterte Socken*
- Mütze und Handschuhe*
- Trekkingstöcke*
- Thermosflasche, Trinkflasche*
- Taschenlampe/Stirnlampe mit Ersatzbatterien*
- Taschenmesser (Multifunktion)*
- Sonnenschutz (Hut oder Mütze, Creme, Lippenpflegestift, mindestens Lichtschutzfaktor 25)
- Sonnenbrille*
- Mückenschutzmittel
- kleines Erste-Hilfe-Set
- Bonbons*
- Ohropax
- Plastikbeutel (werden immer wieder gebraucht)
- Feuerzeug und Kerzen*
- Kopien aller Reisedokumente (mehrfach) – die werden teilweise von den Agenturen benötigt
- Passbilder für die Genehmigungen und das Visum bei Einreise
- Geldkarte, Kreditkarte
- Brustbeutel, Gürteltasche o. ä. für die Dokumente

Zeltplatz im Mittleren Westen

Bei einem dreiwöchigen anspruchsvollen Zelttrekking ist es ratsam, die folgenden Dinge zusätzlich zur obigen Liste mitzuführen beziehungsweise deren Ausführung zu verbessern:

- Schlafsack (Komfortbereich etwa -20 Grad Celsius)
- Isomatte*
- ein zweites Paar warme Handschuhe*
- Fleecehose und Fleecejacke
- eine leichte Daunenjacke*
- Thermotrinkbecher*

Für eine Trekkingtour im Winter oder ein extremes expeditionsartiges Trekking kommt noch einmal folgende Ausrüstung hinzu:

- Schlafsack mit Kapuze (-30 Grad Celsius)
- schwere Bergstiefel
- Gamaschen*
- Thermounterwäsche (Ober- und Unterteile)
- warme geschlossene Mütze, Sturmhaube – winddicht
- Fleecehandschuhe & Überhandschuhe – winddicht
- Thermosocken*
- eine gute Gletscherbrille

Übersicht über die im Buch beschriebenen Trekkingtouren

Tour	Länge in Tagen	Anspruch	Maximale Höhe	Seite
Kathmandu-Tal				
Wanderung auf den Shivapuri	1	einfach	2725 m	211
Budhanilkantha–Shivapuri–Chisopani–Nagarkot	3	einfach	2725 m	211
Nagarkot–Banepa	1	einfach	2195 m	212
Changu Narayan–Nagarkot	1	einfach	2195 m	213
Zentralnepal				
Der Chepang-Hill-Trek	4–6	einfach	1945 m	234
Eine Runde im Ganesh Himal	11–12	mittelschwer	4680 m	235
Durch das Helambu zum Gosainkund-See	10–12	mittelschwer	4610 m	237
Die kleine Helambu-Runde	7–8	einfach	3620 m	239
Im Langtang-Tal	10	mittelschwer	3730 m	240
Von Jiri nach Lukla	8–10	einfach	3530 m	241
Vom Rolwaling in das Solukhumbu	15–17	schwer	5755 m	243
Ostnepal				
Kurzer Everest-Trek	7–9	einfach	3530 m	264
Zum Mount-Everest-Basislager	15–17	schwer	5500 m	265
Hinku und Hunku	13–15	schwer	5415 m	269
Der Milke-Danda-Trek	7–9	mittelschwer	4677 m	270
In das Makalu-Basislager	18–22	schwer	4870 m	272
Unbekanntes Gebirge zwischen Makalu und Kanchenjunga	12–15	mittelschwer	5026 m	273
Zum Kanchenjunga–Basislager Nord	21–23	schwer	5143 m	275

Übersicht über die im Buch beschriebenen Trekkingtouren

Über die Eispässe vom Makalu zum Everest	25–28	sehr schwer, Erfahrungen im alpinen Bergsteigen notwendig	6105 m	277
Pokhara und Umgebung				
Panchase Trek	3	einfach	2125 m	297
Gurung-Kultur-Trek	4–6	einfach	2160 m	298
Royal Trek	3	leicht	1262 m	299
Jomsom–Poon Hill–Pokhara	7	einfach bis mittelschwer	3193 m	301
Der Ghachowk-Trek	2	leicht	1350 m	302
Annapurna-Basislager-Trek	8–10	mittelschwer	4130 m	303
Besteigung des Mardi Himal	13–16	schwer	5553 m	305
Der Westen				
Pokhara–Dhorpatan–Tansen	11–12	einfach	3386 m	334
Durch den Lamjung Himal	10–13	schwer	5560 m	335
Durch das ›Königreich‹ Mustang	10–13	mittelschwer	4230 m	337
Um die Annapurna	16–18	mittelschwer	5416 m	341
Um den Dhaulagiri	12–15	schwer	5360 oder 6012 m	344
Um den Manaslu	14–18	schwer	5106 oder 5140 m	346
Der mittlere Westen				
Simikot-Saipal-Simikot	14–17	mittelschwer	4800 m	367
Simikot-Limi-Tal-Simikot	14–16	mittelschwer	5001 m	369
Jumla–Rara-See–Jumla	8–10	mittelschwer	4039 m	372
Jumla–Phoksundo-See–Juphal	11–13	mittelschwer	5120 m	375
Der ferne Westen				
Zum Api-Basislager	14–18	mittelschwer	4250 m	391

Erklärung der Schwierigkeiten

Leicht: Sehr leichte Wanderungen ohne große körperliche Anstrengungen.

Einfach: Einfache Wanderungen auf teilweise unebenen Wegen und Pfaden mit größeren Höhenunterschieden und gelegentlicher körperlicher Anstrengung.

Mittelschwer: Teilweise lange Wanderungen, auch auf unebenen und ausgesetzten Wegen und Pfaden, mit zum Teil großen Höhenunterschieden. An mehreren Wandertagen auch größere körperliche Anstrengungen.

Schwer: Zum Teil sehr anspruchsvolle Wandertouren, auch auf schmalen Wegen mit teilweise großen Höhen- und Temperaturunterschieden, auch durch wegloses Gelände und in vergletscherten Gebieten. Viele Wandertage mit häufiger, größerer körperlicher Anstrengung.

Sehr schwer: Sehr schwere Wanderungen auch über 6000 Meter, durch wegloses Gelände und in vergletscherten Gebieten. Fast täglich große, zum Teil auch extreme körperliche Anstrengungen und Entbehrungen. Hierbei sind extreme Höhen- und Temperaturunterschiede zu meistern. Eine sehr gute Kondition und Grundkenntnisse im Umgang mit Seil, Steigeisen und Eispickel sind Voraussetzung.

Anmerkungen zu den Routenvorschlägen

Wie schon aus der Überschrift hervorgeht: Es sind zuerst einmal Vorschläge. Da das vorliegende Buch ein Reiseführer und kein Trekkingführer ist, fallen die Beschreibungen der einzelnen Routen aus Platzgründen nicht so ausführlich aus wie dies in einem reinen Trekkingführer der Fall wäre. Wenn Sie die hier aufgeführten Tourenvorschläge allein gehen möchten, empfehle ich Ihnen, eine gute Karte und, wenn vorhanden, auch den entsprechenden Trekkingführer mitzunehmen.

Zeit- und Schwierigkeitsangaben beim Wandern anzugeben, ist immer eine knifflige Angelegenheit. Leicht, schwer, sehr schwer – das individuelle Empfinden kann sehr unterschiedlich sein. Fassen Sie die Angaben bitte als Hinweis auf, ebenso die Zeitangaben. Gehen Sie grundsätzlich davon aus, dass Sie genug Zeit haben. Wenn Sie zwei Stunden später als in den hier benannten Zeiten an einem Tagesziel ankommen, heißt das nicht, dass Sie zu langsam sind. Es bedeutet auch nicht, dass die An-gabe falsch ist, denn ein anderer ist vielleicht eine Stunde früher da.

Des Weiteren möchte ich darauf hinweisen, dass Höhenangaben auf unterschiedlichen Karten verschieden ausfallen können. Zwei unterschiedliche Höhenmesser zeigen am selben Ort meist auch zwei unterschiedliche Ergebnisse an. Wenn Ihr Höhenmesser also etwas anderes anzeigt, als hier geschrieben steht, und Ihre Karte etwas anderes vermerkt – es ist normal.

Der Autor widerspricht hiermit, schon im Vorfeld, jeglichen Ansprüchen gegen ihn, die aus etwaigen Fehleinschätzungen/Unfällen/Missverständnissen während der Begehung der hier beschriebenen Wege resultieren.

Trekkinggruppe in Ostnepal

Das Kathmandu-Tal, das ›Tal der tausend Götter‹, ist das bedeutendste touristische Zentrum des Landes. Mit unzähligen kulturellen Sehenswürdigkeiten, einer Vielzahl an Wandermöglichkeiten in den Hügeln, Bergen und Wäldern, den betriebsamen Städten und den in ländlicher Idylle gelegenen Dörfern sind im Tal alle ›Zutaten‹ für eine erlebnisreiche Reise gegeben.

DAS KATHMANDU-TAL

Das Kathmandu-Tal mit den drei ehemaligen Königreichen **Kathmandu**, **Patan** (Lalitpur) und **Bhaktapur** ist der größte Ballungsraum des Landes. Hier konzentriert sich das politische, wirtschaftliche und künstlerische Leben Nepals. Das Tal zieht nicht nur Touristen in seinen Bann, sondern auch viele Nepalesen selbst. Immer mehr Menschen aus allen Teilen Nepals, vorrangig aus den Bergen, strömen mit der Hoffnung auf ein besseres Leben in diesen Großraum. In der Tat hat das Kathmandu-Tal vieles zu bieten. Hier drängen sich unzählige Attraktionen: Kultur und Geschichte werden bei den Besichtigungen der zahlreichen Kunstwerke in den Metropolen greifbar; die Naturschönheiten des Tales liegen quasi nur einen ›Steinwurf‹ vom Menschengetümmel der Städte entfernt. Die grünen Wälder und Felder, Hügel und Berge der Umgebung locken ebenso wie viele kleine, verträumte Ortschaften. In diesen Dörfern hat man oft den Eindruck, die Zeit sei stehen geblieben. Die äußerst freundlichen und sympathischen Menschen des Tales, denen man, wenn man mit ihnen zusammentrifft, ihre oft sehr einfachen Lebensverhältnisse nicht anmerkt, freuen sich über Besuch.

Kathmandu

Kathmandu ist ein Schmelztiegel aller Völker des Landes. Die Stadt mit ihrem quirligen Treiben, mit dem Duft von exotischen Gewürzen und Weihrauch fasziniert noch immer. Obwohl sie durch die enorme Zuwanderung der letzten Jahre – allein zwischen 2001 und 2011 hat sich die Einwohnerzahl fast verdoppelt – viel von ihrem einstigen Flair verloren hat, bietet sie dem Besucher nach wie vor eine riesige Fülle an Sehenswertem. Wenn man den oft hektischen Straßenlärm und die abgasschwangere Luft ignoriert, erspürt man noch den einstigen Charme, vor allem in den vielen engen Straßen und Gassen der Altstadt, auf den ungezählten Märkten voller exotischer Gemüse, Obst und Gewürze und natürlich auf dem Durbar Square. Hier, im Herzen der Stadt, kann man stundenlang die alten Häuser und Tempel bewundern und wird immer wieder neue Details entdecken.

Kommt man öfter als einmal an einen Ort, dann hat man dort entweder etwas vergessen – oder man mag diesen Ort. Ich mag Kathmandu! Mittlerweile bin ich weit mehr als zwanzigmal dort angekommen und noch immer fasziniert von dieser Metropole, in der auch ich ständig Neues entdecke.

Die Geschichte Kathmandus

Der Legende nach entstand Kathmandu in grauer Vorzeit auf dem Gebiet eines ehemaligen Sees (→ S. 47). Archäologen gehen davon aus, dass die erste Besiedlung des heutigen Stadtgebietes bis weit in die vorchristliche Zeit (30 000–20 000 vor Christus) zurückreicht.

Die erste Stadtgründung wird in der Zeit der Licchavi (→ S. 48) im Jahr 734 angenommen. Es dauerte viele Jahrhunderte, bis die Malla-Könige im 13. Jahrhundert die kleine Stadt mit den umliegenden Dörfern und Siedlungen vereinigten. Das folgende 14. Jahrhundert war die erste große Blütezeit Kathmandus. Viele der prächtigen Tempel und Paläste, die noch heute das Stadtbild prägen, entstanden in jener Periode, ebenso im folgenden Jahrhundert, als das kaum geeinte Reich wieder zerfiel und sich Kathmandu in einem ständigen Wettbewerb mit den

Die Geschichte Kathmandus 153

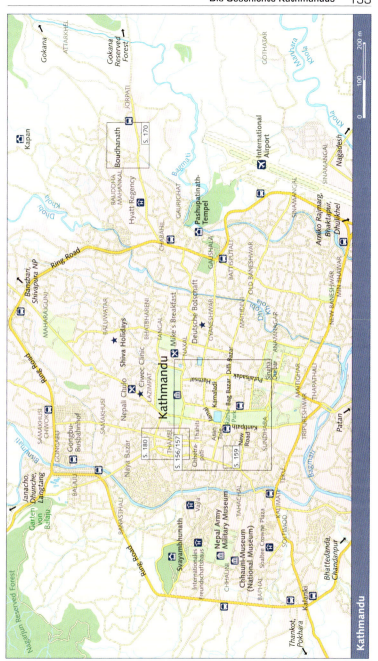

Das Kathmandu-Tal

beiden anderen Stadtkönigreichen Patan und Bhaktapur befand. Die Stadt wurde in diesem Abschnitt ihrer Geschichte erstmals planmäßig erweitert. Nachdem Mitte des 18. Jahrhunderts König Prithvi Narayan Shah Nepal als Königreich vereint hatte, wurde Kathmandu seine Hauptstadt. Die Stadt wuchs nun weit über die Mauern aus der alten Malla-Zeit hinaus.

Mit dem Beginn der Rana-Herrschaft (→ S. 55) im 19. Jahrhundert gelangte allmählich auch europäischer Einfluss in das Stadtbild. Diese Einflüsse des Klassizismus werden an vielen Palast-Gebäuden und in einigen neueren Stadtteilen sichtbar. In dieser Zeit verdoppelte sich auch die Einwohnerzahl von zirka 50 000 zu Beginn des Jahrhunderts auf etwa 100 000 an seinem Ende. Diese Entwicklung hielt im 20. Jahrhundert unvermittelt an, und die Stadt wuchs unaufhörlich weiter. Immer mehr Häuser wurden gebaut, vor allem in den achtziger und neunziger Jahren, als durch eine immer größer werdende Landflucht die Einwohnerzahl sehr schnell drastisch anstieg. Im Ostteil Kathmandus entstanden riesige moderne Wohnviertel, während der Westteil sein mittelalterliches Stadtbild zum größten Teil bewahren konnte. Heute bewohnen etwa 1,4 Millionen Menschen die Stadt. Der weiterhin anhaltende Zuzug von Menschen aus allen Landesteilen und der damit verbundene Bedarf an Wohnraum, ein immenser Verkehrszuwachs und die mit diesem einhergehende immer höhere Luftverschmutzung sind wohl die größten Probleme, der sich die Stadtväter heute gegenübersehen.

Thamel, das Touristenviertel

Thamel ist *das* Touristenviertel der Stadt. Hierher verschlägt es wohl alle Besucher mindestens einmal. Die meisten übernachten auch hier oder in der näheren Umgebung. In den engen Gassen findet man dichtgedrängt Souvenirgeschäfte, Läden mit Trekking- und Expeditionsausrüstung, Buchläden, Juweliere, Gasthäuser und Hotels, Bars und Restaurants, Internetcafés und unzählige Trekkingagenturen. Meist wirkt der Ver-

▲ *Straße in Thamel*

kehr chaotisch: Kleinbusse, die Touristen zu ihren Hotels bringen, versuchen sich in den engen Straßen laut hupend an Autos, unzähligen Motorrädern und Fahrrad-Rikschas vorbeizumogeln, die dann wiederum ebenso laut hupend und klingelnd antworten. Dazwischen bummeln die Passanten durch die engen Gassen und – wie durch ein Wunder – dieses Chaos funktioniert – irgendwie! Das relativ kleine Areal erstreckt sich vom markanten Platz **Chhetrapati** im Südwesten bis nach **Lainchaur** im Nordosten und verfügt über nahezu perfekte touristische Voraussetzungen. Von der einfachsten Unterkunft bis zum Luxushotel, vom Straßenimbiss bis zum Gourmetrestaurant ist hier alles zu finden. Man kann in vielen netten, meist in Innenhöfen gelegenen Gartenrestaurants der Hektik der Gassen entfliehen. Zur Erholung nach einer vielleicht anstrengenden Tour hat man hier die Wahl zwischen den verschiedensten Spa- und Wellnessangeboten.

Thamel ist auch das Zentrum des Nachtlebens. Neben den vielen ›Dance Bars – with Music‹, die in den letzten Jahren wie Pilze aus dem Boden geschossen sind, warten jeden Abend ungezählte Pubs und Bars auf Kundschaft. An den ›Dance Bars‹ kann man getrost vorbeigehen. Hier geht es fast immer nur darum, den Touristen das Geld aus der Tasche zu ziehen – das darf man schon ›Abzockerei‹ nennen. Zu der in diesen Bars gespielten, teilweise sogar ganz hörenswerten Musik tanzen Mädchen – mehr oder weniger, aber immer bekleidet – im Wechsel auf der Bühne. Der männliche Besucher wird derweil von den weiblichen Angestellten dazu genötigt, ihnen das eine oder andere Getränk zu spendieren, später bekommt er eine völlig überhöhte Rechnung präsentiert. In diesen Bars treffen sich zum größten Teil die jungen, neureichen Nepalis.

Am Durbar Square

Die zahlreichen alteingesessenen herkömmlichen Bars und Pubs locken mit oft gut gespielter Live-Musik. So zum Beispiel der legendäre **Tom & Jerry Pub**, das nicht minder prominente **Rum Doodle Restaurant**, die **G'S Terrace**, der **Maya Pub** oder **Sam's Bar**, um nur einige zu nennen. Das Nachtleben ist in Kathmandu per Gesetz eigentlich um 22 Uhr beendet, das bunte Leben in den Kneipen geht in Thamel allerdings auch danach weiter – man sollte aber schon drinnen sein. Einlass nach 22 Uhr wird kaum noch gewährt. Es empfiehlt sich auch, nachts den Weg zur Unterkunft nicht allein anzutreten. Kathmandu ist zwar eine sehr sichere Stadt, aber es kann vor allem nachts gelegentlich zu Übergriffen auf die Geldbörsen kommen. Aus eigener leidvoller Erfahrung weiß ich: Nicht immer ist jemand – in meinem Fall ein Taxifahrer – derjenige, für den er sich ausgibt. Daher: in der Nacht immer mindestens zu zweit unterwegs sein! Mehr Angaben zu Bars, Restaurants, Läden, Trekkingagenturen und Unterkünften finden sich im Infokasten ab S. 177.

Kathmandu, Innenstadt 157

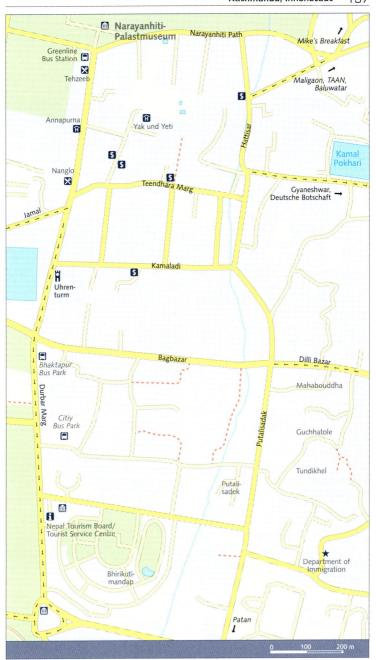

■ Kleiner Tempel-Knigge

Wenn man die wenigen folgenden Regeln beim Besuch von Tempelanlagen – gleich, ob hinduistischer Tempel oder buddhistisches Kloster – einhält, läuft man nicht Gefahr, eventuell den Unmut oder gar den Zorn der einheimischen Gläubigen auf sich zu ziehen.

▶ Man zieht vor dem Betreten die Schuhe aus (beim Eintritt in manche buddhistischen Heiligtümer muss alles aus Leder abgelegt werden).
▶ Es muss unbedingt auf angemessene Kleidung geachtet werden: kurze Hosen, Miniröcke und unbedeckte Schultern – das geht überhaupt nicht.
▶ Man ist leise und unterhält sich flüsternd.
▶ Keine religiösen Handlungen in irgendeiner Art und Weise stören.
▶ Wenn nicht schon (wie oftmals) am Eingang ein Schild mit ›Fotografieren verboten‹ angebracht ist, unbedingt vor dem Auslösen der Kamera fragen, ob fotografiert werden darf.
▶ Nichts anfassen, wenn man nicht dazu aufgefordert wird.
▶ Nicht ›turteln‹! Der Austausch von Zärtlichkeiten ist schon in der allgemeinen Öffentlichkeit verpönt – im Tempel erst recht.
▶ Nicht rauchen.

Sehenswürdigkeiten in der Altstadt

Vielleicht kann man das Gebiet südlich des Chhetrapati bis hin zum Durbar Square, der touristischen Hauptattraktion der Stadt, als die Altstadt Kathmandus bezeichnen. Gerade hier gibt es eine Vielzahl von engen alten Gassen, welche durch die immer um einen Innenhof angelegten Wohnblocks gebildet werden. Vom Chhetrapati nach Süden oder Südosten laufend, erreicht man sehr schnell jenes Gebiet, in dem – zum Teil etwas versteckt – eine ganze Reihe von Sehenswürdigkeiten auf den Besucher warten. Nimmt man die südöstlich verlaufende Straße, kommt man nach wenigen Minuten zu einem **Thahiti** genannten Platz, in dessen Mitte ein Stupa aus dem 15. Jahrhundert steht. Nur einige Schritte südlich davon findet man auf der rechten Straßenseite in einem Innenhof den **Kathesimbhu-Stupa**. Er ist die Miniaturausgabe des Stupas von Swayambhunath (→ S. 167). Mitte des 17. Jahrhunderts erbaut, soll er jenen Gläubigen der Stadt dienen, die das Original selbst nicht besuchen können. Der interessante Innenhof birgt eine Reihe weiterer kleiner Schreine und Heiligtümer. Ein kleiner Durchgang führt zurück auf die Straße, hier weiter in südlicher Richtung, folgt auf die nächste Kreuzung ein größerer Platz mit dem **Ikha-Narayan-Tempel** auf der linken Seite. Dieser Tempel beherbergt unter anderem eine angeblich fast 1000 Jahre alte Vishnu-Statue.

Nur wenige Meter weiter südlich trifft man auf das wahrscheinlich skurrilste Heiligtum der Stadt, den **Schrein der Zahnschmerzen** (Vaisya Dev). Es ist eigentlich nur ein großes, formloses Stück Holz, in das ungezählte Nägel eingeschlagen sind. Hier weiß die Legende, dass jeder, der einen Nagel in das Holz treibt, von seinen Zahnschmerzen befreit wird. Der Straße immer weiter nach Süden folgend, gelangt man, vorbei an einem Töpfermarkt, zum **Indra Chwok**.

Nun geht man wenige Schritte in die von Nordosten kommende Straße hinein und kommt durch ein kleines Eingangstor zum **Seto-Machhendranath-Tempel**. Dieser Tempel, der vermutlich im 16. Jahrhundert errichtet wurde, spielt sowohl für Hindus als auch für Buddhisten eine wichtige Rolle. Er ist dem Sveta, dem ›Weißen‹ Machhendranath, geweiht. Den Buddhisten verkörpert er

Sehenswürdigkeiten in der Altstadt 159

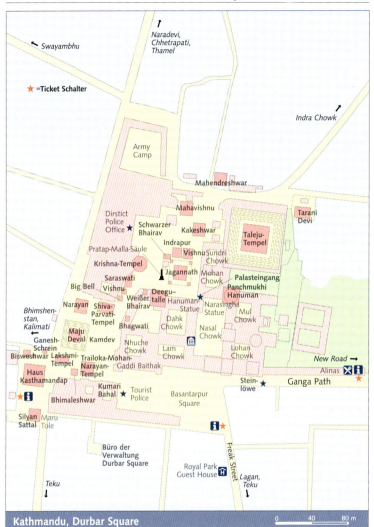

Kathmandu, Durbar Square

Avalokiteshvara, den Bodhisattva des Mitgefühls, für die Hindus ist er eine Shiva-Inkarnation. Die Götterfigur des Machhendranath aus dem Inneren des Heiligtums wird alljährlich zum gleichnamigen Fest im März/April auf einem riesengroßen Wagen in einer Prozession durch die Straßen gezogen. Der Höhepunkt des Festes ist ein Bade-Ritual, das schon am ersten Abend des Festes stattfindet. Im mit Blumen geschmückten und völlig überfüllten Tempel wird das Götterbildnis mit tantrischen Ritualen von den Priestern entkleidet und mit Wasser übergossen. Dies löst unter den Gläubigen ein wildes Durcheinander

Blick über den Basantapur Square zum Durbar Square

aus, will doch jeder wenigstens einen Tropfen des geheiligten Wassers erwischen. Dieses Ritual vollzieht sich unter den Augen der lebenden Göttin Kathmandus – der Kumari. Sie wurde zuvor in einer Sänfte von ihrem Palast, dem Kumari Bahal, zum Tempel getragen.

Nach dem Tempelbesuch wieder auf der Straße, kehrt der Weg nun in südwestlicher Richtung zurück zum Indra Chwok. Kurz nach der Straßenkreuzung erhebt sich auf der linken Seite der **Akash-Bhairav-Tempel**. Dieses dem ›Himmels-Bhairav‹ gewidmete Bauwerk beherbergt eine silberne Statue des Gottes, die an hohen Feiertagen auf dem Platz vor dem Tempel öffentlich gezeigt wird. Der Tempel, bewacht von zwei Löwen-Figuren, darf nur von Hindus betreten werden.

Wenn man nun die Straße weitergeht, erreicht man in wenigen Minuten den Durbar Square. Weitere Sehenswürdigkeiten in diesem Altstadt-Areal sind zum Beispiel der **Ugratara-Tempel**, der **Annapurna-Tempel** und der **Nardevi-Tempel**.

Durbar Square

Der Durbar Square (Durbar bedeutet so viel wie Hof des Königs) von Kathmandu ist der zentrale Platz und die Hauptsehenswürdigkeit der Stadt. Der gesamte Platz mit seiner traditionellen Architektur wurde unter Schirmherrschaft und mit Mitteln der UNESCO von 1972 bis 1975 restauriert und gehört seit 1979 zum UNESCO-Weltkulturerbe ›Tal von Kathmandu‹. Hier steht an der südwestlichen Ecke des Platzes noch immer das Haus, von dem sich der Name der Stadt ableitet: das Haus Kasthamandap. Von ihm aus beschreibt – im Uhrzeigersinn – der folgende Abschnitt kurz einige der bedeutendsten Sehenswürdigkeiten des Platzes.

Das **Haus Kasthamandap** wurde nach der Legende im 12. Jahrhundert an der Kreuzung alter Handelsstraßen aus dem Stamm eines einzigen Sal-Baumes gebaut. Der wenig auffällige Bau in Form einer überdachten Plattform war einst ein Gemeindezentrum. Hier trafen sich früher die Menschen zu Versammlungen und Feiern und um einen tantrischen

Ritus, die sogenannte ›Chakra Puja‹, zu vollziehen. Heute beherbergt er einen dem Gott Gorakhnath geweihten Tempel, in dessen Mitte die Gottheit in einem hölzernen Schrein sitzt. Den Eingang hüten zwei große Löwen-Figuren. Nur wenige Schritte weiter in nördlicher Richtung steht an der Straßenecke der unscheinbare **Ganesh-Schrein**. Er ist ganz mit Messing ausgeschlagen und gilt als eines der bedeutendsten Ganesh-Heiligtümer des Tales. Vor wichtigen persönlichen Entscheidungen oder Vorhaben besuchen viele Leute diesen Ort, wird doch der elefantenköpfige Ganesh als der Überwinder von Hindernissen geschätzt. Am kleinen **Lakshmi-Tempel** vorbei erreicht man gleich darauf den großen **Maju-Deval**, einen Shiva gewidmeten Tempel. Wenn man die Treppen hinauf steigt, kann man einen wunderbaren Blick über das Areal genießen.

Geht man dann weiter in nordöstlicher Richtung, erblickt man bald zwei aus einem Fenster blickende Figuren – Shiva und Parvati, die aus dem ihnen gewidmeten **Shiva-Parvati-Tempel** das Treiben auf dem Platz verfolgen.

Noch weiter in nordöstlicher Richtung, an der nächsten Ecke einige Schritte nach rechts gehend, findet man versteckt hinter einem Gitter den goldenen Kopf des Sveta, des **Weißen Bhairav**. Ausschließlich zum Indra-Jatra-Fest darf er sein Gefängnis verlassen. Dann aber fließt aus seinem Mund literweise Thon (Reisbier), von dem die Feiernden nicht genug bekommen können.

Wenn man sich umdreht, sieht man eine Säule aufragen. Es ist die **Säule des Königs Pratap Malla**, die von der Statue des von seinen vier Söhnen umgebenen Königs gekrönt wird.

Wenn man sich nun von der Säule nach Westen wendet, kommt auf der anderen Straßenseite der **Krishna-Tempel** ins Blickfeld. Er wurde im Jahr 1637 von jenem König Pratap Malla errichtet, der auf der Säule thront. Zwar widmete er den Tempel seinen beiden Frauen, sie sind jedoch nicht der Grund für dessen Errichtung. Pratap hatte – damals noch Prinz – das benachbarte Patan angegriffen, jedoch schlug der Angriff fehl. Um seine Ehre, die er nach dieser Niederlage verloren hatte, wiederzugewinnen, ließ er den Tempel bauen.

Auf der anderen Straßenseite erreicht man nach nur wenigen Schritten das bunte Wandbild des Kala, des **Schwarzen Bhairav**, auf dem er in seiner grimmigen, schwertschwingenden Form dargestellt wird. Wer in seiner Gegenwart lügt, wird durch ihn getötet – erzählt die Legende. Und weiter: dass der Schwarze Bhairav auf dem Berg Nagarjun gefunden wurde und König Pratap Malla ihn auf den Durbar Square brachte. Da es niemand wagte, vor ihm zu lügen, mussten Zeugen in Prozessen hier ihre Aussagen machen.

Weiter im Nordosten erreicht man nun das wohl auffälligste Gebäude des ganzen Areals, den der Göttin Taleju gewidmeten **Taleju-Tempel**. Die Göttin Taleju, die kaum ein Blutopfer verschmäht, ist

Der Schwarze Bhairav

eine andere Erscheinungsform der Göttin Durga. Der Tempel ist der höchste im ganzen Kathmandu-Tal und wurde 1546 unter der Herrschaft von König Mahendra Malla erbaut. Für Ausländer ist das Gebäude leider nicht zugänglich. Sogar Nepalesen dürfen es nur während des Dhasain-Festes (auch bekannt unter dem Namen Durga Puja) betreten.

Vom Eingang des Tempels wendet man sich nun wieder nach Süden bis zur **Hanuman-Statue** vor dem alten Königspalast. Die Statue des Affengottes aus der zweiten Hälfte des 19. Jahrhunderts soll den Palast beschützen und ihn wie seine Bewohner vor Übeln bewahren. Jeden Tag kommen viele Gläubige hierher, um Hanuman zu umrunden. Die Statue trägt unendlich viele Schichten der roten Paste Sindur (aus den Früchten des Affengesichtsbaum), mit der die Gläubigen sie überzogen haben.

Direkt hinter der Hanuman-Statue sieht man das Goldene Tor zum alten **Königspalast**. Zwei steinerne Löwen wachen davor. Auf dem linken Löwen reitet Parvati und auf dem rechten ihr Gemahl Shiva. Durch das Goldene Tor gelangen Besucher zu den vielen Innenhöfen (Chwoks) des alten Palastes.

Geht man von Hanuman und dem Goldenen Tor wieder nach Westen, zurück in Richtung Kasthamandap, so erreicht man, wenige Schritte von dem schon besuchten Maju-Deval entfernt, den **Trailoka-Mohan-Narayan-Tempel**. Hier werden alljährlich zum Indra-Jatra-Fest im August/September Tänze aufgeführt, die Vishnu in seinen Inkarnationen darstellen.

Blickt man nun nach Süden, sieht man direkt vor sich eines der wichtigsten Gebäude der Stadt: den **Kumari Bahal**. Hier lebt die hochverehrte Kumari Devi – die Inkarnation der Göttin Durga – als lebende Göttin der Stadt. Der Innenhof des Palastes ist für jedermann zugänglich. Wenn man viel Glück hat, kann man die Göttin vielleicht am Fenster sehen. Am späten Nachmittag zwischen fünf und sechs Uhr lässt sie sich manchmal dort blicken.

Vom Kumari Bahal nach Osten erstreckt sich der **Basantapur Square**, auf dem in ›alten Zeiten‹ die königlichen Elefanten gehalten wurden. Heute ist der Platz meist voller Souvenirhändler. An seinem östlichen Ende zweigt nach Süden hin die Freak Street ab. Weiter nach Osten gehend, erreicht man über den Ganga Path in kurzer Zeit die New Road.

Der Besuch des Durbar Square ist kostenpflichtig. Der Preis für das Ticket ist mittlerweile auf stolze 750 NRS gestiegen, aber es lohnt sich. An den drei Hauptzugängen zum Platz stehen Kassen, an denen man den Eintritt entrichten muss. **Tipp**: Lassen Sie sich mit dem erworbenen Ticket und zwei Passbildern im Büro der Verwaltung des Durbar Square am Basantapur Square einen Ausweis ausstellen. Mit diesem können Sie ohne weitere Kosten den Platz so oft besuchen oder überqueren, wie Sie wollen.

Weitere Sehenswürdigkeiten südlich des Durbar Square sind unter anderem der **Atko-Narayan-Tempel** und der **Jaisi-Deval-Tempel**.

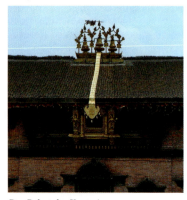

Der Palast der Kumari

Kumari, die lebende Göttin

Die Kumari ist ein Mädchen, das als Inkarnation der Göttin Taleju angebetet wird. Taleju war die wichtigste Göttin der nepalesischen Könige und ist die Schutzgöttin des Kathmandu-Tales. Sie wird in Nepal oft mit Durga gleichgesetzt und von Hindus und Buddhisten verehrt. Es gibt mehrere Kumaris: in Kathmandu, Patan, Bhaktapur, Bungamati, Kwa Bahal und Tokha. Der Kumari-Kult soll in Indien bis in die Zeit um 600 vor Christus zurückgehen und Mitte des 14. Jahrhunderts nach Nepal gekommen sein. Im Folgenden wird über die berühmteste, die Königliche Kumari von Kathmandu, gesprochen. Es gibt mehrere Legenden, eine davon ist diese: König Prakash Malla soll eines Tages in seinem Palast ein Mädchen gesehen haben, das mit seinen Freunden Karten spielte. Er stellte fest, dass das Mädchen immer gewann. Er lud es in seine Gemächer ein und versuchte es zu verführen. Das Mädchen schrie, tobte und war völlig außer sich. Flammen schlugen aus ihren Augen, und sie drohte, seinen Palast dem Erdboden gleichzumachen. Im gleichen Moment aber verschwand es. Da schwante dem König, dass er versucht hatte, Kali zu verführen, die zerstörerische Inkarnation der Göttin Taleju. Wenig später erschien ihm die Göttin im Traum und sprach zu ihm: Wähle eine Jungfrau aus, bau ihr einen Tempel und verehre sie. Wenn sie ihre erste Menstruation bekommt, finde ihre Inkarnation. So kannst du dein unschickliches Verhalten wiedergutmachen. Erleichtert stimmte der König zu und ließ sofort den Kumari Bahal bauen, den man noch heute in Kathmandu bewundern kann.

Kumari kann nur ein Newar-Mädchen werden. Fünf Newar-Priester wählen das etwa vierjährige Mädchen aus der Kaste der Gold- und Silberschmiede aus. Das Kind muss 32 körperlichen Anforderungen gerecht werden. Diese reichen von der Form ihrer Zähne und dem Klang der Stimme bis zur Form ihrer Füße, die einen Kreis auf der Fußsohle haben müssen. Das Mädchen darf noch nie einen Tropfen Blut verloren haben, deshalb kann es auch nur bis zum Eintreten der ersten Regelblutung Kumari bleiben. Es folgen geheime tantrische Rituale, die bewirken sollen, dass das Mädchen von der Göttin, als deren Inkarnation sie gilt, beseelt wird. Nun zieht sie in den Kumari Bahal ein. Hier wohnt und lebt sie, heutzutage erhält sie auch Unterricht. Gelegentlich lässt sie sich am Fenster blicken. Die Kumari verlässt ihren Palast nur sehr selten: Sechsmal im Jahr, zu Festen und Feiertagen, nimmt sie außerhalb des Palastes an rituellen Zeremonien teil. Das wichtigste und spektakulärste Fest ist das Indra-Jatra-Fest, zu dem sie auf einem riesigen Wagen durch die Stadt gefahren wird. Jahrhundertelang segnete sie dabei den König – heute den Präsidenten.

Sobald das Mädchen den ersten Tropfen Blut verliert – mit ihm entweicht die Seele der Göttin aus ihr –, ist ihr Leben als Kumari vorbei. Nach den Jahren des göttlichen Daseins kommt sie in das normale Leben, was oft sehr schwierig ist. Sie wird vielleicht nie einen Ehemann finden – wer heiratet schon eine Göttin? Der Aberglauben, dass die Männer der ehemaligen Kumari früh sterben, ist noch fest in den Köpfen der Nepalesen verwurzelt. Die ehemaligen Kumaris erhalten heute eine monatliche Rente von umgerechnet etwa 30 Euro.

Buchempfehlung: Gerhard Haase-Hindenberg, Göttin auf Zeit. Amitas Kindheit als Kumari in Kathmandu.

Freak Street und New Road

In unmittelbarer Nähe des Durbar Square, am östlichen Ende des Basantapur Square nach Süden abzweigend, beginnt die legendäre **Freak Street**, die eigentlich Jhochhen Tole heißt. Vom einstigen Ruhm aus der Hippie-Zeit der sechziger und siebziger Jahre des vergangenen Jahrhunderts ist nicht viel übrig geblieben. Einst trafen sich hier in den Gasthäusern und ›Keks-Läden‹ junge Leute aus der ganzen Welt zum Diskutieren und um gemeinsam das freie Leben zu feiern, vor allem aber, um in andere, psychedelische Welten einzutauchen. Die Hippies sind weg, geblieben sind einige der Gasthäuser und Restaurants. Reisende, die ihre Reisekosten streng limitieren müssen, finden hier sehr preiswerte Unterkünfte. Auch jenen, die dem fröhlichen Chaos in Thamel lieber den Rücken kehren, sei diese Gegend empfohlen. Übermäßigen Komfort darf man in den Gasthäusern hier jedoch nicht erwarten. Auch die **New Road** heißt in Wirklichkeit nicht so, sondern Juddha Sadak, aber jedermann nennt sie nur New Road. Sie ist nur wenige hundert Meter lang und samt ihrer Umgebung eine beliebte Shoppingmeile. Hier reihen sich auf beiden Straßenseiten die verschiedensten Läden aneinander. Im ›Einkaufstempel‹ **Bishal Bazar** konnten die Nepalesen die erste Rolltreppe des Landes bestaunen. Etwa in der Mitte der New Road steht ein weit über die Grenzen der Stadt als ›Zeitungsbaum‹ bekannter **Pipal-Baum**. In seinem Schatten trifft man auf Zeitungshändler und Zeitungsleser. Der Baum wird sehr gerne als Treffpunkt für Verabredungen gewählt, vermutlich, weil er so bekannt, markant und zentral gelegen ist. Wer in der Gegend der New Road einkaufen möchte, tut das am besten in den Morgenstunden. Nachmittags wimmelt es hier derart von Einheimischen, dass kaum ein Durchkommen ist.

Kantipath und Durbar Marg

Der **Kantipath** ist die zentrale Nord-Süd-Magistrale der Stadt, die einige bemerkenswerte Sehenswürdigkeiten beherbergt. Dort, wo die New Road auf den Kantipath trifft, steht auf der anderen Straßenseite der **Mahankal-Tempel**. Er ist Shiva in seiner furchterregenden Inkarnation als Mahankal, ›Schwarzer Tod‹, geweiht. Die schwarze Figur des Gottes befindet sich im Inneren des Tempels. Direkt nördlich vom Tempel beginnt der **Ratna-Park**, in dem sich unzählige Ramschhändler gute Geschäfte erhoffen mit allerlei preiswertem Kleinkram und mit dem Verkauf von Bekleidung. Einige Schritte weiter nördlich, nach der nächsten Kreuzung, trifft man auf den **Rani Pokhari**, den ›Teich der Königin‹. König Pratap Malla ließ ihn im Jahr 1667 anlegen, um seine Gemahlin über den Tod ihres Sohns hinwegzutrösten, der von einem Elefanten getötet worden war. In der Mitte des heute umzäunten Teiches erhebt sich ein **Shiva-Tempel**. Der Teich wurde umzäunt und abgeschlos-

▲ *In den Gassen der Stadt*

Kantipath und Durbar Marg 165

Der Kantipath

sen, weil er auf viele Selbstmörder einen verhängnisvollen Sog ausgeübt haben soll. Mit der Ausnahme eines einzigen Tages im Jahr ist die Anlage heute unzugänglich. Doch jeweils am fünften Tag des Tihar-Festes im Oktober/November wird das Tor geöffnet.

Zum **Durbar Marg**, der fast parallel zum Kantipath verläuft, gelangt man, indem man die erste Straße nach dem Rani Pokhari nach rechts abbiegt. Was den Düsseldorfern die ›Kö‹ und den Berlinern der ›Ku'damm‹, ist den Nepalis der Durbar Marg. Er stellt so etwas wie Kathmandus Prachtstraße dar, ist aber keinesfalls mit den vorgenannten zu vergleichen. Hier findet man jede Menge erstklassige Restaurants, zum Beispiel das **Nanglo**, und Hotels wie das **Annapurna** und das **Yak und Yeti**. Außerdem gibt es hier einige Geschäfte, die hochwertige Waren anbieten, und die Büros der wichtigsten Fluggesellschaften.

Der Durbar Marg endet im Norden am ehemaligen Königspalast – heute das **Narayanhiti-Palastmuseum**. Das heutige Palastgebäude wurde anlässlich der Hochzeit von König Birendra Bir Bikram Shah im Jahr 1970 erbaut. Der Neubau ersetzte den alten, 1915 erbauten und durch ein Erdbeben schwer beschädigten vorherigen Palast, der vor mehr als zehn Jahren Zeuge von ›Nepals größter Tragödie‹ wurde: am 1. Juni 2001 löschte ein Massaker das Leben Königs Birendra und seiner gesamten Familie aus. Die Umstände sind bis heute nicht genau geklärt. Nach der Ausrufung der Republik am 29. Mai 2008 blieben dem damaligen König Gyanendra 15 Tage, den Palast zu räumen. Nur neun Monate nach der Abschaffung der Monarchie wurde am 26. Februar 2009 das Narayanhiti-Palastmuseum vom damaligen Ministerpräsidenten Pushpa Kamal Dahal offiziell eröffnet. Den Besucher erwarten einige der Besitztümer der ehemaligen Könige und anderer Palastbewohner. Das prunkvollste Ausstellungsstück ist sicher die mit den edelsten und seltensten Diamanten und Juwelen der Welt besetzte Königskrone.

Geht man nun vom Palast die Hauptstraße in westliche Richtung, erreicht

Im ›Garten der Träume‹

man schon bald wieder Thamel. Auf dem Weg dorthin, kurz nach dem Bildungsministerium auf der rechten Straßenseite, lohnt sich noch ein Besuch im **Garten der Träume**. Der ›Garden of Dreams‹ wurde von Feldmarschall Kaiser Shamsher (1892–1964), dem Sohn des ehemaligen Ministerpräsidenten Shamsher Jang Bahadur Rana, in den 1920er Jahren angelegt. Inspiriert dazu hatte ihn ein Besuch in England. Dort hatte er mehrere Gartenanlagen aus der Zeit Eduards VII. besichtigt. Nach und nach verfiel der Garten, bis er in sechsjähriger Arbeit, finanziert und gefördert von der österreichischen Regierung (wie auch das Patan-Museum, → S. 191), wiederhergestellt wurde. Viele wunderbare Details lassen sich in der Anlage entdecken, einschließlich des originalen Tores. Von den ursprünglich etwa 16 000 Quadratmetern Fläche sind heute noch zirka 5000 übrig geblieben, von den ehemals sechs Pavillons stehen noch drei. Der Garten beherbergt auch das noble **Kaiser-Café**, dessen Name auf den Gartengründer zurückgeht – und nicht auf irgendeinen Herrn Kaiser aus dem deutschsprachigen Raum, der sich in Kathmandu niedergelassen hätte – was übrigens viele Passanten mutmaßen. Gelegentlich finden in der Anlage Ausstellungen und Kulturveranstaltungen statt.

Chhauni-Museum

Ganz in der Nähe des Hügels von Swayambhunath, an dessen Südseite, befindet sich das ›National, Natural and Historical Museum‹. Der aus drei Gebäuden bestehende Komplex aus dem 18. Jahrhundert, einstmals Residenz des Premierministers Bhimsen Thapa, beherbergt interessante Ausstellungsstücke zur nepalesischen Geschichte, zu Flora und Fauna sowie zahlreiche Kunstobjekte. Die **Skulpturenhalle** (›Hall of Sculpture‹) beherbergt einige der wichtigsten religiösen Steinskulpturen des Landes. Darunter eine der wohl interessantesten ganz Nepals, die Jayavarman-Statue. Die Skulptur wurde bei Bauarbeiten im Mai 1922 in Maligaon, in drei Metern Tiefe, entdeckt. Auf ihrem Sockel befindet sich eine seltene, sehr alte Inschrift, die in der Kushana-Brahmi-Schrift verfasst und auf das Jahr 185 datiert ist. Die

▲ *Das Chauni-Museum*

buddhistische Kunst-Galerie wurde mit Unterstützung der japanischen Regierung gegründet und von Prinz Akishino im Februar 1997 eingeweiht. Sie zeigt unter anderem eine der bemerkenswertesten Skulpturen buddhistischer Kunst in Nepal: ›Die Geburt des Buddha‹ aus dem 8. Jahrhundert. Der dritte Komplex ist das **Historische Museum**. Es beherbergt Ausstellungen über Flora und Fauna, Philatelie und Numismatik und eine Waffen-Ausstellung. Das Museum befindet sich auf der Chhauni Museum Road, der Eingang liegt direkt gegenüber dem **Nepal Army Military Museum**, das man leicht an den zwei glänzenden Messingkanonen erkennen kann.

Hinduistischer Tempel in Swayambhunath

Swayambhunath

Der Stupa von Swayambhunath, auf einem Hügel im Westen der Stadt gelegen, ist eines der Wahrzeichen Kathmandus und gehört wie der Durbar Square zum UNESCO-Welterbe. Aufgrund der Herden von Affen, die den Hügel bevölkern, wird er oft auch ›Affentempel‹ genannt. Swayambhunath ist einer der heiligsten Plätze im ganzen Land. Wie schon auf Seite 47 berichtet, ging vom tausendblütigen Lotus das selbstgeborene Licht ›Swayambhu‹ aus, das noch heute in dem Stupa liegen soll. Wahrscheinlich ist, dass sich hier schon seit dem 5. Jahrhundert Tempelanlagen befinden. Die im 14. Jahrhundert in das Kathmandu-Tal eingefallenen Moslems vernichteten zum größten Teil die Bauten auf dem Hügel, sodass davon ausgegangen werden kann, dass die meisten Bauwerke aus späterer Zeit stammen.

Gut geeignet zum Besuch von Swayambhunath ist ein etwa drei Kilometer langer, sehr interessanter Spaziergang von Thamel zum Stupa. Man geht vom Chhetrapati westwärts, vorbei am Hotel Mona Lisa und überquert den Bishnumati-Fluss. Nach der Brücke geradeaus weitergehen über die erste Kreuzung, und im Anschluss, zweimal rechts haltend, kommt man zur Geeta-Mata-Schule. Nun immer dem Straßenverlauf, ohne abzubiegen, folgen, und man erreicht den Ostaufgang des Hügels. Hier trifft man dann auf die lange Treppe, an deren unterem Ende drei sitzende Buddhas den Weg weisen. Hinauf, hinauf, immer hinauf geht es jetzt, über 365 Stufen steil nach oben. Kurz bevor man ganz oben ankommt, muss man an einem Kassenhäuschen auf der linken Seite den Eintritt bezahlen (200 NRS).

Das Ende der Treppe bildet ein Donnerkeil (tibetisch: Dorje; auf Nepali: Vajra), der auf einem Mandala ruht. Unmittelbar nach der Treppe, sobald man die Plattform betritt, steht man vor dem heiligen **Stupa**, aus dessen oberer Öffnung noch immer das magische Licht ›Swayambhu‹ leuchten soll. Reihen von Gebetsmühlen, von Nischen unterbrochen, umgeben den Stupa. In diesen Nischen schließlich sind die fünf Dhyani-Buddhas, die ›Meditierenden‹, mit ihren Reittieren dargestellt.

Stupas wie auch andere buddhistische Heiligtümer werden von den Gläubigen immer im Uhrzeigersinn umkreist. Die einzige Ausnahme bilden die Anhänger der Bön-Religion, sie gehen genau entgegengesetzt. Um den heiligen Stupa herum gibt es auf dem Hügel noch viel kleinere, sehr sehenswerte Schreine und viele Tempel, auch hinduistische. Wer etwas Zeit mitbringt, kann hier einheimische Großfamilien beim Zelebrieren ihrer Zeremonien beobachten.

Die Besichtigung des kleinen buddhistischen Klosters ist ebenso lohnenswert wie der Blick über die Stadt von einem der Aussichtspunkte oder der Besuch des kleinen, etwas abseits gelegenen Cafés. Um noch einmal auf die anfangs erwähnten Affen zurückzukommen – nehmen Sie beim Besuch von Swayambhunath am besten nichts Essbares in die Hand, die übermütigen Affen könnten es Ihnen abjagen.

Der Garten von Balaju

Der Garten von Balaju, auch Balaju Water Garden genannt, ist eine kleine Gartenanlage nördlich von Swayambhunath, die ein Wasserreservoir beherbergt, in dem sich auch eine Menge Fische tummeln. Dieses Reservoir wird ununterbrochen von 22 Wasserspeiern nachgefüllt. Die Einheimischen nehmen hier ein Bad oder waschen sich an den Fontänen. Vor allem an den Wochenenden zieht es viele Familien aus dem staubigen Stadtzentrum zum Picknick hierher ins Grüne.

Die religiöse Attraktion des Gartens ist eine etwa zweieinhalb Meter lange, damit nur halb so große **Kopie des Schlafenden Vishnu von Budhanilkantha** (→ S. 197). Vishnu liegt, von einem kleinen Teich umgeben, auf ineinander verflochtenen Riesenschlangen. Dieser Vishnu hier in Balaju wird zwar immer wieder als ›Kopie‹ bezeichnet – es ist aber bis heute nicht nachgewiesen, welcher der beiden Vishnus der ältere ist. Neben dem Schlafenden Vishnu steht ein **Tempel der Shitala Mai**, der auch als Hariti bezeichneten Göttin der Pocken. Nicht unerwähnt lassen möchte ich den äußerst beeindruckenden Riesenbambus, der nahe beim Tempel wächst (Eintrittspreis: 10 NRS).

Boudhanath

Der **Stupa** von Boudhanath nordöstlich von Kathmandu ist der größte Stupa des Landes und mit seinen 40 Metern Durchmesser und 36 Metern Höhe zugleich eines der größten buddhistischen Bauwerke weltweit. Er ist mit Swayambhunath das wohl wichtigste buddhistische Heiligtum Nepals und gehört ebenso zum UNESCO-Weltkulturerbe.

Seit wann hier ein Stupa steht, kann nicht genau gesagt werden. Wahrscheinlich ist, dass sich schon seit alters her hier, an der alten Handelsstraße, ein religiöser Platz etablierte. Der heutige Stupa wurde wahrscheinlich im 14. Jahrhundert errichtet. Er ruht auf einem vierstufigen Sockel in der Form eines Mandalas, über dessen Mitte sich die riesige Kuppel erhebt; auf der wiederum baut sich der nach obenhin verjüngende Turm auf. Die Spitze des Turmes wird von einem Schirm abgeschlossen. Die 13 Stufen der Verjüngung stellen, genau wie beim Stupa von Swayambhunath, die 13 Stufen der spirituellen Erkenntnis dar – der Schirm auf der Spitze die Erleuchtung. Am Wandelgange um den Stupa herum sind zwischen den unzähligen Gebetsmühlen 108 Buddha-Statuen aufge-

Affe in Swayambhunath

stellt. Täglich umkreisen hunderte von Gläubigen, auch aus anderen Teilen des Landes und aus dem Ausland, das Heiligtum. Rings um den Stupa hat sich eine tibetische Siedlung herausgebildet. Auch im weiteren Umfeld wohnen zum Großteil Buddhisten, vor allem Sherpas. Im Einzugsgebiet von Boudhanath gibt es etwa 45 buddhistische Klöster, in denen junge Mönche ausgebildet werden. Auch in unmittelbarer Nähe, auf dem den Stupa umgebenden Areal, haben Klöster ihren Platz.

In jenem auf der Nordseite befindlichen Kloster, der **Chinya Lama Gompa**, hat einer der höchsten geistlichen Würden-

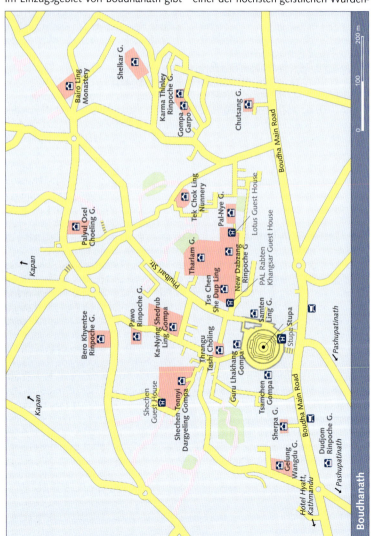

Boudhanath 171

Geschäftiges Treiben rund um den Stupa

träger des tibetischen Buddhismus, der Chinya Lama, seinen Sitz. Auf dem Platz um den Stupa herum hat sich heute eine Vielzahl an Geschäften, Restaurants und Hotels angesiedelt (Eintrittspreis Boudhanath: 150 NRS).

■ **Die Klöster in und um Boudhanath**
Boudhanath hat seit der Besetzung Tibets immer mehr Flüchtlinge angezogen und ist heute die größte tibetische Siedlung außerhalb Tibets. Im Zuge dessen haben die tibetischen Flüchtlinge in der engeren und weiteren Umgebung des Stupas von Boudhanath eine Reihe von Klöstern errichtet.

An der Westseite des Platzes liegt die **Tsamchen Gompa**. Im Inneren befindet sich eine wunderbare Statue des Maitreya-Buddha (Buddha der Zukunft), und den Eingangsbereich schmückt ein Wandbild vom ehemaligen König Mahendra und der Königin Ratna.

Direkt nördlich am Platz steht die neue **Guru Lhakhang Gompa** mit herrlichem Ausblick von der obersten Etage. Statuen des Avalokiteshvara, Shakyamuni und Guru Rinpoche sind hier im Gebäude zu sehen. Im Gebetsraum kann man große Mandalas bewundern. Vor dem Haus steht eine riesige Glocke mit eingravierten Mantras.

Geht man auf der sich links vom Kloster befindlichen Straße in nördliche Richtung, erreicht man nach wenigen Minuten das im Jahr 1979 von Thrangu Rinpoche gegründete Kloster **Thrangu Tashi Chöling**. Hierher kommen vor allem Kinder und Jugendliche aus den Orten in den Grenzbergen Nepals, aber auch aus Tibet, Bhutan und Indien zum Studium der Philosophie und der Rituale des Buddhismus und um gleichzeitig Lesen und Schreiben im Tibetischen wie auch im Englischen zu erlernen (www.rinpoche.com/ttcboudha/boudhaindex.html). Im Westen der Thrangu Tashi Chöling Gompa, nur einige hundert Meter entfernt, befindet sich das große Nyingma-Kloster (die älteste der vier buddhistischen Hauptschulen Tibets), die **Shechen Tennyi Dargyeling Gompa**. Das Kloster

Betender am Eingang von Boudhanath

gründete Dilgo Khyentse Rinpoche als Ersatz für das Ende der fünfziger Jahre von den ›roten Garden‹ zerstörte gleichnamige Kloster in Osttibet. Es beherbergt heute über 400 Novizen und Mönche. Die herrlichen Wandmalereien wurden von Künstlern aus Bhutan ausgeführt. Sie zeigen Szenen aus der Geschichte des tibetischen Buddhismus und die wichtigsten Lehrer seiner vier Hauptschulen. Das Kloster verfügt über mehr als 150 Statuen und eine der größten tibetischen Bibliotheken. In der Kloster-Grundschule erhalten etwa 90 Kinder im Alter von 5 bis 14 Jahren eine Ausbildung. Im Jahr 1989 gründete der Rinpoche das Rabjam-Shechen-Institut für höhere buddhistische Studien, in dem viele Studenten aus dem gesamten Himalaya eine neunjährige Ausbildung absolvieren oder absolviert haben. Viele der Absolventen sind heute weltweit als Lehrer tätig. Direkt neben dem Kloster befindet sich das **Shechen Guest House**, in dem Pilger und Touristen eine Unterkunft finden können (www.shechen.org).

Einige Schritte nördlich der Tashi Chöling Gompa gelangt man zur **Ka-Nying Shedrub Ling Gompa**. Dieses Kloster hat Verbindungen sowohl zur Kagyü- als auch zu Nyingma-Schule – daher der Name Ka-Nying. Die ›Weiße Gompa‹ beeindruckt mit wunderschönen Ziergärten und einem reich verzierten Innenraum mit Gemälden und Thankas. Der Tulku Urgyen Rinpoche wurde von seiner Heiligkeit, dem 16. Karmapa (Oberhaupt der Kagyü-Schule), beauftragt, nach Nepal zu gehen und ein Kloster zu gründen. Nach vier Jahren Bauzeit wurde es 1976 von seiner Majestät König Birendra Bir Bikram Shah offiziell eingeweiht. Es war das erste Mal in der Geschichte, dass ein nepalesischer Monarch ein buddhistisches Kloster eröffnete. Heute ist das Kloster Heimat für etwa 180 Mönche. Zum Klosterverbund gehört auch das Nonnenkloster Nagi Gompa im Shivapuri-Nagarjun-Nationalpark (→ S. 198). Im Jahr 1981 wurde das dem Kloster angeschlossene Rangjung-Yeshe-Institut gegründet. Hier können westliche Studenten unter anderem Kurse zur tibetischen Sprache und buddhistischen Philosophie belegen. Aufgrund der Zusammenarbeit mit der Kathmandu-Universität können Bachelor- und Master-Abschlüsse erworben werden (www.shedra.org).

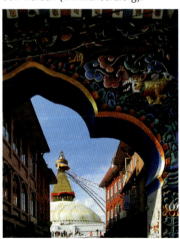

Durchblick zum Stupa

Etwa zwei Kilometer nördlich von Hauptplatz in Boudhanath liegt auf einem Hügel, weithin sichtbar, das **Kloster Kopan**. Seit dem Jahr 1971 gibt es hier öffentliche Unterweisungen in die Lehren des Buddhismus. Kopan ist vor allem bekannt dafür, dass hier auch ›Westler‹ die Möglichkeit haben, sich für Wochen, Monate oder gar Jahre zurückzuziehen vom materialistischen Lebensstil in ihren Heimatländern. Heute ist Kopan ein lebendiges Kloster mit 360 Nonnen und Mönchen, vor allem aus Nepal und Tibet, aber auch aus Indien, Bhutan, Sikkim und sogar aus der Mongolei. Sie alle kommen in dieses Gelugpa-Kloster, um eine klassische klösterliche Ausbildung zu erhalten. Der Ort ist eine spirituelle Oase. Jedes Jahr kommen hunderte von Besuchern aus der ganzen Welt. Ausländer sowie Einheimische können sich jedes Jahr für zehntägige Einführungskurse im März, April, Mai, Juni, September und Oktober anmelden. Die Kurse geben eine Einführung in den tibetischen Buddhismus und in die Meditationslehre und beinhalten ein zwei Tage langes Meditations-Retreat. Die Kurse werden von westlichen Sangha-Mönchen geleitet und von täglichem Unterricht bei einem tibetischen Lama begleitet. Die Unterbringung mit Vollpension steht den Besuchern das ganze Jahr über zu einem günstigen Preis zur Verfügung. Die dadurch erzielten Einnahmen sind ein wichtiger Bestandteil der Klostereinkünfte und kommen allen Nonnen und Mönchen zugute (www.kopanmonastery.com).

Zurück zum Stupa von Boudhanath: Von hier ausgehend, findet man in nordöstlicher Richtung das Sakya-Tharig-Kloster **Tse Chen She Dup Ling**, dessen langgestreckter Bau einer großen buddhistischen Schule dient. An der Rückseite der Gebetshalle steht eine riesige, mit Intarsien aus Türkis und Korallen gear-

Frische Farbe für den Stupa

beitete Statue des Buddha Shakyamuni. Das Kloster hat vier Flügel und beherbergt unter anderem einen Mahakala-Schrein, einen Vajra-Mandala-Schrein, den Kagyur Lhakhang – einen Schrein mit vielen hundert buddhistischen Büchern und Manuskripten – und den Yarney Lhakhang – einen Schrein, der als Foyer genutzt wird.

Das Kloster besitzt ein Buddha-Bildnis, das sich zu einem besonderen Anziehungspunkt für Pilger und Touristen entwickelt hat. Es wird erzählt, dass der Rinpoche eine sieben Tage dauernde Mahakala-Puja (Gebetszeremonie) für das Gelingen der Herstellung des Bildnisses abgehalten hat. Das Ergebnis gilt als eine der schönsten Metallarbeiten Nepals aus dem letzten Jahrhundert und wird vielfach mit dem sehr populären Buddha-Bildnis im Jokhang-Tempel in Lhasa verglichen (www.sakyatharig.org.np). Vor dem Kloster befindet sich das angenehme ›PAL Rabten Khangsar (PRK) Guest House‹ (→ S. 182).

■ **Kapan Homestay**

Ein relativ neues Projekt im Tourismus Nepals ist das Kapan Homestay. Im Jahr 2007 trat das Nepal Tourism Board mit der Idee einer Homestay-Gemeinde an das geistige Oberhaupt des FMPT (Foundation for the Preservation of the Mahayana Tradition), den Lama Thubten Zopa Rinpoche, heran. In der Folge wurde das Konzept des Homestay aufgegriffen und mit vielfältigen touristischen Angeboten im Kapan VDC (Village Development Committee) umgesetzt. Heute ermöglicht es Gästen aus aller Welt, die Kultur und Lebensweise verschiedener Völker Nepals hautnah zu erleben. Die Besucher wohnen, abseits der traditionellen Touristenviertel, bei Gastfamilien direkt in deren Häusern und werden im Haushalt mit eingebunden. Sie teilen während ihres Aufenthaltes zu einem Großteil den Alltag ihrer Gastgeber und der Dorfgemeinschaften, in denen sie sich aufhalten. Zwar 15 Kilometer entfernt vom Trubel der Großstadt, bietet das Kapan Homestay dennoch einen zentralen Ausgangspunkt zur Erkundung des Kathmandu-Tales mit all seinen Sehenswürdigkeiten.

Die verschiedenen gastgebenden Familien im VDC gehören (alphabetisch geordnet) den folgenden Völkerschaften und Kasten an: Brahmanen, Chhetri, Gurung, Limbu, Magar, Newar, Rai, Sherpa, Tamang und Thakuri. Die zur Auswahl stehenden speziellen Kulturen, denen man sich nähern möchte, sind also breit gefächert.

Ebenso vielfältig sind die Angebote für Aktivitäten, unter denen man während des Aufenthaltes wählen kann. Sie reichen von religiösen Kursen über Yoga und Meditation, verschiedenen Pilgerrouten und Wandertouren bis hin zum Fußballspielen. Die Gastfamilien und das Büro des Kapan Homestay sind bei der Auswahl und Organisation jederzeit gern behilflich. In den Häusern stehen Einzel- und Doppelzimmer mit Gemeinschaftsbad oder eigenem Bad zur Verfügung. Die Übernachtungskosten pro Nacht wurden einheitlich festgelegt: Sie sind gestaffelt von 15 US-Dollar für ein Einzelzimmer mit Gemeinschaftsbad bis zu 25 US-Dollar für ein Doppelzimmer mit eigenem Bad. Das Homestay bietet einen kostenlosen Flughafentransfer an. Weitergehende Informationen sind direkt im Büro des Kapan VDC zu erhalten: Kapan Homestay Village, Kapan, Kathmandu, Nepal, mobil allgemein +977/9841075631, für Buchungen +977/9803857560, www.kapanhomestay.com. Karte: Around Kathmandu Val-

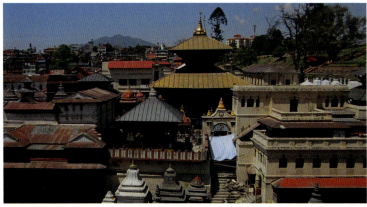

▲ *Blick auf Pashupatinath*

ley 1:75 000 Pocket Map; Nepal Map Publisher; zweite Seite – Kapan Homestay Village 1:1500 und 1:3000.

Pashupatinath

In Pashupatinath im Osten Kathmandus befindet sich das wichtigste, weit über die Grenzen des Landes hinaus bekannte hinduistische Haupttheiligtum, der **Shiva-Tempel von Pashupatinath**. Er zieht jedes Jahr tausende von hinduistischen Pilgern an. Außerdem liegt hier, am Ufer des heiligen Bagmati-Flusses, eine der Hauptverbrennungsstellen für die Verstorbenen der Stadt. Rings um das Heiligtum und die Verbrennungsstellen findet sich eine große Zahl kleinerer Schreine und Tempel. Der Komplex schließt auch das Altenheim der Schwestern des ›Mutter-Theresa-Ordens‹ ein.

Der **Pashupatinath-Tempel** ist Shiva in seiner Inkarnation als ›Herr der Tiere‹ geweiht. Das Haupttheiligtum des Tempels ist ein riesiger Lingam, an dessen vier Seiten jeweils ein Shiva-Kopf prangt. Der Lingam ragt aus einer Yoni, beides Symbole der Fruchtbarkeit. Nur Hindus ist es gestattet, den Tempel zu betreten. Eine, wenn auch viel kleinere Kopie dieses Lingam findet sich, für jedermann zugänglich, im Innenhof des **Pancha Deval**. In diesem Gebäude an der Südostseite des Pashupatinath-Komplexes ist ein Behindertenheim untergebracht. Da niemand das Original im Tempel berühren darf, kommen die Gläubigen hierher, um ihn zu verehren, zu berühren und kleine Opfergaben darzubringen.

Die Zeile im Westen des Haupttempels – auch die große Treppe, die auf den Hügel zum **Gorkanath-Tempel** führt – war bis vor kurzem noch voller Souvenirstände, fliegender Händler und Bettler. Man war ständig damit beschäftigt, sich die lästigen Leute von Leib zu halten. Das ist heute anders: Händler und Bettler müssen draußen bleiben, und man kann den Komplex in Ruhe betrachten.

Zwei kleine Brücken führen über den Bagmati. Von den verschiedenen Plattformen auf der östlichen Anhöhe bietet sich ein wunderbarer Überblick über das gesamte Gelände. Auf dieser Seite stehen elf weiße **Chaityas**, in denen sich jeweils ein Shiva-Schrein befindet. Von dem Absatz unterhalb der Chaityas hat man die beste Sicht auf die Verbrennungszeremonien. Die nördlichen Plattformen am **Arya Ghat**, ›Adelsufer‹, dienen der Verbrennung der Angehörigen der Königsfamilie. Auf den südlichen Plattformen am **Surya Ghat**, ›Sonnenufer‹, werden die ›Normalsterblichen‹ eingeäschert. Um das komplette Verbrennungsritual zu beobachten, braucht man entweder etwas Glück oder Zeit. Normalerweise beginnt die Zeremonie erst, wenn der letzte Angehörige des Verblichenen eingetroffen ist. Alle sollen die Möglichkeit erhalten, von ihm Abschied zu nehmen. Den männlichen Angehörigen wird zum Zeichen der Trauer vor dem Ritual der Kopf kahl geschoren. Auf der Verbrennungsplattform wird das Brennholz aufgeschichtet, derweil die gemieteten ›Klageweiber‹ im Hintergrund um den Toten weinen. Der Verstorbene wird dann in einem bestimmten Ritual auf den Scheiterhaufen gelegt, der, nachdem auch der Letzte Abschied genommen hat, entzündet wird. Was das Feuer übrig lässt – Asche, nichtverbrannte Kleidung, Schmuck –, wandert in den Bagmati.

Im gesamten Tempelbezirk trifft man immer wieder auf oft skurril aussehende Sadhus und Asketen, die fast unbekleidet und oft, ihrem Vorbild Shiva nacheifernd, haschischrauchend daherkommen. Der Besuch des Areals ist kostenpflichtig, Kassenhäuser stehen an der Süd- und der Westseite (500 NRS).

Sadhus

Sadhus werden als heilige Männer angesehen. Sie sind hinduistische Wandermönche, die einen asketischen Lebenswandel führen und ihre Familien und ihren Wohnsitz verlassen haben. Sadhus verweigern sich allem Materiellen und leben oft in einfachsten Hütten, in Höhlen oder Tempeln. Manche von ihnen sind unentwegt auf Wanderschaft – von einem heiligen Ort zum anderen. Frauen nennt man Sadhvi – man trifft sie aber viel seltener an als Männer.

Viele der Sadhus sind Yogis (aber nicht alle Yogis sind Sadhus), und man kann sie in Nepal und auf dem gesamten indischen Subkontinent antreffen. Durch ihr unverwechselbares Äußeres – meist ockerfarbige, kaum vorhandene Kleidung, wildeste Frisuren (Dreadlocks), lange Bärte, bemalte Gesichter und oft mitgeführter Dreizack – sind sie leicht zu erkennen.

Sadhus leben von den Almosen der Bevölkerung und praktizieren verschiedene religiöse Riten, von extremer Askese über gesungene Gebete bis hin zur absoluten Meditation. Es gibt innerhalb der Sadhus verschiedene Sekten oder Gemeinschaften. Am häufigsten trifft man auf die Shaiva-Sadhus, die Shiva verehren. Neben ihnen gibt es noch die Vaishnava-Sadhus, die sich Vishnu widmen, und seltener die Anhänger der Shakti, Shakta-Sadhus.

Die Sadhus spielen eine wichtige Rolle in der hinduistischen Gesellschaft, vor allem in noch sehr traditionellen kleineren Ortschaften. So schlichten sie Streitigkeiten in Familien und unter der Bevölkerung, geben religiöse Unterweisungen und spenden göttlichen Segen. Der Konsum von Cannabis hat für Sadhus eine tief religiöse Bedeutung und ist in Nepal nur ihnen gestattet. Zu bedeutenden religiösen Festen kommen sie auch in größeren Gruppen zusammen, beispielsweise in Pashupatinath zum Shiva-Ratri-Fest (→ S. 115) oder zum Janai-Purnima-Fest (→ S. 111) an den heiligen Seen von Gosainkund. Spätestens wenn man in Kathmandu das berühmte Hinduheiligtum Pashupatinath besucht, wird man auf Sadhus treffen, aber auch im Zentrum Kathmandus, am Durbar Square und ebenso in Thamel sind Sadhus häufig zu sehen. Sie bitten hier, wie überall, um Almosen. Wenn man von einem Sadhu eine Tika entgegennimmt oder ein Foto von ihm schießt, sollte man unbedingt daran denken, dass er dafür einen Obolus in seiner Bettelschale erwartet. Um eventuelle Unstimmigkeiten von vornherein zu vermeiden, empfiehlt es sich dringend, die Höhe des Obolus vor der Handlung des Sadhus oder dem Klicken des Fotoapparates auszuhandeln.

Sadhu in Pashupatinath

Kathmandu-Informationen

Allgemeines
Vorwahl: +977/1.

Touristeninformationen und Behörden
Tourist Service Centre, am Ratna Park, PO Box 10115, Bhrikuti Mandap, Thamel, Tel. 4256909, 4256230, http://welcomenepal.com; So–Fr 9–17, Mitte Feb.–Mitte Nov. So–Fr 9–16 Uhr.

In Thamel gibt es mehrere **private Informations-Zentren**, in denen man Auskünfte (allerdings meist mit dem Hintergedanken, eine Tour zu verkaufen) bekommen kann.

Hinweise auf einige absolut zuverlässige, persönlich bekannte Agenturen finden sich in den Reisetipps von A bis Z (→ S. 405). Ansonsten muss man sich, wie zu Hause auch, bei der Auswahl von Anbietern auf sein Gefühl und seinen Verstand verlassen.

Zeitungen und **Zeitschriften** in englischer, teilweise sogar deutscher Sprache erhält man in den vielen Buchläden. In den etwas besseren Hotels liegt die englischsprachige Tagespresse täglich in der Lobby aus.

Department of Immigration, Kalikasthan, Dillibazar, Tel. 4433934, 4429660, 44388-62, -68, Fax 4433935, www.immi.gov.np; So–Do 10–17 Uhr im Sommer und 10–16 Uhr im Winter (Nov.–Jan.), Fr 10–15 Uhr; Visa-Angelegenheiten: So–Do 10–15, Fr 10–13 Uhr. Visaverlängerungen, Trekkingpermits.

Die **TIMS-Karte** (→ S. 130) erhält man beim Tourist Service Centre, bei der Trekking Agencies' Association of Nepal oder gegen eine kleine Gebühr bei den bei der TAAN registrierten Agenturen.

Tourist Service Centre, am Ratna Park, PO Box 10115, Bhrikuti Mandap, Thamel, Tel. 4256909, 4256230, http://welcomenepal.com; Mitte Feb.–Mitte Nov. So–Fr 9–17, Mitte Nov.–Mitte Feb. So–Fr 9–16 Uhr, TIMS counter So–Fr 10–16 Uhr. Hier gibt es auch das Permit für die Annapurna-Region (ACAP, Annapurna Conservation Area Project, 2000 NRS).

TAAN, Trekking Agencies' Association of Nepal, Maligaon Ganeshthan, Tel. 4427473, 444092-0, -1, Fax 4419245, www.taan.org.np, www.timsnepal.com; TIMS counter tägl. 10–15 (Okt.–Dez. 10–16), Sa/Feiertage 10–12.

Touristenpolizei
Tourist Police, Tel. 4412780, 4411549, policetourist@nepalpolice.gov.np.

Post
General Post Office, am Kantipath (in der Nähe des Bhimsen Tower), Sundhara, Tel. +977/1/42235-12, -21. Mit **Postlagerdienst** (poste restante).

Everest Postal Care ist ein privater Postdienst in Thamel, am Tridevi Marg, Tel. 4417913, Fax 4220161.

Des Weiteren findet man in Kathmandu viele Zweigstellen privater Paketdienste wie FedEX, DHL oder United Parcel.

Banken und Geldwechsel
In ganz Thamel finden sich zahlreiche Bankfilialen, Wechselstuben und ausreichend Geldautomaten, ebenso in den anderen zentralen Teilen der Stadt. Die Zeiten, in denen es nur zwei funktionierende Geldautomaten in der Stadt gab, sind vorbei! Man muss keinerlei Bedenken mehr haben, in Kathmandu nicht an Bargeld zu gelangen.

Hier zwei Banken, in denen man Bargeld ohne Kommission um- und Traveller-Checks mit geringer Kommission eintauschen kann:

Farbenverkauf

Standard Chartered Bank, Lazimpat, Tel. 418456, www.standardchartered.com/np; So–Do 9.45–19, Fr 9.45–12.30.
Himalayan Bank, Tridevi Marg, Tel. 4250208, www.himalayanbank.com; So–Fr 8–18 Uhr.
Zum Umtauschen von Bargeld (alle konvertierbaren Währungen) empfehle ich die **lizenzierten Wechselstuben** (die Lizenz hängt immer aus). Hier geht es schnell und korrekt zu. Der Kurs in diesen lizenzierten Wechselstuben ist, bis auf minimale Unterschiede, gleich und viel günstiger als in den Hotels, in denen man meist auch Geld umtauschen kann. Die offiziellen Wechselstuben haben meist von 9–19 Uhr, in Thamel oft bis 21 Uhr geöffnet.

Internetcafés
In Kathmandu einen Zugang zum Internet zu bekommen, ist kein Problem. In den hunderten preiswerten Internetcafés, an denen man ständig vorbeikommt, kann allerdings die Verbindung doch etwas träge sein oder ganz zusammenbrechen. Mittlerweile gibt es ebenso viele Restaurants, die mit kostenfreiem Wi-Fi versuchen, die Gäste anzulocken. Die allermeisten Hotels bieten ebenfalls einen freien Internetzugang an.
Informative **Internetseiten** zur Stadt sind unter anderem www.tourismthamel.com, www.mapmandu.com, www.ekantipur.com oder www.thamelmall.com (Shopping).

Anreise
Mit dem Flugzeug
Der Flughafen von Kathmandu liegt im Osten der Stadt. Er besteht aus dem **Tribhuvan International Airport** (www.tiairport.com.np) und dem direkt daneben liegenden **Inland-Terminal**. Vom Flughafengelände fahren keine öffentlichen Busse ab. Die Taxifahrt in die Innenstadt oder nach Thamel dauert, je nach Verkehrsaufkommen, 30–45 Minuten und kostet 500–700 NRS.
Noch im Flughafengebäude kann man die ersten Euro oder Franken gegen Nepalesische Rupien eintauschen, um das übliche Trinkgeld für die Kofferträger (20 NRS) und das Geld für ein Taxi zu haben.
Übrigens: Das erste Düsenflugzeug, das in Kathmandu landete, war im Jahr 1967 eine Boeing 707 der Lufthansa – die Kathmandu aber leider nicht mehr anfliegt.
Airlines und **Flugrouten** → S. 407.

Mit dem Bus
Von Gorakhpur (Indien) kann man mit dem Bus nach Sunali und nach dem Grenzübertritt per Bus nach Bhairahawa und weiter nach Kathmandu fahren. Von Siliguri (Indien) geht es mit dem Bus nach Kakadbhitta und von dort mit dem nächtlichen Überlandbus nach Kathmandu. Allerdings sind diese meist nächtlichen, sehr langen Überlandfahrten nicht zu empfehlen.
An dieser Stelle sei noch darauf hingewiesen, dass die einheimischen **Linien-**

Inlandterminal des Flughafens

busse (im gesamten Land) nicht wirklich empfehlenswert sind und eine Fahrt mit ihnen meistens eine eigene kleine Abenteuerreise darstellt. Wer sich dennoch auf das unkalkulierbare Abenteuer Linienbus in Nepal einlassen möchte, für den seien hier die beiden Busbahnhöfe Kathmandus aufgeführt:
Der **Gongbu-Busbahnhof** (Neuer Busbahnhof) – hier fahren die allermeisten Fernbusse ab – befindet sich an der Ring Road in Balaju.
Der **Alte Busbahnhof** – für alle Ziele im Kathmandu-Tal und am Arniko Higway – befindet sich am Ratna Park.
Für Überlandfahrten sind die Touristenbusse von **Greenline Tours** zu empfehlen, → S. 418.

Unterwegs in Kathmandu

Die Hauptsehenswürdigkeiten im Zentrum der Stadt lassen sich alle gut zu Fuß erlaufen. Soll es weiter hinausgehen, empfiehlt sich als bequemstes Verkehrsmittel das **Taxi**. Taxi fahren ist in Nepal für europäische Verhältnisse sehr preiswert.

Eine **Rikscha-Fahrt** ist ebenfalls eine gute und preiswerte Alternative zum Laufen. Danach käme das **Leihfahrrad** – beim Fahrradfahren sollte man in der Stadt aber gut auf den chaotischen Verkehr achten –, und zu allerletzt würde ich auf die abenteuerlichen **Linienbusse** und die **Tuk-Tuks** (motorisierte Dreirad-Rikscha) zurückgreifen.

Mit dem Fahrrad
Viele Hotels und Agenturen in Thamel, Kathmandu und im ganzen Land bieten eine Ausleihe sowohl ›normaler‹ Fahrräder als auch von Mountainbikes an (500–1000 NRS pro Tag).

Unterkunft
Thamel
Die Möglichkeiten zum Übernachten und Essen sind in Kathmandu nahezu unüberschaubar vielfältig. Hier nun zuerst einige Vorschläge aus dem riesigen Angebot in und um Thamel, dem Touristenzentrum Kathmandus. Von fast allen Hotels werden auch touristische Leistungen wie Trekkingtouren, Ausflüge und Besichtigungen angeboten oder vermittelt. In allen Hotels Thamels, ab Mittelklasse, und in vielen Restaurants ist ein kostenloser Wi-Fi-Zugang heutzutage Standard.
Hotel Ganesh Himal (★), PO Box 12547, Chhetrapati, Tel. 4243819, 42635-98, Fax -49, hotelganeshhimal@gmail.com, www.ganeshhimal.com; Zimmer 13–30 US-Dollar. Einfaches nettes Hotel mit sauberen Zimmern, einige Schritte weiter nördlich des Hotel ›Harati‹ links in einer Querstraße gelegen.
Hotel Marsyangdi Mandala (★★), PO Box 8564, Thamel, Chhetrapati, Dhobichour, Tel. 4254511, 4256063, Fax 4254275, marmand@wlink.com.np, www.marsyangdimandala.com; Zimmer 45–90 US-Dollar. Wenige Schritte

Kathmandu, Thamel

westlich des Chhetrapati-Platzes in einer kleinen Seitengasse, mit ruhigem Innenhof und Garten. Zimmer mit und ohne Klimaanlage, Restaurant, Bar und eine Dachterrasse mit schönem Blick. Allerdings ist das Haus ziemlich in die Jahre gekommen, und der Standard entspricht nicht mehr dem, was die Prospekte versprechen.

Nirvana Garden Hotel (★★), PO Box 5728, Thamel, Tel. 4256200, -300, Fax 4260668, www.nirvanagarden.com; Zimmer 40–80 US-Dollar. Das ruhige und schöne Hotel liegt etwas nordöstlich des Chhetrapati am Ende der ersten Sackgasse auf der linken Seite des J. P. Marg. **Hotel Marshyangdi** (★★), PO Box 1332; Thamel, Tel. 4700105, 700022, Fax

4701008, www.hotelmarshyangdi.com; Zimmer 40–100 US-Dollar. Zur Beachtung: Dieses Hotel bitte nicht mit dem Hotel ›Marsyangdi Mandala‹ verwechseln. Das ›Marshyangdi‹ bietet annehmlichen Komfort und Service in Zimmern bis zur gehobenen Mittelklasse. Es befindet sich auch auf dem Chaksibari Marg.

Hotel Mandap (★★), PO Box 3756, Thamel, Tel. 4700-321, -435, Fax -734, hotelmandap@mail.com.np, www.hotelmandap.com, Zimmer 40–90 US-Dollar. Ebenfalls auf dem Chaksibari Marg etwas weiter nördlich vom Kathmandu Guest House befindet sich dieses Hotel mit schönen Zimmern und einem netten Innenhof. Empfehlenswert sind hier die hauseigene Bäckerei und die Espresso-Bar mit ›echtem‹ Kaffee.

Hotel Manang (★★), PO Box 5608; Thamel, Tel. 4700-389, -993, Fax -121, info@roomandfood.com, www.hotelmanan.com; Zimmer 65–95 US-Dollar. Ganz am nördlichen Ende des Chaksibari Marg, der zentralen Straße Thamels, steht das Hotel ›Manang‹ – ein Hotel der gehobenen Mittelklasse mit einem wunderbaren Restaurant.

Hotel Blue Horizon (★-★★), PO Box 9154; Thamel, Tel. 4421971, 4413028, Fax 4423296, www.hotelbluehorizon.com; Zimmer 18–50 US-Dollar. Am östlichen Rand, etwas abseits des Zentrums von Thamel. Mit einem schönen Garten und einer herrlichen Dachterrasse mit Restaurant.

Kathmandu Guest House (★-★★★), PO Box 21218, Thamel, Tel. 4700-632, -733, Fax -133, www.ktmgh.com; Zimmer 14–120 US-Dollar. Das im Herzen Thamels auf dem Chaksibari Marg gelegene, in einem alten Rana-Palast befindliche Haus verfügt über Zimmer aller Preisklassen und einen schönen Garten.

Hotel Utse (★-★★), Jyatha, Thamel, Tel. 4257614, 4226946, Fax 4257615, www.utshotel.com; Zimmer 22–40 US-Dollar. Im Südosten des Stadtteils am Amrit Marg, mit schönen Zimmern und einem sehr guten Restaurant.

Potala Guest House (★-★★), PO Box 5390, Chhetrapati, Thamel, Tel. 4226566, potalagh@wlink.com.np, www.potalaguesthouse.com; Zimmer 18–50 US-Dollar. Mit einem kleinen netten Garten im Hof und einem hübschen Dachgarten sowie angenehmen Zimmern.

Hotel Kathmandu View (★-★★), PO Box 1338; Thamel, Kaldhara, Tel. 4253253, 4260855, mobil +977/98510/74103, www.hotelkathmanduview.com; Zimmer 25–65 US-Dollar. Das empfehlenswerte Hotel liegt im Norden Thamels, wenige Schritte südlich der Umgehungsstraße Lekhnath Marg in einer Sackgasse. In dem Haus mit einem schönen Dachterrassen-Restaurant haben alle Zimmer einen tollen Ausblick.

Hotel Malla (★★★), PO Box 787, Lekhnath Marg, Tel. 4418385, 4410320, 4410966, Fax 4418382, htlgrp@wlink.com.np, www.hotelmalla.com; Zimmer 130–270 US-Dollar. Weiter östlich am Lekhnath Marg, am Rande Thamels, liegt das ausgezeichnete, aber auch teure Hotel ›Malla‹. Tolle Zimmer, mehrere Restaurants und ein Wellnessbereich mit allem, was das Herz begehrt, werden hier geboten.

Hotels außerhalb von Thamel:
Hotel Harati (★★), PO Box 289, Ikhapokhari, Chhetrapati, Tel. 4257907, Fax 4263469, www.hotelharati.com.np; Zimmer 50–100 US-Dollar. An der Hauptstraße südlich des Chhetrapati. Saubere, komfortable Zimmer und ein schöner Garten, der in jüngerer Zeit leider verkleinert wurde.

Hotel Vajra (★-★★), Bijeswari, Swayambhu, Tel. 4271545, Fax 427169, www.hotelvajra.com; Zimmer 16–90 US-

Dollar. Nahe bei Swayambhunath, das Hotel in einem wunderschönen alten Newar-Haus verfügt über ein hervorragendes Preis-Leistungs-Verhältnis. → Karte S. 153.

Hotel Soaltee Crowne Plaza (★★★), PO Box 97, Tahachal, Tel. 4273999, Fax 4272205, reservation@scp.com.np, www.ichotelsgroup.com; Zimmer 180–900 US-Dollar. Am westlichen Stadtrand, ruhig in einem großen Park gelegen, bietet sich das Fünf-Sterne-Luxus-Hotel für diejenigen an, die nicht auf das Geld sehen müssen. → Karte S. 153.

Freak Street

Royal Park Guest House (★), Jhochhen Tole, Tel. 4247487, Fax 4258222, himalgst@hotmail.com; Zimmer 5–10 US-Dollar. Das preiswerte Gasthaus bietet einfache saubere Zimmer mit und ohne eigenes Bad.

Annapurna Lodge (★), Jhochhen Tole, Tel. 4247684; Zimmer 200–300 NRS. Die Lodge verfügt ebenfalls über einfache sauber Zimmer mit und ohne eigenes Bad.

Durbar Marg

Am Durbar Marg befinden sich die noblen Hotels.

Hotel Sherpa (★★–★★★), PO Box 901, Durbar Marg, Tel. 4227000, Fax 4222026; Zimmer 105–200 US-Dollar. Mit Swimmingpool und Fitnessclub wartet das ebenfalls zur Oberklasse zählende Vier-Sterne-Hotel auf. Stilvolle und sehr bequeme Zimmer, die allerdings nicht alle den gleichen Standard aufweisen.

Hotel Annapurna (★★★), PO Box 140, Durbar Marg, Tel. 4221711, Fax 4225236, www.annapurna-hotel.com; Zimmer 160–800 US-Dollar. Das frisch generalsanierte Luxushotel mit dem größten Spielkasino der Stadt empfiehlt sich nur jenen, die genau hierher wollen – die anderen Luxusherbergen Kathmandus bieten ein besseres Preis-Leistungs-Verhältnis.

Yak & Yeti Hotel (★★★), PO Box 1016, Durbar Marg, Tel. 4248999, 4240520, Fax 4227781, 4227782, www.yakandyeti.com; Zimmer 190–650 US-Dollar. Alles, was das Herz begehrt, bietet eines der besten und vornehmsten Hotels der Stadt. Vom Tennisplatz bis zur Shopping-Meile ist in dem Fünf-Sterne-Hotel alles vorhanden, was man in einem solchen Haus erwartet.

Boudhanath und Umgebung

Maya Guest House (★), PO Box 1178, Boudhanath, Tel. 447026-6, Fax -1; Zimmer 20–25 US-Dollar. Östlich des Stupa, mit kleinem, schönem Garten und angenehmen Zimmern.

Lotus Guest House (★), Boudhanath, Tel. 4472320, Fax 4478091; Zimmer 300–600 NRS. Preiswerte, einfache Zimmer mit und ohne Bad östlich des Stupas hinter dem Dobsang-Kloster.

Hotel Stupa (★), PO Box 1922, Boudhanath, Tel. 4470400, Fax 4470385, Zimmer 15–30 US-Dollar. Das Hotel direkt am Stupa bietet etwas bessere Zimmer mit eigenem Bad.

PRK Guest House (Rabten Khangsar, ★), PO Box 4377, Boudha, Phulbari, Kathmandu, Tel. 491491, 4915955, Fax 4915454, prkguesthouse@yahoo.co.in, www.sakyatharig.org.np; Zimmer 600 bis 1000 NRS. Das Gasthaus des Sakya-Tharig-Klosters bietet außer einem sehr schönen Garten mit Bänken zum Ausruhen und einem Stupa auch stilvolle, sehr komfortable Zimmer.

Hotel Hyatt Regency (★★★), PO Box 6909, Taragaon, Boudha, Tel. 4491234, Fax 44490033, http://kathmandu.regency.hyatt.com; Zimmer 150–1000 US-Dollar. Wohl eindeutig das beste und komfortabelste Fünf-Sterne-Hotel der Stadt, das diesem Anspruch auch wirklich gerecht wird. In der weitläufigen Anlage im traditionellen Newar-Stil befinden sich die stilvollen Zimmer mit allem erdenklichen modernen Komfort. Ein riesiges Wellness-Angebot und ein kostenloser Transportservice in die Innenstadt runden das Angebot des Hauses ab.

Eine besondere Form der Übernachtung:
Internationales Freundschaftshaus (★), Ward Nr. 15, Tel. 4279522, if.house@yahoo.com; reisen@people-to-people.de, www.unterkunft-kathmandu.de; Zimmer 15–22 Euro; Ferienwohnung (4 Zimmer) 65 oder 330 Euro pro Woche, bei 4 Wochen Miete 180 Euro pro Woche. Im Stadtteil Dallu, unterhalb des Hügels von Swayambhunath, wohnt man mitten unter Nepalesen. Das Gästehaus ist ein viergeschossiges Haus, typisch für die Stadt. Man kann einfache und Doppelzimmer, Appartements, eine Ferienwohnung oder das gesamte Haus mit 24 Schlafplätzen mieten. Es werden verschiedene Aktivitäten – von Treffen mit Lehrern und Schülern der Gegend über Trekkingtouren bis zu kleinen Sprachkursen – angeboten. Für Langzeitmieter gibt es Ermäßigungen.

Gastronomie
Thamel

Wie auch bei den Hotels ist die Vielfalt der kulinarischen Angebote in Thamel schier unerschöpflich. Von einheimischer Küche über die Spezialitäten der anderen asiatischen Länder bis hin zu italienischer Pizza, deutschen Brötchen oder russischen Pelmeni ist hier alles zu haben. Das Beste ist, man lässt sich durch die Gassen treiben und kehrt da ein, wo es einem am besten gefällt. Hier einige Vorschläge:

Chicken à la Kiew in Kathmandu

Everest Steak House. Gleich neben dem Chhetrapati-Platz, wenige Schritte in nordöstliche Richtung. Leider hat es keinen Garten, und die Inneneinrichtung ist alt. Dafür gibt es aber hervorragende Fleischspezialitäten vom einfachen Yak-Steak bis zum Chateaubriand.
Nepalese Kitchen. Wenige Schritte weiter findet sich das Nepalese Kitchen mit Garten und guter einheimischer Küche. Wenn man Zeit mitbringt – hier dauert es manchmal etwas länger –, lohnt sich der Besuch.
Helena's Restaurant, Tel. 4266979, www.helenasrestaurant.com. Wenn man die nächste Straße links abbiegt, gelangt man zum Chaksibari Marg – der Hauptstraße von Thamel. Hier wird im ›Helena's‹ leckeres Essen aus aller Welt auf acht Etagen und der höchsten Dachterrasse Thamels, mit tollem Ausblick, serviert. Der Aufstieg lohnt sich.
Weizen Bakery & Restaurant, Tel. 4265130, www.weizenrestaurant.com. Einige Schritte weiter vom ›Helena's‹ bietet diese Bäckerei mit Restaurant einen schönen Garten und europäisch anmutende Backwaren. Vor allem zum Frühstück zu empfehlen.
Third Eye, weiter nördlich. Sehr leckere indische Kost.

Ying Yang, neben dem ›Third Eye‹. Das Restaurant gibt sich in gehobener Preisklasse ganz thailändisch.

Le Bistro, Tel. 4701170, http://le-bistro.com.np. Noch etwas weiter nach Norden, an der Einmündung des Paryatan Marg. Ein wunderbarer Platz, um bei einem guten Essen das Treiben auf der Kreuzung zu beobachten.

Pumpernickel Bakery & Restaurant. Nach rechts in den Paryatan Marg abbiegend, findet man diese Bäckerei. Im Café-Restaurant und im kleinen Garten gibt es Backwaren wie zu Hause. Zum Frühstück nach einer Tour ist es Kult; mit längeren Wartezeiten sollte man rechnen.

K-Too Beer & Steakhouse und K.C.'s Restaurant, www.kilroygroup.com. Daneben und gegenüber liegen diese beiden Lokale. Hier gibt es unter anderem absolut köstliche Fleischgerichte.

La Dolce Vita. Wer es italienisch mag, kehre zurück zum Chaksibari Marg. An der Ecke im ›La Dolce Vita‹ kann man von Mozzarella mit Tomaten bis zur ausgefallenen Pizza gute Küche genießen.

G'S Terrace, Tel. 4700717. Ab und an mit Live-Musik, auf dieser Terrasse genießt man internationale Küche (Chaksibari Marg).

North Field Café. Kontinentale, vor allem aber wunderbare mexikanische Gerichte im Garten und Restaurant. Lecker!

Dechenling Garden. Etwas abseits von Thamel, im Nordosten am Tredevi Marg, findet man in diesem wunderbaren Gartenlokal eine Oase der Ruhe mit hervorragenden nepalesischen, tibetischen und bhutanesischen Gerichten. Absolut empfehlenswert!

Kilroys of Kathmandu, www.kilroygroup.com. Auf dem Amrit Marg kann man sich in dem traditionellen Beer und Steakhouse mit besten Fleischgerichten verwöhnen lassen.

Eingang zum alten Königspalast

Rum Doodle Restaurant & Bar, Tel. 4248692, 4248915, www.therumdoodle.com. Das Rum Doodle ist einer der Klassiker in Kathmandu schlechthin. Es hat in den letzten Jahren mehrfach den Standort gewechselt (auf fast allen Karten und Stadtplänen ist es noch falsch eingezeichnet) und befindet sich nun in einer Seitengasse des Amrit Marg, wenige Schritte nördlich des Hotel ›Utse‹. Hier treffen sich Bergsteiger und Trekker aller Welt nach ihren Touren und verewigen sich auf den Rum Doodle-›Fußabdrücken‹. Leckere Nudelgerichte und Steaks werden serviert.

Außerhalb von Thamel

Das **Ghar-e-Kabab** im Hotel ›Annapurna‹ bietet beste indische Küche. Ebenfalls hervorragende indische, aber auch nepalesische Küche bietet das **Tehzeeb** im Norden des Durbar Marg (Tel. 4233037). Früher war hier auch **Mike's Breakfast** beheimatet; nun muss man etwa 1500 Meter nach Norden, nach Naxal, wandern. Es lohnt sich aber auf alle Fälle, das Essen in dem gemütlichen Gartenlokal ist hervorragend.
Wer traditionelle nepalesische Folklore-Aufführungen und traditionelles Essen erleben möchte, dem sei das **Nepali Chulo**, besonders am Anfang einer Nepalreise, empfohlen (Lazimpat).

Nur-Trinken-Bars und -Pubs in Thamel

Soll es nur noch ein Drink sein am Abend, besucht man eine der vielen Bars. Oftmals mit Live-Musik, gibt es hier in geselliger Runde Drinks aller Art.
Besonders zu empfehlen sind die folgenden vier, allesamt auf dem Chaksibari Marg gelegenen Lokale. Von Süd nach Nord findet man den **Irish Pub**, den **Maya Pub**, den als absoluten Klassiker zu bezeichnenden **Tom & Jerry Pub** und **Sam's Bar**.

Kultur
Museen
Narayanhiti-Palastmuseum (ehem. Königspalast), http://narayanhitipalacemuseum.gov.np; Do–Mo 11–15 Uhr; 500 NRS für Ausländer, Angehörige der SAARC-Staaten (Südasiatische Vereinigung für regionale Kooperation) und Chinas 250 NRS, Nepalesen 100 NRS. Die Öffnungszeiten des Palastmuseums sind wohl als unorthodox zu bezeichnen. Man muss oft viel Geduld aufbringen, um hineinzugelangen.
Chauni-Museum, Chhauni Museum Road; Mi–So 10.30–16.30, Mo 10.30–14.30 Uhr, Mitte Nov.–Anfang Feb. 10.30–15.30 Uhr, Di und an staatlichen Feiertagen geschlossen, 50 NRS.

Veranstaltungen

Veranstaltungen wie Konzerte oder Ausstellungen werden meistens auf ausgelegten Flyern in den zahlreichen Restaurants und Cafés der Stadt angekündigt. Aktuelle Veranstaltungstermine findet man unter www.tourismthamel.com.

Einkaufen

Hier einige Hinweise zu verschiedenen Geschäften in der Innenstadt Kathmandus, in denen man am besten und meistens preiswerter als in Europa einkaufen gehen kann. Eine ausführliche Auflistung der verschiedensten Einkaufsmöglichkeiten findet man unter www.tourismthamel.com/things_to_do.

Ausrüster-Läden
Bergsteigen und Trekking

›Trekking-Shops‹ gibt es in Thamel und Umgebung in einer unüberschaubaren Fülle, und man weiß eigentlich nicht, wo man kaufen soll. Hier fünf Tipps zu Läden mit fachlich kompetenter Beratung und guter Ware:

Everest Adventure Mountaineering Shop, Thamel Marg/Kreuzung J. P. Marg, Thamel, Tel. 4259191.
Up to Date Trekking Shop, PO Box 23377, Chaksibari Marg, Thamel, Tel. 4258861.
Sherpa Outdoor Goods, PO Box 15142, Naxal, Thamel, Tel. 4438320, 4701676; mobil +977/9851022024.
The North Face, Tredevi Marg, Thamel, Tel. 4445101.
Mountain Hardwear, Tredevi Marg, Thamel, Tel. 4411800.

Bücher und Karten

In Kathmandu findet man ausgezeichnete Buchhandlungen, die vor allem eine riesige Auswahl an Himalaya-Büchern anbieten. Benötigt man die Bücher nur während des Aufenthaltes, kaufen die meisten der Buchhändler die Bücher für etwa 50 Prozent des bezahlten Preises wieder zurück. Eine kleine Auswahl:
Book World Nepal, J. P. Marg, Thamel, Tel. 4247564. Das von zwei Brüdern geführte Geschäft bietet eine große Auswahl an Bildbänden sowie Berg- und Trekkingliteratur und das komplette Angebot an Landkarten des ›Nepal Map Publisher‹. Auskünfte zu Land und Leuten sowie Versandservice und Großhandel gehören im Geschäft selbstverständlich dazu.
United Books, Chaksibari Marg, Thamel, Tel. 4247564. Eine gute Auswahl an Büchern zu günstigen Preisen offeriert dieser Händler.
Barnes & Noble Bookhouse, PO Box 2071, Chaksibari Marg, Thamel, Tel. 4700844, 4265951. Dieser Buchhändler bietet eine sehr gute Auswahl vor allem an gebrauchten Romanen in verschiedenen Sprachen und einen Postkarten-Versandservice, der sicherer und schneller ist als der Einwurf in die öffentlichen Briefkästen der Stadt.
Pilgrims Book House, Chaksibari Marg, Thamel (direkt neben dem ›Kathmandu Guest House‹), Tel. 47009-42, -19. Es gibt hier Romane, Reise- und Trekkingbücher, Bildbände, Karten und Weiteres in einer unglaublichen Auswahl und in verschiedenen Sprachen. Ein weltweiter Versandservice wird ebenfalls angeboten. Eine der besten Buchhandlungen ganz Südasiens!
Tibet Book Store, Tredevi Marg, Thamel, Tel. 4415788. Dieses Geschäft mit der größten Sammlung von Titeln, die Tibet beschreiben, befindet sich am östlichen Rand Thamels am Anfang des Tredevi Marg.
Mandala Book Point, PO Box 528, Kantipath, Tel. 422771, 4249555. Die sehr gut sortierte Buchhandlung mit einer sagenhaft großen Auswahl an Literatur aller Bereiche findet man am Kantipath.

Edelsteine und Schmuck

In Nepal wird eine relativ große Vielfalt an Edelsteinen gefunden. Die folgenden Steine – darunter auch Raritäten wie Hambergit und Spinell – werden abgebaut:
Distrikt Jajarkot (Mittlerer Westen): Aquamarin, Bergkristall, Heliodor, Kyanit und Turmalin.
Distrikt Manang (Westnepal): Amethyst, Aquamarin, Epidot, Hambergit, Quarz, Turmalin.
Distrikt Dhading (Zentralnepal): Amethyst, Quarz, Rutil, Saphir, Spinell, Rubin.
Distrikt Rasuwa (Langtang/Bagmati VDC, Zentralnepal): Aquamarin, Quarz, Topas, Turmalin.
Distrikt Sankhuwasabha (Ostnepal): Achat, Amazonit, Aquamarin, Danburit, Granat, Hambergit, Hessonit, Kyanit, Labradorit, Rauchquarz, Turmalin.
Distrikt Taplejung (Ostnepal): Amazonit, Aquamarin, Granat, Grossular, Iolit, Quarz, Saphir, Spessartin, Turmalin.

Am Basantapur Square

Schmuck und Edelsteine kauft man in Nepal tatsächlich wesentlich günstiger als zu Hause. Das liegt zum einen daran, dass bei den Juwelieren Kathmandus immer nur der Stein nach Gewicht, nicht aber die Verarbeitung bezahlt werden muss, und zum anderen daran, dass viele Edelsteine im Land selbst gefunden werden. Aber Vorsicht, manchmal hält die Ware nicht das, was der vertrauenerweckende Händler verspricht. Ein Experte in diesen Dingen als Begleiter ist beim Einkauf immer hilfreich. Im Zweifelsfall ist auch ein Vergleich bei mehreren Händlern sinnvoll, oder man nimmt lieber Abstand vom Kauf.

Die meisten Juweliere findet man in Thamel, am Durbar Marg und an der New Road. Der Juwelier meines Vertrauens befindet sich auf dem J. P. Marg in Thamel – vom Chhetrapati in östlicher Richtung gesehen – kurz vor dem ›Nepalese Kitchen‹.

Fotoapparate und Zubehör

Sehr günstig kann der Kamera- und Objektivkauf in Nepal werden. Einige kleinere Geschäfte befinden sich in Thamel, die besten aber auf der Mitte der New Road.

Das Preisniveau ist extrem niedrig, die Qualität der Waren aber ist einwandfrei. Ich habe selbst mehrere Kameras und Objektive (Canon, Nikon, Tamron) erworben. Bei Barzahlung in US-Dollar und Euro kann man noch bessere Preise als die angegebenen verhandeln. Allerdings sollte man beim Kauf darauf achten, dass der internationale Garantieschein vom Händler ordnungsgemäß ausgestellt wird, dann hat man auch zu Hause im Garantiefall keine Probleme.

Gewürze

Gewürze aller Art kann man in den verschiedensten Abpackungen in jedem Supermarkt erstehen.

Besonders zu empfehlen und absolut sehenswert ist allerdings der duftende **Gewürzmarkt** in den Gassen am Asan Tole, wo die Einheimischen Gewürze und frisch zubereitete Gewürzmischungen anbieten.

Schneider

In Thamel bieten auch eine ganze Reihe von Schneidereien ihre Dienstleistungen an. In den Geschäften kann man sich Maßanfertigungen vom einfachen Oberhemd bis zum kompletten Anzug auf den Leib schneidern lassen. Wir haben einmal eine elegante Jacke in Auftrag gegeben und waren wirklich sehr zufrieden, sowohl mit der Qualität des Stoffes (Seide/Rohseide) als auch der Verarbeitung und Anfertigung.

Nach Aussagen der Einheimischen soll es allerdings die besten Schneider in Bhaktapur geben.

Teeläden

Zu absoluten Schnäppchenpreisen kann man in Kathmandu hochwertige, vor allem einheimische Tees erwerben. Die nepalesischen Teesorten stehen in der Qualität den berühmten Tees aus Darjeeling in keiner Weise nach (→ Ilam, S. 253).

Tee kann man beispielsweise auch in den Supermärkten Thamels erstehen. Besser und mit fachlicher Beratung aber kauft man ihn in den guten Teegeschäften am Ganga Path zwischen Basantapur Square und New Road. Diese bieten ein sehr breites Sortiment an.

Medizinische Versorgung

Eine Liste von Vertrauensärzten hat die jeweilige Botschaft des Heimatlandes. Empfohlen wird die:

Ciwec Clinic, PO Box 12895, British-Indian Embassy Road, Lainchaur, Tel. +977/1/4424111, 435232, Fax 4412590, www.ciwec-clinic.com.

›Parkplatz‹ in Kathmandu

Sehenswürdigkeiten im Kathmandu-Tal

Dieser Abschnitt stellt wichtige Orte im Tal vor. Angefangen von der südlichen Schwesterstadt Kathmandus, Patan (Lalitpur), im Uhrzeigersinn bis nach Namobuddha – einen für die Buddhisten legendären Ort – und Bhaktapur.
Patan, **Nagarjun**, **Budhanilkantha** und **Bhaktapur** kann man jeweils in einem Tagesausflug erkunden. Vor allem die ehemaligen Königsstädte Patan und Bhaktapur mit ihren unzähligen Kunstschätzen und Kulturdenkmälern sollte man keinesfalls verpassen. Auch den ältesten Tempel im Tal, **Changu Narayan**, kann man an einem Tag besuchen. Von dort aus bietet sich allerdings eine Fortsetzung des Ausflugs nach **Nagarkot** mit seinem berühmten Himalaya-Panorama an.
Für die Ausflüge in den **Shivapuri-Nagarjun-Nationalpark** nach **Nagarkot** und **Dhulikel** mit ihren herrlichen Ausblicken auf den Himalaya-Hauptkamm und nach **Namobuddha** mit seinem buddhistischen Heiligtum sollte man wenigstens eine Übernachtung im jeweiligen Ort oder seiner Nähe einplanen.

Patan

Wenn man es nicht genau weiß, bemerkt man gar nicht, wo Kathmandu aufhört und Patan (Lalitpur) anfängt. Baulich gehen beide Städte nahtlos ineinander über. Patan, die zweitgrößte Stadt des Tales, ist nur fünf Kilometer von Thamel entfernt. Hier geht es etwas weniger hektisch und weniger laut zu als in Kathmandu.
Der **Durbar Square** von Patan ist wie der in Kathmandu die Hauptattraktion der Stadt. Auf diesem Platz, der harmonischer wirkt als sein Pendant in Kathmandu, findet man die meisten newarischen Bauwerke Nepals. Die Hauptsehenswürdigkeit des Durbar Square ist ohne Zweifel der alte, prunkvolle **Königspalast** mit seinen Innenhöfen. Die wichtigsten Gebäude nördlich des Platzes sind der **Kumbeshavar-Tempel** – aus dem Jahre 1392 und damit der älteste Tempel der Stadt – und der **Goldene Tempel**. Im Süden des Durbar Square sind es das **I Baha Bahal**, der **Rato-Machhendranath-Tempel** und der **Minanath-Tempel**.

■ Kumbeshavar-Tempel

Wenn man von Kathmandu über die Fußgängerbrücke kommt, hier den Bagmati überquert und nach Patan hineingeht, erreicht man zuerst den nördlichen Stupa und kurz darauf auf der rechten Seite den **Kumbeshavar-Tempel**, der Shiva in seiner Inkarnation als ›Gott der Tongefäße‹ (khumba=Tongefäß) gewidmet ist. Dieser Tempel ist der wichtigste Shiva-Tempel der Stadt und eines der wenigen fünfgeschossigen Bauwerke. Besonders auffallend sind an ihm die äußerst kunstvoll ausgeführten Holzschnitzereien. Der Tempel stammt vermutlich aus dem Jahr 1392. Der Wassertank an der Nordseite des Tempels wird angeblich direkt mit dem Wasser des heiligen Gosainkund-Sees (im Helambu/Langtang Himal) gespeist. Ein Bad darin wäscht alle Sünden ab und erspart dem Gläubigen die beschwerliche Pilgerreise in die Berge. Zum Janai-Purnima-Fest (→ S. 111) kommen jedes Jahr tausende von Gläubigen zum Tempel und nehmen ein rituelles Bad im Tank.

■ Kwa Bahal

Den ›Goldenen Tempel‹, das Kwa Bahal, erreicht man ein paar Meter weiter südlich. Diese buddhistische Tempelanlage hat ihre Wurzeln im 12. Jahrhundert. Sie ist zweifellos eine der prächtigsten im ganzen Tal. Der Eintritt zum Tempel

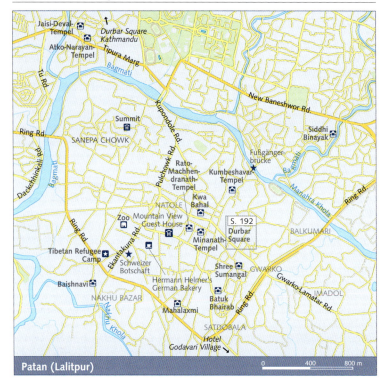

Patan (Lalitpur)

kostet momentan noch immer 100 NRS. Kommt man durch den eher unscheinbaren Eingang in das Innere der Anlage, ist man überwältigt von der Pracht, die sich dem Auge bietet. In der Mitte des Innenhofes steht ein dreistöckiger reich verzierter Tempel mit einem goldenen Dach. Um den Hof herum führt ein Wandelgang, der mit Gebetsmühlen und vier Bodhisattva-Statuen ausgestattet ist. Im Hauptschrein, dem Akshobhya-Buddha gewidmet, finden sich viele goldene Statuen. Er ist nach oben mit drei vergoldeten Kuppeln abgeschlossen. Der Tempel wird im Volksmund manchmal auch ›Ratten-Tempel‹ genannt – der vielen Nager wegen, die sich an den Opfergaben der Gläubigen gütlich tun und unbehelligt im heiligsten Inneren der Schreine umherhuschen. Will man das Innere der Anlagen betreten, muss man, wie in fast allen buddhistischen Heiligtümern, die Schuhe ausziehen und alle Lederartikel ablegen. Im Obergeschoss, das man über eine Treppe vom Wandelgang aus erreicht, kann man zahlreiche Wandgemälde besichtigen. Nur wenige Schritte sind es vom Tempel bis zum Durbar Square.

■ **Durbar Square**

Ein kleiner Rundgang, wie üblich im Uhrzeigersinn, soll mit einigen der vielen Denkmäler des Platzes vertraut machen. Vom Goldenen Tempel kommend, erreicht man zuerst den **Bhimsen-Tempel**. Er ist dem Gott der Händler geweiht. Das dreistöckige, bei den Händlern des

Ortes sehr beliebte Bauwerk hat sein Haupttheiligtum im ersten Stock, dessen Ostfront mit einer wunderschönen Balustrade geschmückt ist.

An der Nordseite des Platzes, schräg gegenüber, befindet sich, neben dem guten ›Café de Temple‹, der **Ganesh-Tempel**. Gegenüber in südlicher Richtung sieht man den auffälligen **Mangal Hiti**, den ›Tank des Glücks‹. Diese Wasserstelle ist noch immer in Betrieb und vielleicht das älteste Bauwerk des Platzes, wahrscheinlich aus dem 10. Jahrhundert. Der Pavillon daneben diente früher zu Krönungszeremonien.

Weiter südlich schließt sich nun gleich der ehemalige **Königspalast** mit seinem goldenen Tor am nördlichen Teil und mit insgesamt drei Palasthöfen an (Manikeshab Narayan Chowk, Mul Chowk und Sundari Chwok). Ein Besuch des Palastes unter der fachkundigen Führung eines Fremdenführers wird sehr empfohlen. Der nördliche Teil des Palastes war der wichtigste Teil, an dem 60 Jahre lang, von 1674 bis 1734, gearbeitet wurde. Sehr auffallend sind das fein gearbeitete goldene Fenster über dem goldenen Tor, von dem aus sich der König gern seinen Untertanen zeigte, und natürlich das Tor selbst. Das Tor ist gleichzeitig der Eingang zum kleinen, aber feinen **Patan-Museum**.

Im südlichen Teil des Palastes, im Innenhof Sundari Chwok, beeindruckt der **Tusha Hiti**, ein mit zahllosen Göttern verzierter Badetank, der durch ein Leitungssystem mit Wasser aus den Bergen der Umgebung gespeist wird. Er ist ganz sicher zu den wunderbarsten Steinmetzarbeiten des Landes zu zählen.

Westlich – gegenüber diesem Palastteil – steht ein achteckiger **Krishna-Tempel**. Anders als die meisten Krishna-Tempel im Tal ist dieser aus Stein errichtet. Direkt nördlich daneben kann man die **Taleju-Glocke** aus dem Jahr 1737 sehen, die eigentlich zum gleichnamigen Tempel in der Palastfront gehört.

Der Glocke westlich gegenüber ragt der etwas unförmige **Bisheshva-Tempel** empor. Ein Lingam befindet sich im Inneren dieses Shiva gewidmeten Tempels.

Prächtige Tür in Patan

Patan, Durbar Square

Nordöstlich von hier, nördlich neben der Glocke, folgt der **Hari-Shankar-Tempel**. Hier wird der gemeinsamen Erscheinungsform von Vishnu (Hari) und Shiva (Shankar) gedacht. Wer sich die Schnitzereien an den Dachstreben genau ansieht, möchte nicht in die Hölle kommen – Höllenszenen sind hier plastisch ausgeführt.

Neben dem Hari-Shankar-Tempel ragt die **Statue des Königs Yoganarandra Malla** in die Höhe, direkt dahinter steht eine **Narsinha-Statue**.

Der **Char-Narayan-Tempel**, der ›Tempel der vier Vishnus‹, folgt nun direkt nördlich. Der im Jahr 1566 errichtete Tempel ist der älteste am Platz. Er beeindruckt am meisten durch die kunstfertigen Schnitzereien an den Dachstreben, die Vishnu in seinen verschiedenen Inkarnationen zeigen.

Es folgt ein weiterer, aus Stein errichteter Tempel, der ebenfalls Krishna geweiht ist. Der **Krishna-Tempel**, der aus drei Etagen besteht, ist stark von der indischen Mogul-Architektur geprägt. Vor ihm befindet sich nach Süden hin eine **Garuda-Statue**. Ihr schließt sich im Norden der **Vishvanath-Shiva-Tempel** an. Die Besonderheit dieses Tempels aus dem Jahr 1626 ist eine Säulenarkade aus fein geschnitzten Holzpfeilern, welche das Heiligtum umgibt.

Noch fünf Schritte nach Norden und man steht wieder am Bhimsen-Tempel, dem Ausgangspunkt des Rundgangs.

Südlich des Platzes, am ›Café de Patan‹ vorbei, kann man in wenigen Minuten den **Vishvakarma-Tempel** erreichen. In einem Gebiet, das überwiegend von Metallhandwerkern bewohnt wurde, ist er folglich dem Gott der Handwerker, Vishvakarma, gewidmet. Die Fluss-Göttinnen Ganga und Yamuna bewachen den Eingang des mit geschlagenen Kupferplatten verzierten Tempels.

■ **Rato-Machhendranath-Tempel**
Zu den wichtigsten Heiligtümern in Patan gehört zweifelsfrei der Rato-Machhendranath-Tempel. Hier wird Padmapani Avalokiteshvara, einer buddhistischen Gottheit, gehuldigt. Die Hindus verehren ihn als eine der vielen Erscheinungsformen Shivas. Der auch als ›Roter Machhendranath‹ Verehrte gilt als ein Gott des Regens und als Schutzpatron des Tales. Der Tempel ist von einem großen Hof umgeben, dessen Tore von steinernen Löwen bewacht werden.

Der fast auf gleicher Höhe, nur etwas weiter östlich gelegene **Minanath-Tempel** ist ebenfalls ein buddhistisches Heiligtum. Den Tempel aus dem 16. Jahrhundert schmückt eine reich verzierte Eingangstür. Sein Inneres beherbergt die Statue des Jatadhari Lokeshvara, die eine Inkarnation des Padmapani Avalokiteshvara verkörpert, der von den Gläubigen als ›Helfer‹ des ›Roten Machhendranath‹ zu verstehen ist. In Patan wird jedes Jahr im April/Mai das Fest des Rato Machhendranath gefeiert. Es ist das größte Fest in Patan. Auf einem riesigen hölzernen Wagen, der von hunderten von Gläubigen durch die Straßen der Stadt gezogen wird, thront die hölzerne Götterfigur des Rato Machhendranath, die zuvor in einer Prozession aus dem Tempel zum Wagen getragen wurde. Während der mehr als eine Woche dauernden Festlichkeiten wird um genügend Regen in der kommenden Monsunzeit gebeten. An den Halteplätzen werden rings um den Wagen tönerne Öllämpchen angezündet. Die Gläubigen singen religiöse Lieder und bringen Reisopfer dar. Auch die Kumari von Patan erweist dem Gott jedes Jahr die Ehre.

Man kann den Rundgang entlang der belebten Hauptstraße südlich des Tempels in Richtung Westen, vorbei an zahlreichen Hotels, bis zu **Hermann Helmer's German Bakery** fortsetzen. Letztere bietet sich für eine Rast und einen Imbiss an.

■ **Jawalakhel**
Lohnenswert ist ebenso noch ein Besuch im südwestlichen Stadtteil Jawalakhel, den man von der Bäckerei recht schnell erreicht. Hier befindet sich der einzige **Zoo** Nepals. Gegründet als Privatzoo 1932, ist er heute allen zugänglich. Der Zoo hat und zeigt 125 verschiedene Tierarten des Himalaya (Di–So 10–17 Uhr, 100 NRS).

Ebenfalls in diesem Teil der Stadt liegt das **Tibetan Refugee Camp**, ein tibetisches Flüchtlingslager. Hier werden nach alter tibetischer Tradition Teppiche in Handarbeit hergestellt. Man kann den Tibetern dabei zusehen, die Teppiche natürlich auch erwerben.

Krishna-Tempel in Patan

Patan
Vorwahl: +977/1.

Man kann die fünf Kilometer von Thamel nach Patan laufen, allerdings ist das auf der Hauptstraße kein rechtes Vergnügen. Mit dem Taxi ist es am einfachsten und kostet vom Zentrum Kathmandus bis zum Durbar Square in Patan 100–150 NRS. Mit dem Bus vom Busbahnhof am Ratna Park (20 Min., 15–20 NRS).

In Patan gibt es zahlreiche Wechselstuben. Geldautomaten befinden sich im Süden des Durbar Square und am Jawalakhel.

Third world Guest House (★), Durbar Square, Tel. 5522187, dsdp@wlink.com.np; Zimmer 15–20 US-Dollar. Direkt am Durbar Square gelegen, bietet das absolut zu empfehlende Gasthaus schöne Zimmer mit herrlichen Blicken auf den Platz.
Café de Patan (★), Mahapal-18, Tel. 5537599, www.cafedepatan.com; Zimmer 300–600 NRS. Einige einfache Zimmer mit und ohne eigenes Bad vermietet auch dieses Café mit Dachterrasse.
Mountain View Guest House (★), Kumaripati, Tel. 5538168, Zimmer 200–400 NRS. Ebenfalls eine einfache Unterkunft in sauberen Zimmern.
Hotel Godavari Village (★★), PO Box 12446, Amarabati, Taukhel, Godavari, Tel. 5560-675, -775 Fax 5560-777, 5526683, www.godavariresort.com.np; Zimmer 60–80 US-Dollar. Das abseits gelegene (10 km südöstlich von Patan), über einen kleinen Swimmingpool, eine schöne Dachterrasse und einen netten Garten verfügende Hotel erwartet Gäste mit blitzsauberen Zimmern.
Summit Hotel (★–★★), PO Box 1406, Kopundol Heights, Kathmandu, Tel. 5521810, 5524694, Fax 5523737, sum mit@wlink.com.np, www.summit-nepal.com; Zimmer 60–80 US-Dollar. Über Zimmer in verschiedenen Standards und Preisklassen verfügt dieses im Newar-Stil erbaute Haus.

Zum Einkehren bieten sich in Patan außer den guten Restaurants in den Hotels besonders das **Café de Patan**, das **Café du Temple** und **Hermann Helmer's Bakery** an.

Patan-Museum, Durbar Square (Eingang durch das goldene Tor), www.patanmuseum.gov.np; 250 NRS, 10.30–16.30 Uhr. Das Museum beherbergt einmalige sakrale Kunstwerke und sollte bei einem Besuch der Stadt nicht versäumt werden.

Patan verfügt über sehr viele kleine Kunsthandwerksbetriebe und Läden. Hier kann man vor allem sehr gut Statuen aus Bronze oder Holz und Teppiche aus den Manufakturen der tibetischen Flüchtlinge kaufen.

Patan Hospital, Lagankhel, Tel. 5521367, www.patanhospital.org.np. Das Krankenhaus von Patan gilt als eines der besten des ganzen Tales.

Nagarjun

Der Wald des ehemaligen Nagarjun Forest Reserve ist das wohl am besten erhaltene natürliche Waldgebiet im ganzen Kathmandu-Tal. Es liegt nordwestlich der Stadt. Im Jahr 2009 wurde es dem Shivapuri-Nationalpark angegliedert, der seither den Namen Shivapuri-Nagarjun-Nationalpark trägt. Etwa zwei Kilometer von **Balaju** entfernt, auf der Straße nach Trisuli Bazaar, erreicht man den Eingang des komplett von einer Mauer umgebenen, geschützten Waldes. Das Waldgebiet, auch Rani Ban – ›Wald der

Nagarjun 195

Königin‹ – genannt, ist eines der letzten Rückzugsgebiete für die Wildtiere im Tal. Hier trifft man auf Affen, Fasane und Hirsche sowie auf eine Vielzahl der unterschiedlichsten Vogelarten. Der Wildreichtum dieses Areals zog schon immer die Herrschenden des Landes zum Jagen an.

Die höchste Erhebung ist knapp 3000 Meter hoch und ein sehr beliebter Picknickplatz an Feiertagen und Wochenenden. Jedoch geht es an diesen Tagen nicht ganz so idyllisch zu, das sollte man bei einem Besuch beachten. Ein mit unzähligen Gebetsfahnen behangener, dem Padmasambhava gewidmeter Stupa ziert den Gipfel. Vom kleinen Aussichtsturm auf dem Gipfel des **Nagarjun Stupa** oder **Jamacho**, wie der Berg von den Newar genannt wird, hat man bei entsprechender Witterung eine phantastische Aussicht auf den Himalaya-Hauptkamm. Von den Ausläufern der Annapurna im Westen bis zum Langtang-Lirung im Osten reicht der Blick. Eine Tafel mit der Skizze des Panoramas nennt die Gipfelnamen.

Den Nagarjun-Stupa-Gipfel erreicht man entweder motorisiert, indem man den 15 Kilometer langen, in Serpentinen nach oben führenden Zufahrtsweg nutzt, der in sehr schlechtem Zustand ist. Oder man erklimmt den Berg zu Fuß über den steileren Fußweg – etwa zwei Stunden braucht man dafür. Besucher müssen sich am Eingang in eine Liste eintragen und das Verlassen des Waldes auf dieser noch einmal quittieren. Diese Regelung wurde getroffen, nachdem 2005 zwei allein wandernde Frauen in dem Gebiet überfallen worden waren. Seitdem sind allerdings keine Vorkommnisse mehr bekannt geworden. Dennoch ist es, wie im Allgemeinen überhaupt, sehr ratsam, nicht allein zu gehen.

Wissenswert ist zudem auch, dass der letzte König des Landes hier, in der ehemaligen Jagdresidenz des Königshauses, lebt. Das Betreten der Residenz ist selbstverständlich verboten. Wer ihr zu nahe kommt, wird schnell mit dem Wachdienst Gyanendras Bekanntschaft machen.

Auf dem Gipfel des Nagarjun

Nagarjun
Öffnungszeiten: Tägl. 6–18 Uhr.
Eintrittspreis: 1000 NRS Nationalparkgebühr und 100 NRS pro Auto.

Mit dem Taxi ab Thamel (30 Min., 100–150 NRS).
Mit dem Bus vom Ratna Park (1 Std.).

Budhanilkantha

In Budhanilkantha nordöstlich von Kathmandu erlebt man eine besondere Atmosphäre: Flackernde Butterlampen und Weihrauch umgeben eine der ungewöhnlichsten und wichtigsten religiösen Statuen des Landes – den **Schlafenden Vishnu**. Die etwa fünf Meter lange, aus einem einzigen schwarzen Monolith gefertigte Figur stammt vermutlich aus dem 7. oder 8. Jahrhundert, aus der Zeit der Licchavi also. Shiva schwimmt, gebettet auf der in sich verknoteten elfköpfigen Riesenschlange Anata, auf dem kosmischen Meer. Die Legende erzählt, dass ein Bauer die Figur beim Pflügen entdeckte und, da er sie mit seinem Pflug verletzt hatte, sie zu bluten begann.
Der Statue unmittelbar nähern dürfen sich nur Hindus, aber der Blick über und durch den Zaun, von allen vier Seiten, lässt auch den Nichthindus viel Raum zur Betrachtung. Es lohnt sich! In den Morgenstunden kann man hier täglich eine Puja-Zeremonie beobachten: Die Gläubigen legen ihre Opfergaben nieder, derweil der Priester beim Läuten vieler Glocken das Gesicht des Vishnu wäscht. Den nepalesischen Königen – selbst als Inkarnationen Vishnus betrachtet – war es strengstens verboten, diesen Vishnu zu sehen. Sie hätten sterben müssen, überliefert die Legende. Sie mussten sich mit Vishnus kleinerem ›Bruder‹ in Balaju begnügen (→ S. 169). Im November kommen tausende von Pilgern hierher. Sie begehen den Tag, an dem Shiva, der vier Monsunmonate hindurch geschlafen hat, erwacht, und feiern das Baikuntha-Chaturdasi-Fest.
Budhanilkantha ist auch ein guter Ausgangspunkt für Touren im und durch den Shivapuri-Nagarjun-Nationalpark.

Budhanilkantha
Der Eintritt zur Anlage ist frei, geöffnet ist sie von Sonnenaufgang bis Sonnenuntergang.

Mit dem Minibus Nr. 5 vom nördlichen Ende des Kantipath (40 Min., 15 NRS).
Mit dem Taxi von Thamel (500 NRS).

Shivapuri-Nagarjun-Nationalpark

Der Shivapuri-Nagarjun-Nationalpark liegt nur zwölf Kilometer vom Zentrum Kathmandus entfernt. Der im Jahr 2002 gegründete Park ist nach seiner höchsten Erhebung, dem gut 2700 Meter hohen **Berg Shivapuri**, benannt. Der Nationalpark wurde 2009 durch die Eingliederung des Nagarjun Forest Reserves auf eine Fläche von 160 Quadratkilometern erweitert.
Subtropische Laubwälder, die typische Vegetation des Hügellandes, prägen den Park. Mehr als 2100 verschiedenen Pflanzenarten, darunter 16 endemische, wurden bisher hier gezählt. In den Lüften tummeln sich 318 verschiedene Vogelarten, darunter auch der einzige Vogel der Gattung Xiphirhynchus superciliaris, Scimitar-Schwätzer oder auch Scimitar-Säbler beziehungsweise Dünnschnabel-Säbler genannt. Ebenso vielfältig ist die

Stupa auf dem Nagarjun

In der Nagi Gompa

Säugetierpopulation im Park: Himalaya-Schwarzbär, Goldschakal, Dschungelkatzen und indischer Leopard sind ebenso anzutreffen wie viele Arten von Fledermäusen. Eine der besonders seltenen – zu den bedrohten Arten gehörend – bewohnt im Park die Nagarjuna-Höhle. Es ist die Großohren-Hufeisennase.

Im Übrigen ist der Nationalpark ein sehr wichtiges Wassereinzugsgebiet für Kathmandu. Von hier aus fließen täglich hunderttausende Kubikmeter Wasser (etwa ein Viertel des Wasserbedarfs der Stadt) in das Tal, weswegen diese Gegend schon seit den 1970er Jahren unter besonderem Schutz steht.

Ausflugsziele im Park sind die herrlich gelegene **Nagi Gompa** und der Shivapuri-Gipfel. Die Nagi Gompa ist ein Nonnenkloster, von dem aus sich ein wunderbarer Blick in das Kathmandu-Tal eröffnet. Zurzeit wird hinter dem alten Klostergebäude gerade ein neues errichtet. Hier ist auch der Ausgangspunkt für eine etwa zweistündige Wanderung über einen Bergpfad auf den Shivapuri-Gipfel, der eine gute Aussicht bietet.

Des Weiteren bietet sich von hier der Abstieg nach **Gokarna** an. Nach einer Wanderung von etwa drei Stunden erreicht man die absolut sehenswerten Klostergebäude von Gokarna Mahadev. Mit dem Taxi ist man von dort relativ schnell wieder in Kathmandu.

Shivapuri-Nagarjun-Nationalpark

Eintrittspreis: 1000 NRS Nationalparkgebühr zzgl. 50 NRS für das Taxi, wenn man mit diesem in den Park einfahren will.

Mit dem Taxi von Thamel (750 NRS) direkt zum Nationalparkeingang bei Budhanilkantha.

Mit dem Bus vom Ratna Park nach Budhanilkantha und von dort mit dem Taxi oder zu Fuß (45 Min.).

Karte S. 209

Changu Narayan

Auf dem höchsten Punkt eines schmalen Bergrückens, im Newar-Dorf **Changu**, thront der Tempel von Changu Narayan. Der Tempel gehört zum UNESCO-Weltkulturerbe und ist der älteste erhaltene Tempel im ganzen Tal.

Vom Parkplatz aus führt der Weg durch den typischen Newar-Ort mit seinen Backsteinhäusern in wenigen Minuten hinauf zur Tempelanlage. Der Ort selbst mit seiner traditionellen Newar-Architektur (→ S. 100) sowie das am Weg befindliche kleine **Changu-Museum** (Ausstellung zum Dorfleben, Kuriositäten und Thankas) sind schon einen Besuch wert.

Der Tempel ist im zweistufigen Pagodenstil erbaut. Laut Überlieferung geht der erste Tempelbau auf das 4. Jahrhundert zurück. Der jetzige Zustand wurde, nach einer Brandbeschädigung und anschließender Reparatur, im Jahre 1702 hergestellt. Die Türen des Tempels werden auf allen vier Seiten von Tierpaaren bewacht. Filigrane Schnitzereien an den Dachstreben zeigen die zehn Inkarnationen Vishnus und tantrische Mystik. Der Haupteingang auf der Westseite, von zwei steinernen Löwen flankiert, ist der prachtvollste Teil des Tempels. Türen und Fenster sind mit fein gearbeiteten Kupferplatten verziert. Fast immer sind die Türen verschlossen – nur für Rituale werden sie geöffnet, Nichthindus ist der Zutritt in das Innere verboten. Wenn man Glück hat, erlebt man beim Besuch vielleicht eine der Zeremonien. Die im Inneren des Tempels befindliche Vishnu-Narayan-Figur ›schwitzt‹ von Zeit zu Zeit – ›sie wird nass‹, sagt die Legende, die Folgendes überliefert: Garuda, eines der Reittiere Vishnus, war einstmals in einen verbitterten Kampf mit dem Schlangengott Takshaka Naga verstrickt, der zornig war, weil er mit dem Abfließen des legendären Sees im Tal seinen ursprünglichen Lebensraum verlor. In seiner blinden Wut griff er alles an, was ihm in die Quere kam – unter anderem auch Garuda. Als sie nach dem Kampf schließlich Frieden geschlossen hatten, wickelte sich der Schlangengott um den Hals Garudas. Beide flogen in Eintracht zum Hügel von Changu – so weit die Legende. Wenn der Vishnu im Innern ›schwitzt‹, kämpfen sie also wieder, sagt man.

Im Hof finden sich rings um den Tempel eine ganze Reihe von kleineren Tempeln, Schreinen und Statuen. In der Nordwestecke steht die **Statue Vishnu auf dem Garuda mit dem Schlangengott um den Hals reitend**. Sie findet sich auf dem nepalesischen 10-Rupien-Geldschein wieder. Vor dieser Statue ist die älteste steinerne Inschrift des Landes – aus dem Jahr 464 – erhalten. In dieser wird beschrieben, wie der König seine

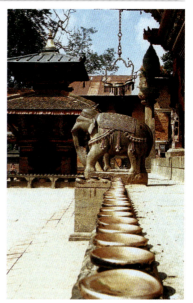

Am Changu-Narayan-Tempel

Mutter davon überzeugt, sich der Sati, der rituellen Witwenverbrennung, nach dem Tode seines Vaters zu entziehen.
Im Nordosten der Anlage stehen ein **Shiva-Lingam** und ein **Mahavishnu-Schrein**.
Der Tempel in der südöstlichen Ecke des Komplexes ist der tantrischen Göttin Chhinnamasta gewidmet. Die Göttin, die sich selbst enthauptet, wird als Symbol der sexuellen Energie betrachtet. Das Blut aus ihrem Hals fließt in ihren eigenen und in die Münder der beiden sie flankierenden Yoginis.
Die Reliefs von Narayan mit dem Schlangengott, Parvati und Shiva, einen Lakshmi-Narayan-Tempel und einen Pashupatinath-Schrein findet man gleich südwestlich des Haupttempels.
Im oberen Teil des Ortes, gleich bei der Tempelanlage und am Parkplatz, gibt es nette kleine Restaurants, in denen man eine Erfrischung oder einen Imbiss einnehmen kann. Von Changu aus startet auch eine Wanderung nach Nagarkot (→ S. 213).

 Changu Narayan
Die Anlage ist täglich bis zum Sonnenuntergang geöffnet; 100 NRS.

Zu Fuß von Bhaktapur (4 km), das letzte Stück steil nach oben.
Mit dem Taxi von Bhaktapur (→ S. 203, 100 NRS).
Mit dem Taxi von Kathmandu (700 NRS); Hin und Rückfahrt können, mit Wartezeit in Changu, sicher für etwa 1000 NRS verhandelt werden.
Mit dem Bus von Bhaktapur (30 Min., 15–20 NRS).

Changu-Museum; 7–18 Uhr, 150 NRS.

▲ *Statuen vor dem Changu-Narayan-Tempel*

Nagarkot

Der Ort **Nagarkot** liegt etwa 35 Kilometer östlich von Kathmandu. Er ist mit seinen knapp 2170 Metern über Normalnull zwar tiefer gelegen als der Shivapuri Hill, bietet meines Erachtens aber im gesamten Kathmandu-Tal die besten Ausblicke in die Bergwelt des Himalaya. Ob von den Terrassen und Dächern der zahlreichen Hotels oder vom Aussichtsturm im Süden des Bergkammes, von überall hat man phantastische Ausblicke – die allerschönsten natürlich am Abend und am Morgen mit dem Farbenspiel der auf- beziehungsweise untergehenden Sonne. Der Blick reicht vom Dhaulagiri im Westen bis zum Kanchenjunga im Osten. Nagarkot erstreckt sich über mehrere Kilometer auf einem langgezogenen Bergrücken und ist ein idealer Ausgangspunkt für Wanderungen im Tal (→ S. 212) als auch ein möglicher Startpunkt für ein Trekking in das Helambu. Wer den Ort besuchen möchte, sollte mindestens eine Übernachtung einplanen.

Nagarkot
Vorwahl: +977/1.

Zu Fuß von Changu Narayan (→ S. 213 in umgekehrter Richtung).
Mit dem Taxi von Bhaktapur (→ S. 203, 800 NRS) oder von Kathmandu (1800 NRS). Mit dem Bus von Kathmandu, Ratna Park (2 Std.).
Viele Agenturen in Kathmandu vermitteln preiswerte Fahrten (mit und ohne Übernachtung) in bequemen Bussen nach Nagarkot.

Der einzige **Geldautomat** befindet sich an der Bushaltestelle. Ob er funktioniert, ist allerdings fraglich – daher besser Bargeld mitnehmen.

In Nagarkot empfehlen sich unter sehr vielen Hotels und Lodges die folgenden:
Tea House Inn (★),Tel. 68004-5, -8, Fax 680068, clubhim@mos.com.np; Zimmer 20–30 US-Dollar. Etwas nördlich des kleinen Ortskerns gelegen. Einfache, saubere, aber komfortable Zimmer, sehr gutes Restaurant.
Peacefull Cottage (★-★★), Tel. 6680077, pcottage@gmail.com; Zimmer 10–40 US-Dollar. Das zentral gelegene Cottage verfügt über ein angeschlossenes Café mit schönem Panoramablick und Zimmer mit und ohne eigenes Bad.
Hotel Country Villa (★★), Tel. 6680128, 016213053, Fax 6680127, www.hotelcountryvilla.com; Zimmer 70–100 US-Dollar. Von allen schön eingerichteten Zimmern herrlicher Blick auf den Himalaya-Hauptkamm. Ein freundliches Terrassen-Restaurant und eine gemütliche Bar machen den Aufenthalt angenehm.

Im langgestreckten Ort befinden sich kleine Wirtschaften, und die Hotels verfügen alle über gute Restaurants.

Es gibt einige kleine Geschäfte an der zentralen Kreuzung des Ortes.

Dhulikel

Dhulikel liegt seit jeher an der alten Handelsstraße, die nach Kodari, in den Grenzort zu Tibet, führt. Hier wurde früher mit Salz und Schafen aus Tibet gehandelt. Vor allem die Altstadt von Dhulikel ist absolut sehenswert. Am südlichen Ende der Stadt liegt eine herrliche Ansammlung schöner alter Häuser. Hier kann man anhand der kunstvoll geschnitzten Fenster und Türen die Handwerkskunst der Newar in

Bhudda-Statue in Dhulikel

aller Ruhe und ausgiebig bewundern. Entlang der schmalen Gassen, auf denen keine Autos fahren können, stehen zudem alte Schreine, Statuen und Reliefs, sie alle sind bestens erhalten und gepflegt. Etwas südöstlich des Ortes liegt in einer Senke ein kleiner Shiva-Tempel. Von hier aus führt ein Treppenweg zu einer großen goldenen **Buddha-Statue** und weiter zu einem **Kali-Tempel**. Der Tempel selbst ist nicht sonderlich bemerkenswert, dafür hat man von hier aus einen guten Ausblick. Denn Dhulikel ist ebenso wie Nagarkot berühmt für sein Himalaya-Panorama.

Tipp: Legen Sie einen Stopp ein und genießen Sie ein gutes Essen im schönen Garten des Hotels ›Himalayan Horizon‹ (an der Straße vor dem eigentlichen Ort). Hier hat man ebenfalls einen herrlichen Bergblick. Von Dhulikel aus kann man in zwei bis drei Stunden eine Wanderung nach Namobuddha unternehmen.

 Dhulikel
Vorwahl: +977/11.

Zu Fuß von Nagarkot nach Banepa (4 Std.) und von dort mit dem Taxi.
Mit dem Taxi von Kathmandu (1 Std., 2000 NRS).
Mit dem Bus von Kathmandu, Busbahnhof Ratna Park, jedoch ungemütlich (1,5–2 Std., 75 NRS).

In Dhulikel gibt es keine Geldautomaten, also Bargeld mitnehmen.

Mount View Guest House (★), Tel. 64039; Zimmer 250–350 NRS. Das einfache, an der Hauptstraße befindliche Gasthaus verfügt über einfache Zimmer ohne Bad und ein zu empfehlendes Restaurant auf der Dachterrasse.
Hotel Himalayan Horizon (★★), Tel. 4902-96, -60, Fax 490476, www.himalayanhorizon.com; Zimmer 65–100 US-Dollar. Es ist wahrscheinlich das beste Haus am Platz und bietet neben den geräumigen Zimmern einen schönen Garten mit Restaurant und herrlichem Himalaya-Blick.
Dhulikel Mountain Resort (★★–★★★), Tel. 420774 (Büro Kathmandu), dmrktm@wlink.com.np, www.catmando.com/dhulikhel-mt-resort; Zimmer 75–150 US-Dollar. Etwas abseits am Highway liegt das Resort mit Bungalows. Die komfortablen, großen Zimmer sind in einem weitläufigen Areal mit grandiosem Himalaya-Blick verteilt.

Essen kann man in landestypischen kleinen Gasthäusern oder in den Hotelrestaurants.

Im Ortskern gibt es mehrere kleine Läden.

In Dhulikhel gibt es ein Hospital.

Namobuddha

Ungefähr zehn Kilometer südöstlich von Dhulikel befindet sich der **Stupa von Namobuddha** (›Heil dem Buddha‹). Er ist nach Lumbini (→ S. 317), Boudhanath (→ S. 169) und Swayambhunath (→ S. 167) das wichtigste buddhistische Pilgerziel des Landes. Der Stupa beherbergt angeblich die Haare und Knochen von Prinz Mahasattva. Hierzu gibt es zwei Legenden, eine sei kurz erzählt: Den Jatakas (Berichten aus Buddhas früherem Leben) zufolge war Prinz Mahasattva eine der frühen Inkarnationen des Buddha Shakyamuni. Er war der jüngste Spross des Königs Maharatha. Als er eines Tages mit seinen beiden Brüdern im Wald spazieren ging, trafen sie auf eine Tigerin mit fünf Neugeborenen. Die Tigerin war so schwach vor Hunger, dass sie sich kaum noch bewegen konnte. Die drei Prinzen gingen achtlos an ihr vorüber. Mahasattva aber besann sich, ging zu ihr zurück und begann sich das eigene Fleisch vom Leib zu schneiden, um die Tigerin damit zu füttern. Als seine Brüder sein Verschwinden bemerkten, kehrten sie um und suchten ihn. Sie fanden aber nur noch sein Haar und seine Knochen vor. Auf diesen Überresten wurde der Stupa gebaut.

An der Seite des Stupas steht ein kleines Klostergebäude, von dem Stufen auf einen Hügel führen. Das soll der eigentliche Ort des Geschehens gewesen sein. Hier stehen zwei kleinere Stupas, die Vater und Mutter des Prinzen darstellen. Vom Stupa aus führt in zehn Minuten ein Weg zum **Gandar Madan Hill** hinauf. Dort befindet sich das tibetische **Kloster Thrangu Tashi Choeling**, in dem man essen und auch im kleinen Thrangu-Gasthaus übernachten kann.

 Namobuddha

Zu Fuß von Dhulikel (2–3 Std.); mit dem Taxi von Dhulikel oder Banepa.

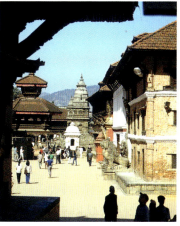

Am Durbar Square von Bhaktapur

Bhaktapur

Bhaktapur ist die dritte der ehemals unabhängigen Königsstädte im Kathmandu-Tal. Der älteste Teil der Stadt liegt im Osten um den **Dattatreya Square**. Ab dem 14. Jahrhundert etwa verlagerte sich das Zentrum zum heutigen **Durbar Square**. Die ganze Stadt ist ein Areal mit einer Vielzahl beeindruckender Tempel und Kunstwerke, ein Freiluftmuseum kann man sie nennen. Bhaktapur wird größtenteils von den Newar bewohnt, die Sprache der Newar hört man hier auch häufiger als Nepalesisch.

Bei dem schweren Erdbeben von 1934 wurden viele Teile der historischen Stadt zerstört und waren fortan dem Verfall preisgegeben. Bis Ende der 1960er Jahre änderte sich daran nichts. Bhaktapur war zu dieser Zeit eigentlich nichts anderes als ein armseliges ›Bauernkaff‹. Mit einem Besuch des damaligen saarländischen Ministerpräsidenten Franz-Josef Röder anlässlich der Hochzeit des späteren Königs Birendra und der von ihm mitgebrachten Spende von einer Million D-Mark begann der Wiederaufbau. In der Folge wurden das ›Bhaktapur

Sehenswürdigkeiten im Kathmandu-Tal

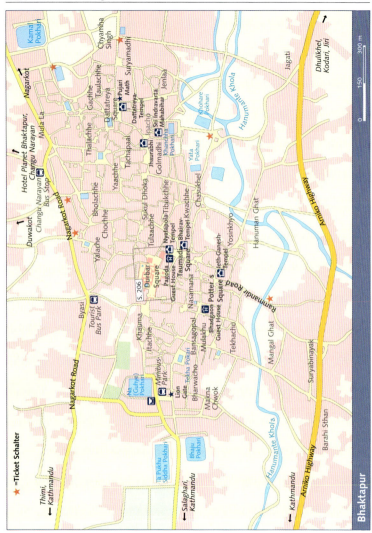

Development Project‹ gegründet, die alten Handwerke wiederbelebt und die gesamte Innenstadt restauriert. Heute zählt auch Bhaktapur zum UNESCO-Weltkulturerbe.

Am späten Nachmittag verlassen die meisten Touristen die Stadt, sodass es sich auch hier empfiehlt, eine Übernachtung einzuplanen, wenn man sie in Ruhe genießen will. Die Stadt ist im Zentrum, ganz im Gegensatz zu Kathmandu, eine Oase der Ruhe. Hier stören keine knatternden Motor-Rikschas oder hupenden Autos. Bhaktapur bietet eine unglaubliche Fülle an Sehenswertem.

Bhaktapur

■ Durbar Square

Einige der wichtigsten Baudenkmäler und Tempel seien hier vorgestellt: Nördlich am Durbar Square befindet sich der **Königspalast** mit dem **Goldenen Tor**. Der Palast von Bhaktapur ist wahrscheinlich der älteste Palast im ganzen Kathmandu-Tal. Das Goldene Tor besteht aus vergoldetem Kupfer und ist ein grandioses Beispiel der newarischen Handwerkskunst. Am Tor sieht man die vierköpfige und vielarmige Göttin Taleju, die Schutzgöttin der früheren Malla-Könige. Das Tor, der Blickfang der ganzen Front, soll unter König Ranajit Malla im Jahr 1753 eingefügt worden sein. Links hinter dem Tor befindet sich das Haupttheiligtum des Palastes, der **Taleju-Tempel**, der nicht besichtigt werden kann. Von dem ehemals viel umfangreicheren Palastkomplex existiert eigentlich nur noch die wiederhergestellte Hauptfront. Der Teil östlich vom Goldenen Tor ist der **Palast der 55 Fenster**, in dem die Könige einst residierten.

Auf dem Durbar Square befinden sich viele weitere eindrucksvolle Sehenswürdigkeiten, so unter anderem der **Vatsala-Tempel** östlich des Palastes, der **Pashupatinath-Tempel** und die auf einer Säule thronende **Statue Königs Bhapatinras** im Südosten des Durbar Square. Westlich des Goldenen Tores findet man den von zwei Figuren (Narasinha und Hanuman-Bhairav) flankierten Eingang zur **National Art Gallery**. In der Galerie kann man unter anderem eine Vielzahl verschiedener Kunstobjekte besichtigen. Das Herzstück ist die beeindruckende Sammlung buddhistischer und hinduistischer Gemälde.

■ Dattatreya Square

Östlich des Durbar Square, etwa zehn Minuten zu Fuß, liegt der **Tachupal Tol** oder Dattatreya Square. Hier befindet man sich nun im Kern des alten Bhaktapur. Hauptattraktion an diesem der **Dattatreya-Tempel**, der göttlichen Dreifaltigkeit von Brahma, Vishnu und Shiva in einer gemeinsamen Offenbarung geweiht. Das kommt sehr selten vor, und es gibt nur wenige solcher Heiligtümer im Land. Vom Tempel ein wenig weiter nach Osten steht das Gebäude, mit dem der Wiederaufbau in Bhaktapur begann, das **Pujari Math**. Es ist ein vierstöckiges Gebäude mit drei Innenhöfen, das mit den aufwendigsten und filigransten Schnitzereien versehen ist. Im Obergeschoss ist das Schnitzerei-Museum untergebracht, dessen Besuch wärmstens empfohlen werden kann. An der Außenfront ist das wohl berühmteste Fenster Nepals sichtbar – das **Pfauenfenster**. Es ist eigentlich eines von mehreren Pfauenfenstern, aber es ist das am aufwendigsten gearbeitete. Man findet Nachbildungen in jedem Souvenirshop im Tal, und es schmückt ungezählte Postkarten. Das Fenster findet man in der Gasse an der Ostseite des Hauses.

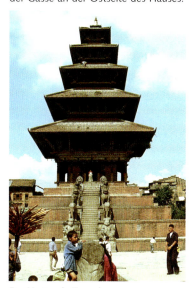

Der Nyatapola-Tempel

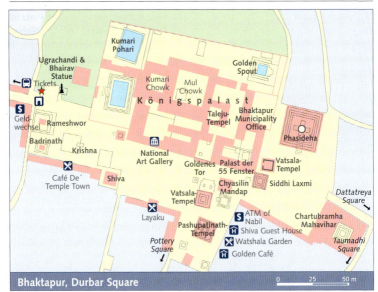

Bhaktapur, Durbar Square

■ Taumadhi Thol

Nach weiteren zehn Minuten Fußweg in südwestlicher Richtung erreicht man einen großen Platz, den Taumadhi Thol, nur wenig südlich vom Durbar Square gelegen. Hier steht der vielleicht wichtigste Tempel der Stadt, der **Nyatapola-Tempel**. Er ist eine der ganz wenigen fünfstöckigen Pagoden weltweit. Der 30 Meter hohe Tempel ist der Göttin Lakshmi geweiht und wurde unter der Herrschaft von König Bhupatindra Malla von 1702 bis 1708 erbaut. Der Tempel überstand das große Erdbeben im Jahr 1934 mit geringen Schäden. An allen fünf Dächern hängen Glocken aus Messing, die im Wind läuten. Es sind – von unten nach oben gezählt – 168, 128, 104, 80 und noch 48 Glocken im letzten Dach. In den vier Ecken des Tempels stehen Ganesh-Statuen und im Innersten eine Staue der Lakshmi-Bhavani. Auf der Ostseite des Platzes erhebt sich als Gegenpol zum Lakshmi-Tempel der 1718 erweiterte **Bhairav-Tempel**. An diesem, dem Dämonenvernichter Bhairav gewidmeten Tempel beginnen in Bhaktapur jährlich die Feierlichkeiten zum nepalesischen Neujahrsfest.

■ Potter's Square

Ein kurzer Weg führt vom Taumadhi Thol weiter nach Südwesten zum Potter's Square, Bhaktapurs Töpferplatz. Auf überdachten, nach vorn offenen Terrassen sitzen die Töpfer vor ihren Töpferscheiben und gehen ihrem Handwerk nach. Das Töpferhandwerk und seine Kunstgriffe werden seit Jahrhunderten von Generation zu Generation weitergeben. Das erkennt man auch daran, mit welchem Geschick und in welcher Schnelligkeit die Töpfer hier arbeiten. Die fertigen Gefäße werden zum Trocknen einfach auf dem Platz in die Sonne gestellt. Ein Spaziergang auf dem über und über mit Gefäßen aller Größen und Formen vollgestellten Platz ist hochinteressant. Ein wichtiges Detail dieses Areals ist der **Jeth-Ganesh-**

Tempel, dessen Priester traditionell aus der Töpferschaft kommt.

■ Lion Gate

Wenn man den Töpferplatz auf der Westseite in nördliche Richtung verlässt, gelangt man zur Hauptstraße, die nun westwärts, vorbei am **Nasamana Square** mit einem Shiva-Schrein und einer Garuda-Statue, zum **Lion Gate** führt. Hier warten schon viele Taxis darauf, Gäste irgendwohin fahren zu dürfen.

Bhaktapur
Vorwahl: +977/1.
Bhaktapur Tourism Development Comitee, Taumadhi 11, Tel./Fax 6614822, www.btdc.com.np.
Eintritt: Der Besuch des Zentrums von Bhaktapur ist für Ausländer kostenpflichtig. Wer in der Stadt übernachtet, sollte das beim Kauf der Tickets bitte mit angeben, dann hat man mit dem Ticket unbegrenzten Zugang für die Zeit des Aufenthaltes.
In den letzten Jahren ist der Eintrittspreis von 500 über 750 auf gegenwärtig 1100 NRS hochgeschnellt. Das klingt sehr viel. Er ist aber aufgrund der noch zu leistenden Arbeit und der unzähligen zu erhaltenden Bauwerke völlig nachzuvollziehen. Für die umgerechnet etwa 10 Euro würde man zu Hause im Kino unter Umständen einen schlechten Film erwischen. Hier aber lohnt sich der Preis auf alle Fälle!

Es empfiehlt sich, die Stadt mit einem ausgebildeten Führer zu erkunden, der viele Details erklären und viel Wissenswertes vermitteln kann, dazu wendet man sich am besten an eine der vielen Agenturen in Kathmandu oder vor Ort. Man kann auch seinem Gefühl vertrauen, einen von den Männern engagieren, die einen beim Erreichen der Stadt ganz sicher ansprechen werden, um sich als Führer anzubieten. Das kann, muss aber nicht gutgehen.

Am und um den Taumadhi Thol gibt es einige Wechselstuben und auch Geldautomaten.

Von Kathmandu mit dem Minibussen Nr. 7 und 9 jede Stunde vom Gongbu-Busbahnhof (25 NRS)
Mit dem Taxi von Thamel (500 NRS).

Am Potter's Square in Bhaktapur

Die alte Königsstadt bietet nicht nur viele Sehenswürdigkeiten, sondern auch eine Reihe schöner Unterkünfte.

Pagoda Guest House (★), Taumadhi Square-11, Tel. 6613248/6612685, ghpagoda@gmail.com, www.pagodaguesthouse.com; Zimmer 10–30 US-Dollar. Das Gasthaus, nahe des Durbar Square gelegen, mit einem Restaurant auf der Dachterrasse, verfügt über saubere einfache Zimmer mit und ohne Bad.

Shiva Guest House (★), Bhaktapur Durbar Square; Bhaktapur-11, Tel. 6619154, Fax 6618960, mobil +977/9841254988, www.bhaktapurhotel.com; Zimmer 6–90 US-Dollar. Das sehr beliebte Shiva-Gasthaus ist oft überbucht. Es befindet sich im Osten des Durbar Square. Es bietet Zimmer mit eigenem oder Gemeinschaftsbad auf dem Flur sowie ein nettes kleines Restaurant und eine Terrasse auf dem Dach mit schönem Blick.

Bhadgaon Guest House (★–★★), Taumadhi Thol-11, Tel. 6610488, Fax 6610481, bhadgaon@mos.com.np, www.bhadgaon.com.np; Zimmer 30–70 US-Dollar. Angenehm saubere Zimmer in einem typischen Newar-Haus, mit Blick über den Taumadhi Thhol.

Hotel Planet Bhaktapur (★–★★), Haukhel-7, Tel. 6616038, mobil +977/9841488482, yam_planet@yahoo.com; nepalplanet@yahoo.it, www.nepalplanet.com; Zimmer 6–90 US-Dollar. Nördlich des Durbar Square, auf dem Weg nach Changu Narayan. Bequeme, große Zimmer mit eigenem Bad. Das vielleicht beste Hotel im Ort, mit Garten und einem sehr guten italienisch-nepalesischen Restaurant.

Sehr zu empfehlen sind das **Café Nyatapola** – schon wegen der herrlichen Aussicht –, das **Restaurant Layaku** im Süden des Durbar Square und das **Open-Air-Restaurant** gleich am Eingang desselben.

National Art Gallery, am westlichen Ende des alten Königspalastes; 100 NRS, Kamera 50 NRS, Videokamera 200 NRS, Mi–Mo 10–17 Uhr.

Schnitzerei-Museum, im Obergeschoss des Pujari Math (Pfauenfenster); 100 NRS, Kamera 50 NRS, Sa–Do 10–17, Fr 10–15 Uhr.

Viele Geschäfte locken mit den üblichen kunsthandwerklichen und traditionellen Erzeugnissen Besucher an, ganz ähnlich wie in Thamel oder um den Stupa von Boudhanath.

Es gibt ein öffentliches Krankenhaus, das **Bhaktapur Hospital**, Tel. 610-676, -798, und das **Devi Ma Kunja Ayurveda Hospital** in Sidapole.

Wanderungen und Trekkingtouren im Kathmandu-Tal

Auf Wanderungen und Trekkingtouren im Kathmandu-Tal wird man wohl nur wenigen Gleichgesinnten begegnen, denn hier ist der Trekkingtourismus noch sehr wenig ausgeprägt. Zu Fuß im Tal unterwegs zu sein bietet neben vielen Naturschönheiten Gelegenheit zu interessanten, individuellen Einblicken in die Kultur und das alltägliche Leben der einheimischen Bevölkerung. Auf den Touren im Kathmandu-Tal bewegt man sich meistens in geringeren Höhen, etwa zwischen 1000 und 2800 Metern. Es warten phantastische Fernblicke in den Himalaya und stille Beschaulichkeit, die man angesichts der hektischen Großstadt Kathmandu vielleicht gar nicht erwarten würde. In diesem Abschnitt werden einige von vielen möglichen Wanderrouten im Kathmandu-Tal vorgestellt.

Wanderungen und Trekkingtouren im Kathmandu-Tal

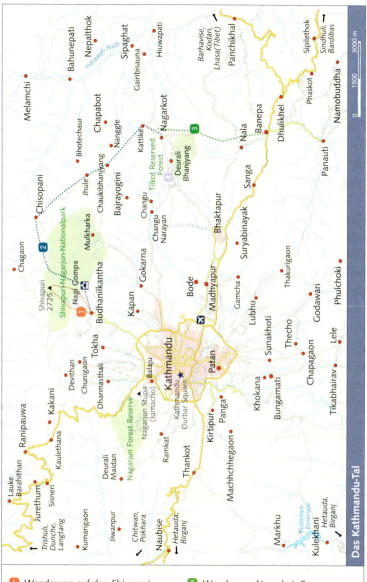

1. Wanderung auf den Shivapuri → S. 211
2. Budhanilkantha–Shivapuri–Chisopani–Nagarkot → S. 211
3. Wanderung Nagarkot–Banepa → S. 212
4. Wanderung Changu Narayan–Nagarkot → S. 213

Hochbetrieb am Tempel

Wieder einmal war ich mit einer Gruppe unterwegs nach Banepa. Auf der Terrasse des Hotels ›Country Villa‹ in Nagarkot erlebten wir einen traumhaften Sonnenaufgang, waren nicht minder beeindruckt vom phantastischen Blick auf den Hauptkamm des Gebirges, den uns der Aussichtsturm bot, und wanderten schließlich bei herrlichem Wetter angenehm durch Wald und Dörfer und beobachteten die Menschen bei der Verrichtung ihrer täglichen Arbeiten: bei der Feldarbeit, beim Holzschlagen und bei der Arbeit in den Ziegeleien.

In Nala, das auf unserem Weg lag, wollten wir dem buddhistischen Karanumaya-Schrein einen Besuch abstatten. Obwohl ich schon mehrfach dort gewesen war, hatte ich den Tempel immer verschlossen vorgefunden und hatte ihn nur von außen besichtigen können. Ganz anders dieses Mal: Als wir ankamen, überraschte uns eine große Menge festlich gekleideter Newar, die das Areal bevölkerte. Sie lachten, scherzten, aßen und beteten. Mitten in der Menschenansammlung fielen uns viele kleine Mädchen auf. Sie waren aufwendig bemalt, festlich gekleidet und mit Gold behangen. Wir fragten nun, welches Fest hier gerade begangen wurde. Bereitwillig bekamen wir Auskunft und wurden eingeladen, der Zeremonie beizuwohnen – einer traditionellen Früchte-Hochzeit der Newar, die in ihrer Kultur oft Elemente sowohl des Buddhismus als auch des Hinduismus verbinden. So verwundert es also nicht, dass sie hier, in diesem buddhistischen Heiligtum, diese Feier abhielten.

Im Brauchtum dieses Volkes ist es üblich, dass Mädchen mindestens dreimal verheiratet werden, zuerst mit einer Frucht, dann mit der Sonne und schließlich mit einem Ehemann. Die erste Hochzeit – die Mädchen sind zwischen fünf und neun Jahre alt – wird auch Yihee-Zeremonie genannt. Die Frucht, mit der sie verheiratet werden, symbolisiert den Gott Narayan, eine der Inkarnationsformen Shivas, der an diesem Ort durch die Statue des Lokeshvara im Tempel verkörpert wird. Die Mädchen erhalten mit dieser Hochzeit den offiziellen Status einer verheirateten Frau. Die Vermählung mit dem unsterblichen Gott Narayan wird als eine Verbindung angesehen, die ein ganzes Leben lang hält und unauflöslich ist. Spätere Eheschließungen mit einem Mann dagegen können leicht beendet werden. Die Frauen können sogar wieder in ihr Elternhaus zurückkehren und auch jederzeit eine neue Ehe schließen. In der Vergangenheit schützten die Newar damit ihre Frauen vor der früher im Hinduismus üblichen, heutzutage verbotenen Witwenverbrennung. Denn da der Götter-Gatte unsterblich ist, kann seine Frau nie Witwe werden.

Auf einer Früchte-Hochzeit der Newar

Wanderung auf den Shivapuri

Länge: 7 Std., Tagestour.
Anspruch: Einfache Bergwanderung.
Übernachtung: Nicht nötig.
Ausstattung: Keine Einkehrmöglichkeiten; Verpflegung mitnehmen; letzte Möglichkeit zum Einkaufen in Budhanilkantha.
Maximale Höhe: 2725 m.
Benötigte Genehmigungen: Shivapuri-Nagarjun-Nationalpark Fee, 3000 NRS.
Beste Reisezeit: Ende Sept.–Anfang Juni; für alle, die den Regen nicht scheuen, das ganze Jahr über möglich.
Start: Nationalparkeingang bei Budhanilkantha.
Ende: Budhanilkantha.
Anreise: Mit dem Taxi.
Abreise: Mit Taxi oder Bus.
Karte: Around Kathmandu Valley 1:60 000; Nepal Map Publisher.

Durch den herrlichen Wald des Shivapuri-Nagarjun-Nationalparks wandert man zum flachen Gipfel des Shivapuri. Auf diesem befindet sich ein kleiner Stupa und ein gemauertes Podest. Bei entsprechendem Wetter ist die Sicht auf Kathmandu grandios, und in der Ferne kann man das herrliche Panorama der weißen Berge des Himalaya sehen.

Eingang zum Shivapuri-Nagarjun-Nationalpark

■ Der Weg

Durch das Eingangstor und auf dem Fahrweg, linkshaltend an den Armeebaracken und dem Checkpost vorbei. Den bald darauf rechts abzweigenden Weg steil nach oben bis zum Gipfel des Shivapuri (4 Std.); vom Gipfel westwärts haltend, erst relativ flach, am Wegabzweig nach Süden gehend, erreicht man, nun steiler absteigend, die Straße, die von Budhanilkantha heraufführt, in etwa drei Stunden. Von hier folgt man der Straße bis nach Budhanilkantha.

Budhanilkantha–Shivapuri–Chisopani–Nagarkot

Länge: 3 Tage.
Tagesetappen: 5–8 Std.
Anspruch: Einfache Bergwanderung mit leichten körperlichen Anstrengungen.
Übernachtung: Zweimal Zelt und einmal Hotel.
Ausstattung: Kaum Einkehrmöglichkeiten; Verpflegung mitnehmen; letzte Möglichkeit zum Einkaufen in Budhanilkantha.
Maximale Höhe: 2725 m.
Benötigte Genehmigungen: Shivapuri-Nagarjun-Nationalpark Fee, 3000 NRS.
Beste Reisezeit: Ende Sept.–Anfang Juni; für alle, die den Regen nicht scheuen, das ganze Jahr über möglich.
Start: Budhanilkantha.
Ende: Nagarkot.
Anreise: Mit dem Taxi.
Abreise: Mit Taxi oder Bus oder Fortsetzung der Tour (→ Nagarkot–Banepa, S. 212).
Karte: Around Kathmandu Valley 1:60 000; Nepal Map Publisher.

Durch den Shivapuri-Nagarjun-Nationalpark nach Nagakort führt diese Wanderung. Vom Schlafenden Vishnu in Budhanilkantha führt der Weg in drei Tagen über den Gipfel des Shivapuri, auf einem von Touristen wenig begangenen Weg, durch lebendige Dörfer bis zum vielleicht

Traumhafter Bergblick von Nagarkot

schönsten Aussichtspunkt im Tal, nach Nagarkot. Wunderbare Bergpanoramen von der Annapurna im Westen bis zum Mount Everest im Osten und ein traumhafter Wald mit riesigen Rhododendron-, Wacholder- und Lorbeerbäumen erwarten die Wanderer.

■ **Der Weg**
1. Tag: Von **Budhanilkantha** (1500 m) zuerst auf der Straße und nach dem Eintritt in den Park auf dem breiten Fahrweg ostwärts haltend zur **Nagi Gompa**; von hier den Bergpfad links des Klosters (im Zweifelsfall am Kloster fragen!) zum **Shivapuri-Gipfel** (2725 m) aufsteigen (Zeltplatz/Biwak-Platz); 5 Std.
2. Tag: Weiter geht es leicht absteigend in nördlicher Richtung; später südöstlich abbiegend und relativ die Höhe haltend, führt der Weg nach **Chisopani** (2050 m, Zeltplatz); 7 Std.
3. Tag: Vom **Chisopani Danda** nach Süden absteigen, über die kleinen Ortschaften **Jhule** und **Chaukibhanjyang** geht es hügelig bis **Kattike** (1850 m). Von hier Aufstieg über den **Kattike Danda** bis auf den Bergrücken nach Nagarkot (2195 m); 8 Std. Eines der ersten Häuser, auf das man auf dem langgestreckten Bergrücken stößt, ist das Hotel ›Country Villa‹. Es wird wärmstens empfohlen! In diesem oder einem der vielen anderen Hotels und Lodges kann man es sich gemütlich machen und Sonnenuntergang und Sonnenaufgang mit einem atemberaubenden Bergpanorama genießen.

Nagarkot–Banepa

Länge: 4 Std., Tagestour.
Anspruch: Einfache Wanderung.
Übernachtung: Nicht nötig.
Ausstattung: Der Weg führt durch urbane Landschaft; Teeshops und kleine Einkehrmöglichkeiten am Weg sind vorhanden.
Maximale Höhe: 2195 m.
Benötigte Genehmigungen: Keine.
Beste Reisezeit: Ende Sept.–Anfang Juni; für alle, die den Regen nicht scheuen, das ganze Jahr über möglich.
Start: Hotel ›Country Villa‹ in Nagarkot.
Ende: Banepa.
Anreise: Mit Taxi oder Bus oder zu Fuß.
Abreise: Mit Taxi oder Bus.
Karte: Around Kathmandu Valley 1:60 000; Nepal Map Publisher.

Die Wanderung führt über den Bergkamm von **Nagarkot** und absteigend durch lebendige Dörfer, über die mittelalterlich wirkende Ortschaft **Nala** nach **Banepa**. In Nala lohnt sich die Besichtigung des buddhistischen, auch von Hindus verehrten Karunamaya-Schreins oder Lokeshvara-Tempels. Vor dem Tempel befindet sich ein Wasserbecken mit einem kleinen Schrein in der Mitte. Im Tempelinneren sitzt eine in bunte Stoffe gehüllte Statue des Lokeshvara. Das südliche Seitengebäude wird für religiöse Feierlichkeiten genutzt, zum Beispiel für die Yihee-Zeremonie der hier ansässigen Newar.

■ **Der Weg**
Vom Hotel (ca. 2100 m) die Straße zum Ortskern und weiter nach Süden bis zum **Aussichtsturm** (ca. 1 Std.). Bei guter Sicht ist der kurze Aufstieg absolut lohnenswert. Am Abzweig zum Turm gibt es kleine Imbissstände. Von dem Aussichtsturm zurück zur Straße und nun links haltend einen Fahrweg bis zum Waldrand. Es folgt ein steiler Abstieg (etwa 150 m) an einer Schule vorbei bis zur asphaltierten Straße. Diese führt in wenigen Minuten nach **Nala** (der Tempel am Ortseingang rechts). Weiter die Straße entlang nach **Banepa**. Hier wird man kaum lange verweilen, der Ort hat nicht wirklich viel zu bieten. Wer noch nicht zurückgehen will, dem sei ein Ausflug mit dem Taxi in das nahe Dhulikel empfohlen.

Changu Narayan–Nagarkot

Länge: 6 Std., Tagestour.
Anspruch: Einfache Tageswanderung.
Übernachtung: Hotel in Nagarkot.
Ausstattung: Der Weg führt durch besiedeltes Gebiet; Einkehrmöglichkeiten am Weg sind vorhanden.
Maximale Höhe: 2195 m.
Benötigte Genehmigungen: Keine.
Beste Reisezeit: Ende Sept.–Anfang Juni; für alle, die den Regen nicht scheuen, das ganze Jahr über möglich.
Start: Parkplatz in Changu Narayan.
Ende: Nagarkot.
Anreise: Mit Taxi oder Bus.
Abreise: Mit Taxi oder Bus oder Fortsetzung der Tour (→ Nagarkot–Banepa, S. 212).
Karte: Around Kathmandu Valley 1:60 000; Nepal Map Publisher.

Diese Tour führt über einen Bergrücken und durch den Tilkot Reserved Forest, bietet tolle Ausblicke und führt auf den aussichtsreichen Kamm von Nagarkot.

■ **Der Weg**
Vom Parkplatz vor dem Ortskern von **Changu Narayan** (1500 m) wendet man sich ostwärts und verlässt die Straße nach nur wenigen Schritten. Es geht nach links, auf einem erdigen Weg. Kleine Ortschaften durchquerend, hält man sich immer auf dem Kamm, der Weg führt durch den Wald. Es folgt ein steiler Abstieg (100 m) zur Asphaltstraße, die hier eine Kehre macht (Teeshop, Läden). Über die Straße und auf einem steilen Treppenweg nach oben erreicht man den nächsten Kamm, dem man bis zum Ziel nach **Nagarkot** (2195 m) folgt; 6 Std. Rückfahrt, Übernachtung oder Fortsetzung der Tour nach Banepa (→ S. 212) oder in das Helambu (→ S. 237, 239).

Korbflechter bei Nala

Der Chitwan-Nationalpark im Süden, die grünen Hügel des Helambu und die Eisriesen des Langtang, Ganesh und Rolwaling Himal im Norden sind die Höhepunkte in Zentralnepal.

ZENTRALNEPAL

Die zentrale Entwicklungsregion Nepals (Madhyamanchal) besteht aus den drei Zonen Bagmati, Narayani und Janakpur. Die **Bagmati-Zone**, in der sich auch Kathmandu, die Hauptstadt des Landes, befindet, setzt sich aus acht verschiedenen Distrikten zusammen und ist die bevölkerungsreichste im ganzen Land. Das komplette Kathmandu-Tal befindet sich in dieser Zone; da es im vorhergehenden Kapitel bereits ausführlich beschrieben wurde, wird in diesem Teil nicht noch einmal darauf eingegangen.

Die **Narayani-Zone** umfasst den südwestlichen Bereich der Entwicklungsregion. Die Zone wird aus fünf Distrikten – Bara, Chitwan, Hetauda, Parsa und Makwanpur – gebildet.

Die dritte Zone der Region ist **Janakpur**, aus den Distrikten Dolkha, Ramechhap im Norden, Sindhuli in der Mitte und Sarlahi, Mahottari und Dhanusa im Süden bestehend. Janakpur ist auch der Name der religiös und historisch bedeutsamen Hauptstadt dieser Zone. Wichtige touristische Regionen wie der Ganesh, Langtang und Rolwaling Himal im Norden und der Chitwan-Nationalpark mit dem Parsa Wildlife Reserve im Süden liegen in der zentralen Entwicklungsregion. Weiterhin besteht hier die einzige Eisenbahnlinie des Landes, die, von Indien kommend, in Janakpur endet.

Langtang und **Helambu** sind seit langem bekannte Trekkinggebiete. Die neu geschaffene **Gaurishankar Conservation Area** verbindet nun die Schutzzone des Langtang-Nationalparks mit dem in der östlichen Entwicklungsregion gelegenen Sagarmatha-Nationalpark und bietet sich ebenso für einen Besuch an wie der westlich gelegene **Ganesh Himal**. Im Süden liegt der **Chitwan-Nationalpark**, der älteste Nepals. Er ist eines der absoluten Haupttourismusziele des Landes. Im Chitwan gibt es sehr gute Unterkünfte und hochentwickelte touristische Strukturen. Das ist, zum Teil mit Abstrichen, im Langtang und Helambu ebenso.

In der Region befinden sich zwei der bekanntesten **Rafting-Gebiete** Nepals: am **Sunkoshi** und am **Bhote Koshi**. Nur zwölf Kilometer vor der tibetischen Grenze, direkt am Araniko Highway, liegt das sogenannte ›Last Resort‹, eine Hotelanlage. Hier können jene, die einen Adrenalinstoß brauchen, das ›Ultimative Bungee‹, den ›längsten freien Fall der Erde‹, ausprobieren. Von einer Brücke über den Bhote Koshi springt man am Bungee-Seil 152 Meter tief in die Schlucht (→ S. 406).

Bevölkerung

Etwa ein Drittel der Gesamtbevölkerung Nepals lebt in der zentralen Region, in der sich, verglichen mit den drei westlichen Entwicklungsregionen, die Bevölkerungszusammensetzung erheblich ändert. Zu den Tharu und der indischstämmigen Bevölkerung im Terai kommen hier nun größere Gruppen von Muslimen, vor allem in den Grenzgebieten, hinzu.

Chörten in Langtang-Gebiet

Eine besondere Volksgruppe in den Mahabarat-Bergen, nördlich des Chitwan-Nationalparks, sind die Chepang. Dieses Volk gehört zu den Ureinwohnern des Landes. Die ursprünglich aus Tibet eingewanderten und in den waldreichen nördlicheren Gebieten als Nomaden lebenden Chepang besitzen großes Wissen über die Wirkungen der Pflanzen des Waldes. Um die ›einfachen‹ Ureinwohner zu zivilisieren, wurden sie vor über 50 Jahren in die südlichen Regionen des Terai zwangsumgesiedelt. Damit beraubte man sie ihres angestammten Lebensraumes, ihrer Traditionen und ihres Wissens über die Heilkräfte der Natur. Dieses Volk droht verloren zu gehen. Aus den früheren Jägern und Sammlern sind nun Bauern geworden, die in einfachsten Hütten und Häusern wohnen und kaum eigenes Land besitzen. Sie versuchen den trockenen Boden ihrer Felder so gut es geht zu bestellen, um ihren Lebensunterhalt zu bestreiten. Oft reichen die Erträge nicht aus, und die Menschen bemühen sich, durch Fischen und Jagen sowie durch die Arbeit als Träger ein Zubrot zu verdienen. Die Analphabetenrate unter den Chepang ist sehr, sehr hoch und nur etwa sieben Prozent der Menschen erreichen das 60. Lebensjahr. Die Angaben über die Anzahl der heute noch lebenden Chepang schwanken zwischen 35000 und 55000. Zudem gibt es nur noch wenige Menschen unter ihnen, die das alte Wissen ihrer Vorfahren über die Heilkräfte der Pflanzen bewahren konnten. Ein Wissen, das nicht verloren gehen sollte! Viele junge Männer wandern in die großen Städte Nepals und Indiens aus, um sich irgendwie mit Gelegenheitsarbeiten durchzuschlagen. Die Chepang sind vom Aussterben bedroht und gehören zu den ärmsten Bevölkerungsgruppen Nepals. Die bekannten und traditionellen Touristengebiete des Himalaya sind weit,

Kinder im Langtang-Gebiet

weit entfernt, und so ist es den Chepang bisher kaum möglich, am Tourismus zu partizipieren. Es gibt in jüngerer Zeit allerdings einige Hilfsprojekte von außen und ein Tourismusprojekt mit einem Chepang-Museum und einem Informationszentrum über das Volk in Shaktikhor. Mit einem Besuch des Siedlungsgebietes der Chepang kann man die Aufmerksamkeit für dieses bedrohte Volk erhöhen (→ Chepang-Hill-Trek, S. 234)!

Im Mittelland der Region siedeln die meisten Newar des Landes gemeinsam mit Bahun und Chhetri sowie einer großen Anzahl von Tamang. Die Tamang siedeln fast ausschließlich in der zentralen Entwicklungsregion – von den mittleren Hügeln, teils sogar bis in die Hochgebirgsregionen. In denen wiederum bestimmen weiterhin die Bothia das Bild, allerdings kommen nun im Langtang und im Helambu die Sherpas dazu. Im Helambu, im südlichen Teil des Langtang-Nationalparks, siedeln fast ausschließlich Sherpas, die sogenannten Helambu-Sherpas, die in einer späteren Einwanderungswelle aus Tibet kamen. Sie bilden eine eigene Untergruppe im Volk der Sherpas.

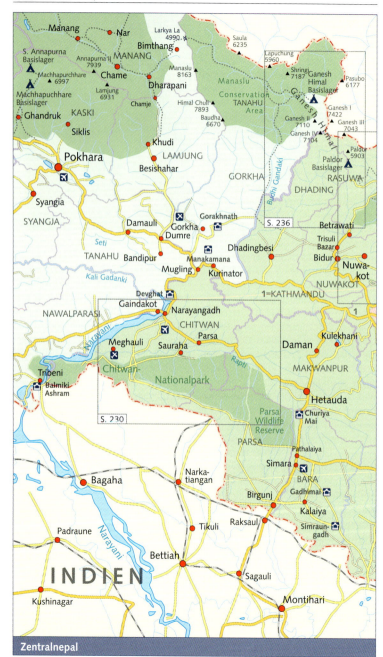

Zentralnepal

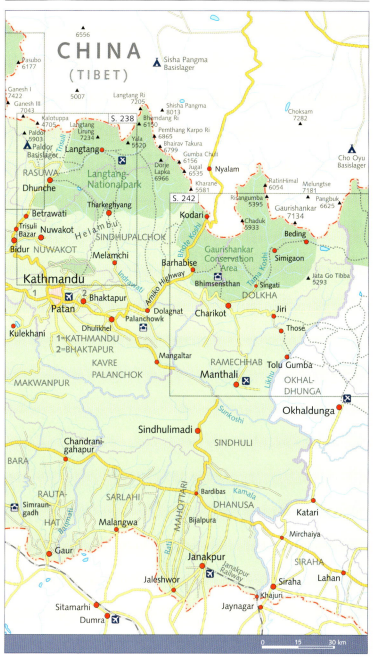

Städte in Zentralnepal

Die Hauptstadt Kathmandu und die wichtigsten Städte des Kathmandu-Tals wurden bereits vorgestellt. Eine wichtige Stadt für das Land ist **Hetauda**, etwa 130 Kilometer südlich von Kathmandu gelegen. Ihre Bedeutung gründet sich darauf, dass sich hier mit dem ›Hetauda Industrial District‹ (HID) eines der wichtigsten Industriezentren befindet. Hetauda gilt gemeinhin als eine der saubersten und grünsten Städte Nepals und beherbergt in einem Park ein Denkmal für die Märtyrer Nepals. Touristisch gesehen gibt es aber keinen Grund, hier haltzumachen, es sei denn, man muss von einem in den anderen Bus umsteigen. Deshalb sei an dieser Stelle mit **Janakpur** nur diese eine touristisch bemerkenswerte Stadt aufgeführt.

Kurz erwähnt werden sollen zuvor der 75 Kilometer nördlich von Kathmandu liegende Ort **Nuwakot** und das südlich von Kathmandu – auf halbem Weg nach Hetauda – liegende Dorf **Daman** mit einer großartigen Aussicht auf den Himalaya.

Nuwakot

Nuwakot ist in früheren Zeiten ein wichtiger Ort gewesen und spielt keine geringe Rolle in der Geschichte Nepals (→ S. 53). Heute ist es der Hauptort des gleichnamigen Distriktes.

Die Hauptattraktion des Ortes ist der siebenstöckige **Palastkomplex**. Die alte Festung aus dem 16. Jahrhundert wurde im 18. Jahrhundert zum jetzigen Palast umgebaut. Der im Malla-Stil errichtete Komplex besteht aus dem Hauptpalast und mehreren Tempeln und Schreinen. Die Haupttempel sind ein großer Taleju-Tempel und ein zweistöckiger Bhairav-Tempel. Es besteht eine enge architek-

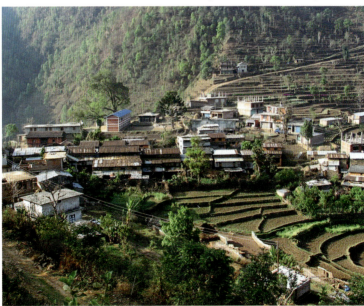

▲ *Nuwakot*

Gebäude im Palastkomplex

tonische und geschichtliche Beziehung zum Palast in Gorkha. Der erste gesamtnepalesische Herrscher, König Prithvi Narayan Shah, ließ den Palast erbauen. Er starb auch hier, im Jahr 1775. Aufgrund der guten Restaurierung und der original erhaltenen Architektur befindet sich auch diese Anlage auf der Tentativ-Liste der UNESCO. Es gibt im Ort auch ein kleines **Museum** mit Details über die Geschichte und Kultur in und um Nuwakot sowie mit historischen Fakten und Bildern im Zusammenhang mit dem Leben und Werk von König Prithvi Narayan Shah, der Eintritt kostet 30 NRS.

Ein Besuch von Nuwakot lässt sich am besten als Zwischenstopp bei der Anfahrt nach Dhunche zu einer Trekkingtour im Langtang-Gebiet arrangieren.

Nuwakot
Vorwahl: +977/10.

Mit dem Bus vom Gongbu-Busbahnhof in Kathmandu nur einmal täglich (4 Std., 150 NRS), besser mit organisiertem Transport.

Keine Bank, Bargeld mitnehmen.

Unweit von Nuwakot bietet sich zum Übernachten die **Famous Farm** an. Sie besteht aus einem imposanten großen Herrenhaus und zwei schönen Landhäusern. Die Unterkunft bietet elf Zimmer mit vielen schönen traditionellen Details und einen sehr netten Garten. Informationen findet man unter www.himalayanencounters.com oder telefonisch unter +977/1/4700426/4700335.

Es gibt mehrere kleine, landestypische ›Restaurants‹.

Kleine landestypische Läden und Tee-Shops.

Im Ort gibt es das **Trishuli Hospital**, Tel. 60188.

Die Nationalblume

Die leuchtend rote Blüte des Rhododendron (Rhododendron arboreum) oder Laliguran, wie er in Nepal genannt wird, wurde im Jahr 1962 zur ›Blüte der Nation‹ bestimmt. In unseren europäischen Breiten wachsen Rhododendren gewöhnlich in Bodennähe und als Büsche, nicht so in den meisten Teilen Nepals. Hier gibt es ganze Wälder davon, und die Rhododendron-Bäume werden mitunter bis zu 30 Meter hoch. In manchen Gebieten lassen sie anderen Bäumen kaum noch die Chance, neben ihnen zu wachsen. Im gesamten Land, vom Distrikt Humla im Westen bis nach Taplejung im Osten, in allen Teilen des Himalaya sind sie anzutreffen. Im Frühling, zwischen Ende Februar und Ende Mai, erscheinen viele Hügel und Berghänge zwischen 1200 und 3000 Metern Höhe als ein einziges gigantisches Blütenmeer, ein traumhaft schöner Anblick.

Rhododendren verfügen aber auch über verschiedene medizinische Eigenschaften. Nepalesische Kinder essen oft die Blüten, weil sie süßsauer schmecken und Vitamin C enthalten. Allerdings sollten vor allem sie nicht zu viel davon essen, da die Blüten auch eine berauschende Wirkung haben können, derentwegen die Einheimischen die Rhododendron-Blüten konservieren. Das Halluzinogen, das sie enthalten, soll bizarre Visionen hervorrufen. Aber auch ayurvedische Ärzte verwenden oft den Rhododendron, mit dessen Saft aus der Rinde Diabetes, Gelbsucht und andere Lebererkrankungen sowie Darmparasiten behandelt werden. Eine Paste aus den Blütenblättern, auf die Stirn aufgetragen, soll gegen Kopfschmerzen helfen. Die Bergbewohner in den Hochtälern nutzen und schätzen die dort wachsenden Zwerg-Rhododendren als Rohstoffquelle. Ein hochgeschätzter Schnupftabak wird aus ihnen hergestellt. Als Räucherwerk werden sie für die verschiedensten Zeremonien verwendet.

Rhododendronblüte im Annapurna-Gebiet

Daman

Auf einem 2320 Meter hohen Hügel am Tribhuvan Highway liegt das Dorf Daman. Es ist ein beliebtes Ausflugsziel für die Einwohner Kathmandus.

Die Hauptattraktion ist der, so wird behauptet, spektakulärste Himalaya-Blick des Landes überhaupt. Auf dem Gelände des ›Daman Mountain Resort‹ steht ein **Aussichtsturm**, von dem aus man eine völlig freie Sicht nach Westen, Norden und Osten hat. Der Blick reicht ungehindert vom Dhaulagiri bis zum Mount Everest. Der Eintritt auf den Turm kostet 20 NRS. Auf dem Hügel gibt es viel Wald, in dem sich der 190 Hektar große **Mountain Botanical Garden** befindet. Viele verschiedene Pflanzenarten sind zu betrachten, darunter viele wunderbare Rhododendren. Von Mitte Februar bis Ende März/Anfang April stehen sie in voller Blüte. Wenn man durch den Wald etwa gen Westen geht, kommt man schon bald zu einer Lichtung, auf der eine mit tausenden Gebetsfahnen verzierte **Gompa** steht. Etwas weiter in derselben Richtung, einen Kilometer vom Resort entfernt, steht der **Shiva-Tempel Mahadev Mandir.**

Aussicht von Daman

 Daman
Vorwahl: +977/1.

Mit dem Bus von Kathmandu, Gongbu-Busbahnhof (4 Std.,150 NRS).

Keine Bank, Bargeld mitnehmen.

🛏
Everest Panorama Resort (★★), Tel. 4428500, 4414644, Fax 4434491, www.everestpanoramaresort.net; Zimmer 50–120 US-Dollar. Dies ist wohl das Haus mit der besten Bergpanorama-Rundumsicht weltweit. Von den Zimmern aus wie auch von der Dachterrasse hat man einen traumhaften Blick vom Dhaulagiri bis zum Mount Everest. Die komfortablen Zimmer sind allesamt beheizbar. Restaurant, Bar und ein Spa-Bereich mit Sauna und Dampfbad sorgen für weiteren Komfort. Das ebenfalls am Ort befindliche **Daman Mountain Resort** mit dem Aussichtsturm bietet im Vergleich ein wesentlich schlechteres Preis-Leistungs-Verhältnis und ist zum Übernachten nicht empfehlenswert.

Landestypische Restaurants im Ort.

Kleine Läden und Geschäfte im Ort.

Janakpur

Janakpur liegt im Südosten der zentralen Entwicklungsregion, etwa 20 Kilometer vor der indischen Grenze im Terai. Mit fast 100 000 Einwohnern gehört sie zu den zehn größten nepalesischen Städten. Wie in allen anderen größeren Terai-Städten spürt man sehr stark den indischen Einfluss, auch an der Lebensweise der Einheimischen. Im Unterschied zu Städ-

Städte in Zentralnepal

Der Janaki Mandir

ten wie Nepalgunj oder Biratnagar gibt es in Janakpur allerdings mehr zu sehen als nur staubige Handelsstraßen, Märkte und Rikschas. Janakpur hat einige beeindruckende Sehenswürdigkeiten und ist aufgrund seiner Historie ein bedeutendes hinduistisches Pilgerziel. Eine weitere Besonderheit ist die einzige nepalesische Eisenbahnlinie, die durch Janakpur führt. Janakpur, historisch auch als Mithilanchal bekannt, war die Hauptstadt des Königreiches Videha, dessen ursprüngliches Gebiet heute auf beiden Seiten der Grenze liegt. In der Gesamtregion sprechen etwa noch zwei Millionen Menschen die alte Sprache Maithili. Die wichtigsten Hinweise auf Mithilanchal, das heutige Janakpur, finden sich im Hindu-Epos Ramayana.

Dem Ramayana zufolge wurde hier Sita (eine Inkarnation der Göttin Lakshmi) geboren und heiratete den Prinzen Rama. Die Überlieferung erzählt: Sita wurde einst von König Janak von Mithila als Baby beim Pflügen in der Ackerfurche gefunden, geboren von ihrer Mutter, der Erde. Der König zog Sita als seine eigene Tochter auf. Sie wuchs zu einem wunderschönen, klugen und von den Männern begehrten Mädchen heran. Als die Zeit kam, sie zu verheiraten, warben viele Freier um ihre Hand. Sie wurden vom König auf die Probe gestellt: Derjenige sollte seine Tochter zur Frau bekommen, der in der Lage wäre, den Bogen Shivas zu spannen – eine Tat, zu der kein Sterblicher fähig sein würde. Keiner schaffte es, alle versagten. Schließlich war Rama an der Reihe, er schaffte es nicht nur, den Bogen zu spannen, er zerbrach ihn in zwei Teile. Sita war dem Prinzen von tiefstem Herzen zugetan und heiratete ihn. Janakpur gilt seit dem 16. Jahrhundert als wichtiger Pilgerort, weil im Dschungel Einsiedler Figuren von Rama und Sita und einen Teil des mystischen Bogens Shivas gefunden haben sollen.

Im Zentrum der heutigen Stadt befindet sich der **Marmortempel Janaki Mandir**, eines der prachtvollsten Gebäude Nepals. Er steht an jenem Ort, an dem der König Sita gefunden haben soll. Die Ursprünge des Ortes gehen laut dem Ramayana auf etwa 700 vor Christus zurück. Die später aufgegebene Stadt versank im Dschungel. Janakpur wird auch als Stadt der Tempel bezeichnet, denn mehr als 100 größere Tempel sollen hier vereint sein, von denen zwei weitere wichtige Tempel der **Ram Sita Bibha Mandir** und der **Ram Mandir** sind.

Aus Janakpur stammt der amtierende Präsident Nepals, Dr. Ram Baran Yadav, der hier eine Zahnarztpraxis betrieben hat.

■ Janaki Mandir

Janakpurs wichtigster Tempel ist den beiden Helden aus dem Ramayana, Sita und Rama, gewidmet. Der im barocken Mogul-Stil erbaute Tempel aus dem Jahre 1912 besticht mit seinen vielen weißen Marmorbögen, Türmchen und Kuppeln. Er gleicht dem Palast eines Maharadschas. In seinem Inneren befindet sich eine **Sita-Statue**. Der frühe Abend ist die beste Zeit für einen Besuch, denn dann ist der Tempel von bunten Lichtern erhellt, unzählige Pilger strömen herbei.

■ Ram Sita Bibha Mandir

Gleich neben dem Janaki Mandir steht dieser die Stelle der Hochzeit zwischen Sita und Rama bezeichnende Tempel. Der skurrile Tempel wird von einer neuzeitlichen Pagoden-Interpretation aus Glas gekrönt. Er beherbergt zwei lebensgroße kitschige Modelle von Sita und Rama.

■ Ram Mandir

Versteckt in einem Innenhof südöstlich des Janaki Mandir, befindet sich der Ram Mandir. Er stammt aus dem Jahre 1882 und ist der älteste Tempel der Stadt. An dem Rama gewidmeten Tempel gibt es mehrere kleine Schreine, die Durga, Hanuman und Shiva geweiht sind. Ein Besuch des im klassischen Pagoden-Stil erbauten Tempels lohnt sich vor allem in den Abendstunden, wenn der Innenhof von Weihrauch erfüllt und von Kerzen erleuchtet ist. Gegenüber dem Eingang befindet sich der **Danush Sagar**, der größte Wassertank der Stadt, der spirituellen Waschungen dient. Er hat zahlreiche Ghats (Treppen zum Wasser für die Waschungen), auf denen viele Händler Waren anbieten, vor allem Zubehör für die religiösen Zeremonien.

■ Janakpur Railway

Ein Erlebnis der besonderen Art ist die Fahrt mit der Janakpur Railway, Nepals einziger in Betrieb befindlichen Eisenbahnstrecke. Die Strecke der Schmalspurbahn (7620 mm) ist 53 Kilometer lang und

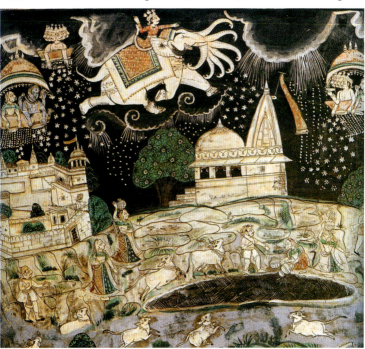

Darstellung der Hochzeit von Sita und Rama aus dem 18. Jahrhundert

Städte in Zentralnepal

Unterwegs auf der Janakpur Railway

führt von Indien nach **Bijalpura** in Nepal. Sie besteht aus zwei Streckenabschnitten. Von der Grenze bei Jaynagar führen 32 Kilometer nach Janakpur und von dort 21 Kilometer zum Ende in Bijalpura. Der Bahnhof liegt am Nordrand der Stadt. Hier könnte das Erlebnis mit der nepalesischen Eisenbahn beginnen. Der Zug fährt, mit Haltepunkten an einigen kleinen Dörfern, durch die schöne Natur des Terai. Hier sitzen die Passagiere noch auf dem Dach, das gibt es sonst sicher kaum noch anderswo. Es ist aber ungefährlich, da das Tempo ausgesprochen gemächlich ist. Der Zug benötigt für die 35 Kilometer bis nach Indien drei Stunden! Allerdings ist Ausländern der Grenzübertritt nicht gestattet (die indischen Visa-Vorschriften sind speziell!). Man kann bis zum letzten Halt vor der Grenze in **Khajuri** mitfahren.

Janakpur
Vorwahl: +977/41.

Mit dem Flugzeug von Kathmandu (3x tägl., 100 US-Dollar).
Lange Busfahrt von Pokhara-Linienbusbahnhof und Kathmandu Gongbu-Busbahnhof (jeweils 10 Std., 500–700 NRS).

Janakpur Railway. Züge fahren morgens ab Janakpur (zwischen 6.30 und 7 Uhr), und mittags (11.30–12 Uhr) ab; Rückfahrt von Khajuri (zwischen 11.45 und 12.15 Uhr) und (14.45–15.15 Uhr), Fahrpreise: 2. Klasse 20 NRS; 1. Klasse 35 NRS.

Es gibt einen Geldautomaten der **Everest Bank** im östlichen Eingang zum Janak Mandir. Trotzdem wird die Mitnahme von Bargeld empfohlen.

Kathmandu Guest House (★), Bhanu Chowk, Tel. 521753; Zimmer 250–350 NRS. Schlichte und saubere Zimmer mit Bad bietet diese einfache Unterkunft.
Hotel Manaki (★), Shiv Chowk, Tel. 521540, manaki@hotmail.com; Zimmer 1500–3000 NRS. Dies ist die gehobene Unterkunft in Janakpur. Man hat die Wahl zwischen einfachen Standardzimmern und Räumen mit relativ gutem Komfort.

Gut essen kann man in den landestypischen Gastwirtschaften, den Restaurants der Hotels oder im **Rooftop Family Restaurant** am Janak Mandir.

Janaki Mandir; 5–7 und 18–20 Uhr.
Ram Sita Bibha Mandir; 5–21 Uhr.

Viele Läden und Geschäfte in der Stadt.

Janaki Medical College, Tel. 20133. Medizinische Hochschule mit Krankenhaus.

Nationalparks in Zentralnepal

Langtang-Nationalpark

Der 1976 gegründete Park war einer der ersten im nepalesischen Himalaya (→ Karte S. 238). Nach dem direkt an der Stadt liegenden Shivapuri-Nagarjun-Nationalpark ist er der Kathmandu am nächsten liegende. Die 1710 Quadratkilometer Fläche des Parks erstrecken sich über Teile der Distrikte Nuwakot, Rasuwa und Sindhupalchok. Im Jahr 1998 wurde ein Bereich von 420 Quadratkilometern um den Park zur Pufferzone erklärt. Innerhalb der Parkgrenze, die im Westen das Trisuli-Tal markiert, im Süden bis nach Tharkeghyang im Helambu reicht und im Osten die Gaurishankar Conservation Area bildet, leben mehrere ethnische Gruppen. In den 45 Dorfgemeinschaften sind die meisten Bewohner Tamang. Im südlichen Park, in einem seiner schönsten Teile, den grünen Hügeln des Helambu, leben die Helambu-Sherpas in malerischen Dörfern.

Der Langtang-Nationalpark ist das Einzugsgebieten zweier großen Flüsse, des Trisuli im Westen und des Sunkoshi im Osten.

Die Topographie des Gebietes führt zusammen mit den verschiedenen Klimazonen zu vielfältigen Vegetationstypen. Subtropische Vegetation von Sal-Wald im südlichen Teil, Rhododendron- und Erlenwald in der Hügelzone, Wälder von Tannen und Eichen in der gemäßigten und subalpinen Zone, Birken und Zwerg-Rhododendren nahe der Baumgrenze lösen sich in den alpinen Wiesen auf. Gerade diese Wiesen bilden den Lebensraum für gefährdete Tierarten wie das Moschustier und den Himalaya-Tahr. Der Nationalpark ist zu einem Viertel von Wald bedeckt, in dem sich eine Menge anderer seltener Tierarten tummeln. Er ist Heimat für verschiedene Affenarten, Wildhunde, den Himalaya-Schwarzbären, Ghorale und nicht zu vergessen: den Roten Panda. Fast jede dritte Lodge heißt hier ›Gasthaus zum Red Panda‹. Vielleicht übertreibe ich jetzt etwas, aber es heißen wirklich viele so, und das ist auch berechtigt. Ich habe bisher dreimal das Glück gehabt, die äußerst scheuen Roten Pandas in freier Natur zu beobachten – zweimal davon im Langtang-

Blick in den Langtang Himal

Nationalpark. Der am meisten besuchte Teil des Parks ist das **Langtang-Tal**, das von einer wunderbaren Gebirgskulisse umgeben ist.

Die besten Aussichten hat man allerdings von den südlich gelegenen Höhenzügen am **Ganja La** oder am **Gosainkund**. Der Gosainkund-See ist der heiligste Ort des Tales und für die Hindus von immenser Bedeutung. Alljährlich pilgern zum Janai-Purnima-Fest (→ S. 111) tausende von Gläubigen zu dem 4380 Meter hoch gelegenen See, um Shiva zu huldigen, indem sie in seinem eiskalten Wasser ein Bad nehmen.

Die Legende berichtet, dass Shiva einst mit jenen Göttern der Unterwelt kämpfte, die die Welt vernichten wollten. Er besiegte sie, wurde aber dabei verletzt. So kam er an diesen Ort, um seine Wunden im Schnee zu kühlen. Einen See gab es noch nicht. Als er lange nicht genesen konnte, rammte er seinen Dreizack in die Flanke des Surya Peaks, worauf drei Quellen dem Berg entsprangen; diese bildeten in der Senke den Gosainkund-See. Die Quellen kann man leicht finden, sie befinden sich an der Ostseite des Sees und sind mit vielen Gebetsfahnen markiert. Noch heute lässt sich, wenn man genau auf den See schaut, Shivas Dreizack erkennen.

Ein weiterer wunderschöner Teil des Nationalparks ist das **Helambu**, das Gebiet mit seinen grünen Hügeln und Blumenwiesen kann man durchaus lieblich nennen. Das Helambu ist eine phantastische Wandergegend mit überaus gastfreundlichen Menschen. Hier kann man die buddhistische Kultur der Sherpas hautnah erleben.

Es gibt eine gut ausgebaute Infrastruktur mit schönen Lodges im Tal, sodass man die meisten Touren als Hüttenwanderungen unternehmen kann. Lediglich auf der östlichen Route über den oft nicht verschneiten Ganja La ist Zeltausrüstung erforderlich.

ℹ️ Langtang-Nationalpark

Anreise: Mit dem Bus von Kathmandu nach Dhunche; mit dem Bus nach Sundarijal und Trekking durch das westliche Helambu; mit dem Bus nach Melamchi Pul Bazar und Trekking durch das östliche Helambu oder organisierter Privattransport.

Benötigte Genehmigungen: Langtang National Park Fee, 3000 NRS; TIMS.
Übernachtung: Lodges, außer auf der Ganja-La-Strecke, hier ist das Zelt vonnöten.
Ausstattung: Sehr gute Versorgungsmöglichkeiten.
Maximale Höhe: 7234 m.
Beste Reisezeit: April–Mai und Sept.–Nov.

Gaurishankar Conservation Area

Gegründet am 19. Juli 2010, ist die Gaurishankar Conservation Area (Rolwaling) eines der neuen nepalesischen Schutzgebiete (→ Karte S. 219). Der Name bezieht sich auf einen bekannten formschönen 7134 Meter hohen Berg im Rolwaling Himal – den doppelgipfligen **Gaurishankar**. Er ist nach dem Melungtse in Tibet, der knapp 50 Meter höher ist, die zweithöchste Erhebung in diesem Gebirgsstock des Himalaya.

Sein Name bedeutet: Gauri (Parvati) und Shankar (Shiva). So wird es verständlich, dass diese neue Schutzzone nicht Rolwaling Conservation Area heißt, was näher läge. Verwaltet wird sie vom National Trust for Nature Conservation (NTNC), der auch für die Schutzgebiete an der Annapurna und am Manaslu verantwortlich zeichnet.

Das Gebiet umfasst eine Fläche von knapp 2180 Quadratkilometern und beherbergt 22 bewohnte Gemeinden mit etwa 58 000 Einwohnern. Den größten

Karte S. 238 ▲

Gaurishankar Conservation Area

Blick auf den Gaurishankar

Anteil der hiesigen Bevölkerung stellen die Tamang und Sherpas. Zu etwa gleichen Teilen bilden sie die Hälfte der Einwohnerschaft. Etwas mehr als ein Drittel der anderen Hälfte sind Chhetri, den Rest bilden Newar, Gurung, Bahun, Kami und andere.

Die neue Schutzzone befindet sich zwischen dem Sagarmatha-Nationalpark im Osten und dem Langtang-Nationalpark im Westen und schließt die Lücke in den Schutzzonen des zentralen Himalaya. Außer ihrer traumhaften Gebirgslandschaft birgt die Region großen Wasserreichtum. Sie ist das Einzugsgebiet vieler Flüsse, unter anderem des Bhote Koshi, Sunkoshi und Tamakoshi. Das zu fast drei Prozent vergletscherte Gebiet beherbergt sehr schöne Hochgebirgsseen wie den **Tsho Rolpa**. Ein großer Teil des Gebietes wird von Wäldern bedeckt, die sich in 16 verschiedene Vegetationstypen aufteilen. Bisher wurden 34 verschiedene Säugetierarten, 235 Vogelarten, 14 Schlangenarten und 16 Fischarten in der Conservation Area nachgewiesen.

Die Trekkingroute durch das Rolwaling führt durch eine der eindrucksvollsten Gebirgslandschaften Nepals. Schroff, wild und manchmal eng präsentiert sich das Hochtal des Rolwaling. Das Tal ist fast menschenleer. Es gibt nur einen einzigen ständig bewohnten Ort: die Sherpa-Siedlung **Beding** in knapp 3700 Metern Höhe. Ausgangspunkt für das Rolwaling-Trekking und seine Varianten ist **Charikot**.

Gaurishankar Conservation Area

Anreise: Mit dem Bus von Kathmandu, Ratna Park, nach Charikot oder, wenn möglich, noch weiter bis Singati Bazar.
Benötigte Genehmigungen: Gaurishankar Conservation Are Fee, 2000 NRS; TIMS, Dolakha District Entry Permit, 10 US-Dollar pro Woche.
Übernachtung: Zelt.
Ausstattung: Keine Versorgungsmöglichkeiten; Verpflegung und sämtliche Ausrüstung sind mitzubringen.
Maximale Höhe: 7181 Meter.
Beste Reisezeit: April–Mai und Sept.–Nov.

Nationalparks in Zentralnepal

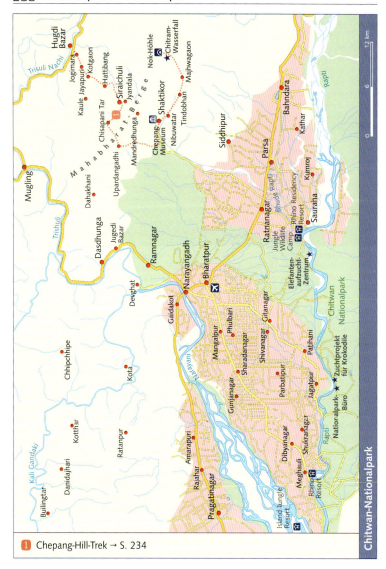

1 Chepang-Hill-Trek → S. 234

Chitwan-Nationalpark

Der Park, im Süden Nepals im zentralen Terai gelegen, erstreckt sich über 932 Quadratkilometer im subtropischen Tiefland. Im Jahr 1973 gegründet, war er der erste Nationalpark Nepals. Eine Fläche von 750 Quadratkilometern, die aus Wäldern, privaten Ländereien und Kulturland besteht, wurde 1996 zu Pufferzone erklärt. Der Park besitzt einzigartige Ökosysteme, die eminent wichtig für die Erhaltung vieler Spezies sind. Die Bedeutung des Chitwan lässt sich auch daran messen, dass die UNESCO ihn 1984 zum Welterbe erklärte. Der Park mit seinen Sal-Wäldern, vielen Flüssen und Wasserläufen, Sümpfen und Grünland ist für Touristen aus aller Welt wie auch für die Nepalesen selbst ein äußerst beliebtes Ziel. Tierbeobachtungen hier sind meistens von Erfolg gekrönt, wofür der Park in ganz Asien bekannt ist.

Wenn man sich ein wenig Zeit nimmt – zwei bis drei Tage sollte man einplanen –, kann man bei den vielfältigsten Aktivitäten, von der Beobachtungspirsch zu Fuß über Bootsfahrten und Jeep-Safaris bis hin zum Elefantenritt den Park aus verschiedenen Blickwinkeln kennenlernen. Mit etwas Geduld und Glück sieht man Hirsche, Affen, Leoparden, wilde Elefanten, Nashörner und Lippenbären sowie Gharial-Krokodile. Und wenn man besonders viel Glück hat, vielleicht auch den König des Dschungels, den königlichen Bengal-Tiger. Das Wahrzeichen des Parks ist das Indische Nashorn, auch Panzernashorn oder Großes Ein-Nashorn genannt. Es lebt in Reichweite der Fließgewässer im Grasland des Parks. Die schwerfällig wirkenden Nashörner sind das viertgrößte an Land lebende Tier unserer Erde und können ein Gewicht bis zu dreieinhalb Tonnen erreichen. Die beste Möglichkeit, die Tiere aus der Nähe zu sehen, ist die Beobachtung vom Elefantenrücken aus. Die meisten touristischen Angebote gibt es im Schwemmland des Rapti-Flusses. Hier befinden sich auch das zentrale Nationalparkbüro und ein kleines Besucherzentrum, das Informationen über den Park und seine Tier- und Naturschutzprogramme bietet. Es befindet sich etwa 13 Kilometer westlich von Sauraha am Südufer des Rapti.

■ Hinweise zum Verhalten beim Besuch des Parks

Die großen Wildtiere im Park sind durchaus in der Lage, Menschen zu töten. Es ist auch schon zu Unfällen mit unvernünftigen Parkbesuchern gekommen. Halten Sie Abstand und verwenden Sie die jeweils geeignete Art zur Tierbeobachtung – zu den Nashörnern auf dem Elefanten, nicht zu Fuß!
Es gibt Stechmücken im Park, und ein Malaria-Risiko kann nicht gänzlich ausgeschlossen werden. Benutzen Sie ein hochwertiges Insektenschutzmittel und kleiden Sie sich entsprechend.

Chitwan-Nationalpark

Vorwahl: +977/56.
Anreise: Flug von Kathmandu nach Bharatpur, 90 US-Dollar, und Taxi, 800 NRS zum Park; mit den Touristenbussen von ›Greenline‹ (→ S. 418) von Pokhara oder Kathmandu, 15 US-Dollar inklusive Essen; mit dem Linienbus von Kathmandu oder Pokhara (6–7 Std.), 500 NRS.
Benötigte Genehmigungen: Chitwan National Park Fee, 3000 NRS.
Übernachtung: Es gibt zahlreiche gute Hotels, Lodges und Resorts in der Umgebung.
Ausstattung: Sehr gute Infrastruktur.
Beste Reisezeit: Okt.–April.

Sauraha-Nationalpark-Büro: 6–9 und 12–16.30 Uhr. Hier kann man den Parkeintritt bezahlen und auch eine Elefanten-Safari buchen.
Besucherzentrum, mit kleiner Ausstellung; 6–16 Uhr.
Zuchtprojekt für Krokodile: Das Projekt arbeitet man sehr erfolgreich an der Nachzucht und Auswilderung der bedrohten Arten. Man kann die urzeitlich anmutenden Echsen aus nächster Nähe sehen; 100 NRS.
Elefantenaufzucht-Zentrum, etwa drei Kilometer westlich von Sauraha, am anderen Ufer des Bhude Rapti River; 6–18 Uhr, 50 NRS. Die Elefanten sind tagsüber

Nashörner im Chitwan-Nationalpark

zum Fressen im Dschungel. Wenn man die Tiere im Zentrum sehen möchten, sollte man morgens vor 10 Uhr oder am Nachmittag ab 16 Uhr herkommen. Es ist wirklich beeindruckend, die Mütter mit ihren Jungtieren zu beobachten.

Kanufahrt; ab 400 NRS. Eine Kanu-Tour auf dem Rapti- oder Narayani-Fluss bietet gute Möglichkeiten, Krokodile und Wasservögel zu beobachten.

Dschungelwanderung; ab 700 NRS. Geführte Erkundung des Parks zu Fuß mit erfahrenen Guides.

Jeep-Safaris; ab 1000 NRS pro Person. Das ist etwas anders als zu Fuß oder auf dem Elefantenrücken, aber auch eine Möglichkeit, den Park zu erkunden.

Elefantenritt; ab 800 NRS. Erkundungen vom Elefantenrücken werden vom Park und privat angeboten.

Angelschein: 300 NRS.

Des Weiteren können **Fahrräder** zur Erkundung der umliegenden Tharu-Dörfer ausgeliehen werden; ab 100 NRS. Im Park selbst ist Radfahren verboten.

Alle Aktivitäten kann man sowohl im Hotel oder in der Lodge als auch bei örtlichen Agenturen in Sauraha buchen, Elefantenritte auch bei der Parkverwaltung. Viele Hotels bieten Komplettpakete an.

Die meisten Touristen, die in den Nationalpark kommen, reisen mit Arrangements an, die sie bereits in Kathmandu oder im Heimatland gebucht haben. Die Unterkünfte direkt im Park bieten die Übernachtung oft nur mit Inklusiv-Paketen zur Besichtigung des Parks an. Für Individualreisende, die kein Paket möchten, ist ein Fragen nach ›Nur-Übernachtung‹ meist sinnvoll.

Jungle Wildlife Camp (★★), Chitwan-Nationalpark, Sauraha, Tel. 580093, www.nepaljunglesafari.com; pro Person eine Nacht, zwei Tage, inklusive Vollpension und Safari mit Elefantenritt 125 US-Dollar. Schöne Dreibettzimmer mit je einem Einzel- und einem Doppelbett und ein Restaurant mit vielfältiger Küche warten hier auf Gäste.

Island Jungle Resort (★★), Kontakt: PO Box 2154, Durbar Marg, Kathmandu, Nepal, Tel. 4220162, 4229116, island@mos.com.np, www.islandjungleresort.com; pro Person eine Nacht, zwei Tage, inklusive Vollpension und Safari mit Elefantenritt ab 130 US-Dollar. Als eines der ersten Resorts im Park, gegründet 1987, verfügt das Personal hier über viel Erfahrung. Die Unterbringung erfolgt in ›urigen‹ Lodges auf einer Insel des Narayani-Flusses. Ein wunderschöner Platz.

Rhino Residency Resort (★★-★★★), Kontakt: PO Box 13787, Maharajgung, Chandol, Kathmandu, Tel. 420431, 421820, Fax 422119, www.rhino-residency.com; pro Person eine Nacht, zwei Tage, inklusive Chitwan-Paket, ab 220 US-Dollar. Schöne, komfortable, klimatisierte Räume mit guten Ausblicken und ein Restaurant mit guter Küche.

Übernachten im **Dorf Sauraha** an der nördlichen Grenze des Parks. Hier wohnen die meisten der Individualtouristen, die in den Chitwan-Nationalpark wollen. Die Möglichkeiten sind sehr, sehr vielfältig – hier ein Vorschlag:

Hotel Parkside (★), Chitwan National Park, Bachhauli-6, Hattisar, Sauraha, Tel. 580159, 580318, mobil +977/9855060619, www.hotelparkside.com; pro Person eine Nacht, zwei Tage, inklusive Chitwan-Paket, ab 80 US-Dollar. Ein Familienbetrieb am Haupteingang des Parks. In den sauberen Zimmern mit solarerzeugtem Warmwasser, auf der schönen Dachterrasse und im hauseigenen Restaurant kann man den Aufenthalt genießen.

Parsa Wildlife Reserve

Direkt östlich an den Chitwan-Nationalpark schließt sich das Parsa Wildlife Reserve, 499 Quadratkilometer groß, an. Es wurde 1984 zur Erhaltung der Lebensräume für die wilden asiatischen Elefanten gegründet. Die vorherrschende Landschaft des Schutzgebietes sind die Churia-Hügel mit Höhen von 750 Metern bis 950 Metern, die in Ost-West-Richtung verlaufen. Die Hügel bilden oft Schluchten und trockene Flussbetten. Der Wald setzt sich aus tropischen und subtropischen Wäldern zusammen. Sal-Bäume sind hier vorherrschend, in den Hügeln wachsen Kiefern und an den Flüssen unter anderem Akazien und Seidenwollbäume (Kapok).

Hier leben Populationen von asiatischen Elefanten, Tigern, Faultieren, gestreiften Hyänen, Leoparden und Dschungelkatzen. Etwa 500 Vogelarten sind heimisch, so zum Beispiel der Eisvogel, der Fliegenschnäpper und der Buntspecht. Das Reservat ist bekannt für seine vielen verschiedenen Reptilien- und Schlangenarten, wie die Königskobra und die Python.

In der **Zentrale des Reservats** an der Ostseite des Parks befindet sich auch ein kleines Gästehaus mit vier Zimmern und einem Angebot an Speisen und Getränken. Vom nahe gelegenen **Machan** (Aussichtsturm) bieten sich hervorragende Möglichkeiten zur Tierbeobachtung. Auch Ausflüge können gebucht werden.

Baden mit Elefanten

Trekkingtouren in Zentralnepal

Im zentralen Teil des Himalaya gibt es die unterschiedlichsten Trekkingtouren. Allerdings ist die Infrastruktur nicht ganz so gut ausgebaut wie an der Annapurna. Man kann aus der ganzen Bandbreite, von der einfachen Tageswanderung bis zur Entdeckertour im Ganesh Himal, wählen. Im Folgenden biete ich eine kleine Auswahl aus dem reichhaltigen Angebot von Wanderwegen verschiedener Schwierigkeiten – von den Hügeln des Chitwan-Gebietes im Süden über den Ganesh Himal im Westen, die Hügel des Helambu in der Mitte bis in das einsame Rolwaling im Osten.

Chepang-Hill-Trek

Länge: 4–6 Tage.
Tagesetappen: 4–7 Std.
Anspruch: Einfache Bergwanderung mit leichten körperlichen Anstrengungen.
Übernachtung: Zelt oder Homestay.
Ausstattung: Sehr mäßige Infrastruktur, Zeltausrüstung und Verpflegung wird für Gruppen dringend empfohlen.
Maximale Höhe: 1945 m.
Benötigte Genehmigungen: TIMS.
Beste Reisezeit: Okt.–Mai.
Start: Hugdi Bazar.
Ende: Shaktikor.
Anreise: Mit Bus von Kathmandu oder Pokhara (6–8 Std.).
Abreise: Mit Taxi oder privatem Transport nach Sauraha oder Bharatpur.
Karte: Kathmandu–Pokhara–Chitwan 1:175 000, Nepal Map Publisher.

Dieser Wanderweg führt in die unbekannten Hügel der **Mahabharat-Berge** nördlich des Chitwan-Nationalparks durch die Dörfer der Chepang. Wunderbare Fernblicke auf den Himalaya eröffnen sich auf diesem Weg, auf dem man besonders gut auch Vögel beobachten kann. Die Chepang sind ursprünglich ein Volk von Halbnomaden und gehören zu den indigenen Völkern des Landes mit einer eigenen tibetobirmanischen Sprache, die denen der Raute in Westnepal ähnelt. Auf der Wanderstrecke bekommt man einen guten Einblick in die Kultur und Lebensweise dieses Volkes (→ S. 217). Diese kleine Wanderung kann man gut mit einem Besuch des Chitwan-Nationalparks kombinieren.

Informationen über die indigenen Völker Nepals erhält man über die NEFIN, The Nepal Federation of Indigenous Nationalities (www.nefin.org.np; Kusunti, Lalitpur, Nepal; Tel. +977/1/5001754).

■ Der Weg

1. Tag: Von **Hugdi Bazar** (310 m) am Fluss Trisuli Nadi führt der Weg über den Ort **Kotgaon** bergan nach **Hattibang** (1410 m); 6 Std. Das schöne Dorf bietet einen herrlichen Bergblick, und man kann die handwerkliche Kunst der Einheimischen bestaunen sowie in den Häusern der lokalen Bevölkerung übernachten.

2. Tag: Über **Siraichuli** (1945 m), einer der höchsten Erhebungen der Hügelkette mit einem spektakulären Blick auf die Himalaya-Gipfel, führt der Weg in das reine Chepang-Dorf **Jyandala** (1300 m), wo man ebenfalls im Homestay bei den Einheimischen übernachten kann; 6 Std.

3. Tag: Der Weg führt nun durch eine sich ständig verändernde Landschaft: erst nordwestlich nach **Chisapani Tar** (1695 m) und nun in südlicher Richtung bis nach **Upardangadhi** (1275 m); 7 Std. Hier existieren noch Überreste eines historischen Forts, und auch hier gibt es Homestays bei der Bevölkerung.

4. Tag: Der Weg führt nun in südöstlicher Richtung von Upardangadhi nach **Shaktikhor**; 4 Std. Shaktikhor ist ein weiteres Chepang-Dorf und das Zentrum der Initiative für den nachhaltigen Tourismus, die von dieser Volksgruppe ins Leben gerufen wurde. Das kleine, vor einigen Jahren hier eingerichtete **Chepang-Museum** wie auch das Informationszentrum des Ortes sind momentan in keinem guten Zustand, da es an den Mitteln zur Finanzierung und an der Organisation zur Erhaltung der Einrichtungen fehlt. Die wunderbare Natur mit dem **Chitram-Wasserfall** und die **Nok-Höhle** (2 Std. von Shaktikhor) laden zu weiteren Ausflügen und zum Verweilen ein.

Eine Runde im Ganesh Himal

Länge: 11–12 Tage.
Tagesetappen: 5–8 Std.
Anspruch: Mittelschwere Bergwanderung mit mittleren und großen körperlichen Anforderungen.
Übernachtung: Zelt.
Ausstattung: Nach dem Verlassen von Syabru Besi schlechte Infrastruktur; komplette Verpflegung und Ausrüstung ist mitzuführen.
Maximale Höhe: 4680 m.
Benötigte Genehmigungen: Langtang National Park Fee, 3000 NRS; TIMS; Rasuwa District Entry Permit, 10 US-Dollar pro Woche.
Beste Reisezeit: März–Mai und Mitte Sept.–Nov.
Start und Ende: Dhunche.
Anreise: Mit dem Bus von Kathmandu nach Dhunche, 6–8 Std. **Tipp**: Gönnen Sie sich einen privat organisierten Transport, die Straße ist ab Trisuli seit Jahren in einem miserablen Zustand.
Abreise: Wie Anreise.
Karte: Langtang 1:125 000, Nepal Map Publisher.

Der Ganesh Himal ist wahrscheinlich eines der unbekanntesten Gebiete im zentralen Teil des Himalaya. Die Hochtäler nördlich der Kette des Ganesh Himal, an der Grenze zu Tibet, sind noch echte ›hidden valleys‹. Sie liegen weit entfernt von bekannten, begangenen Wegen. Hier gibt es noch völlig abgelegene Dörfer. Im Gebiet des Ganesh Himal stehen mehr als 30 Berge, die höher als 6000 Meter sind, auf engem Raum zusammen – eine unglaubliche Szenerie.

■ Der Weg

1. Tag: Von **Dhunche** (1960 m) führt der erste Abschnitt in nördlicher Richtung nach **Syabru Besi** (1460 m); 5 Std.
2. Tag: Nun folgt man dem Lauf des Bhote Koshi nach Norden bis **Lingling**. Nach etwa einer Stunde verlässt man den Fluss in westlicher Richtung und steigt nach **Dalphedi** (2310 m) auf; 8 Std.
3. Tag: Von hier aus geht es, weiter westlich haltend, auf einem hügeligen Weg nach **Tatopani/Morba Kharka** (2300 m); 6 Std.
4. Tag: Es folgt eine lange, anstrengende Etappe mit einem großen Höhenunterschied bis an die Grenze zu Tibet. Dem Sanjen Khola folgt man nach **Chahare Kharka** (3900 m); 9 Std.
5. Tag: In Chahare Kharka sollte man die Umgebung bei einem **Ruhe-/Akklimatisationstag** erkunden (Höhlen).
6. Tag: Nun steigt man in westlicher Richtung, steil bis auf etwa 4500 Meter auf, der Weg wendet sich zurück nach Süden und führt zum **Lake Camp** (4680 m) am **Paldor Peak**; 7 Std.
7. Tag: Die folgende Wanderung führt, erst in südlicher Richtung, an einem kleinen See westlich abzweigend, zum **Paldor-Basislager** (4280 m); 6 Std. Von hier aus ist mit einem weiteren Akklimatisationstag in drei bis vier Tagen die Besteigung des Paldor Peak (5928 m) möglich.
8. Tag: Vom Lager steigt man nun nach Süden bis **Somdang** (3270 m) ab; 5 Std.
9. Tag: Nun in südöstlicher Richtung haltend auf einen breiten Fahrweg bis nach **Gatlang** (2240 m); 6 Std.

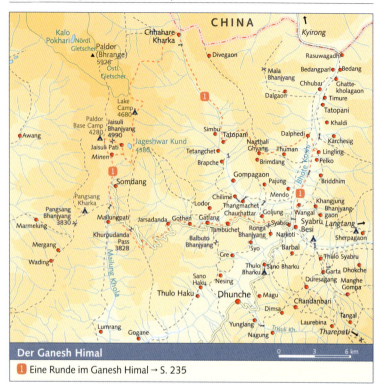

Der Ganesh Himal

1 Eine Runde im Ganesh Himal → S. 235

10. Tag: Der nächste Tag führt über das Tamang-Dorf **Thambuchet** (1770 m) zurück nach **Syabru Besi** (1460 m); 6 Std.
11. Tag: Nach einer aussichtsreichen Runde im östlichen Ganesh Himal erreicht man am letzten Tag auf schon bekannten Wegen wieder **Dhunche**; 5 Std.
Weiterführende Wanderungen in das Langtang-Tal oder das Helambu sind möglich.

Der Gosainkund-See

Durch das Helambu zum Gosainkund-See

Länge: 10-12 Tage.
Tagesetappen: 5-8 Std.
Anspruch: Mittelschwere Bergwanderung mit mittleren körperlichen Anforderungen.
Übernachtung: Lodges.
Ausstattung: Gute Infrastruktur am gesamten Weg.
Maximale Höhe: 4610 m.
Benötigte Genehmigungen: Langtang National Park Fee, 3000 NRS; TIMS.
Beste Reisezeit: März-Mai und Sept.-Nov.
Start: Melamchi Pul Bazar oder Talamarang.
Ende: Dhunche.
Anreise: Bus von Kathmandu nach Melamchi Bazar. Man erreicht den Startpunkt auch durch eine Tageswanderung von Nagarkot aus oder durch ein dreitägiges Trekking von Budhanilkantha (→ S. 197) durch den Shivapuri-Nagarjun-Nationalpark.
Abreise: Bus nach Kathmandu (6-8 Std).
Tipp: Gönnen Sie sich einen privat organisierten Transport, die Straße ist bis Trisuli seit Jahren in einem miserablen Zustand.
Karte: Langtang 1:125 000, Nepal Map Publisher.

Der Weg durch das Helambu vermittelt bleibende Eindrücke vom Leben der Helambu-Sherpas. Auf diesem Weg nähert man sich den großen Bergen langsam, aber stetig. Die Spannung auf den Panoramablick von den Höhen am Gosainkund-See wächst mit jedem Schritt. Wer dann das großartige Bergpanorama sieht, wird mir zustimmen – dieser Weg lohnt sich.

■ **Der Weg**

1. Tag: Der Start der Tour hat es in sich. Von **Melamchi Bazar** (900 m) steigt man im ersten Tagesabschnitt sehr steil, später mäßiger steil, nach **Shermatang** (2590 m) auf; 8 Std. Man befindet sich aber noch nicht in großer Höhe, und so ist der Weg auch gut zu schaffen, nur langsam genug muss man gehen.

2. Tag: Über den bewaldeten Bergrücken des **Hile Danda** gelangt man auf der zweiten Wanderung nach **Tharkeghyang** (2750 m); 6 Std. Der Name bedeutet ›Tempel der 100 Pferde‹.

3. Tag: Nach den ersten beiden anstrengenden Tagen lohnt sich ein **Ruhetag** in Thakeghyang zur Besichtigung des Ortes und des Tempels.

4. Tag: Der Weg führt nun erst ab-, dann wieder aufsteigend hügelig über den Fluss Melamchi Khola hinauf in den Ort **Melamchigaon** (2550 m); 6 Std.

5. Tag: Durch einen Märchenwald steigt man nun weiter in das Gebirge auf. Tagesziel ist eine gemütliche Lodge am Anfang des Ortes **Tharepati** (3500 m); 5 Std. Zur besseren Akklimatisierung kann man auf den kleinen Hügel nahe der Lodge aufsteigen, es gibt da einen wunderbaren Ausblick.

6. Tag: Zur letzten Übernachtung vor dem Pass zu den Hütten von **Phedi** (3650 m) gelangt man auf einem schönen Weg, der ständig auf und ab führt; 8 Std.

7. Tag: Die Baumgrenze ist nun erreicht. Über den **Laurebina La** (4610 m) geht es heute zum heiligen **See von Gosainkund** (4350 m). Nach einem ständigen, nicht zu steilen Anstieg, kommt man am Pass an. An kleinen Seen vorbei erreicht man nun absteigend den heiligsten See Nepals; 8 Std. In der schönen Umgebung des Sees von Gosainkund legt man am besten einen Ruhetag ein. Eine Besteigung des **Surya Peak** (5144 m), ist von hier aus an einem Tag möglich. Vom Gipfel aus hat man eine herrliche Aussicht auf die Eisriesen des Himalaya – von der Annapurna-Gruppe am

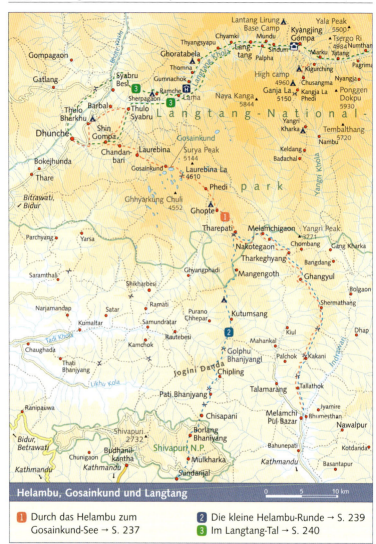

Helambu, Gosainkund und Langtang

1. Durch das Helambu zum Gosainkund-See → S. 237
2. Die kleine Helambu-Runde → S. 239
3. Im Langtang-Tal → S. 240

linken Rand des Horizonts bis in die Ketten Tibets auf der rechten Seite. Die Bergtour erfordert Trittsicherheit und Schwindelfreiheit.
8. Tag: Ruhetag.
9. Tag: Abwärts, an zwei kleineren Seen vorbei, entlang eines Bergrückens, geht es hinab nach **Shin Gompa** (3250 m); 5 Std. Hier steht eine der besten Käsereien des Landes.

10. Tag: Auf einem wundervollen Weg durch herrlichen Wald, in dem man mit etwas Glück Lemuren und den Roten Panda entdecken kann, geht es hinun-

ter in den schönen Ort **Thulo Syabru** (2250 m); 5 Std.
11. Tag: Der letzte Trekkingtag führt nach **Dhunche** (1960 m), dem Verwaltungszentrum der Langtang-Region; 6 Std. Eine Fortsetzung in das Langtang-Tal oder den Ganesh Himal ist von hier aus möglich.

Die kleine Helambu-Runde

Länge: 7–8 Tage.
Tagesetappen: 4–6 Std.
Anspruch: Einfache Bergwanderung mit mittleren körperlichen Anstrengungen.
Übernachtung: Lodges.
Ausstattung: Gute Infrastruktur.
Maximale Höhe: 3620 m.
Benötigte Genehmigungen: TIMS; Shivapuri-Nagarjun-Nationalpark-Fee, 3000 NRS; Langtang-Nationalpark-Fee, 3000 NRS.
Beste Reisezeit: März–Mai und Ende Sept.–Anfang Dez.
Start: Sundarijal.
Ende: Melamchi Pul Bazar.
Anreise: Mit Bus oder Taxi von Kathmandu.
Abreise: Mit Bus oder Taxi nach Kathmandu.
Karten: Kathmandu Valley 1:60 000, Nepal Map Publisher, Helambu 1:100 000, Nepal Map Publisher.

Diese Runde bietet sich als perfekte Einsteigertour zum Wandern in Nepal an. Sie führt durch grüne Hügel in das Land der Helambu-Sherpas. Die Wege führen nicht in die ganz großen Höhen über 4000 Meter, und man kann durchgängig in Lodges übernachten.

■ **Der Weg**
1. Tag: Von **Sundarijal** (1460 m) entlang einer Wasserleitung und Steintreppen zum Eingang des Shivapuri-Nagarjun-Nationalparks. Weiter über **Mulkharka** (1860 m) und auf den **Borlang Bhani-yang** (2430 m). Nun nach **Chisapani** (2165 m) absteigen; 5 Std.
2. Tag: Zunächst geht es hinunter nach **Pati Bhanjyang** (1770 m) und wieder hinauf über **Chipling** (2170 m), den **Jogini Danda** (2500 m) und den **Golphu Bhanjyang** (2130 m) nach **Kutumsang** (2470 m); 7 Std. Nun ist man im Siedlungsgebiet der buddhistischen Helambu-Sherpas. Im Norden grüßen die Schneeberge des Langtang Himal.
3. Tag: Der Weg folgt nun immer dem Bergrücken, und über das Dorf **Mangengoth** (3460 m) erreicht man den höchsten Punkt der Strecke am Zielort **Tharepati** (3500 m) 6 Std. Etwas nördlich der Lodges befindet sich ein kleiner Hügel (3620 m) mit Gebetsfahnen, der einen guten Ausblick ermöglicht.
4. Tag: Von Tharepati steigt man nach **Melamchigaon** (2550 m) ab. Hier lohnt sich der Besuch des örtlichen Klosters. Weiter hinunter und über den Melamchi Khola (1900 m) und über **Nakotegaon** wieder hinauf nach **Tharkeghyang** (2600 m); 6 Std.
5. Tag: Hier im Herzen des Helambu lohnt sich ein Ruhetag im Sherpa-Dorf zur Besichtigung des Ortes, seiner Umgebung und des ›Tempels der 100 Pferde‹.
6. Tag: Erst etwas ansteigend bis zum Dorf **Ghangyul** (2770 m), führt der

Bei Sherpas im Helambu

Weg an Manimauern und Chörten vorbei über **Shermatang** (2600 m), durch eine schöne Landschaft, hinunter nach **Kakani** (2000 m); 6 Std.

7. Tag: Weiter bergab, mit tollen Blicken in das Indrawati-Tal, erreicht man **Melamchi Pul Bazar**, wo der Melamchi Khola in den Indrawati fließt; 4 Std.

Im Langtang-Tal

Länge: 10 Tage.
Tagesetappen: 4–8 Std.
Anspruch: Mittelschwere Bergwanderung mit mittleren körperlichen Anforderungen.
Übernachtung: Lodges.
Ausstattung: Gute Infrastruktur am gesamten Weg.
Maximale Höhe: 3730 m.
Benötigte Genehmigungen: Langtang National Park Fee, 3000 NRS; TIMS.
Beste Reisezeit: März–Mai und Sept.–Nov.
Start und Ende: Dhunche.
Anreise: Bus von Kathmandu nach Dhunche (6–8 Std.). **Tipp**: Gönnen Sie sich einen privat organisierten Transport, die Straße ist nach Trisuli seit Jahren in einem miserablen Zustand.
Abreise: Wie Anreise.
Karte: Langtang 1:125 000, Nepal Map Publisher.

▲ *Käserei in Shin Gompa*

Die Ausblicke in den Himalaya sind schön hier, und sie bleiben sicher unvergesslich. Die Wege sind nicht sehr stark frequentiert, die Menschen des Langtang-Tales sind offen und freundlich. Die buddhistische Bevölkerung, die ursprünglich aus Tibet stammt, hat die tibetische Kultur bewahrt. Das kann man an den Dörfern des Tales deutlich sehen. Es sind hier einige interessante Klöster zu besichtigen. Bis in den hinteren Teil des Tales nach Kyanjing Gompa stehen schöne Lodges und Gasthäuser zur Verfügung.

■ Der Weg

1. Tag: Von Dhunche führt die erste Tagesetappe bis nach **Syabru Besi** (1450 m); 5 Std.

2. Tag: Nun erreicht man nach Osten gehend das Langtang-Tal und das nächste Tagesziel, das **Lama Hotel** (2350 m); 4 Std.

3. Tag: Vom Lama Hotel führt ein wunderschöner Höhenweg in das schöne Dorf **Langtang** (3330 m); 8 Std.

4. Tag: Die Vegetation wird nun spärlicher, und man erreicht höhere Lagen auf dem Weg nach **Kyangjing Gompa** (3730 m); 5 Std. Hier sollte man einen Ruhetag einlegen.

5. Tag: Ruhetag. Ein kleiner Spaziergang zur Besichtigung der Gompa ist sehr zu empfehlen.

6. Tag: Nun geht es zurück nach **Langtang** (3330 m). Auf bekanntem Weg, aber mit anderen wunderbaren Ausblicken, ist auch diese Wanderung ein Erlebnis; 5 Std.

7. Tag: Noch einmal wiederholt sich ein Tagesabschnitt auf dem Weg: Talabwärts führt er bis zum schon bekannten **Lama Hotel** (2350 m); 7 Std.

8. Tag: Nun verlässt man den bekannten Weg und steigt ab zum Langtang Khola. Auf der anderen Seite geht es wieder hinauf bis in das wunder-

Das Dorf Puyian auf dem Weg von Jiri nach Lukla

schöne Dorf **Thulo Syabru** (2250 m); 7 Std.

9. Tag: Der Weg führt noch einmal weiter hinauf. Durch einen herrlichen, von Lemuren bevölkerten Wald, erreicht man **Shin Gompa** (3250 m); 5 Std. Hier steht eine der besten Käsereien Nepals. Von Shin Gompa aus sind Fortsetzungen zum Gosainkund-See und in das Helambu möglich.

10. Tag: Die letzte Etappe führt auf einem teilweise steilen Abstieg durch einen märchenhaften Rhododendronwald wieder nach **Dhunche**; 6 Std. Eine Fortsetzung der Tour in den Ganesh Himal ist möglich.

Von Jiri nach Lukla

Länge: 8–10 Tage.
Tagesetappen: 4–7 Std.
Anspruch: Einfache Bergwanderung mit mittleren körperlichen Anstrengungen.
Übernachtung: Lodges.
Ausstattung: Gute Infrastruktur.
Maximale Höhe: 3530 m.
Benötigte Genehmigungen: TIMS.
Beste Reisezeit: März–Mai und Ende Sept.–Nov.
Start: Jiri.
Ende: Lukla.
Anreise: Mit dem Bus von Kathmandu, Ratna Park (8–10 Std.), oder mit privatem Transport.
Abreise: Flug nach Kathmandu.
Karte: Jiri Pikey Everest 1:125 000.

Der alte klassische Anreiseweg in das Everest-Gebiet scheint in Vergessenheit geraten zu sein. Dabei bietet gerade dieses Trekking, durch die dem Himalaya vorgelagerten Berge, wunderbare Einblicke in das Leben der Bevölkerung und schöne Aussichten. Dieser Weg ist mit den vielen Routen im Khumbu-Gebiet gut kombinierbar.

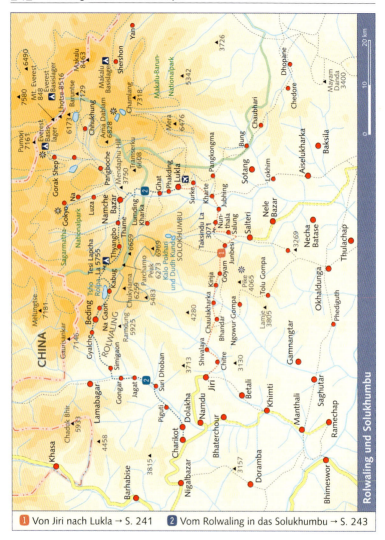

1 Von Jiri nach Lukla → S. 241   2 Vom Rolwaling in das Solukhumbu → S. 243

■ **Der Weg**

1. Tag: Von **Jiri** (1850 m) führt die erste Tageswanderung über **Chitre** und den ersten kleinen Pass (2350 m) nach **Shivalaya** (1770 m) am Khimti Khola; 5 Std.

2. Tag: Über den nächsten Pass, den **Changme La** (2700 m), gelangt man nun in den Ort **Bhandar** (2190 m); 6 Std.

3. Tag: Einem steilen Abstieg zum Likhu Khola folgt der Ort **Chaulakharka**, und der Weg führt nun flussaufwärts bis nach **Kinja** (1630 m); 4 Std.

4. Tag: Ein steiler anstrengender Aufstieg führt von Kinja nach **Sete** (2575 m) und weiter hinauf nach **Goyam** (3220 m); 6 Std.

5. Tag: Weiter über den Bergrücken erreicht man den **Lamjura La** (3530 m). Von dort Abstieg ins Tal und zum Ort **Junbesi** (2675 m); 6 Std.

6. Tag: Hoch und runter führt diese Etappe, die den ersten Blick auf den Mount Everest bringt. Zuerst hinauf nach **Salung** (2960 m) und nun hinab zum Fluss (2650 m). Über das Dorf **Ringmu** (2720 m) steigt man nun wieder auf zum **Taksindu La** (3071 m), ehe man absteigend den Ort **Nunthala** (Manidingma) (2300 m) erreicht; 7 Std.

Anmerkung: Vom Pass Taksindu La aus führt ein Weg nach Norden hinauf zu den Seen **Kalo Pokhari und Dudh Kund** (Milchsee, 4560 m); von dort den westlichen Weg absteigend, gelangt man in einer kleinen Runde (drei Tage) wieder nach Junbesi zurück.

7. Tag: Von Nunthala Abstieg zum Dudh Koshi über die Brücke und hinauf in das Rai-Dorf nach **Jubhing** (1680 m), dies ist der nächste Abschnitt. Vom Dorf aus weiter bergan nach **Kharikhola** und schließlich ins Dorf **Kharte** (2375 m); 7 Std.

8. Tag: Durch einen Wald geht es nun hoch zum **Kari La** (2975 m) und hinunter in das Dorf **Chutok** und wieder hinauf in den **Chutok La** (2946 m). Von hier sieht man schon Lukla und seine berühmte Landebahn. Es folgt ein steiler Abstieg nach **Surke** (2290 m), ehe der letzte Aufstieg des Tages in das Ziel nach **Lukla** (2840 m) führt; 7 Std. Von hier aus gibt es verschiedene Möglichkeiten, die Wanderung fortzusetzen: von allen möglichen Routen im Everest-Gebiet bis hin zu einem Trekking über den Salpa Bhaniyang (3525 m) nach Tumlingtar.

Vom Rolwaling in das Solukhumbu

Länge: 15–17 Tage.
Tagesetappen: 4–8 Tage.
Anspruch: Schwere, sehr anspruchsvolle Bergwanderung mit teilweise sehr hohen körperlichen Anforderungen.
Übernachtung: Zelt und Lodges.
Ausstattung: Schlechte Infrastruktur bis Thame, komplette Ausrüstung und Verpflegung mitführen; danach sehr gute Infrastruktur, Lodge-Übernachtungen möglich.
Maximale Höhe: 5755 m.
Benötigte Genehmigungen: Gaurishankar Conservation Area Fee, 2000 NRS; Sagarmatha National Park Fee, 3000 NRS; TIMS; Dolakha District Entry Permit, 10 US-Dollar pro Woche.
Beste Reisezeit: April–Mai und Sept.–Nov.
Start: Dholaka.
Ende: Lukla.
Anreise: Bus von Kathmandu nach Dholaka (4–6 Std.).
Abreise: Flug von Lukla nach Kathmandu.
Karte: Rolwaling 1:125000, Nepal Map Publisher.

Einmalige Berglandschaften erwarten die Reisenden im Rolwaling. Auf einem zwar bekannten, aber sehr selten begangenen Weg gelangt man durch eines der ehemals verbotenen Täler bis in das Everest-

Newar-Schneider im Solukhumbu

Gebiet. Das einsame Hochtal des Rolwaling wird von den einheimischen Sherpas ›das Grab‹ genannt, weil es verborgen zwischen steilen Bergen liegt. Es gibt viele mysteriöse Geschichten über das Tal. Die Sherpas, die fest an die Existenz des Yeti glauben, nehmen an, dass er hier lebt. Der Blick von diesem herrlichen Weg zu den Giganten des Gebirges ist einzigartig!

■ Der Weg

1. Tag: Von **Dholaka** (1660 m) geht es erst einmal durch Terrassenfelder nach **Piguti** (1020 m); 5 Std.

2. Tag: Weiter entlang des Baches durch ein immer noch urbanes Gebiet gelangt man nach **Suri Dobhan** (1050 m); 5 Std.

3. Tag: Immer weiter bergauf, an einer kleinen Hochfläche und einer Gompa vorbei, gelangt man nun nach **Jagat** (1420 m); 6 Std.

4. Tag: Der heutige Abschnitt führt durch Koniferenwälder bis nach **Simigaon** (1990 m); 6 Std.

5. Tag: Nun erreicht man am Tagesziel das verborgene Hochtal bei dem Lagerplatz von **Gyalche** (2950 m); 6 Std.

6. Tag: Der folgende Abschnitt bringt führt zum einzigen ständig bewohnten Ort des Tales, zu den Sherpas nach **Beding** (3690 m); 7 Std. Hier sollte man einen **Akklimatisationstag** einlegen.

7. Tag: Akklimatisation.

8. Tag: Weiter hinein ins Hochgebirge geht es nun. Zuerst erreicht der Gebirgspfad den Zeltplatz bei **Na Gaon** (4200 m); 5 Std.

9. Tag: Weiter hinauf geht es bis zum vorletzten Lagerplatz vor der Passhöhe nach **Kabug** (4560 m); 6 Std. Hier ist ein weiterer **Akklimatisationstag** vor der Passüberquerung nötig.

10. Tag: Akklimatisation.

11. Tag: Der nun folgende nächste Abschnitt führt in das **Tesi-Lapcha-Basislager** (5230 m) vor dem Pass; 6 Std.

12. Tag: Langsam wird die Luft sehr dünn. Nun geht es noch weiter hinauf über den hohen **Tesi-Lapcha-La-Pass** (5755 m), nach einem kurzen Abstieg erreicht man das höchste Lager (5650 m) der Tour; 6–7 Std. Von hier aus ist – nur für erfahrene Bergsteiger – eine Besteigung des **Parchamo Peak** (6723 m) in zwei Tagen möglich.

13. Tag: Der Abstieg führt nun zuerst nach **Thyangbo** (4600 m); 8 Std.

14. Tag: Über den Ort **Thame** (3800 m) gelangt man in das Herz des Solukhumbu, nach **Namche Bazar** (3440 m); 8 Std. Hier kann man aufsteigen zum **Mendaphu Hill** (3750 m) mit seinem wunderschönen Blick auf Mt. Everest, Nuptse, Lhotse und Ama Dablam.

15. Tag: Auf dem ›Everest Highway‹ erreicht man auf der letzten Etappe über das Dorf **Phakding** (2650 m) **Lukla** (2800 m), den Endpunkt dieser einmaligen Tour; 8 Std.

Weitere Routen

Diese Vorschläge sind nur ein kleiner Teil der möglichen Wanderwege im zentralen Nepal. Weitere lohnenswerte Touren sind unter anderem die folgenden Wege:

▶ Im Ganesh Himal die Tour von Dhading Besi über den Sing-La-Pass nach Betrawati.

▶ Die östliche Route vom Helambu über den Ganja La in den Langtang.

▶ Eine Tour durch den fast nie besuchten Jugal Himal von Syaule über den Tilman's Pass in das obere Langtang-Tal oder der schöne Weg von Jalbire zum Bhairav Kund zwischen Rolwaling und Jugal Himal, um nur einige zu nennen.

Kloster im Solukhumbu

Im Osten des Landes stehen mit dem Mount Everest und dem Kanchenjunga der höchste und der dritthöchste Berg der Erde – willkommen im Bereich der Superlative. Einen Höhenunterschied von 8780 Metern vom Terai im Süden hinauf auf den Gipfel des höchsten Berges – das gibt es nur hier!

DER OSTEN

Die östliche Entwicklungsregion Nepals (Purwanchal) besteht aus den drei Zonen **Sagarmatha**, **Koshi** und **Mechi**. Die Sagarmatha-Zone besteht aus sechs Distrikten, deren bekanntester der namensgebende ist. Hier liegt das weltweit berühmte Solukhumbu am Fuße des höchsten Berges der Erde, des **Mount Everest**, Sagarmatha oder Chomolungma, wie die Sherpas ihn nennen. Die Gesamtzone reicht vom Terai im Süden bis zur Grenze Tibets im Norden und beheimatet den Sagarmatha-Nationalpark. Die östlich angrenzende Zone ist Koshi.

Der Hauptsitz der ebenfalls aus sechs Disrikten bestehenden Zone ist **Biratnagar**. Diese ist die viertgrößte Stadt des Landes und liegt im Süden des Terai an der indischen Grenze. Durch die Zone fließt mit dem Arun einer der wichtigsten Flüsse. Der **Makalu-Barun-Nationalpark** liegt in dieser Zone. Die dritte Zone, Mechi, ist der Ferne Osten Nepals.

Der Süden im Terai ist relativ hoch entwickelt, hier liegt das kleine **Koshi Tappu Wildlife Reserve**. Im Distrikt Ilam, etwas weiter nördlich im Hügelland, befindet sich ein wichtiges Teeanbaugebiet glei-

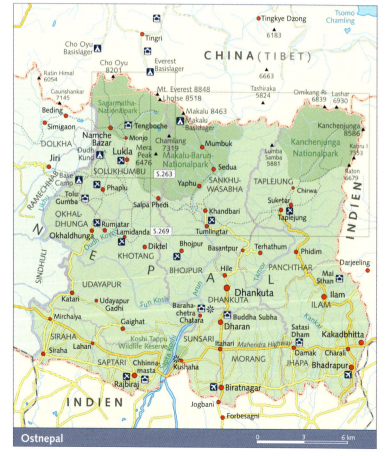

Ostnepal

Nahe der nepalesisch-indischen Grenze

chen Namens. Es dehnt sich auch östlich der indischen Grenze aus und heißt dann Darjeeling. Im nördlichen Distrikt Taplejung schließlich liegt mit dem Kanchenjunga-Massiv eines der größten und höchsten Bergmassive der Erde.

Hier, im Osten Nepals, ändert sich die Struktur der Bevölkerung nun noch einmal völlig. Im Süden des Terai leben nach wie vor Tharu, aber hier kommt nun eine ganze Anzahl kleiner Terai-Ethnien hinzu. So siedeln vor allem im äußersten Osten Gangai, Rajbansi, Satar und Raji. Das Mittelland wird von West nach Ost von Sunwar, Rai, Limbu und an der Grenze zu Indien von einer kleinen Gruppe Lepcha bewohnt. Die Rai sind, von den Limbu gefolgt, die zahlenmäßig größte Volksgruppe im Mittelland, die etwa 80 Prozent der Bevölkerung stellen dürfte. Das obere Bergland wird von Sherpas bewohnt.

Die größte touristische Anziehungskraft in der östlichen Zone hat zweifellos der **Sagarmatha-Nationalpark** – alle wollen zum Everest! Dabei gibt es im Osten viele andere mindestens ebenso schöne Ziele, vor allem in den Bergen, die dem Everest-Gebiet an landschaftlicher Schönheit in nichts nachstehen. Da dort kaum Besucher hinkommen, sind sie wahrscheinlich sogar noch reizvollere Orte. Zu ihnen zählen außer den Gebirgsregionen die Marktstadt **Dharan**, **Ilam** mit seinen Teefeldern und das südlich gelegene **Koshi Tappu Wildlife Reserve**.

Städte in Ostnepal

Biratnagar

Biratnagar hat etwa 205 000 Einwohner, die hauptsächlich Brahmanen, Kshtriya, Marwari, Madhesis und Tharu sind. Die Stadt und ihre Umgebung sind der größte und wichtigste Industriestandort Nepals. Weil sie einen Verkehrsknotenpunkt an der indischen Grenze bilden und Biratnagar zu den größten Städten des Landes gehört, werden sie hier erwähnt. Wenn man durch die Stadt gehen würde, ohne genau genau wissen, wo man ist, könnte man durchaus meinen, man befände sich in Nepalgunj, hunderte Kilometer weiter westlich – eine typische Terai-Großstadt ohne nennenswerte Sehenswürdigkeiten. Da sich aber der Flughafen hier befindet und es von hier aus einige wichtige Anschlussflüge gibt, kann es passieren, dass man nicht umhinkommt, hier Station zu machen. Wenn man also hier landen und warten muss, dann kann man den **Markt** besuchen, der im Norden an der Hauptstraße abgehalten wird. Gleich in der Nähe des Marktes sind zwei bunte Tempel, der **Hanuman Mandir** und der **Kali Mandir**, zu besichtigen. Ansonsten setzt man sich am besten in den Schatten und trinkt etwas.

Markt in Biratnagar

Biratnagar
Vorwahl: +977/21.

Flug von Kathmandu (125 US-Dollar).

Die **Siddharta Bank** an der Hauptstraße wechselt Geld und hat einen Geldautomaten. Sicherer und besser ist es, Bargeld mitzunehmen.

Hotel Eastern Star (★), Road Cess Chowk, Tel. 530626, easternstar_brt@wlink.com.np; Zimmer 1000–2000 NRS. Dieses Hotel ist zweifelsohne die beste Wahl im Ort. Es bietet gute, saubere Zimmer mit Bad und ein Restaurant mit leckerem indischem Essen.
Hotel Namaskar (★), Road Cess Chowk, Tel. 521199, hotelnamaskar@wlink.com.np; Zimmer 800–1800 NRS. Das Haus ist sehr zentral gelegen, hat große klimatisierte Zimmer und leider auch sehr kleine ohne Klimaanlage. Das angeschlossene Lokal gehört zu den besten in Biratnagar.

Bei **Valentine's Bakery Café** gibt es leckere Momos; ansonsten isst man in den landestypischen Wirtschaften oder in den Restaurants der Hotels.

Viele Geschäfte und ein Markt in der Nähe der zentralen Kreuzung.

Ein Krankenhaus und Apotheken sind vorhanden. In Biratnagar steht mit dem 2011 eröffneten **Biratnagar Eye Hospital** der Christoffel-Blindenmission eine der modernsten Augenkliniken Asiens.

Dharan

Dharan, eine große Stadt im östlichen Nepal, liegt im südlichen Hügelland auf einer Höhe von 349 Metern. Die Stadt ist als Handelszentrum eine wohlhabende Marktstadt und gilt als heimliche zweite Hauptstadt des Landes. Oft wird Dharan als die ›coolste‹ und reichste Stadt Nepals bezeichnet. Die Bevölkerung ist gemischt: zu den in der Gegend vorherrschenden Rai und Limbu gesellen sich verschiedene ethnische Gruppen, so die Newar, Tamang, Gurung, Brahmanen und Chhetri. Bis zum Jahr 1990 war Dharan die Stadt, in der die Briten ihre Gurkha-Regimenter rekrutierten. Seit dem Umzug nach Pokhara liegt das Gelände etwas verlassen, einige britische Denkmäler sind noch zu besichtigen. Nicht zuletzt darauf ist der Wohlstand der Stadt begründet.
Der Ort hat einen lebendigen Markt, den **Dharan Bazar**. Westlich davon liegt der wohlhabendste Stadtteil, der völlig untypisch für nepalesische Städte ist. Gepflegte Bungalows und flache Häuser im Villen-Stil an ruhigen Straßen mit ordentlich gepflasterten, sauberen Bürgersteigen, auf denen sogar Mülleimer stehen. Hier gibt es sogar einen Golfplatz. In und um die Stadt, die auch eine Moschee besitzt, gibt es einige interessante und wichtige Tempel. Die bedeutendsten befinden sich in Bijaypur auf einem Hügel nahe dem Ort. Dort stehen mit dem **Dantakali-Tempel**, dem **Pindeshwar-Tempel** und dem **Budha-Subba-Mandir** wichtige religiöse Zentren für die einheimische Bevölkerung und die Pilger aus dem ganzen Land. Der wichtigste ist wohl der Budha Subba Mandir. In seinem Inneren liegen von Schlamm bedeckte Steine, die den liegenden Körper von Mahadev, einer Inkarnation Shivas, darstellen. Hier auf dem Hügel werden die Hauptfeste gefeiert, Rituale, Messen und Zeremonien abgehalten. An jedem Samstag werden hier Hühner als Tier-

opfer dargebracht. Den Hügel erreicht man über eine Treppe, die am Hotel ›Panas‹ beginnt. Wer nicht laufen mag, mietet sich eine Tuk Tuk (Motor-Rikscha).

Dharan
Vorwahl: +977/25.

Mit dem Bus von Biratnagar (1 Std., 50 NRS).

Keine Bank, Bargeld mitnehmen.

New Dreamland Hotel & Lodge (★), Dhankute Road, Dharan 19, Tel. 525024; Zimmer 300–1400 NRS. Das schöne Haus mit Restaurant und Bar ist sehr ruhig gelegen. Die Zimmer sind klimatisiert, groß, aber leider etwas untermöbliert.

In den Restaurants der Hotels oder in den landestypischen Gaststätten.

Viele landestypische kleinere Geschäfte.

Eastern Regional Hospital, Tel. 208-39, -45.

Hile

Mit der Flugverbindung nach Tumlingtar und dem Ausbau der Straße nach Khandbari verlor Hile seine touristische Bedeutung als Ausgangspunkt für Trekkingtouren in die Makalu-Region. Besuchenswert machen den südlich von Tumlingtar, an der Straße nach Biratnagar gelegenen Ort ein wunderschöner Aussichtspunkt, die **Teefelder** der ›Guransa Tea Estate Company‹ und ein geschäftiger **Wochenmarkt** (donnerstags). In Hile lebt eine ganze Reihe Exil-Tibeter. Im Zentrum der Ortschaft künden einige von ihnen errichtete **Gompas** davon. Die örtlichen tibetischen Gasthäuser servieren hervorragendes tibetisches Essen und die für Ostnepal typische Tongba (→ S. 107, 259).

Der kleine **Aussichtsberg** unweit des Ortes bietet ein herrliches Bergpanorama. Man erreicht ihn in etwa einer halben Stunde vom Ortsausgang aus, indem man der Straße nach Basantapur folgt und am Abzweig nach Hatti Kharka in nördlicher Richtung aufsteigt.

Natürlich kann Hile auch weiterhin als Ausgangspunkt für Trekkingtouren dienen, zum Beispiel für eine Variante des Milke Danda Trek oder ein Anschlusstrekking nach Taplejung und Suketar.

▲ *Auf dem Weg nach Hile*

Hile
Vorwahl: +977/26.
Auf den **Teefeldern** können Besichtigungen und Führungen organisiert werden. Kontakt: Guranse Tea Estate Pvt. GmbH, VOITH Complex, PO Box 233, Sinamangal, Tinkune, Kathmandu, Tel. +977/1/4478301-05, Fax 4497892.

Mit dem Bus von Dharan (3 Std., 150–200 NRS).
Mit dem Jeep von Tumlingtar (5 Std., 600–800 NRS).

Keine Bank, Bargeld mitnehmen.

Landestypische, vor allem gute tibetische Gasthäuser wie im **Hotel Himali**.

Landestypische Läden und Geschäfte.

Ilam

Ilam ist eine kleine Stadt, etwa 90 Kilometer westlich der Grenze zu Indien im südlichen mittleren Bergland Ostnepals gelegen, und Hauptsitz des gleichnamigen Distriktes. Ilam liegt in einer schönen Landschaft inmitten grüner Hügel, und hier gibt es vor allem eines – Tee. Davon und einer vielfältigen Landwirtschaft lebt diese Region, die zu einer der ruhigsten in ganz Nepal zählt. Die Region hat die gleiche Topographie und identisches Klima wie die östliche Region Darjeeling in Indien. Läge die Grenze ein wenig weiter westlich, wäre der Ilam-Tee auch Darjeeling-Tee. Der nepalesische Tee aus dieser Region ist lange nicht so berühmt wie der seines östlichen Nachbarn. Wohl nur wenige Menschen in Europa wissen um dieses Anbaugebiet. Die Qualität allerdings ist mindestens ebenbürtig. Teekenner ordnen einige der Tees aus Ilam nach ihrem Aroma, ihrer Fusion, dem Geschmack und der Farbe qualitativ sogar hochwertiger ein als Darjeeling-Tee.

Der Teeanbau in Ilam begann 1868 mit Setzlingen aus China, im selben Jahr wurde die erste Teefabrik gegründet. Sie wurde 2010 privatisiert und ist zurzeit nicht in Betrieb. Der gegenwärtig hergestellte Tee wird orthodox (per Hand) in kleinen Manufakturen produziert. Angebaut wird Tee in Nepal bis in Höhen von 2250 Metern.

Man bezeichnet vier verschiedene Ernten und Qualitäten: Der First Flush beginnt Ende März und dauert bis Ende April. Die Blätter sind zart, und die Farbe des Tees ist leicht gelblich bis grün. Er hat ein dezentes Aroma. Der First Flush ist teurer, weil nur eine geringe Menge produziert wird. Der Second Flush, von der zweiten Mai-Woche bis Ende Juli gepflückt, ist etwas dunkler und kräftiger als der First-Flush-Tee. Kenner sagen, er sei der Beste. Der Monsun Flush, auch als ›Regen-Tee‹ bezeichnet, beginnt direkt nach dem Second Flush und wird bis Ende September geerntet. Er hat eine dunkle Farbe und einen kräftigen vollen Geschmack. Der Herbst-Flush, von Ok-

Teefelder in Ostnepal

tober bis November gepflückt, ist bernsteinfarben und voller verschiedener Aromen. Er ist sehr würzig.

Direkt an der Hauptstraße des Ortes liegt der Laden der örtlichen Tee-Kooperative ›Koseli Gham‹, hier kann man die verschiedenen Tees probieren und kaufen. Neben dem Tee werden noch Süßigkeiten und Honig aus der Umgebung angeboten. Der Erlös kommt der Gemeinschaft zugute.

Der Ort selbst liegt lang gestreckt an der Straße und bildet am Markt, dem Ilam Bazar, das Zentrum mit einigen Geschäften und Restaurants. Mehr gibt es nicht zu sehen. Die Hauptattraktion ist die ruhige Hügellandschaft mit den Teefeldern, und das ist absolut sehenswert.

Ilam

Vorwahl: +977/27.
Touristen-Information, an der Bushaltestelle, Tel. 521692, ilam_2010@yahoo.com.

Geldumtausch ist in der **Bank of Asia** möglich, sicherer ist es, Bargeld mitzunehmen.

Mit Jeep oder Taxi von Charali am Mahendra Highway (2 Std., 200 NRS); der Taxi- und Jeep-Stand befindet sich direkt am Markt.

Genau wie in Dharan ist auch in Ilam die Auswahl nicht groß. Neben zwei, drei sehr einfachen Lodges ist das Gasthaus die wohl einzige Option:

Green View Guest House (★), Ilam, Tel. +977/27/520103; Zimmer 300–600 NRS. Das Guest House besitzt einfache, saubere Zimmer mit Warmwasser und einem Blick in das Grün der Teeplantage, an der es sich befindet.

Landestypische Gasthäuser, sehr gute Momos gibt es im **Chyangba Hotel**.

Landestypische Läden und Geschäfte, vor allem für Tee, wie der Laden der **Teekooperative Koseli Gham**.

Ilam Hospital, Tel. 20054.

Kakadbhitta

Die Stadt Kakadbhitta (Kakarvitta) im äußersten Osten Nepals ist ein wichtiger Grenzübergang für Reisen nach Darjeeling und Sikkim und für Überlandreisen nach Bhutan. Ansonsten gibt es eigentlich keinen Grund, die wie üblich heiße, staubige und hektische Grenzstadt zu besuchen.

Unweit des Grenzüberganges befindet sich der **Markt**, auf dem dichtgedrängt, vom Nepali Khukuri – dem Gurkha-Messer – über Heimelektronik und indische Gewürze bis hin zu Betelnüssen alles Mögliche angeboten wird. Auch der Schwarzmarkt blüht – erst kürzlich (Januar 2012) wurden hier Schmuggler mit fast 400 Kilogramm Betelnüssen dingfest gemacht.

Wer auf dem Weg nach Darjeeling ist, dem sei als Vorgeschmack ein Spazier-

An der Grenze in Kakadbhitta

gang durch die unweit gelegenen Teefelder der **Satighata-Teeplantagen** empfohlen. Der nepalesische Grenzposten in Kakadbhitta und der indische in Panitanki sind nur wenige hundert Meter voneinander entfernt. Der Grenzübergang ist von 6 Uhr morgens bis um 22 Uhr am Abend geöffnet.

 Kakadbhitta

Es gibt eine kleine **Touristen-Information** direkt an der Grenze, Tel. 562035.

Keine Bank, Bargeld mitnehmen.

Flug von Kathmandu nach Bhadrapur (150–180 US-Dollar), und mit dem Taxi zur Grenze, 600–800 NRS.
Von den nächtlichen Überlandbussen (17 Stunden) aus Kathmandu wird abgeraten. **Weiterreise nach Indien**: Zu Fuß oder per Riksha über die Grenze nach Panitanki. Mit dem Bus nach Siliguri (1–2 Std.). Von Siliguri mit dem Bus nach Darjeeling (3–4 Std.) oder mit dem Jeep von Siliguri nach Darjeeling oder Gangtok.

Hotel Mechi, Tel. 562040); 10–20 US-Dollar. Wenn man in Kakadbhitta übernachten muss, dann hier; klimatisierte Räume.

Gasthäuser oder im **Hotel Mechi**.

Landestypische Läden und Geschäfte. An der Grenze gibt es einen großen, an einen Flohmarkt erinnernden **Basar**.

Schutzgebiete in Ostnepal

Sagarmatha-Nationalpark

Der Sagarmatha-(Mount Everest)-Nationalpark ist auf einer Fläche von 1148 Quadratkilometern, im Solukhumbu-Distrikt, im Westen Ostnepals gelegen (→ Karte S. 269). Der 1976 gegründete Park umfasst die oberen Einzugsgebiete der Flüsse Dudh Koshi und Bhote Koshi. Er reicht von 2845 Metern Höhe bei Monjo bis zum höchsten Punkt der Erde mit 8850 Metern auf dem Gipfel des Mount Everest. Er ist der bekannteste Nationalpark Nepals. Seit 1979 gehört er zum UNESCO-Weltnaturerbe. Mit den Gipfeln von **Everest**, **Lhotse** und **Cho Oyu** befinden sich drei Achttausender in seinen Grenzen. Das Gebiet ist die Heimat der berühmten Sherpas und ihres buddhistischen Glaubens. Berühmte Klöster wie Tengboche, Khumjung, Thame und Pengboche finden sich hier ebenso wie die Legende um den ›Yeti‹. Das Solukhumbu ist wohl das gefragteste Trekkinggebiet des Landes. Beliebte und berühmte Wanderwege mit absolut spektakulären Ausblicken finden sich hier, von denen selbst diejenigen schon gehört haben, die mit Bergen eigentlich nichts ›am Hut‹ haben. Ich habe es schon einmal erlebt, dass jemand zu mir sagte: ›Ja, Kala Pattar hab ich schon mal gehört. Was ist das?‹ Daran kann man ermessen, wie sich der Ruf des Gebietes verbreitet hat.

Die beliebtesten Ziele für den ›normalen‹ Wanderer im Everest-Gebiet sind neben dem **Basislager** und dem **Kala Pattar** (5550 Meter) der **Gokyo-See**, das **Chukung-Tal** und das **Tal von Thame**. Im Laufe der Zeit hat sich hier, auch wegen der vielen Touristen, eine perfekte touristische Infrastruktur entwickelt. Hier oben im höchsten aller Hochgebirge bleibt selbst zwischen 3500 und 5000 Metern kaum noch ein Wunsch offen. Pizza und Pasta, Wein und Bier,

Hubschrauberlandeplatz und Krankenhaus sowie Lodges mit dem Niveau von deutschen Vier-Sterne-Hotels – es ist alles da. Das macht die Region natürlich nicht nur zum komfortabelsten, sondern auch zum sichersten Trekkinggebiet. Wer aber außer spektakulären Blicken auch noch die Einsamkeit in den Bergen sucht, ist am Kanchenjunga sicher besser aufgehoben. Etwa 3000 Sherpas leben in den Siedlungen des Gebiets. Die ehemaligen Bauern und Viehzüchter, die im 16. Jahrhundert aus Tibet hierherkamen, sind heute Hoteliers, Gastwirte, Guides, Köche und Träger. Außer Bergen, Sherpas und Touristen gibt es natürlich auch – was einen Nationalpark schützenswert macht – die Natur. Naturliebhaber, die nicht nur für die Berge einen Blick haben, finden hier eine vielfältige Flora und Fauna vor. Die Vegetation im Park wird in den unteren Lagen von Kiefern- und Schierlingswäldern bestimmt. In der Mitte stehen Tannen, Wacholder, Birken und Rhododendronwald. Über der Baumgrenze gibt es alpine Matten, die während der Monsunzeit, wenn Ruhe in den Tälern einzieht, in bunten Farben blühen. In den Lüften sind 118 Vogelarten zu sehen. Nicht ganz so hoch fliegt der hier am häufigsten anzutreffende Impeyen-Fasan, Nepals Wappenvogel. Aber auch der Blutfasan, Schneehühner und Lämmergeier sind neben vielen anderen zu sehen. Am Boden sind eine ganze Reihe Säugetiere unterwegs, darunter der Himalaya-Tahr, Gorale, Moschustiere und der Himalaya-Schwarzbär sowie viele Wiesel, Marder und auch Languren (Affen). Wenn es einen nicht stört, dass man in der Wandersaison nicht allein unterwegs sind, wird man hier großartige Erlebnisse in einer atemberaubenden Berglandschaft haben.

Mount Everest und Lhotse

Sagarmatha-Nationalpark

Anreise: Flug von Kathmandu nach Lukla oder Trekking von Jiri (der Klassiker), aus dem Rolwaling (schwer) oder aus dem Makalu-Barun-Nationalpark über das Hunku-Tal.
Benötigte Genehmigungen: Sagarmatha Nationalpark Fee, 3000 NRS; TIMS.
Übernachtung: In Lodges und Hotels.
Ausstattung: Besser geht es nicht im Himalaya, die Infrastruktur ist ausgezeichnet.
Maximale Höhe: 8850 m.
Beste Reisezeit: März–Mai und Okt.–Nov.

Makalu-Barun-Nationalpark

Der Makalu-Barun-Nationalpark wurde 1992 gegründet (→ Karte S. 269). Er umfasst eine Fläche von 1500 Quadratkilometern und hat eine ihn umgebende Pufferzone von 830 Quadratkilometern. Er reicht von tropischen Wäldern im Süden bis auf den Gipfel des fünfthöchsten Berges der Erde, den **Makalu** (8463 Meter). Dieser Park ist mit Sicherheit das einzige Naturschutzgebiet der Welt mit einem Höhenunterschied von 8000 Metern. Die bekanntesten Berge im Park, neben dem Makalu, dürften der **Mera Peak** (6476 Meter), der **Chamlang** (7319 Meter) und der **Baruntse** (7129 Meter) sein. Im Bereich des Makalu-Barun-Nationalparks ist das Klima ein klein wenig anders als in anderen Landesteilen. Der Monsun beginnt hier früher und hält auch länger an. In der Zeit zwischen Anfang Juni und Ende September fallen fast drei Viertel des gesamten Jahresniederschlages. Im April und Mai kommt es gelegentlich zu starken Vormonsunregen, die in höheren Lagen große Schneemassen mit sich bringen können. Die unglaublich

Schöne Badestelle in der Kanchenjunga Conservation Area

steile Topographie und die großen Niederschlagsmengen unterstützen die ungewöhnlich vielfältigen bioklimatischen Zonen. Die Vielfalt der Flora reicht von den tropischen Sal-Wäldern, die bis auf etwa 1000 Meter zu den Ufern des Arun reichen, über die mit üppigen Orchideen geschmückten Kastanien- und Kiefernwälder der subtropischen Zone (2000 Meter) zu den Tannen, Birken, Rhododendren, Eichen, Ahornbäumen und Magnolien, die zwischen 2000 und etwa 4000 Metern wachsen. Auf den darüber liegenden alpinen Matten finden sich neben Zwergrhododendron und Wacholder Kräuter und zarte Wildblumen, darunter auch 47 verschiedene Sorten von Orchideen. Was für ein Pflanzenparadies!

Aber auch die Tierwelt kann sich sehen lassen: Rote Pandas, Schwarzbären und Nebel-Parder, Gorale, Tahre, Wildschweine, Rehe, Murmeltier, Wiesel und Affen zählen unter anderem dazu. In den Flüssen tummeln sich 84 Arten verschiedener Fische, und in den Baumwipfeln haben über 400 Vogelarten ihr Zuhause. Das Gebiet wird nur sehr selten von Ausländern besucht. Die meisten, die kommen, sind Bergsteiger, die sich einen der Gipfel der Region als Ziel auserkoren haben. Trekkinggruppen sind hier sehr selten zu sehen. Das mag zum einen daran liegen, dass das Gebiet wenig bekannt ist, und zum anderen am Fehlen jeglicher touristischer Infrastruktur. Dabei bietet der Park mannigfaltige Naturschönheiten und phantastische Berglandschaften. Wildes Zelten ist im Park verboten, es gibt ausgewiesene Lagerplätze, die zu benutzen sind.

Die bekannteste Route im Park ist die zum und auf den **Mera Peak**. Der Weg von Tumlingtar zum Makalu-Basislager ist wenig bekannt, zählt aber sicher zu den schönsten und eindrucksvollsten Wegen, die das Gebirge zu bieten hat. Der Anblick der fast 4000 Meter steil abfallenden Makalu-Südwand ist gigantisch. Im Makalu-Basislager beginnt auch die wohl schwerste aller Hochgebirgstrekkingrouten – der Weg über die Eispässe in das Solukhumbu. Wer unberührte Natur, Stille und Einsamkeit im Gebirge sucht – der ist hier genau richtig. Allerdings muss man bereit sein, gewisse Entbehrungen auf sich zu nehmen: keine Lodge, keine warme Dusche, kein saftiges Steak!

Makalu-Barun-Nationalpark

Anreise: Flug von Kathmandu oder Biratnagar nach Tumlingtar oder Busfahrt nach Hile und drei Tage Trekking von dort nach Tumlingtar.
Benötigte Genehmigungen: Makalu Barun National Park Fee, 3000 NRS; TIMS.
Übernachtung: Im Zelt.
Ausstattung: Bis auf wenige Ausnahmen am Rand des Parks keinerlei Infrastruktur.
Maximale Höhe: 8463 m.
Beste Reisezeit: März–Mai und Okt.–Nov.

Kanchenjunga Conservation Area

Die Kanchenjunga Conservation Area trägt ihren Namen nach dem dritthöchsten Berg der Welt (→ Karte S. 269). Der **Kanchenjunga**, 8586 Meter hoch, auf der Grenze zu Indien gelegen, ist in seiner Gesamtheit eine der eindrucksvollsten Berggestalten der Erde. Der Name des schon aus der Ferne Ehrfurcht einflößenden Gebirgsmassivs mit seinen fünf Gipfeln bedeutet so viel wie ›Die fünf Schätze des großen Schnees‹.
Der Berg liegt im nordöstlichen Zipfel Nepals im Distrikt Taplejung. Das ihn umgebende Schutzgebiet wurde im März 1989 gegründet und umfasst eine Fläche von 2035 Quadratkilometern. Grenzübergreifend gibt es in Sikkim, direkt an das nepalesische Gebiet anschließend, den Kanchenjunga-Nationalpark.
Im Schutzgebiet herrscht rege Artenvielfalt, sowohl in der Flora als auch in der Fauna. Während der Frühjahrssaison ist es bunt. Im Gebiet blühende Rhododendren, Orchideen, Lilien, Primeln und viele andere Blumen entfalten ihre Pracht in den Wäldern und auf den Hochalmen und alpinen Matten. Die tiefen Lagen sind voll von tropischen Harthölzern. Diese werden von Eichen und Kiefern abgelöst, darauf folgen Lärchen, Tannen und Wacholder bis zur Baumgrenze. Am Kanchenjunga kann man 15 der 28 endemischen nepalesischen Blütenpflanzen finden. Von den 30 Rhododendronarten des Landes wachsen hier bis auf vier alle, und es gibt 69 verschiedene Orchideen.
In der Kanchenjunga Conservation Area vorkommende Wildtiere sind zum Beispiel Himalaya-Schwarzbären, Moschusochsen, der Rote Panda, Blauschafe und der vom Aussterben bedrohte Schneeleopard. Gesehen haben wir ihn leider noch nie, aber hier am Kanchenjunga, hoch oben in Pangpema, konnten wir seine Fußspuren im Schnee eindeutig sehen.
Im Schutzgebiet gibt es eine Menge ethnischer Vielfalt. Als die ersten Siedler des oberen Tamur-Tals sind die Limbu die dominierende ethnische Gruppe in den unteren Regionen. Auch Rai, Chhetri, Brahmanen und andere Volksgruppen leben am Kanchenjunga.
Die in den oberen Lagen siedelnden Sherpas der Region unterscheiden sich in einigen Traditionen und im Dialekt von denen am Everest und im Helambu. Das ist leicht schon an der Gestaltung und Bemalung der Chörten und Klöster sichtbar. Die Sherpas haben mit den Limbu zumindest eines gemein-

sam: Sie trinken deren Nationalgetränk, Chhaang, genauso gern.

Chhaang ist ein auf Hirse basierendes alkoholisches Getränk. Am meisten verbreitet ist es in den Bergen Ostnepals und im benachbarten Darjeeling und Sikkim. Es ist das traditionelle Getränk der Limbu – es ist ihnen, was den Böhmen das Bier und den Portugiesen der Wein ist.

Hergestellt wird Chhaang folgendermaßen: Die gekochte Hirse wird gekühlt und mit Schimmelpilzen, Bakterien und Hefen gemischt. Dann wird die Masse in einem gewebten Korb aus Bambus mit grünen Blättern abgedeckt und an einem warmen Ort für ein bis zwei Tage aufbewahrt. Anschließend kommt sie in einen Tontopf und wird luftdicht abgeschlossen. Nach ein bis zwei Wochen ist die Gärung abgeschlossen. Nun reift das Gebräu für etwa sechs Monate. Zum Konsumieren wird nun die fermentierte Hirse in ein spezielles Gefäß gegeben – die Tomba oder Tongba. Diese wird dann mit warmem abgekochtem Wasser aufgefüllt. Getrunken wird nun mittels eines Bambushalms, der unten geschlossen und an den Seiten mit kleinen Löchern perforiert ist. Ist die Tongba leergetrunken, wird wieder Wasser nachgefüllt, bis der Alkohol verbraucht ist, in der Regel zweimal. Die Tongba hat kulturellen und religiösen Wert für die Limbu.

Das Hauptziel der Besucher dieser Gegend ist der Blick auf den Kanchenjunga aus nächster Nähe. Der beste Platz dafür ist das nördliche Basislager. Man kann es auf zwei anfänglich verschiedenen, wenig begangenen Wegen erreichen. Wenn man dort unterwegs sind, wird man zur selben Zeit auf nicht vielmehr als eine oder zwei andere Gruppen treffen. Der Weg durch Limbuwan, wie die Einheimischen ihr Land nennen, ist ein großes Erlebnis.

Kanchenjunga Conservation Area

Anreise: Flug von Kathmandu nach Bhadrapur und mit dem Bus bei einer Zwischenübernachtung in Phidim nach Suketar. Möglich ist auch ein Flug von Kathmandu nach Tumlingtar und ein drei- bis viertägiges Trekking zum Gebiet.
Die früher übliche Anreise per Flug von Biratnagar nach Suketar ist seit mehr als drei Jahren nicht mehr möglich, da es keine Linienflugverbindung nach Suketar gibt. Es ist nicht bekannt, wann und ob sie wieder eingeführt wird. Der Grund für die Streichung der Fluglinie sind fehlende Passagierzahlen: Für die Einheimischen ist es zu teuer, und es sind zu wenige Touristen, die kommen.
Benötigte Genehmigungen: Kanchenjunga Conservation Area Fee, 1000 NRS; TIMS; Kanchenjunga Entry Permit, 10 US-Dollar pro Woche. Trekking in diesem Gebiet ist nur möglich, wenn es von einer lizenzierten Agentur organisiert und durchgeführt wird.
Übernachtung: Im Zelt und in einigen Lodges.
Ausstattung: In den unteren Lagen teilweise Lodges und Gasthäuser; im Gebirge keinerlei Infrastruktur.
Maximale Höhe: 8586 m.
Beste Reisezeit: März–Mai und Okt.–Nov.

Fußspur eines Schneeleoparden am Kanchenjunga-Basislager

Der Schneeleopard

Der Schneeleopard ist wohl die noch immer am wenigsten bekannte Großkatze unserer Erde. Heimisch in den Hochgebirgen Zentralasiens, gilt der 1761 entdeckte Schneeleopard als eines der geheimnisumwittertsten Tiere auf unserer Erde. Nur wenigen Menschen ist es bisher gelungen, diese Tiere in freier Wildbahn zu beobachten, und allzu viel ist nicht bekannt über den Lebenswandel dieser Katze. Fest steht, dass der Schneeleopard in Höhen von 3000 bis 6000 Metern (in seinem nördlichsten Verbreitungsgebiet auch auf 1000 Metern) in Gebieten fernab von jeglicher Zivilisation lebt. Von schroffen Felsen und Graten aus beobachtet er, durch sein Fell perfekt getarnt und nur aus nächster Nähe erkennbar, seine Beute. Als Nahrung bevorzugt er Thare, Steinböcke, Moschustiere, Blauschafe und Schraubenziegen, denen er im Winter auch in tiefere Lagen folgt. In der Not, vor allem im Winter, nimmt er auch mit Wildschweinen, Hasen, Mäusen oder Vögeln vorlieb.

Schneeleoparden erreichen eine Körperhöhe von 60 bis 80 Zentimetern bei einer Länge von etwa 1,20 bis 1,50 Meter (ohne Schwanz) und ein Gewicht von 40 bis 60 Kilogramm. Sie besitzen ein sehr dichtes Fell, dessen Farbe von Weiß bis zu einem gelblichen Grau variieren kann und das mit dunkelbraunen bis schwarzen Punkten durchsetzt ist. Ihre Pfoten sind mit einem dicken, dichten Haarpolster bedeckt; so sinken sie bei ihrem Weg über die Schneefelder nicht allzu tief ein.

Von allen lebenden Wesen auf unserer Erde ist der Schneeleopard Weltmeister im Weitsprung. Es sind schon Sprungweiten von 16 Metern gemessen worden.

Schneeleoparden kommen in allen zentralasiatischen Hochgebirgen, in den hohen Ebenen Tibets, der Wüste Gobi und, am nördlichsten, im Gebiet des Baikalsees vor. Ihr größtes Verbreitungsgebiet haben sie in Tibet, wohingegen die dichteste Population in Nepal besteht: Hier leben sechs bis zehn Tiere in einem Gebiet von 100 Quadratkilometern. Der Schneeleopard wurde – und wird trotz strengsten Verbotes zum Teil heute noch – gnadenlos gejagt. Zwar darf mit dem prächtigen Pelz des Schneeleoparden aufgrund der ›Konvention über den internationalen Handel mit gefährdeten Tier- und Pflanzenarten‹ (CITES) nicht mehr gehandelt werden. Doch der illegale Handel blüht weiter. Für einen Pelzmantel werden etwa 12 bis 18 Felle benötigt. Der einheimische Wilderer in Nepal, Tibet oder der Mongolei bekommt für ein Fell umgerechnet vielleicht 10 oder auch 20 Euro. Auf dem Schwarzmarkt kann dann ein erstklassiger Pelzmantel einen Preis von über 40 000 Euro erzielen. Aber auch wegen seiner Knochen, die in der chinesischen Medizin Anwendung finden, und weil er gelegentlich Haustiere, zum Beispiel Schafe und Yaks, schlägt, wird der Schneeleopard von Einheimischen gejagt.

Niemand kann genau sagen, wie viele dieser eleganten Raubtiere noch in den Gebirgen leben. Manche Wissenschaftler gehen von etwa 7000 Tieren aus, es können aber genauso gut auch nur 4000 sein. In seinem extrem gelegenen Lebensraum ist der Schneeleopard nur sehr schwer zu beobachten, und man ist deshalb wohl auch weiterhin auf Schätzungen angewiesen. Im Frühjahr 2009 trafen wir in der Nähe des Kanchenjunga-Basislagers einen Wissenschaftler mit einer Fotofalle bei einer Feldstudie und konnten zumindest die Spuren des Leoparden sehen, ihn selbst leider nicht. Wer weiß, vielleicht haben Sie mehr Glück!

Koshi Tappu Wildlife Reserve

Das kleinste der Terai-Schutzgebiete ist ein Paradies für Vogelbeobachter. Etwa 175 Quadratkilometer Feucht- und Grünland umfasst das Koshi Tappu. Es beheimatet 439 Vogelarten und ist der letzte Lebensraum für wilde Wasserbüffel. Die Vegetation besteht hauptsächlich aus hohen Wiesen. Die Dorfbewohner dürfen einmal im Jahr Gras ernten, das sie für die Dächer und Wände ihrer Häuser benötigen. Auch kleinere Mischwälder sind im Gebiet heimisch. Die oben erwähnten Vogelarten, darunter 14 endemische, setzen sich unter anderem aus 20 Entenarten, 30 Watvögeln, 114 Wasservögeln, Sumpf-Rebhühnern, zwei verschiedenen Ibissen, Schwarzkehlchen und Sumpfrohrsängern zusammen. Hier ist auch ein Rastplatz für mehr als 80 Zugvogelarten. Der Sapt-Koshi-Fluss ist Heimat der gefährdeten Gharial-Krokodile wie auch des Ganges-Delfins, von dem es hier nur noch vereinzelte Exemplare gibt. Im Fluss tummeln sich 80 verschiedene Fischarten. Die Wälder bewohnen rund 20 weitere Tierarten, Hirsche, Wildschweine, und Pythons zum Beispiel. Die letzten wilden Büffel werden auf etwa 150 geschätzt, leider stagniert der Bestand.

ℹ Koshi Tappu Wildlife Reserve

Anreise: Flug von Kathmandu nach Biratnagar und mit dem Auto (privat anmieten) in zwei Stunden zum Park.
Benötigte Genehmigungen: Koshi Tappu Fee, 500 NRS.
Übernachtung: Im eigenen Zelt (400 NRS) oder in einer der örtlichen Lodges. Es gibt zwei **Camps** zur Übernachtung, eines am nordöstlichen und eines am westlichen Rand des Parks, in denen man in einfachen Safari-Zelten schlafen kann. Meist wird die Übernachtung mit einem Safari-Paket (3 Nächte, 2 Tage mit Ausflügen ca. 150–190 US-Dollar) angeboten.
Ausstattung: Mäßige Infrastruktur.
Maximale Höhe: 125 m.
Beste Reisezeit: Okt.–April.
Aktivitäten: Wie in den anderen Parks des Terai wird auch hier der Park gern bei einem **Elefantenritt** erkundet; 1000 NRS. Die Lodges in der Umgebung organisieren **Bootsfahrten**; 1500 NRS pro Boot für bis zu fünf Personen.
Die **Parkverwaltung** hat ihren Sitz bei Kusaha. Hier gibt es ein kleines **Museum** mit interessanten Informationen; 10–17 Uhr. Gleich bei der Verwaltung gibt es ein paar Hütten, in denen man Snacks und Tee bekommen kann.

▲ *Wasserbüffel*

Trekkingtouren in Ostnepal

Im Ostteil des Landes gibt es in den drei großen Trekkinggebieten ganz unterschiedliche Voraussetzungen für Wanderungen im Gebirge. Das **Everest-Gebiet** bietet eine sehr große Vielfalt an Variationsmöglichkeiten für Touren im Nationalpark als auch außerhalb. Die touristische Ausstattung ist dort erstklassig.

Am **Makalu** und im fernen Osten, am **Kanchenjunga**, gibt es nicht so viele Möglichkeiten, auf bekannten Wegen zu wandern. Hier lässt sich sicher noch so manches auskundschaften. Infrastruktur für

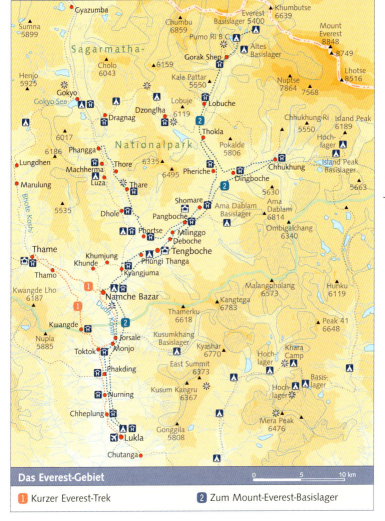

Das Everest-Gebiet

① Kurzer Everest-Trek ② Zum Mount-Everest-Basislager

den Tourismus ist am Makalu so gut wie nicht vorhanden und am Kanchenjunga nur in sehr bescheidenen Ansätzen. Die folgenden Vorschläge für Trekkingrouten umfassen alle drei Gebiete.

Auch außerhalb dieser Gebiete sind Wanderungen durch interessante Gegenden möglich.

Kurzer Everest-Trek

Länge: 7–9 Tage.
Tagesetappen: 4–6 Std.
Anspruch: Einfache Bergwanderung mit mittleren körperlichen Anstrengungen.
Übernachtung: Lodges.
Ausstattung: Sehr gute Infrastruktur.
Maximale Höhe: 3530 m.
Benötigte Genehmigungen: TIMS; Sagarmatha-Nationalpark-Fee, 3000 NRS.
Beste Reisezeit: April–Mai und Sept.–Nov.
Start und Ende: Lukla.
Anreise: Flug von Kathmandu nach Lukla.
Abreise: Flug von Lukla nach Kathmandu.
Karte: Everest Basecamp 1:60 000, Nepal Map Publisher.

Auf diesem einwöchigen Weg gelangt man in das Herz des Khumbu und erlebt auf einer aussichtsreichen Strecke wunderbare Ausblicke auf die zum Greifen nahen Eisgiganten, ohne dabei selbst in die ganz großen Höhen aufsteigen zu müssen.

■ **Der Weg**
1. Tag: Von **Lukla** (2850 m) absteigend zum Kusum Khola und nun über die Orte **Chheplung** und **Nurning** hinauf bis in das Dorf **Phakding** (2650 m); 4 Std.
2. Tag: Immer am Dudh Koshi entlang und durch schöne Rhododendronwälder geht es hinauf in das Herz des Sherpa-Gebietes nach **Namche Bazar** (3450 m); 6 Std. Unterwegs muss man bei **Jorsale** die nötigen Genehmigungen vorzeigen. Ein Ruhe- und Akklimatisationstag in Namche Bazar ist angebracht. Ein Ausflug nach **Khumjung** (3780 m) und zum ›Everest View Hotel‹ bietet sich zur besseren Akklimatisation an.
3. Tag: Akklimatisation.

▲ *Zwischen Namche Basar und Kumjung*

4. Tag: Von Namche Bazar führt der nun viel weniger begangene Weg auf der Nordseite des Bhote-Koshi-Tales hinauf nach **Thame** (3900 m); 5 Std. Hier befindet sich eines der ältesten buddhistischen Klöster der Gegend.

5. Tag: Auf einem wundervollen Weg mit einem traumhaften Bergpanorama – Sicht auf die Ama Dablam und die Spitzen von Nuptse, Lhotse und Mount Everest – gelangt man nun, südlich des Bhote Koshi wandernd, nach **Kongde** (4250 m); 6 Std.

6. Tag: Der Abstieg über den Ort **Toktok** bringt wieder bewaldetes Gebiet, ehe man zurück nach **Phakding** (2650 m) gelangt.

7. Tag: Auf dem vom Aufstieg bekannten Weg, aber mit anderen Aussichten, gelangt man nun zurück nach **Lukla** (2850 m); 4 Std.

Zum Mount-Everest-Basislager

Länge: 15–17 Tage.
Tagesetappen: 3–8 Std.
Anspruch: Schwere, anspruchsvolle Bergwanderung mit teilweise hohen körperlichen Anforderungen.
Übernachtung: Lodges und Komfortlodges.
Ausstattung: Optimal.
Maximale Höhe: 5500 m.
Benötigte Genehmigungen: Sagarmatha National Park Fee, 3000 NRS; TIMS, Chhukhung Ri Permit, 350 US-Dollar für bis zu vier Personen.
Beste Reisezeit: April–Mai und Sept.–Nov.
Start und Ende: Lukla.
Anreise: Flug von Kathmandu nach Lukla.
Abreise: Flug von Lukla nach Kathmandu.
Karte: Everest 1:75 000, Nepal Map Publisher.

Herrliche Berglandschaften und die Kultur der Sherpas im Solukhumbu erlebt man auf diesem Weg hautnah. Auf dem Weg in das Gebirge kommt man den weißen ›Riesen‹ zum Greifen nah. Dieser Routenvorschlag ist so geplant, dass man erstens so viel als möglich sieht und zweitens zwischen Komfortunterkünften und normalen Lodges wählen kann. Dort, wo am Tagesziel eine Komfortunterkunft möglich ist, findet sich ein (K) hinter der Höhenangabe des Ortsnamens.

■ Der Weg

1. Tag: Nach dem Flug von Kathmandu nach **Lukla** (2850 m) startet die Tour mit einer Wanderung nach **Phakding**. Ein Abstieg führt hinunter zum Kusum Khola. Von nun an folgt man dem Dudh Koshi flussaufwärts bis nach **Phakding** (2650 m, K); 4 Std.

2. Tag: Immer am Dudh Koshi entlang, durch riesige Rhododendronwälder (bei Jorsale Eintritt in den Nationalpark), und auf einem letzten steilen Anstieg führt der Weg nach **Namche Bazar** (3450 m, K); 6–7 Std. Hier ist ein Ruhe-/ Akklimatisationstag dringend anzuraten. Dieser Tag dient der besseren Akklimatisation an die große Höhe, die man in recht kurzer Zeit erreicht hat.

3. Tag: Akklimatisation.

4. Tag: Auf einem herrlichen Höhenweg, mit Blick zum Everest, geht es nun zum **Kloster Tengboche**. Nach der Besichtigung dieses bedeutenden Klosters führt der Weg noch ein Stück weiter nach **Deboche** (3800 m, K); 6 Std.

5. Tag: Mit dem Blick auf einen der schönsten Berge der Erde, die eisgekrönte Ama Dablam, wandert man dem Tagesziel **Pheriche** (4270 m) entgegen; 5 Std. Hier sollte unbedingt ein weiterer **Akklimatisationstag** eingelegt werden. Diese weitere Akklimatisation ist enorm wichtig, um sich gut an die Höhe anzupassen.

6. Tag: Akklimatisation.

Der Mount Everest

7. Tag: Es geht nun immer weiter hinauf in die grandiose Hochgebirgslandschaft, das Ziel ist heute in **Lobuche** (4900 m); 6 Std.

8. Tag: Die folgende, kurze Etappe, führt nach **Gorak Shep** (5150 m); 3 Std. So hat man hier Zeit zur Besteigung des 5550 Meter hohen **Kala Pattar**. Vom Gipfel aus kann man einen traumhaften Sonnenuntergang am Mount Everest erleben. Der Aufstieg ist einfach, in etwa zwei Stunden hat man den Gipfel erreicht; einzig die Höhe ist hier vielleicht ein Problem.

9. Tag: In das **Everest-Basislager** (5400 m) und zurück zur Lodge ist der folgende Wanderabschnitt. Wenn man bis in das Basislager gehen will, muss man zeitig aufbrechen, der Weg über den Gletscher zieht sich lange hin. Vom Lager selbst, in dem zur Besteigungssaison hunderte von Zelten stehen, kann man den Gipfel des Everest nicht sehen! 7–9 Std.

10. Tag: Auf bekannten Wegen geht es zurück bis in die Ortschaft **Thokla** (4600 m); 8 Std.

11. Tag: Der Weg führt nun über den Ort **Dingboche** nach **Chhukhung** (4750 m), das letzte bewohnte Dorf im östlichen Teil des Gebietes; 5 Std.

12. Tag: Auf den **Chhukhung-Ri** (5550 m), einen weiteren schönen Aussichtsberg, und zurück zur Lodge könnte es auf diesem Tagesabschnitt gehen; 7 Std.

13. Tag: Durch das bereits bekannte Tal geht es nun zurück nach **Deboche** (3800 m, K); 5 Std.

14. Tag: Durch das langgestreckte Khumbu-Tal führt der Weg zurück und bietet noch einmal wunderbare Aussichten. Über Namche Bazar erreicht man **Monjo** (2850 m, K); 6–7 Std.

15. Tag: Auf dem letzten Wandertag gelangt man auf bekanntem Weg wieder zurück nach **Lukla** (2850 m, K); 6 Std.

Wie es immer weitergeht

Zum Kanchenjunga sollte es diesmal gehen. Zu acht machten wir uns auf den Weg. In Kathmandu angekommen, begannen die Schwierigkeiten. Die Flüge von Biratnagar nach Suketar waren kurzfristig eingestellt worden. Nun gut, dachte ich, fahren wir eben mit dem Bus, schließlich gibt es keine Alternative. Am Abend vor dem Abflug steht plötzlich Lhakpa vor mir – sehe ich Gespenster? Der ist doch schon vor drei Tagen mit der ganzen Ausrüstung, dem Küchenteam und den Trägern mit dem Bus losgefahren. Ja, er war es wirklich, aber ein Streik blockierte die Straße, niemand wurde durchgelassen, nicht einmal das sonst gut funktionierende Schmiergeld half. Was tun? Also die Ausrüstung muss mit, Lhakpa muss mit, und der Koch und sein Team müssen auch mit. Die Träger bleiben hier! Das kann keiner mehr bezahlen, wenn sie alle mitfliegen. Da müssen wir eben in Taplejung welche anwerben, das klappt schon.

So flogen wir nach dem übliche Prozedere am Inlandflughafen am nächsten Tag mit aller Ausrüstung nach Biratnagar. Es wurde erst einmal nicht besser. Statt einem waren wir zwei Tage mit dem Bus nach Taplejung unterwegs, auf einer Fahrt, bei der sich der Bus auf der unvorstellbar schlechten Straße stundenlang, wie ein wogender Hochseedampfer, mit ächzendem Chassis über Land quälte. Kurz vor dem Ziel dann fiel die komplette Frontscheibe heraus. Zum Glück dauerte es kaum zehn Minuten, bis wir da waren, wir bezogen die Lodge, und Lhakpa machte sich auf, Träger anzuwerben. Tja, keine da! Ausgerechnet in diesem Frühjahr mussten die Koreanerin Oh Eun-Sun und die Spanierin Edurna Pasaban ihren Wettlauf um die Besteigung aller Achttausender (→ S. 120) am Kanchenjunga fortsetzen. Sie hatten alle verfügbaren Träger einige Tage vorher angeworben. So heuerten wir die ›dritte Reihe an‹, bis auf drei oder vier trugen sie alle das erste Mal für eine längere Zeit. Das merkten wir bald, als am Abend der ersten Tagesetappe unser Gepäck nicht ankam. Glücklicherweise hatte der schlaue Lhakpa Zelte und Matten dem Küchenteam mit aufgehalst, so hatten wir wenigstens ein Dach überm Kopf und etwas zum Daraufliegen. Aus dem einzigen Haus in der Nähe wurden noch ein paar Decken besorgt. Am nächsten Morgen kamen dann die Träger mit unseren Sachen. Sie gewöhnten sich schließlich an unseren Rhythmus, und das Trägerproblem hielt sich im weiteren Verlauf der Tour in Grenzen.

Der nächste Tag war strahlend schön, wir badeten im Fluss, schlugen unser Quartier in Yangpang, dem letzten Dorf vor der Wildnis, auf, bekamen ein leckeres Abendessen und verschwanden glücklich und zufrieden in unseren Schlafsäcken. Am nächsten Morgen hörte ich lautes Rumoren und Fluchen aus einem unserer Zelte. »So eine Schei..., wo hab ich denn meine Schuhe hingestellt – Ray, meine Schuhe sind weg!« »Ja, ja«, dachte ich, »die lösen sich in Luft auf oder was!« – Materie verschwindet nicht. »Martha, vielleicht hast du sie vergessen und jemand anderes hat sie mit in sein Vorzelt genommen, sieh doch noch einmal in Ruhe nach.« Nach und nach tauchten alle aus unserer Gruppe auf. Die Wanderschuhe von Martha nicht. Weg – aus dem Vorzelt verschwunden – geklaut! Das kostet uns einen weiteren Tag. Denn ohne Schuhe geht es nicht weiter. Polizei gibt's hier keine, also wurden der Bürgermeister und der örtliche Maoisten-Chef eingeschaltet, sämtliches Trägergepäck kontrolliert und im Dorf gesucht. Lhakpa verschwand immer wieder im Dorf, der Mao-Chef brüllte herum... »Schande, schämt euch, das in unserm Dorf!« Die Träger waren beleidigt, Martha stinksauer – die Schuhe blieben verschwunden! So kam es, dass ich das Kanchenjunga-Trekking zum größten Teil in ›steigeisenfesten‹ Bergsandaletten absolvierte. Martha ging in meinen Schuhen, es ging.

Nun hatten wir drei Tage verloren – das plant man nicht ein. Was machen wir? Auf die Busfahrt, zwei Tage lang zurück nach Biratnagar, wollten wir auch gern verzichten. Mir fiel ein, dass ich irgendwo von einer Trekkingtour, Ilam–Taplejung–Tumlingtar gelesen hatte (danke, Bernhard Rudolf Banzhaf). So könnte es gehen. Ich hatte zum Glück genügend Ruhetage eingeplant. Kurzerhand wurden ein Ruhetag und die Bergbesteigung (zwei Tage) am Ende gestrichen und zwei kurze Etappen zu einer langen zusammengelegt, so hatten wir sogar noch einen Tag mehr. Den verbrachten wir später faulenzend in einer nie erwarteten Edel-Lodge und im Tamur badend in Dobhan. Das Telefon funktionierte auch gerade noch. So wurden die Biratnagar-Rückflüge storniert und neue ab Tumlingtar gebucht. Nur jetzt durfte nichts mehr schiefgehen. Und es ging nichts mehr schief! Wir hatten eine sehr schöne Tour zum Kanchenjunga, mit prachtvollen Bergblicken. Auch der Rückweg verlief problemlos. Gespannt waren wir auf den unbekannten Weg nach Tumlingtar. Einen Tag vor dem Erreichen der neuen Route bog Lhakpa noch einmal in Richtung Suketar ab – er wäre am Abend wieder bei uns. Das war er auch, mit Marthas Schuhen! Er hatte die ganze Zeit mit einem Bekannten telefoniert, das Dorf wollte die Schmach nicht auf sich sitzen lassen und machte den Missetäter ausfindig. Der hatte die Schuhe im Wald versteckt. So konnten wir den Weg alle in unseren eigenen Schuhen fortsetzen. Der uns unbekannte Weg war hoch interessant, wenn auch noch einmal anstrengend. Gegangen war ihn seit Jahren kein Ausländer mehr – das war deutlich. Wir erreichten, mit Eindrücken überladen, pünktlich unser Flugzeug in Tumlingtar und waren planmäßig in Kathmandu. Am Ende sind die Dinge doch immer gut. Weil sie zu Ende sind?!

Beim Schreiben dieser Geschichte fiel mir der Reisegrundsatz des Adolph Freiherrn von Knigge wieder ein, der, wenn man ihn beherzigt, jede Reise zu einem Erfolg werden lässt. Knigge sagte: »Zum Reisen gehören Geduld, Mut, guter Humor, Vergessenheit aller häuslichen Sorgen und dass man sich durch kleine widrige Zufälle nicht niederschlagen lasse.«

Lhakpa Sherpa und Träger

Trekkingtouren in Ostnepal 269

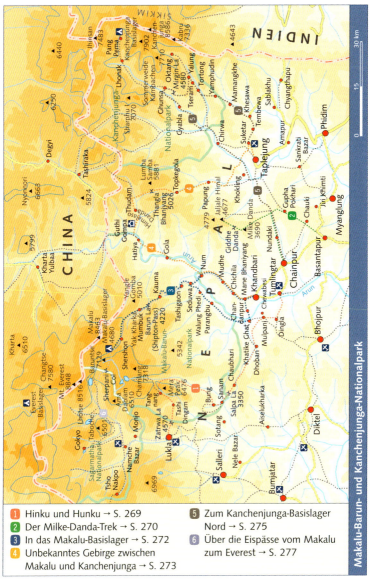

1. Hinku und Hunku → S. 269
2. Der Milke-Danda-Trek → S. 270
3. In das Makalu-Basislager → S. 272
4. Unbekanntes Gebirge zwischen Makalu und Kanchenjunga → S. 273
5. Zum Kanchenjunga-Basislager Nord → S. 275
6. Über die Eispässe vom Makalu zum Everest → S. 277

Hinku und Hunku

Länge: 13–15 Tage.
Tagesetappen: 4–8 Std.

Anspruch: Schwere, anspruchsvolle Bergwanderung mit mittleren und teilweise

hohen körperlichen Anforderungen.
Übernachtung: Zelt.
Ausstattung: So gut wie keine, Ausrüstung und Verpflegung müssen mitgenommen werden.
Maximale Höhe: 5415 m.
Benötigte Genehmigungen: Makalu Barun National Park Fee, 3000 NRS; TIMS.
Beste Reisezeit: April–Mai, Sept.–Nov.
Start: Tumlingtar.
Ende: Lukla.
Anreise: Flug von Kathmandu nach Tumlingtar.
Abreise: Flug von Lukla nach Kathmandu.
Karte: Jiri-Everest-Khumbu, 1:100 000, Nepal Map Publisher.

Nein, die Überschrift ist kein Scherz. So heißen die beiden Täler auf dieser Strecke wirklich. Die Tour führt durch den Makalu-Barun-Nationalpark, Höhepunkte dieser Bergtour sind das **Hunku-Tal**, die Überschreitung des **Mera La** und einmalige Traumblicke auf Lhotse, Everest und viele andere Gipfel. Kaum jemand wird etwas über die Gegend im Hunku-Tal erzählen können, weil bisher nicht sehr viele Menschen in diesem Tal unterwegs gewesen sind. Erst wenn der Mera La erreicht ist, kommt man wieder auf eine gängige Route. Auf diesem Weg erlebt man Bergeinsamkeit in einer faszinierenden Gebirgslandschaft.

■ **Der Weg**
1. Tag: Flug nach **Tumlingtar** (390 m) und Beginn der Wanderung. Hinunter zum Arun geht es an typischen Gehöften vorbei und wieder hinauf zum ersten Ziel in **Khatike Ghat** (490 m); 4 Std.
2. Tag: Stetig rauf und runter führt der Pfad in ein immer enger werdendes Tal durch die Gegend von Salpha Phedi. Zuerst geht es nach **Dhoban** (1000 m); 6 Std.
3. Tag: Der nächste Wanderabschnitt erreicht am Ende das Dorf **Chaubhari** (2230 m); 6 Std.

4. Tag: Durch einen dichten Wald aufwärts, später den Hauptkamm verlassend, erreichen man den **Pass Salpa La** (3350 m) mit einem Chörten. Eine schöne Aussicht ist der Lohn. Nun geht es steil hinunter durch einen Tannenwald in das Dorf **Sanam** (2650 m); 7–8 Std.
5. Tag: Ein Höhenweg führt bis nach **Gudel**. Nun folgt ein steiler Abstieg zum Hunku Khola und auf der Gegenseite geht genauso steil wieder hinauf nach **Bung** (1950 m); 7 Std. Hier kann man getrost einen **Ruhetag** einlegen, denn für die nächsten Tage verlässt man hier die Zivilisation.
6.–9. Tag: Auf einem kaum begangenen Pfad steigt man in den nächsten drei Tagen weit in das Gebirge auf. Immer am Fluss entlang führt der Weg hinauf in das **Mera-La-Basislager** (Urpa; 4260 m) vor dem Pass; 7 Std. tägl.
10. Tag: Steil hinauf geht es nun auf die Passhöhe des **Mera La** (5415 m). Ein traumhafter Blick in den Himalaya zu den höchsten Gipfeln der Erde belohnt die Anstrengung. Es folgt ein Abstieg durch ein trockenes Tal und über Moränen zur Weide von **Tangnang** (4350 m); 8 Std.
11. Tag: Absteigend über Wiesen, später durch Urwald mit riesigen Bäumen, gelangt man zur Siedlung **Tashi Dingam** (3400 m); 5 Std.
12. Tag: Noch einmal aufsteigend über den **Zatrwa La** (4570 m) wandert man zur Sommerweide von **Kharka Teng** (4030 m); 6 Std.
13. Tag: Der letzte Wandertag führt über Grasflächen, an einem Bergsturzgebiet vorbei und durch traumhaft schönen Wald nach **Lukla** (2800 m); 5 Std.

Milke-Danda-Trek

Länge: 7–9 Tage.
Tagesetappen: 5–8 Std.

Milke-Danda-Trek

Anspruch: Mittelschwere Bergwanderung mit mittleren und zum Teil auch größeren körperlichen Anstrengungen; nicht leicht zu findender Weg vom Milke Danda zum Jaljale Himal.
Übernachtung: Zelt.
Ausstattung: Keinerlei Infrastruktur zwischen Gupha Pokhari und Nundaki; Ausrüstung und Verpflegung komplett mitführen.
Maximale Höhe: 4677 m.
Benötigte Genehmigungen: TIMS.
Beste Reisezeit: März–Mai und Sept.–Dez.
Start: Basantapur.
Ende: Chainpur.
Anreise: Flug von Kathmandu nach Tumlingtar und mit dem Jeep nach Basantapur oder Flug nach Biratnagar und mit dem Bus (7 Std.) über Dharan nach Basantapur.
Abreise: Mit dem Jeep von Chainpur nach Tumlingtar und Flug nach Kathmandu.
Karte: Kanchenjunga–Milke Danda–Makalu 1:125000, Nepal Map Publisher.

Diese relativ kurze, aber wunderschöne Wanderung führt auf einen Bergkamm mit wunderbarem Blick auf vier der höchsten Berge der Erde. Durch herrliche Rhododendronwälder geht es hinauf zum Milke Danda und über den Kamm des Giddhe Danda zu den steinigen Gipfeln des Jaljale Himal.

■ Der Weg

1. Tag: Von **Basantapur** (2200 m) über den **Tinjure Danda** und dichten Nadel- und Rhododendronwald in nördlicher Richtung nach **Chauki** (2680 m); 5 Std.
2. Tag: Auf dem Kamm weiter durch schönen Tannen-, Rhododendron- und Bambuswald zu den vereinzelt stehenden Häusern von **Gupha Pokhari** (Bajar, 2900 m); 5 Std. Hier gibt es einen buddhistischen Schrein und einen kleinen See und mit Wetterglück eine tolle Fernsicht zum Kanchenjunga.
3. Tag: Höhe haltend und weiter aufsteigend, durch dichten Rhododendronwald geht es hinauf zum Aussichtspunkt auf dem **Milke Danda** (3690 m); 6 Std.
4. Tag: Vom Milke Danda auf dem Kamm bleibend weiter nach Nordwesten und an einer Abzweigung nach rechts, nördlich zum **Giddhe Danda** abbiegend, erreicht man schließlich die unbekannten Bergseen am felsigen Bergrücken des **Jaljale Himal** (4677 m) mit einer herrlichen Aussicht auf Everest und Lhotse, Makalu und Kanchenjunga; 8 Std.
5. Tag: Auf demselben Weg geht es nun zurück zum letzten Übernachtungsort am **Milke Danda**; 7 Std.
6. Tag: Den vom Hinweg bekannten Aufstiegsweg von Gupha Pokhari bis etwa 1,5 Stunden vor den Ort zurückgehen. An einer größeren Weggabelung westlich nach **Nundaki** (1860 m) absteigen; 6 Std.
7. Tag: Einen steilen, aber sehr schönen Weg zum Philuwa Khola absteigen. Nun auf einem breiten Schotterweg, relativ die Höhe haltend, bis in den Markt- und Handwerkerort **Chainpur** (1260 m); 6 Std.

Dorfplatz in Tashi Gaon

Altar im Makalu-Basislager

In das Makalu-Basislager

Länge: 18–22 Tage.
Tagesetappen: 3–8 Std.
Anspruch: Schwere Bergwanderung mit hohen und zum Teil auch sehr großen körperlichen Anstrengungen.
Übernachtung: Zelt.
Ausstattung: Keinerlei Infrastruktur nach Tashigaon; Ausrüstung und Verpflegung muss man komplett mitführen.
Maximale Höhe: 4870 m.
Benötigte Genehmigungen: TIMS; Makalu-Barun-Nationalpark-Fee, 3000 NRS; Makalu Entry Fee, 10 US-Dollar pro Woche.
Beste Reisezeit: April–Mai und Ende Sept.–Anfang November.
Start: Khandbari.
Ende: Tumlingtar.
Anreise: Flug von Kathmandu nach Tumlingtar und mit dem Jeep nach Khandbari.
Abreise: Von Tumlingtar Flug nach Kathmandu.
Karte: Makalu Base Camp 1:85|000, Nepal Map Publisher.

Die Wanderungen entlang der atemberaubend schönen Täler des Arun und des Barun führen in den **Makalu-Barun-Nationalpark** und zum **Basislager des Makalu** unter seine beeindruckende, fast 4000 Meter hohe Südwand. Auf kaum einem anderen Weg im Himalaya hat man Gelegenheit, durch eine solch große Vielfalt an Vegetations- und Klimazonen zu wandern. Vom tropisch heißen Tumlingtar (400 Meter) führt die Strecke, mit einer beeindruckenden Flora und Fauna, 4600 Meter in die Höhe, bis in die eisige Gegend zum Basislager am Anfang des Barun-Gletschers.

■ Der Weg

1. Tag: Von **Khandbari** (1020 m) über das Dorf **Mane Bhaniyang** (1100 m), vorbei an Reis-Terrassenfeldern, erreicht man aufsteigend den kleinen Gurung-Ort **Chichila** (1850 m); 6 Std.

2. Tag: Durch Graslandschaften und subtropische Wälder führt der Weg weiter

hinauf nach **Mudhe** (2000 m) und wieder hinunter bis nach **Num** (1500 m); 6 Std.
3. Tag: Von Num geht es westwärts hinunter zum Arun und über diesen hinweg. Auf der anderen Seite des Flusses nun hinauf in das Dorf **Seduwa** (1530 m); 5 Std. Hier befindet sich ein Büro der Nationalpark-Verwaltung.
4. Tag: In das letzte bewohnte Dorf vor der Wildnis führt der teilweise steile Aufstieg in das Sherpa-Dorf **Tashigaon** (2065 m); 7 Std.
5. Tag: Von Tashigaon aus steht eine anstrengende Etappe an. Erst durch dichten Wald mit riesigen Rhododendronbäumen, steigt man später über steppenartige Wiesen nach **Kauma** (Khongma, 3560 m), dem Lagerplatz vor den Pässen, auf; 8 Std.
6. Tag: Es geht auf dieser Etappe über den **Barun La**, den sogenannten Shipton-Pass. Dieser besteht eigentlich aber aus vier Pässen: dem Khongma La, dem Tutu La, dem Shipton und dem Keke La. Die höchste Stelle befindet sich mit 4220 Metern am Shipton La. Von Kauma aufsteigend, erreicht man zuerst den Khongma La und hat von hier eine herrliche Sicht zum Chamlang, Peak 6, Makalu und dem Kanchenjunga. Ein Schneefeld querend, gelangt man im Abstieg wieder in den Wald und zum Lagerplatz von **Mumbuk** (3550 m).
7. Tag: Von Mumbuk steil absteigend, kommt man nun in das tief eingeschnittene Barun-Tal. Hier muss man sehen, welcher der Wege am besten zu begehen ist. Es gibt auf beiden Seiten des Flusses Pfade, die mitunter aber abgerutscht und von Steinschlag gefährdet sein können. Das Tal nun aufwärts und an verschiedenen Sommerweiden vorbei, zum Zeltplatz auf einer Wiese mit einfachen Hütten nach **Yak Kharka** (4100 m); 8 Std.
8. Tag: Zuerst noch durch Wald, gelangt man schon bald über die Baumgrenze. Nach und nach tauchen nacheinander die verschiedensten Himalaya-Gipfel am Horizont auf. Über **Ramara**, eine Alm mit der letzten Sommerhütte, führt der Weg nach **Shershon** (4650 m); 7 Std.
9. Tag: Von Shershon steigt man auf einen Moränenrücken. Jetzt kommt er das erste Mal so richtig in den Blick, eindrucksvoll erhebt sich direkt vor einem der Makalu mit seiner gigantischen Südwand. Das Tal über die Moränenfelder querend, gelangt man auf die andere Seite zum Platz des **Makalu-Basislagers** (4870 m); 5 Std.
10. Tag: Ein Tag im Basislager zur Erkundung der Gegend und der unbeschreiblichen Aussichten sollte unbedingt eingeplant werden.
11.–16. Tag: Auf dem bekannten Weg geht es zurück bis nach **Seduwa**.
17. Tag: Der Rückweg führt von nun an auf der westlichen Flussseite immer am Arun entlang über eine Reihe von Seitentälern und durch subtropische Dörfer bis nach **Tumlingtar**. Von Seduwa über **Mulgaon** (1415 m) und **Walung Phedi** zum Zeltplatz nach **Parangbu** (650 m) direkt am Fluss; 6 Std.
18. Tag: Weiter, immer am Arun entlang, durch verstreut liegende Gehöfte zum Zeltplatz kurz vor der Einmündung des Sangkhuwa Khole in den Arun; 6 Std.
19. Tag: Vorerst weiter am Westufer des Arun entlang bis nach **Khatike Ghat**, hier über die 300 Meter lange Hängebrücke auf die andere Seite des Flusses und zum Lagerplatz bei **Chewabesi**; 5 Std.
20. Tag: Der letzte Anstieg der Tour führt auf den Bergrücken oberhalb des Arun nach **Tumlingtar** (400 m); 3 Std.

Unbekanntes Gebirge zwischen Makalu und Kanchenjunga

Länge: 12–15 Tage.
Tagesetappen: 4–9 Std.

Anspruch: Mittelschwere, anspruchsvolle Bergwanderung mit mittleren und tageweise auch sehr großen körperlichen Anstrengungen.
Übernachtung: Zelt.
Ausstattung: Fast keine Infrastruktur von Num bis Chirwa; Ausrüstung und Verpflegung muss komplett mitgeführt werden.
Maximale Höhe: 5026 m.
Benötigte Genehmigungen: TIMS; Makalu Entry Fee für Sankhuwasabha, Chepuwa und Hatiya, 10 US-Dollar pro Woche.
Beste Reisezeit: April–Mai und Ende Sept.–Anfang Nov.
Anmerkung: Im Frühjahr ist der Pass Thangla Bhanjyang wegen zu viel Schnee möglicherweise nicht passierbar. Dann müsste man einen tiefer liegenden Weg zum Sado Pokhari gehen oder ungünstigsten Falls auf demselben Weg zurückkehren.
Start: Khandbari.
Ende: Taplejung.
Anreise: Flug von Kathmandu nach Tumlingtar und mit dem Jeep nach Khandbari.
Abreise: Von Taplejung mit dem Bus oder Jeep über Phidim nach Bhadrapur und Flug nach Kathmandu. Oder ein viertägiges Trekking direkt von Chirwa nach Chainpur, von dort mit dem Jeep nach Tumlingtar und Flug nach Kathmandu.
Karten: Makalu Base Camp, 1:85000, und Kanchenjunga–Milke Danda–Makalu, 1:125000, Nepal Map Publisher.

Die Wanderung beginnt wie das Makalu-Basislager-Trekking und zweigt ab dem Dorf Num nach Norden ab. Auf der **alten Handelsroute nach Tingri** in Tibet gelangt man in Richtung Norden zum Oberlauf des Arun. Dieses Gebiet ist erst seit kurzem zum Trekking freigegeben und noch nahezu unbekannt. Der Rückweg in die Zivilisation führt über einen 5000 Meter hohen Pass, vorbei an vielen kleineren Bergseen, auf einem ganz selten begangenen Weg, in das Tamur-Tal und hinauf nach Taplejung. In diesem äußerst selten besuchten Gebiet ist es am ehesten wahrscheinlich, dass man ein oder zwei der seltenen Tiere des Himalaya wie die Moschustiere, Blauschafe, den Roten Panda oder gar einen Schneeleoparden zu Gesicht bekommt.

■ Der Weg

1.–2. Tag: Wie im vorangegangenen Trek beschrieben nach **Num**.
3. Tag: Von Num geht es diesmal in östlicher Richtung hinunter zum Arun und über diesen hinweg. Auf der anderen Seite nun nach Norden, über den Ort **Hedangna**, zum Dorf **Ekuwa** und weiter nach **Gola** (1100 m); 7 Std.
4. Tag: Das Arun-Tal aufwärts führt der hügelige Weg weiter nach Norden. Das Dorf **Barun Bazar** passierend, erreicht man **Hatiya** (1560 m); 6 Std.
5. Tag: Der Weg setzt sich nun in östlicher Richtung fort. Man überquert auf Brücken drei Seitentäler, ehe man über **Chepuwa** und eine weitere Brücke hinauf zum Kloster nach **Guthi Gompa** (2500 m) gelangt; 6 Std.
6. Tag: Hinunter geht es zuerst nach **Chyamtang** (2200 m) und noch weiter hinab zum Arun (1800 m) führt der erste Wegabschnitt dieses anstrengenden Tages. Vom Fluss geht es steil hinauf zum **Himalaso Danda** und weiter nach

Kurz vor Chirwa

Osten in die kleine Siedlung **Thudam** (3550 m); 7 Std. Hier auszuruhen und einen kleinen Akklimatisationsaufstieg zu unternehmen, ist sehr zu empfehlen.
7. Tag: Akklimatisation.
8. Tag: **Zum Hochlager Yala**: Der Weg zweigt nun nach Süden ab und folgt dem Lauf des Syangjing Khola bis zum Lagerplatz vor dem Pass (4250 m); 4 Std.
9. Tag: Weiter bergauf erreicht man nach einem im letzten Stück steilen Anstieg den Pass **Thangla Bhanjyang** (5026 m). Eine herrliche Sicht vom Pass, der über dem See Thangla Pokhari liegt, ist der Lohn der Mühen. Abstieg zu den Hütten von **Topkegola** (3720 m) und dem nahe gelegenen, heiligen See, **Sado Pokhari**; 6 Std.
10. Tag: Eine lange Tagesetappe führt nun wieder durch Waldgebiete immer entlang dem Mewa Khola in stetigem Auf und Ab, weiter in Richtung Süden nach **Papung** (2100 m); 9 Std.
11. Tag: Erst nach Osten, dann nach Südosten wendet sich der Weg über verschiedene Bergrücken hinab nach **Chirwa** (1185 m) am Fluss Tamur; 8 Std.
12. Tag: Von Chirwa aus steigt der Weg noch einmal an. Zuerst erreicht man den Ort **Lingkhim** (1460 m), ehe es noch einmal hinunter zum Sisna Khola und wieder hinauf zum Tagesziel nach **Ghadi Danda** (1800 m) geht; 6 Std.

Aufstieg von Tseram

13. Tag: Es geht immer noch weiter hinauf. Das Dorf **Bungkhulung** (2100 m) wird zuerst passiert, ehe man über **Suketar** (2300 m), schließlich absteigend nach **Taplejung** (1850 m) gelangt; 4 Std.

Zum Kanchenjunga-Basislager Nord

Länge: 21–23 Tage.
Tagesetappen: 4–10 Std.
Anspruch: Schwere, teilweise sehr anspruchsvolle Bergwanderung mit mittleren bis teilweise sehr hohen körperlichen Anforderungen.
Übernachtung: Zelt.
Ausstattung: So gut wie keine, Ausrüstung und Verpflegung muss komplett mitgenommen werden.
Maximale Höhe: 5143 m.
Benötigte Genehmigungen: Kanchenjunga Conservation Area Fee, 1000 NRS; TIMS; Kanchenjunga Entry Permit, 10 US-Dollar pro Woche.
Beste Reisezeit: April–Mai und Okt.–Nov.
Start: Suketar.
Ende: Chainpur.
Anreise: Flug von Kathmandu nach Bahdrapur und Busfahrt über Phidim nach Suketar.
Abreise: Mit dem Jeep von Chainpur nach Tumlingtar und Flug nach Kathmandu.
Karte: Kanchenjunga 1:125 000, Nepal Map Publisher.

Die Tour zum Kanchenjunga-Basislager Nord ist ein spannendes Trekking in eine selten besuchte Region mit faszinierenden Hochgebirgslandschaften aus Eis und Schnee und Begegnungen mit Menschen, die noch wie im Mittelalter leben. Fünf Wandertage auf einem von Ausländern fast vergessenen Weg durch das Land der Limbu über Doban zum Arun erwarten den Wanderer, der sich für diese Strecke entscheidet.

Der Weg

1. Tag: Von **Suketar** (2300 m) folgen man dem Bergrücken ostwärts nach **Tembewa** (2000 m); 4 Std.

2. Tag: Immer rauf und runter wandert man über den **Khare Bhanjyang** (2080 m) durch Urwald zur Ortschaft **Yangpang** (2050 m); 5 Std.

3. Tag: Weiter geht es In ständigem Auf- und Ab über **Mamangkhe** (1920 m) zum heutigen Tagesziel, nach **Yamphudin** (2100 m); 7 Std.

4.–5. Tag: In den nächsten zwei Tagen zunächst relativ flach, dann lange und sehr steil bergauf bis zum **Lamite Bhanjyang** (3340 m). Ein wunderschöner Blick auf weiße Berge belohnt hier. Nun durch dichten Urwald Abstieg in das Yalung-Tal zu den wenigen Häusern von **Tortong** (3000 m); jeweils 8 Std.

6. Tag: Auf wunderschönem Weg geht es über **Anda Phedi** (3370 m) weiter ins Gebirge. Durch Rhododendron- und Zedernwälder, mit Stippvisite am buddhistischen Heiligtum **Devi Tang**, erreicht man die Weiden von **Tseram** (3850 m); 6 Std. Hier sollte ein **Ruhe- und Akklimatisationstag** erfolgen.

7. Tag: Akklimatisation.

8. Tag. Eine anstrengende, aber auch traumhaft schöne Etappe folgt nun. Am Anfang geht es drei Stunden steil bergauf zum ersten Pass (4650 m) und weiter über den **Mirgin La** (4580 m) zum **Sinion La** (4540 m). Von hier Abstieg zum **Sele-La-Camp** (4100 m) an einem kleinen Bach; 10 Std.

9. Tag: Auf einem sagenhaft schönen Weg mit herrlichen Blicken gelangt man über den **Sele La** (4290 m) in das Bergdorf **Ghunsa** (3600 m); 5 Std. Man sollte sich einen **Ruhetag** in der bequemen Lodge gönnen.

10. Tag: Ruhetag.

11. Tag: Weiter ins Hochgebirge durch immer spärlicheren Wald, geht es heute zur **Sommerweide Kambachen** (4100 m); 5 Std.

12. Tag: In einer der eindrucksvollsten Hochgebirgslandschaften des Himalaya führt der grandiose Weg nun am Bach entlang bis nach **Lhonak** (4750 m); 5 Std.

13. Tag: Der Weg in das Basislager wird nicht schwerfallen bei dieser Aussicht auf all die Eisgiganten ringsumher. Der Kanchenjunga (8586 m), der Yalung Kang (8502 m) und der Ramtang Peak (6700 m) stehen in dieser einzigartigen Szenerie. Nach ausgiebiger Rast im Basislager steigt man wieder ab bis nach **Lhonak** (4750 m); 8–10 Std.

14.–15. Tag: Auf bekanntem Weg geht es in zwei Tagen zurück nach **Ghunsa**.

16. Tag: Wieder in der Zivilisation, geht man nun neue Wege. Man wandert vorbei an Mani-Mauern hinab bis nach **Gyabla** (2730 m); 6 Std.

17. Tag: Nun in leichtem Auf- und Ab in den wunderschön und malerisch zwischen Felsen, hoch über dem Fluss gelegenen Ort **Chirwa** (1270 m); 7 Std. Hier hat man das Sherpa-Land verlassen und befindet sich nun in ›Limbuwan‹.

18. Tag: Ein sehr langer Tag führt, auf sehr schmalen Pfaden und durch dichten Dschungel, nach **Doban** (750 m); 10 Std. Im ›Hide Out‹, einer herrlichen Lodge, und bei einem Bad im kühlen Fluss sollte man noch einen Ruhetag einlegen.

19. Tag: Ruhetag.

20. Tag: Die letzten drei Tage führen durch eine von Ausländern sehr selten besuchte Region. Der Weg führt steil immer bergauf zuerst nach **Gursha** (1730 m); 8 Std.

21. Tag: Weiter hinauf geht es nun zum letzten Pass der Tour, zum **Milke Danda** (3040 m). Ein langer Abstieg durch Wald und Weideland führt zum schönen Zeltplatz an der Schule von **Nundaki** (1860 m); 8 Std.

22. Tag: Auf einem steilen, aber herrlichen Weg hinab bis zum **Philuwa Khola**. Nun relativ die Höhe haltend, auf einem breiten Fahrweg bis in den Markt- und Handwerkerort **Chainpur**; 6 Std.

Über die Eispässe vom Makalu zum Everest

Länge: 25–28 Tage.
Tagesetappen: 6–12 Std.
Anspruch: Sehr schwere Bergtour mit sehr großen und zum Teil extremen körperlichen Anstrengungen; Erfahrungen im alpinen Bergsteigen sind Grundvoraussetzung!
Übernachtung: Zelt.
Ausstattung: Keinerlei Infrastruktur von Tashigaon bis Dingboche; Ausrüstung und Verpflegung muss komplett mitgeführt werden.
Maximale Höhe: 6105 m.
Benötigte Genehmigungen: TIMS; Makalu-Barun-Nationalpark-Fee, 3000 NRS; Makalu Entry Fee, 10 US-Dollar pro Woche; Sagarmatha-Nationalpark-Fee, 3000 NRS.
Beste Reisezeit: Mitte April–Mai und Ende Sept.–Anfang Nov.
Start: Khandbari.
Ende: Lukla.
Anreise: Flug von Kathmandu nach Tumlingtar und mit dem Jeep nach Khandbari.
Abreise: Von Lukla Flug nach Kathmandu.
Karten: Makalu Base Camp, 1:85 000, und Jiri Everest Khumbu, 1:100 000, Nepal Map Publisher.

Am Makalu

Dieser Weg ist wohl das Nonplusultra des Hochgebirgstrekkings, wenn man es noch als solches bezeichnen kann. Einmalige vergletscherte Hochgebirgslandschaften mit Traumblicken auf Makalu, Lhotse, Everest und viele andere Gipfel erwarten denjenigen, der sich auf diese Tour begibt. Mit Wandern allein kommt man hier nicht weit. Diese Traumtour verbindet Wandern und alpines Bergsteigen. Das expeditionsartige Trekking führt über Gletscher und drei hohe Pässe, vom subtropischen Tumlingtar über das Arun- und Barun-Tal hinüber in das Hunku-Tal und das Khumbu-Gebiet. Einen ›einfachen‹, niedrigen 7000er zu besteigen ist wahrscheinlich leichter, als diese Route zu gehen, bestimmt aber nicht so eindrucksvoll!

■ **Der Weg**
1.–9. Tag: Wie in der Tour auf Seite 272 beschrieben zum **Basislager am Makalu**.
10.–11. Tag: Zwei Ruhe- und Akklimatisationstage sind wohl notwendig, um den kommenden Weg zu meistern.
16. Tag: Zum **Lager am Sherpani Col**: Am Anfang steil, später etwas flacher, führt der Aufstieg sehr mühsam durch das Geröll der Gletschermoräne zum Platz für das Lager vor dem Pass (5850 m); 7 Std.
17. Tag: Einrichtung der Fixseilstrecke: Vom Lager aus hinauf in Richtung Pass und Einrichtung der Fixseile im Aufstieg zum Sherpani Col für die Träger und Trekker, Rückkehr zum Lager; 10 Std.
18. Tag: Über den Sherpani Col zum **West Col Lager**: Der erste und schwie-

rigste der drei Pässe (6105 m) wird erklommen. Eine unvergessliche Aussicht zum Makalu, auf den Baruntse, den Lhotse und den Everest ist der Lohn für die große Mühsal. Weiter geht es über das riesige Eisfeld des **Barun-Gletschers** Richtung Nordwesten, wo das Lager aufgeschlagen wird; 8 Std.
19. Tag: Den Tag sollte man als **Ruhe- und Reservetag** einplanen.
20. Tag: Über den **West Col** nach Panch Pokhari: Ein Eis-und-Schnee-Couloir führt in den Pass (6100 m), von dem aus die Aussicht wieder grandios ist. Abstieg in eine Ebene und nun auf einem guten Weg entlang dem Moränenkamm nach **Panch Pokhari** (5450 m); 10 Std.
21. Tag: Durch eine Gletschermulde und eine steile Rinne erreicht man den **Amphu-Labtsa-Pass** (5950 m). Durch eine Schneerinne sowie über Geröll geht es nun hinunter nach **Amphu** (5300 m); 8 Std.
22. Tag: Durch eine wunderbare Gebirgslandschaft am Fuße der Ama Dablam geht es auf nun viel begangenen Wegen nach **Dingboche** (4410 m); 8 Std.
23. Tag: Nach den anstrengenden Tagen tut ein **Ruhetag** hier oder auch an einem der nächsten Tag sicher gut.
24. Tag: Auf bekannten Wegen des Everest-Treks hinunter in das Dorf **Tengboche** mit dem schönen Kloster; 5 Std.
25. Tag: Von Tingboche geht es nun auf dem ›Everest Highway‹ hinunter und über **Namche Bazar** (3450 m) zu allen Annehmlichkeiten der Zivilisation in eine herrliche Lodge nach **Monjo** (2850 m); 6 Std.
26. Tag: Die allerletzte Etappe führt nun über Phakding hinunter nach **Lukla** (2800 m); 6 Std.

Weitere Routen

Die obigen Vorschläge sind nur eine Auswahl möglicher Routen. Hier sind noch zwei Vorschläge in allerkürzester Form:

■ **Durch das Land der Rai und Limbu**
Zehn- bis zwölftägige Bergwanderung in den mittleren Hügeln von Ilam über Taplejung und den Shukepokhari Danda (2855 Meter) nach Tumlingtar oder umgekehrt.

■ **Zum Kanchenjunga-Basislager Süd**
16- bis 18-tägige Hochgebirgswanderung von Suketar über Yamphudin und Tseram zum Basislager (4935 Meter) und auf derselben Route zurück.

Der Great Himalaya Trail

An dieser Stelle – da, wo er im Osten endet – möchte ich ganz kurz den ›Great Himalaya Trail‹ (GHT) von West nach Ost in seinen einzelnen Abschnitten vorstellen. Die Beschreibung der einzelnen Tagesetappen würde wohl ein eigenes Buch erfordern.
Der ›Great Himalaya Trail‹ ist eine Route, die vollständig am gesamten Himalaya entlangführt. Sie beginnt im Westen am Nanga Parbat und endet an der Namcha Barwa im Osten. Mehr als 4500 Kilometer führt der Weg durch sechs Länder. Er berührt die Territorien von Pakistan, Indien, Nepal, Bhutan, Tibet und Myanmar.
Der nepalesische Teil des ›Great Himalaya Trail‹ wurde in den Jahren 2008 und 2009 erstmals komplett abgewandert, nach fünf Jahren intensiver Erforschung und Vorbereitung. In Nepal gibt es zwei verschiedenen GHT-Routen. Die obere Route, die sich fast ausschließlich in den Hochgebirgsregionen hinzieht, und einen

Frau aus dem Volk der Rai

›Cultural‹-GHT, der auch durch das Mittlere Bergland und tiefere Gebiete führt. Mittlerweile ist der GHT auf vielen nepalesischen Landkarten eingezeichnet. Die Begehung der ›Oberen‹, der alpinen Bergroute, ›an einem Stück‹, soll einen Zeitumfang von zirka 170 bis 210 Tagen in Anspruch nehmen. Wer also noch eine Herausforderung sucht …! Berichte nimmt der Autor sehr gern entgegen.

■ **Der Great Himalaya Trail in Nepal**
Abschnitt 1: Hilsa–Simikot (4–6 Tage). Der erste Abschnitt ist auch der kürzeste. Er führt auf der klassischen Kailash-Westroute von der tibetischen Grenze über Yari, Thumkot, Yalbang und Kermi nach Simikot.
Abschnitt 2: Simikot–Jumla (12–15 Tage). Von Simikot führt der Weg südöstlich über Ghatte, Darma, Changkheli und Luma zum Rara-See. Weiter über Gorosingha und Chalachaur nach Jumla.
Abschnitt 3: Jumla–Juphal (11–14 Tage). Von Jumla führt der Weg dieses Abschnittes immer nach Südosten. Über den Maur Lagna erreicht man am Ende Juphal am Eingang zum Shey-Phoksundo-Nationalpark im unteren Dolpo.
Abschnitt 4: Juphal–Lo Manthang (12–16 Tage). Durch das Dolpo und Mustang führt der einzigartige Weg dieses Teiles. Vorbei am Phoksundo-See, durch die Ortschaften Shey Gompa und Chamdang und über den Pass Mola Bhaniyang erreicht man Mustang. Dann geht es auf der Westseite des Kali Gandaki nach Lo Manthang hinauf, in den Transhimalaya nach Norden.
Abschnitt 5: Lo Manthang–Dharapani (10–14 Tage). Dieser Abschnitt des Trails führt auf einer ungewöhnlichen nördlichen Route zuerst weiter durch Mustang und dann in den Manang-Distrikt. Die selten besuchte Ortschaft Phu Gaon ist ein Zwischenstopp auf dem Weg nach Dharapani im Marsyangdi-Tal.
Abschnitt 6: Dharapani–Syabru Besi (28–33 Tage). Wohl einer der anspruchsvollen und unbekannten Abschnitte führt nun vom Marsyangdi-Tal über den Larkya La in den Manaslu Himal. Von dort geht es weiter durch den Ganesh Himal mit

▲ *Prächtige Bergblicke sind auf dem Great Himalaya Trail garantiert*

Der Great Himalaya Trail 281

Aufstieg zum Mirgin La

seinen versteckten Tälern bis zum Beginn des Langtang-Tales nach Syabru Besi.
Abschnitt 7: Syabru Besi–Tilmans Pass–Barabise (22–26 Tage). Durch Langtang Himal, über den kaum begangenen Tilmans Pass und die östlichen Gebiete des Helambu gelangt man zum Beginn des Rolwaling-Gebietes auf diesem Teilstück des Great Himalaya Trails.
Abschnitt 8: Barabise–Tesi-Lapcha-Pass–Lukla (19–24 Tage). Durch das einsame Hochtal des Rolwaling Himal und in das Khumbu-Gebiet, mit absolut spektakulären Blicken auf die höchsten Berge der Erde, führt diese Teilstrecke letztendlich nach Lukla, dem Ausgangspunkt aller Trekkingrouten am Everest.
Abschnitt 9: Lukla–Sherpani Col–Tumlingtar (24–28 Tage). Der technisch wohl schwierigste Abschnitt des ganzen Weges. Auf dieser Strecke über die drei hohen Eispässe sind gute alpine Kenntnisse ein Muss. Der Umgang mit Seil, Steigeisen und Eispickel sollte selbstverständlich sein, wenn man diese Route in Angriff nimmt. Vom Everest zum Makalu durch arktische Regionen ewigen Eises bis hin nach Süden in das heiße Tumlingtar führt dieser Teil des großen Himalaya Weges.
Abschnitt 10: Tumlingtar–Kanchenjunga–Taplejung (28–34 Tage). Von Tumlingtar führt der Weg zuerst auf der alten Handelsroute nach Tibet über Hatiya nach Norden, ehe er sich wieder nach Süden wendet, in das Tamur-Tal gelangt. Das Tal aufsteigend, über Chirwa und Ghunsa geht es nun zum nördlichen Kanchenjunga-Basislager. Von hier zurück nach Ghunsa und über mehrere Pässe nach Tseram und Yamphudin, ehe man schließlich Taplejung erreicht.

Allein der Blick auf den Machapuchare – bei klarem Wetter vom Phewa-See aus – ist eine Reise nach Pokhara wert! Der Ort ist nach Kathmandu das größte Touristenzentrum Nepals und Ausgangspunkt für Trekkingtouren im Annapurna-Gebiet.

POKHARA UND UMGEBUNG

Pokhara

Auf Pokhara sind sie stolz, die Nepalesen. Es ist ihr ›Urlaubsparadies‹. Die Stadt im gleichnamigen Tal bietet bei weitem nicht die kulturellen Glanzpunkte Kathmandus. Dafür glänzt Pokhara mit einer traumhaft schönen Natur in der direkten Umgebung. Die Stadt ist der beschauliche Gegenpol zur turbulenten, hektischen Hauptstadt.

Pokhara liegt auf etwa 800 Metern Höhe in einem äußerst fruchtbaren Tal. Aufgrund der im Vergleich zu Kathmandu tieferen Lage ist das Klima hier etwa um fünf Grad Celsius wärmer und lockt, vor allem im Winter, viele einheimische und indische Besucher an. Die Stadt ist mittlerweile die zweitgrößte des Landes. In den 1980er Jahren lag Pokhara noch auf Platz fünf der Stadtrangliste Nepals. Die Bevölkerung ist hier ähnlich gemischt wie in Kathmandu. Angehörige vieler Völkerschaften des Landes haben sich in Pokhara niedergelassen. Den größten Teil machen Newar, Chhetri, Brahmanen, Gurung, Magar und Thakali aus. Das ursprüngliche Siedlungsgebiet der Thakali liegt unweit von hier im Kali-Gandaki-Tal. Die meisten Thakali in Pokhara sind Gastwirte oder betreiben Beherbergungsbetriebe.

Direkt aus der Stadt heraus sowie von den sie umgebenden Hügeln bieten sich phantastische Ausblicke auf das westlich gelegene Dhaulagiri- und das nördlich gelegene Annapurna-Massiv. Das Wahrzeichen der Stadt aber ist der Anblick des **Machhapuchhare**, des wohl heiligsten Berges der Nepalesen. Von Mitte September bis Mitte April ist die Sicht am besten. In der restlichen Zeit muss man früh aufstehen, um einen guten Blick zu haben. Dafür bietet sich ein zeitiger Ausflug in das nahe gelegene Sarankot an.

Im Westen Pokharas befindet sich der **Phewa-See**. Zum See erzählt die Legende: Vor langer, langer Zeit gab es eine wunderschöne und reiche Stadt genau da, wo heute der Phewa-See seine Wasser ausbreitet. Eines Tages ging ein armer, zerbrechlicher, alter Mann durch die Straßen dieser Stadt. Er ging von Tür zu Tür, klopfte an und bat um etwas Essen,

▲ *Am Flugplatz von Pokhara*

weil er hungrig und mittellos war. Doch die wohlhabenden Bürger kehrten ihm allesamt den Rücken zu und ließen ihn vor ihren Türen stehen. Endlich, als er schon an fast allen Häusern gefragt hatte und beinahe völlig verzweifelt war, wurde er im armseligsten Haus von einem Ehepaar, das selbst kaum etwas zu beißen hatte, eingeladen. Sie teilten ihr einfaches, nur aus gekochtem Reis und etwas Gemüse bestehendes Mahl mit ihm. Nach dem Essen bedankte sich der alte Mann bei dem Paar herzlich für ihre Gastfreundschaft und riet ihnen zur schnellen Flucht auf die nahe gelegenen Hügel, da der Stadt ein Unheil drohe. Das Ehepaar folgte seinem Rat. Als sie die Anhöhe erreicht hatten, blickten sie zurück und sahen, wie sich eine riesige Flut über die Stadt ergoss. Wenig später gab es nur noch eine einzige große Wasserfläche, welche die Stadt samt ihren Einwohnern unter sich begraben hatte. Noch heute beten die Nepalesen am Phewa-See für die Sicherheit und den Wohlstand ihrer Familien.

Blick über den Phewa-See

Der idyllisch gelegene See ist das touristische Zugpferd der Stadt und bietet vielfältige Betätigungsmöglichkeiten: Man kann paddeln, segeln und angeln, nur zum Baden ist er in Ufernähe wirklich nicht geeignet – vom Boot aus kann man gut baden. Für einen Badeausflug bietet sich eher der nahe der Stadt gelegene Begnas-See an. Am Ufer des riesigen Phewa-Sees befindet sich auch das Touristenviertel mit seinen vielen Geschäften, Hotels, Bars und Restaurants. Ein Abend in einem Restaurant direkt am See, wenn die Sonne hinter den westlichen Hügeln verschwindet, hat etwas wunderbar Romantisches.

Pokhara zieht sich lang hin. Die Stadt hat drei bemerkenswerte Stadtteile: das westliche Touristenviertel am See, der im Süden von einem riesigen Staudamm begrenzt wird. Von dem hat der Stadtteil dort seinen Namen: **Dam Side**; ein paar Gehminuten weiter nördlich, dort, wo die meisten Hotels stehen, ist der Bereich **Lake Side**. In der Mitte liegt der alte Ortskern mit dem Markt, der **Bazar** genannt wird. Die Gegend um den Flughafen hat außer dem **Mountain Museum** nicht viel zu bieten.

Die Stadt feiert jedes Jahr vom 28. Dezember bis zum 1. Januar ein riesiges Straßenfest. Restaurants und Bars stellen Stühle und Tische auf der für diese Zeit gesperrten Hauptstraße auf. Auf der Magistrale tummeln sich dann bis zu 500 000 Menschen, um sich am Straßentheater, an den Schaubuden, bei Paraden, in Fahrgeschäften und bei Essen und Trinken zu vergnügen.

Geschichte Pokharas

Pokhara, am Fuß der mächtigen Gipfel von Annapurna und Dhaulagiri, war in der Vergangenheit ein wichtiger Handelsposten. Mit der Schließung der Grenzen zu Tibet kam der Handel mit Wolle und Salz allerdings zum Erliegen, und die Stadt und ihre Bevölkerung verloren eine wichtige Einnahmequelle. Ehe der

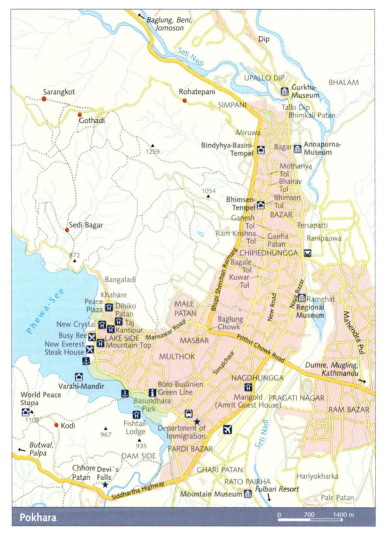

Pokhara

Highway von Kathmandu nach Pokhara gebaut wurde, war die Stadt nur in mehreren Tagen über Fußwege oder zu Pferd zu erreichen. Noch in den fünfziger Jahren des letzten Jahrhunderts bestand der Verkehr in Pokhara lediglich aus Fußgängern, Reitern und von Wasserbüffeln gezogenen Karren.

Die ersten westlichen Touristen, die nach Pokhara kamen, waren die Hippies der frühen siebziger Jahre, die hier ihren Südasien-Trip beim Genuss dicker Joints ausklingen ließen. Aus diesen Anfängen entwickelte sich in den Achtzigern und frühen Neunzigern schnell ein prosperierender Tourismus mit unzähligen Hotels, Kneipen und Bars am Seeufer. Heute sind die Joints passé, und die Stadt ist nach dem Kathmandu-Tal das zweitgrößte Touristenzentrum des Landes und lebt zu einem großen Teil vom Tourismus.

Sehenswürdigkeiten

Dam Side, am südlichen Ende des Phewa-Sees gelegen, ist eine schöne ruhige Gegend. Wer sein Hotel oder Gasthaus hier aussucht, hat es wesentlich beschaulicher als etwas weiter nördlich. Es gibt eine Menge kleiner Läden und eine kleine Ansammlung tibetischer Restaurants und Herbergen mit guter, ursprünglicher tibetischer Küche.

In **Lake Side** prägen Restaurants, Kneipen, Bars, Hotels und Geschäfte das Bild der Touristenmeile. Trekkingausstatter werben genauso um Kunden wie Läden, die Fototechnik verkaufen. Die Fahrradverleiher konkurrieren mit den Bootsverleihern. Beides ist verlockend: eine Radtour am See und eine Bootsfahrt auf dem See. Hier ist definitiv der schönste Teil Pokharas. Nach einer anstrengenden Trekkingtour kann ein Ruhetag am Phewa-See traumhaft sein. Ein Bootsausflug, am See sitzen und lesen, zum Abendessen einen Chateaubriand im ›New Everest Steak House‹ und danach bei Live-Musik ein Bier im ›Busy bee‹ – das Leben kann schön sein!

■ Die Altstadt

In **Bazar** in der Altstadt bekommt man einen Eindruck, wie Pokhara früher ausgesehen haben könnte. Im nördlichen Teil der Altstadt, am Bhimsen Tol, liegt ein kleiner zweigeschossiger Tempel. Der **Bhimsen-Tempel** ist ein mit erotischen Schnitzereien verzierter, dem Gott der Händler geweihter Tempel. Auf dem Platz rings um den Tempel werden viele Keramik- und Korbwaren verkauft.

Ein kleines Stück weiter nördlich krönt der **Bindyhya-Basini-Tempel** einen kleinen Hügel. Dieser aus dem 17. Jahrhundert stammende Tempel ist der Göttin Durga, der kriegerischen Inkarnation von Shivas Frau Parvati, geweiht.

Am nördlichen Ende der Stadt erreicht man, den Fluss Seti überquerend, das interessante **Gurkha-Museum**. Es zeigt die Geschichte der legendären Gurkha-Regimenter vom Beginn der Rekrutierungen über deren Einsatz in den beiden Weltkriegen und dem Falkland-Krieg bis hin zur Gegenwart in Afghanistan (→ S. 325). Noch heute unterhält die britische Armee ein Rekrutierungszentrum am Stadtrand von Pokhara. Hierher kommen jedes Jahr aus ganz Nepal hunderte von jungen Männern, die versuchen, das strenge Auswahlverfahren zu bestehen. Genau auf der anderen Seite der Stadt, südlich des Flughafens, südwestlich des Staudamms, befindet sich das **International Mountain Museum**. Es steht ganz im Zeichen der Berge des Landes und zeigt interessante Ausstellungsstücke. So eine ganze Reihe der Originalausrüstung verschiedener Erstbesteigungen. Außer-

Fußball mit Bergblick

dem gibt es eine Ausstellung zur Geologie und Geschichte und zur Flora und Fauna des Himalaya. Im Außenbereich steht eine dem Manaslu nachempfundene, 20 Meter lange und 10 Meter hohe künstliche Kletterwand, an der man sich ausprobieren kann.

ℹ Pokhara
Vorwahl: +977/61.
Touristeninformation, Dam Side, Tel. 465292. Die Touristeninformation befindet sich im selben Gebäude wie der ACAP und die Touristenpolizei, nahe dem Seeufer in einer Sackgasse von der Straße Simalchaur abbiegend, gegenüber der Grindlays Bank.
Englischsprachige Zeitungen und Zeitschriften erhält man in allen besseren Hotels und in den zahlreichen Buchläden auf der Hauptmeile von Lake Side.
Department of Immigration, Ratna Chowk, 1 km östlich von Dam Side, Tel. 21167; Mo–Fr 9–17, Winter 9–16 Uhr. Visaverlängerung.
Die TIMS-Karte (→ S. 130) erhält man beim **Nepal Tourism Board**, bei der **Trekking Agencies Association of Nepal**, Pokhara-6, Lakeside, Tel. 27033, oder gegen eine kleine Gebühr bei registrierten Agenturen. Zu empfehlen sind **Blue Sky Travel** (www.blue-sky-tours.com) und **Adam Tours & Travels** (www.adamnepal.com).
Tourist Police Pokhara, Tel. 462761, www.nepalpolice.gov.np/en/touristpolice.html, touristpolicepokhara@nepalpolice.gov.np.

Wenn man die Hauptgeschäftstraße in Lake-Side entlanggeht, stolpert man förmlich über eine ganze Anzahl von Internetcafés. In den meisten Hotels, Cafés und Restaurants des Viertels wird auch ein oft kostenloser Wi-Fi-Internetzugang angeboten.
Weitere Informationen gibt es unter www.meropokhara.com, www.pokharacity.com und www.pokhara.net.

Der berühmteste Tempel Pokharas, der **Varahi-Mandir**, befindet sich auf einer kleinen Insel im See beim alten Königs-palast (den man als solchen allerdings nicht erkennt). Der zweistufige Pagoden-Tempel ist dem Hindu-Gott Vishnu geweiht.

In der Stadt gibt es zahlreiche Wechselstuben und Geldautomaten, vor allem im Touristenzentrum Lake Side kann man sie nicht verfehlen.

General Post Office, an der Brücke über den Seti am Mahendra Pul, Bazar; So–Fr von 9–17 Uhr. Mit Postlagerservice (poste restante).

Flug von und nach **Kathmandu**, wird mehrmals täglich von verschiedenen Airlines angeboten (30 Min., Hin- und Rückflug 120 US-Dollar).

Von **Kathmandu** mit dem Touristenbus von **Green Line**, Lakeside, Tel. 464472, 465794, www.greenline.com.np (6–8 Std. 20 US-Dollar mit Mittagessen).

In Pokhara steht eine sehr große Zahl an Hotels aller Preiskategorien zur Verfügung, hier nur eine kleine Auswahl.
Zwischen dem Stadtzentrum und dem See:
Hotel New Crystal (★), PO Box 234, Nagdhunga, Tel. 52003-5, –6, Fax 520234, www.newcrystalhotels.com, Zimmer 10–25 US-Dollar. Das Hotel bietet ein zentralen Ausgangspunkt abseits des Touristentrubels und einen schönen Blick in die Berge des Himalaya. Alle Zimmer sind klimatisiert.
Im Touristen-Stadtteil Lakeside:
Hotel Marigold (Amrit Guest House) (★), Lakeside-6, Tel. 20622, purnapo

khara@hotmail.com, www.amritnepal.com; Zimmer 200–1200 NRS. Das Haus bietet im Inneren komfortable, preiswerte Zimmer und ein Restaurant mit Dachterrasse und Seeblick.

Hotel Peace Plaza (★), Lakeside-6, Tel. 461505, mobil +977-9856020355, cpc@fewanet.com.np, www.hotelpeaceplaza.com; Zimmer 10–25 US-Dollar. Mitten im Herzen des Stadtteils gelegen, bietet das Hotel gute Zimmer mit schönen Blicken auf den See und zum Machhapuchhare. Sehr zu empfehlen ist das hauseigene Restaurant.

Hotel Meera (★★), Lakeside-6, Tel. 462031/463091, hotel@domain.com.np, www.hotelmeerapokhara.com; Zimmer 40–80 US-Dollar. Das schöne Hotel befindet sich mitten im Touristenzentrum Lakeside. Komfortable, saubere Zimmer und ein gutes Restaurant sowie ein hervorragender Service machen den Aufenthalt hier zu einem sehr angenehmen Erlebnis.

Hotel Mountain Top (★), Lakeside-6, Tel. 461779, 464458, Fax 461779, info@mttop.com.np; mountaintophotel@yahoo.com, www.mttop.com.np; Zimmer 8–20 US-Dollar. Als eines der ältesten Hotels hier bietet es einen guten Service und ist sehr zentral gelegen. Große Zimmer mit Terrasse erlauben einen schönen Blick auf den See und in den Annapurna-Himal. Das angeschlossene Restaurant ist zu empfehlen.

Hotel Kantipur (★★-★★★), PO Box 124, VIP Area Lakeside, Tel. 460286, 464705, Fax 461004, kantipur@wlink.com.np, www.hotelkantipur.com; Zimmer 65–125 US-Dollar. Europäisch geschultes Personal betreut die Gäste im fast schon luxuriösen Hotel Kantipur. Das Restaurant hat eine erstklassige Küche, und der Blick auf die berühmte Gebirgskulisse und den See fehlt natürlich auch hier nicht.

Hotel Taj (★★), Lakeside, Tel. 46603-6, Fax -7, www.hotel-taj.com; Zimmer 35–70 US-Dollar. Etwas zurückgesetzt von der Hauptstraße, liegt das preiswertere Hotel Taj, das aus drei Häusern besteht. Von den oberen Etagen hat man auch hier einen Blick auf den See und die Berge. Es gibt einen netten Garten und ein Restaurant. Das Personal ist ausgesprochen freundlich. Für diejenigen, die es luxuriöser mögen, die folgenden beiden Empfehlungen:

Fishtail-Lodge (★★★), PO Box 10, Tel. 465071, 460248, 460258, Fax 465072, www.fishtail-lodge.com; Zimmer 170–200 US-Dollar. Die auf einer Halbinsel gelegene Lodge mit Restaurant und Bar bietet phantastische Aussichten. Standard- und Luxuszimmer der Anlage befinden sich in Bungalows inmitten eines üppigen Gartens. Die Gäste erreichen mit einem Shuttleboot ihre Unterkunft.

Fulbari Resort, PO Box 334, Pokhara, Tel. 432451, Fax 431482, www.fulbari.com; Zimmer 175–600 US-Dollar. Das luxuriöse Resort mit Golfplatz, SPA und Casino befindet sich etwas außerhalb südöstlich der Stadt. Die gesamte Ausstattung und die Restaurants, Cafés und Bars sowie ein zuvorkommender, freundlicher Service machen den Aufenthalt hier mehr als nur angenehm.

Auch bei den Restaurants ist die Auswahl wieder sehr groß. Ich möchte mich auf einige wenige Restaurants und Bars beschränken, die ich persönlich getestet habe. Andere gute Einkehrmöglichkeiten finden Sie sicher selbst.

Allen ›Nichtvegetariern‹ sei das **New Everest Steak House** wärmstens empfohlen. Sage und schreibe 34 verschiedene Arten von Steaks werden hier angeboten. Das Highlight ist zweifelsohne das Chateaubriand.

Das **Boomerang Restaurant**, http://boomerangrestaurantpokhara.com, mit seinem schönen Garten, in dem Plätze bis zum Seeufer bereitgehalten werden, serviert Speisen aller Art – alle sehr lecker. Ein Sonnenuntergang ist hier ein Erlebnis! Im **Moondance Restaurant**, ebenfalls idyllisch am See gelegen, gibt es sehr leckere

Currys und Salate sowie ein große Auswahl an Steaks und Pizzas.
Mikes Restaurant, ein Ableger des gleichnamigen Lokals in Kathmandu, eignet sich besonders für einen Snack zwischendurch und eine guten Kaffee. Es liegt ebenfalls am See.
Weitere Tipps zu Restaurants in der Stadt findet man auch auf www.pokhara.net.

Zur Unterhaltung und für einen guten Drink am Abend ist man im **Busy Bee** (www.cafebusybee.com) mit Sicherheit am besten aufgehoben. Ein offenes Feuer im Innenhof, einen Billardraum und täglich rockige Live-Musik gibt es hier. Bei einem Drink kommt man schnell mit den zahlreichen anderen Touristen und Einheimischen ins Gespräch.

Gurkha-Museum, Tel. 441762, http://gurkhamuseum.org.np; So–Fr 8–16.30 Uhr, 150 NRS, Kamera 20 NRS.
International Mountain Museum, Tel. 460742, www.internationalmountainmuseum.org; So–Fr 9–17 Uhr, 300 NRS.

Viele Restaurants am Seeufer bieten am Abend kulturelle Darbietungen und Live-Musik, zum Beispiel das **Hungry Eye Restaurant**, das **Boomerang**, das **Fewa Park Restaurant** und das **Busy Bee**. Los geht es meistens gegen 19 Uhr.

An mehreren Boots-Stationen am Seeufer kann man Ruderboote und Tretboote ausleihen.
Die Preise beginnen ab 300 NRS pro Stunde mit Bootsführer, 200 NRS, wenn man selbst rudert. Tretboote kosten ab 300 NRS pro Stunde.
Weitere Aktivitäten in und um Pokhara (Fahrrad, Motorrad, Golf, Rafting, Paragliding) → S. 305.

Einkaufen in Pokhara kann man am besten wiederum auf der Hauptstraße in Lake Side. Hier gibt es zahllose Geschäfte mit allem, was der Reisende braucht – und auch nicht braucht – von Supermärkten über Buchläden zu Souvenirshops und Teppichhändlern, fast genauso wie in Thamel in Kathmandu.

Wer medizinische Hilfe benötigen sollte, der wende sich am besten an das **Western Regional Hospital**, Tel. 520066, auf der Ostseite des Seti.

▲ *Abflug von Pokhara*

Ausflüge in die Umgebung

Nachfolgend werden mögliche Ausflüge in der näheren Umgebung Pokharas vorgestellt. Äußerst interessant ist ein Besuch in den Dörfern der Exil-Tibeter, wunderschön die Fahrt über den See und der Aufstieg zum Weltfriedensstupa mit einem phantastischen Blick auf die Berge, den See und die Stadt sowie der Blick von Sarangkot.

Phewa-See, World Peace Stupa und Devi's Falls

Von Lake Side aus kann man einen herrlichen Ausflug über den See zum gegenüber auf einem Berg thronenden **World Peace Stupa** unternehmen.

Man lässt sich von einer der drei Bootsstationen gemächlich über den See fahren, nach etwa 20 Minuten auf der anderen Seite angekommen, könnte man erst einmal einen Kaffee in einem traumhaft schönen Seerestaurant genießen. Von hier aus führt ein steiler Treppenweg in etwa 30 bis 40 Minuten, an einem kleinen buddhistischen Schrein vorbei, durch einen von Affen bevölkerten Wald, hinauf auf den Hügel zum Stupa. Eine wirklich wundervolle Aussicht auf die Stadt, den See, den Machhapuchhare und das Annapurna-Massiv wird für die Mühen des Aufstieges mehr als belohnen. Den blendend weißen Weltfriedens-Stupa haben buddhistische Mönche aus Japan zur Förderung des Weltfriedens erbauen lassen. Es gibt, von ihnen gestiftet, noch viele weitere weltweit. Südlich des Stupas lädt eine kleine urwüchsige Kneipe mit einem schattenspendenden Dach zu einer Erfrischung ein. Wenn man vom Stupa in südöstlicher Richtung absteigt, gelangt man nach einer halben Stunde zur Hauptstraße. Dort befindet sich unweit der Straße das **Tibetan Refugee Camp Tashi-Ling**.

Nur wenige Schritte nach dem Camp erreicht man auf dem Rückweg Richtung Pokhara den **Devi's Falls**. Dieser Wasserfall – hier verschwinden die Fluten des Pardi Khola in einer Höhle – hat seinen Namen angeblich von einem Schweizer Touristen. Der junge Mann hieß David Falls und soll hier ertrunken sein. Das ist aber auch das einzig Bemerkenswerte an diesem Ort. Die direkte Umgebung bietet nur Tristesse.

Die Dörfer der Exil-Tibeter

Die Siedlungen der tibetischen Flüchtlinge in der Umgebung Pokharas sind interessante Zeitzeugen der jüngeren Geschichte. Die Regierung Nepals stellte den 1959 vor den Chinesen aus ihrer Heimat geflohenen Menschen Bauland und Material zur Errichtung neuer Siedlungen zur Verfügung. Aus den ehemaligen Flüchtlingssiedlungen sind mittlerweile Dörfer entstanden, in denen die Einwohner ihre traditionelle tibetische Lebensweise, die Religion und die Kultur ihrer Heimat bewahren. Neben dem schon erwähnten kleineren Tibetan Refugee Camp Tashi-Ling gibt es noch die wesentlich größere Siedlung Tashi-Palkhel. In **Tashi-Ling** steht das kleine Kloster Dargayling Gompa. Das Dorf verfügt über traditionelle Teppichknüpfereien, eine Krankenstation und mehrere Schulen. An verschiedenen Stellen im Ort werden kunsthandwerkliche Andenken hergestellt und angeboten. Die hier produzierten Teppiche können ebenfalls erworben werden. In den kleinen Restaurants des Dorfes kann man die typischen, sehr leckeren Momos probieren. **Tashi-Palkhel** liegt nördlich von Pokhara kurz vor dem Dorf Hemja. Ebenso wie im kleineren Bruderort betreiben die Einheimischen hier Kunsthandwerk und eine

292 Ausflüge in die Umgebung

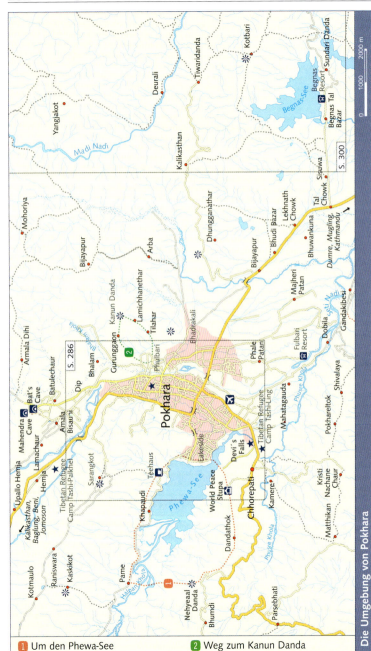

1 Um den Phewa-See   2 Weg zum Kanun Danda

Die Umgebung von Pokhara

Teppichmanufaktur, in der man die Entstehung der Teppiche von Anfang bis Ende nachverfolgen kann. Um zum örtlichen Kloster, der Jangchub Choeling Gompa, zu gelangen, passiert man eine ganze Reihe von Händlern, die Kunsthandwerk und Schmuck verkaufen. Im Kloster leben etwa 100 Mönche. Vor allem am Nachmittag ist es hier möglich, dem Klang der Hörner und Trommeln sowie dem spirituellen Gesang der Mönche während der Gebetszeremonie zu lauschen. Dabei kann man sich im Schatten der im Wind flatternden Gebetsfahnen neben dem farbenfrohen Kloster ganz wie in Tibet fühlen. Wer hier übernachten möchte, dem stehen ganz einfache Zimmer ohne Bad im ›Friend's Garden Guest House‹ zur Verfügung. Das zugehörige Restaurant serviert typisch tibetische Gerichte.

Um den Phewa-See

Zum ganztägigen Wanderausflug mit wunderbaren Ausblicken in die Landschaft und Einblicken in das Dorfleben wird die fast komplette Umrundung des Phewa-Sees. Am besten, man bricht am frühen Morgen auf, dann ist die Sicht noch gut, und es ist noch nicht zu warm zum Wandern. Zuerst überquert man den See und steigt wie oben beschrieben zum **Weltfriedens-Stupa** auf. Vom Stupa führt der Weg in westlicher Richtung über das Dorf **Dandathok** zuerst zum Aussichtspunkt **Nehyeaal Danda** (1460 Meter). Von hier nun, in nördlicher Richtung absteigend und über die Hängebrücke den Zufluss des Sees überquerend, kommt man in das Dorf **Pame** (810 Meter). Wer nicht mehr laufen mag, kann von hier mit dem Taxi oder dem Bus in die Stadt zurückfahren, ansonsten erreicht man in einer reichlichen Stunde, immer am Nordufer des Sees entlang, Pokhara. Für den gesamten Weg benötigt man zirka sechs bis sieben Stunden.

Bat's Cave und Mahendra Cave

In den Höhlen nördlich von Pokhara gibt es eigentlich nichts Außergewöhnliches, trotzdem tauchen sie in allen Führern auf und deshalb werden sie auch hier genannt. Bemerkenswert sind die Hufeisennasen (Fledermäuse), die in den feuchten Höhlen zu tausenden von der Decke hängen. Wer mutig ist, kann in der Bat's Cave durch einen schmalen Tunnel ans Tageslicht rutschen.

> **Bat's Cave und Mahendra Cave**
> **Anreise**: Zu Fuß, mit dem Leihfahrrad oder dem Taxi, etwa 500 NRS.
> **Höhlen**; tägl. 8–18 Uhr, Eintritt 10 NRS, Fackeln 20 NRS.

Sarangkot

Von Sarankot (1592 Meter) aus hat man einen phantastischen Blick in die Berge, vom Dhaulagiri im Westen über die formvollendete Pyramide des Machhapuchhare bis zur Annapurna II im Osten. Vor allem am Abend, wenn die Sonne die weißen Gipfel langsam in ein purpurnes

Bootstransport auf dem Phewa-See

Licht taucht, ist es ein grandioses Schauspiel. Verbinden lässt sich dieser Ausflug mit einem leckeren Abendessen in der ›Super View Lodge‹, am besten vorher reservieren.

Sarangkot
Vorwahl: +977/61.

Mit dem Taxi von Pokhara (600–800 NRS).
Vom Nordufer des Phewa-Sees beginnt an einem Teehaus ein Wanderweg hinauf nach Sarangkot. Für die 800 Meter Aufstieg benötigt man etwa drei Stunden.

Kanun Danda
Auf dem Bergrücken (1442 Meter) befindet sich ein **Aussichtsturm**, der auf den Ruinen einer Festung aus dem 18. Jahrhundert errichtet wurde und der bei entsprechendem Wetter eine herrliche Sicht ermöglicht. Vielleicht ist der Kanun Danda sogar der beste Aussichtsberg in Pokhara. Ein dreistündiger Fußweg führt vom Hospital im Ortsteil Phulbari – östlich des Bazars – über die Dörfer **Tilahar** und **Lamichhanethar** auf den Berg. Wenn man auf dem Rückweg in nordwestliche Richtung über den Ort **Gurunggaon** absteigt, kann man einen Rundweg gehen. Dieser Weg ist eine wunderbare Möglichkeit, sich für ein bevorstehendes Trekking ›einzulaufen‹.

Begnas-See und Rupa-See
Nur wenige Touristen wissen um die zwei schönen Seen, nur zehn Kilometer südöstlich von Pokhara. Der Begnas-See, der größere der beiden, lädt zum Baden und Bootfahren ein. Es ist ein herrlicher Ort. An windstillen Tagen spiegeln sich die Berge des Annapurna-Massivs auf seiner glitzernden Oberfläche. Am Begnas-See gibt es mittlerweile das komfortable

Sollte hier zu viel Betrieb sein – eine kleine Wanderung in westlicher Richtung führt in rund 40 Minuten zu der etwa 200 Meter höher gelegenen **Burgruine auf dem Kaskikot** mit einem ähnlichen Blick.

The Superview Lodge & Restaurant (★★), Sarangkot 3, Pokhara, Tel. 622610, mobil +977/9804107038, www.sarangkot.com; Zimmer 13–40 US-Dollar mit Frühstück. Schöne Lodge im ›Cottage-Stil‹. Das Dachterrassenrestaurant bietet nepalesische, indische, chinesische und kontinentale Küche. Freier Wi-Fi-Zugang. Im Hotel kann man Paraglider-Tandemflüge über Pokhara buchen (90–140 US-Dollar).

Begnas Lake Resort – ein Ort für alle, die in der Stille übernachten oder ausspannen wollen.
Über einen Bergrücken erreicht man in etwa 20 Minuten vom Begnas-See aus den Rupa-See. Er beeindruckt vor allem durch seine reizvolle Umgebung, die sich für kleine Wanderungen und Spaziergänge eignet. Auf dem Bergrücken zwischen den beiden Seen steht eine Reihe von Lodges. Diese bieten sich als Ausgangspunkt für eine Einstiegsvariante zur klassischen Annapurna-Umrundung an.

Der Begnas-See

Weltfriedens-Stupa in Pokhara

Begnas-Tal
Vorwahl: +977/61.

Mit dem Bus von **Pokhara** nach Begnas Tal Bazar (1 Std., 25 NRS).
Mit dem Taxi von Pokhara (20–30 Min., 800–1000 NRS).

Keine Umtauschmöglichkeit oder Geldautomaten, Bargeld mitnehmen.

Essen kann man im Begnas Lake Resort oder in einfachen Gasthäusern.

Begnas Lake Resort (★★–★★★), Sundari Danda, Begnas Lake, Pokhara, Tel. 5600-30, -70, Fax 4112062, begnasresort@fewamail.com.np, www.begnaslakeresort.com; Zimmer 80–300 US-Dollar. Am wunderschönen Begnas-See kann man sich in diesem neuen Resort verwöhnen lassen und entspannen.

Wer Ruhe sucht, ist in den traditionellen und komfortablen Hütten des Resorts sehr gut aufgehoben. Von einer ›Nur-Übernachtung‹ über traditionelle Behandlungen bis hin zur kompletten Ayurveda-Kur wird viel geboten.

Im Begnas-See

Nach einer kurzen einstündigen Wanderung, von der Straße aus, erreicht man den Begnas-See unweit von Pokhara. Der See ist Ausgangspunkt für eine der möglichen Routen um das Annapurna-Massiv. Völlig durchgeschwitzt vom allmählichen Anstieg in der großen Hitze, kommen wir zu dreizehnt in einem Frühjahr dort an. Das Gepäck wird in der Lodge förmlich abgeworfen, denn der nahe See lockt zum Baden und verspricht Abkühlung. Wir rennen euphorisch zum Ufer hinunter und bemerken erst dort, dass sich Badehosen und Bikinis noch im Gepäck befinden. Niemand mag aber bei der Wärme noch einmal den Hang hinaufgehen, um sie zu holen. So springen wir kurzerhand im Eva- und Adamskostüm ins Wasser. Es ist ja kein Mensch hier, und außerdem ist die kleine Bucht durch Bäume und Büsche vor unerwünschten Blicken geschützt. Nackt zu baden ist in Nepal so unüblich wie unschicklich. Aber uns sieht ja niemand. Die erste Überraschung im Wasser ist dann das Wasser selbst. In Ufernähe ist es so warm wie in der heimischen Badewanne. Wir schwimmen also ein ganzes Stück aus unserer schützenden Bucht hinaus. Tatsächlich wird es ein wenig kühler, und wenn man die Beine lang hängen lässt, sogar angenehm kühl.

Kaum können wir uns dieses herrlichen Gefühls erfreuen, folgt die nächste Überraschung in Form von drei Booten mit freundlichen nepalesischen Menschen an Bord. Sie laden uns zu einer Tour auf dem See ein. Uff! Was nun? Zum Glück ist das Wasser ein bisschen trüb, und sie sehen nicht unser Nichts. Allerdings können wir es ihnen auf keinen Fall sagen, und unhöflich wollen wir ja auch nicht sein. Die freundlichen Leute versuchen beharrlich, uns zu einer Bootstour zu überreden und fahren nicht weg. So langsam wird es brenzlig! Sollten die Nepalesen unsere weißen europäischen Hinterteile zu Gesicht bekommen, würde es wohl einen großen Aufruhr im Dorf geben. Das könnte sehr, sehr unangenehm für uns ausgehen. Ziemlich ratlos schwimmen wir im lauwarmen Wasser, immer versuchend, genügend Abstand zwischen uns und den Booten zu halten. Die Nepalesen aber quasseln ununterbrochen auf uns ein.

Ganz plötzlich kommt mir eine Idee, wie man die Situation auf ›elegante‹ Art und Weise retten könnte, ohne die freundlichen Menschen auf ihren Booten zu verprellen. Hoffentlich klappt es! Da wir für die Einheimischen ja alle ziemlich gleich aussehen und noch dazu viele sind, wird es nicht auffallen, wenn einer fehlt. Ich gebe meinem Freund ein Zeichen, pumpe die Lungen voll Luft, lasse mich sinken und starte zum längsten Tauchgang meines Lebens. So weit ich kann, tauche ich in Richtung Ufer und dann, auf dem Rücken schwimmend, nur die Nase aus dem Wasser haltend, langsam auf. Die anderen diskutieren derweil lauthals mit den Leuten in den Booten, um sie abzulenken. So kann ich tatsächlich unbemerkt das Ufer in der Nähe unserer Sachen erreichen – durch ein Gebüsch mit hunderten von Dornen. Das ist, wenn man nackt und in Eile ist, schlichtweg unangenehm. In Rekordzeit springe ich in meine Klamotten, renne ein Stück den Hang hinauf und laut gestikulierend sofort wieder hinunter zum Ufer. Dort angekommen, brülle ich aus Leibeskräften zu meinen Leuten auf den See hinaus: ›The soup is ready!‹

Trekking in der Nähe von Pokhara

In der Region um Pokhara, an der Annapurna, befindet sich das dichteste Netz komfortabler Trekkingmöglichkeiten. Man kann aber auch hier auf unbekannten, wenig frequentierten Wegen unterwegs sein, am **Begnas-See** zum Beispiel oder im **Lamjung Himal**. Die allermeisten Wanderwege in diesem Gebiet sind aber so, dass man tatsächlich zu jeder Mahlzeit, die man einnehmen möchten, irgendwo auf ein Gasthaus oder eine Lodge trifft. Das macht das Wandern in dieser wunderschönen Gegend natürlich sehr anziehend. Auf den kommenden Seiten werden als Anregung verschiedene Trekkingrouten vorgestellt, von der ganz einfachen Zwei-Tage-Tour bis zu einer relativ anstrengenden Bergbesteigung.

Panchase-Trek

Länge: 3 Tage.
Tagesetappen: 4–6 Std.
Anspruch: Einfache Bergwanderung mit mäßigen körperlichen Anstrengungen.
Übernachtung: Zelt.
Ausstattung: Wenig Infrastruktur, Verpflegung ist nur teilweise erhältlich.
Maximale Höhe: 2125 m.
Benötigte Genehmigungen: TIMS.
Beste Reisezeit: Ende Sept.–Anfang Juni.
Start: Parsebhati am Siddartha Highway.
Ende: Ghatichhina.

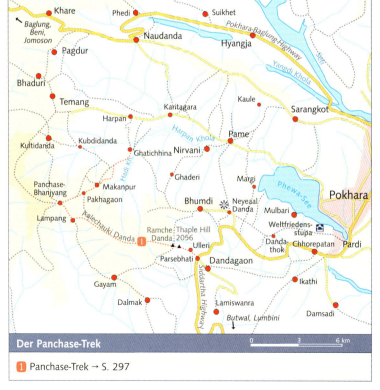

Der Panchase-Trek

1 Panchase-Trek → S. 297

Trekking in der Nähe von Pokhara

Anreise: Mit dem Taxi oder Bus von Pokhara.
Abreise: Mit dem Taxi oder Bus nach Pokhara.
Karte: Pokhara 1:50 000; Nepal Map Publisher.

Das dreitägige Trekking, beginnend am **Siddartha Highway**, führt durch malerische Gurung-Dörfer zum **Panchase-Bhanjyang** (2030 m) mit einem unvergleichlichen Blick auf die Berge und weiter in das Dorf **Ghatichhina** westlich des Phewa-Sees.

■ Der Weg

1. Tag: Von **Parsebhati** ansteigend, an den Wegkreuzungen links haltend, hinauf bis in das Dorf **Ulleri** (Teehaus). Nun weiter zum Aussichtspunkt **Thaple Hill** (2056 m) und von hier westwärts zum **Ramche Danda** (2125 m, kleiner Tempel); 6 Std.

2. Tag: Weiter in nordwestlicher Richtung, an einem Abzweig links haltend und über den Bergrücken **Aalechauki Danda**, den Bach Khopa Khola überquerend, und durch das Dorf **Lampang** bis zum **Panchase-Bhanjyang**; 5 Std.

3. Tag: Ostwärts absteigend, gelangt man über die Dörfer **Pakhagaon** und **Makanpur** nach **Ghatichhina**; 4 Std.

Gurung-Kultur-Trek

Länge: 4–6 Tage.
Tagesetappen: 5–6 Std.
Anspruch: Einfache Bergwanderung mit mäßigen körperlichen Anstrengungen.
Übernachtung: Zelt, einfache Gasthäuser oder Homestay bei den einheimischen Familien.
Ausstattung: Mittlere Infrastruktur, Verpflegung ist in den Orten eigentlich erhältlich, Gruppen mit mehr als vier Personen sollten sich die Tour organisieren lassen oder die Ausrüstung mitführen.

▲ *Rhododendronbäume im Annapurna-Gebiet*

Maximale Höhe: 2160 m.
Benötigte Genehmigungen: TIMS, Annapurna Conservation Area Fee, 2000 NRS.
Beste Reisezeit: Ende Sept.–Anfang Juni.
Start: Khudi.
Ende: Begnas Tal Bazar.
Anreise: Mit Bus, Taxi oder organisiertem Transport von Pokhara nach Khudi.
Abreise: Mit dem Taxi oder Bus nach Pokhara.
Karte: Annapurna 1:100 000 und Pokhara 1:50 000; Nepal Map Publisher.

Alte Hängebrücke bei Khudi

Der Gurung-Kultur-Trek (Heritage Trail) im südlichen Lamjung-Gebiet ist eine für den Tourismus relativ neu eröffnete Route. Der Weg führt durch selten besuchte Dörfer, in denen man noch die ursprüngliche Kultur der Gurung vorfindet. In diesen Dörfern leben auch die legendären Honigjäger des Himalaya, die, nur mit Bambus- und Strickleitern ausgerüstet, den Honig der großen Wildbienen in den steilen und fast unzugänglichen Felswänden einsammeln. Der Weg bietet Begegnungen mit den Menschen dieses Gebietes und herrliche Ausblicke in den Lamjung und Annapurna Himal.

■ **Der Weg**

1. Tag: Von **Khudi** (800 m) steigt man durch urbanes Land auf, vorbei an Feldern, und erreicht zuerst den Ort **Bhalamchaur** (1360 m). Weiter führt der Weg zum Tagesziel in **Ghalegaon** (2100 m); 6 Std.

2. Tag: Nach einem herrlichen Sonnenaufgang mit Blicken zum Manaslu und in die Annapurna-Kette erreicht man nach etwa einer Stunde das Dorf **Ghanpokhara** (2160 m). In nordwestlicher Richtung kommt man durch schönen Rhododendronwald nach **Bhujung** (1700 m), dem größten der Gurung-Dörfer im Lamjung-Gebiet; 5 Std.

3. Tag: Nun zum **Midim Khola** (1350 m) hinab und im Anschluss durch dschungelartigen Wald ansteigend, über einen Sattel (2120 m) weiter nach **Pasgaon** (1640 m); 5 Std.

4. Tag: In ständigem hügeligem Auf und Ab kommt man zuerst über den Bach Rudi Khola und später über die Ortschaft **Nagidhar** nach **Pakhurikot** (1300 m), dem Tagesziel; 5 Std.

5. Tag: Der Weg kommt nun in immer subtropischere Gebiete und führt zuerst in einer Stunde nach **Gahate**, weiter durch Wald bis nach **Thumsikot** und schließlich zum **Begnas-See**; 6 Std. Hier Übernachtung oder weiter nach **Begnas Tal Bazar**.

Royal Trek

Länge: 3 Tage.
Tagesetappen: 4–6 Std.
Anspruch: Leichte Bergwanderung mit wenigen körperlichen Anstrengungen.
Übernachtung: Lodge/Gasthaus.
Ausstattung: Gute Infrastruktur.
Maximale Höhe: 1262 m.
Benötigte Genehmigungen: TIMS.
Beste Reisezeit: Ende Sept.–Anfang Juni.
Start: Kalikasthan.
Ende: Begnas Tal Bazar.
Anreise: Mit dem Taxi nach Kalikasthan, etwa eine Stunde, zirka 700–800 NRS.
Abreise: Mit Taxi oder Bus.
Karte: Royal Trek 1:30 000; Nepal Map Publisher.

300 Trekking in der Nähe von Pokhara

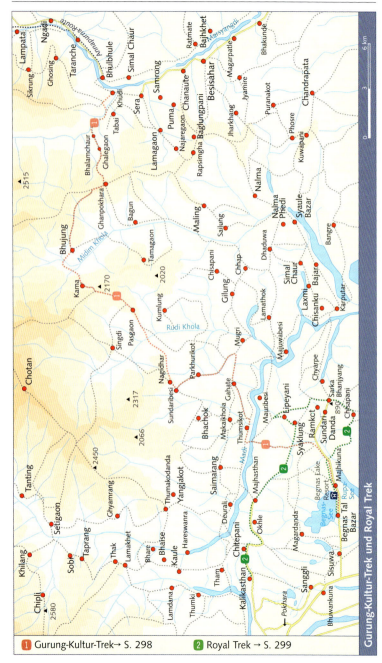

Der Royal Trek ist eine einfache dreitägige Trekkingtour im nordöstlichen Pokhara-Tal. Das Trekking zeigt die Kultur und Lebensweise in den Gurung-Dörfern auf, die an diesem Weg liegen. Während der Wanderungen hat man vielfältige Ausblicke auf Annapurna, Lamjung und Machhapuchhare. Die Tour endet am malerischen **Begnas-See**. Der Royal Trek wird so genannt, weil Prinz Charles mit 90 Personen im Gefolge diesen Weg in den frühen 1980er Jahren gegangen ist.

■ **Der Weg**
1. Tag: Von **Kalikasthan** (1370 m) führt der Weg durch verschiedene Dörfer auf einem Bergrücken entlang, mit Blicken zur Annapurna und zum Lamjung Himal nach **Syaklung** (1100 m); 6 Std.
2. Tag: Von Syaklung aus geht es ein kleines Stückchen nach Norden zurück und dann, in Richtung Süden absteigend, zum **Sarka Bhanjyang** (890 m). Nun Aufstieg auf den Bergrücken, von dem aus man die beste Sicht dieser Tour hat: Bis zum Dhaulagiri im Westen reicht sie. Der Weg führt weiter nach **Chisapani** (1260 m); 6 Std.
3. Tag: Nun geht es schon wieder zurück Richtung Pokhara. Abstieg zum **Rupa-See** und weiter zum **Begnas-See** (740 m). Hier hat man die Möglichkeit, zu baden oder mit dem Boot zu fahren. Vom Begnas-See ist es ein kurzer Weg zum Ort **Begnas Tal Bazar**; 4 Std.

Jomsom–Poon Hill–Pokhara

Länge: 7 Tage.
Tagesetappen: 2–8 Std.
Anspruch: Einfache bis mittelschwere Bergwanderung mit teilweise höheren körperlichen Anstrengungen.
Übernachtung: Lodges.
Ausstattung: Hervorragende Infrastruktur an der ganzen Strecke.
Maximale Höhe: 3193 m.
Benötigte Genehmigungen: Annapurna Conservation Area Fee, 2000 NRS; TIMS.
Beste Reisezeit: März–Mai und Mitte Sept.–Nov.
Start: Jomsom.
Ende: Naya Pul.
Anreise: Flug von Pokhara, etwa 85 US-Dollar.
Abreise: Mit Taxi oder Bus nach Pokhara.
Karte: Annapurna 1:100 000; Nepal Map Publisher.

Das Gebirge zum Greifen nah: Grandiose Blicke aus kurzer Distanz auf die beiden 8000er, Dhaulagiri und Annapurna, sowie auf den heiligsten Berg Nepals, den Machhapuchhare, lassen das Herz schneller schlagen. Auf der kleinen Trekkingtour durch urzeitliche Wälder, kleine Bergdörfer und entlang des Kali-Gandaki-Tales erlebt man die Gastfreundschaft der Einheimischen, auf einem Weg, den die große Masse der Touristen ausspart, die zum Poon Hill, einem der allerschönsten Aussichtspunkte im Gebirge, wollen.

■ **Der Weg**
1. Tag: Von **Jomsom** (2710 m) wandert man nach der Fluganreise und einem Frühstück nur ein kleines Stück bis nach **Marpha** (2670 m); 2 Std. Marpha ist das Apfelanbaugebiet Nepals. Von oben grüßt der Dhaulagiri, und man hat genügend Zeit, sich im Thakali-Ort umzuschauen (Kloster).
2. Tag: Der Weg führt nun das Tal abwärts über **Tukuche**, den Fluss zweimal überquerend, nach **Kalopani** (2530 m); 6 Std.
3. Tag: Von hier immer im Kali-Gandaki-Tal entlang, auf Schotterwegen nach **Tatopani** (1190 m); 8 Std. Der Ort ist berühmt für seine heißen Quellen.
4. Tag: Nun folgt ein anfangs steiler, dann sanfter Anstieg durch ein landwirtschaftlich geprägtes Gebiet hinauf in den

Sonnenaufgang am Poon Hill

Ort **Sikha** (2100 m) zur schönen Lodge ›Mona Lisa‹; 5 Std.

5. Tag: Durch Rhododendronwälder führt der Weg weiter hinauf nach **Ghorepani** (2750 m), das ›Dorf der blauen Dächer‹; 5 Std.

6. Tag: Nach einem zeitigen Aufstehen steigt man vom Ort in etwa einer Stunde zum **Poon Hill** (3193 m) auf. Zum Sonnenaufgang bietet sich hier einer der phantastischsten Blicke im Himalaya. Dhaulagiri und das Annapurna-Massiv färben sich langsam von Dunkelrot in strahlendes Gold. Im Anschluss geht es hinab nach **Ulleri** (1950 m); 6 Std.

7. Tag: Ein letzter Abstieg führt hinunter in die Zivilisation und zur Straße bei **Naya Pul**; 5 Std.

Ghachowk-Trek

Länge: 2 Tage.
Tagesetappen: 4–5 Std.
Anspruch: Leichte Bergwanderung mit wenig körperlichen Anstrengungen.
Übernachtung: Lodge/Gasthaus.
Ausstattung: Gute Infrastruktur.
Maximale Höhe: 1350 m.
Benötigte Genehmigungen: TIMS.
Beste Reisezeit: Ende Sept.–Anfang Juni.
Start und Ende: Hemja.
Anreise und Abreise: Mit dem Taxi oder Bus von Pokhara (30 Min.).
Karte: Pokhara 1:50000; Nepal Map Publisher.

Diese kleine zweitägige Wanderung führt in eine der ältesten Siedlungen des Pokhara-Tales, in das typische Gurung-Dorf **Ghachowk**. Vom oberen Ortsteil hat man aus der Nähe eine wundervolle Sicht auf den Machhapuchhare.

■ Der Weg

1. Tag: Von **Hemja** (Hyangja) (1070 m) führt der Weg zuerst hinauf in das Dorf **Lhachok**, über den Bach Lasti Khola gelangt man erst in den unteren, ein kleines Stück weiter aufsteigend, in den oberen Ortsteil von **Ghachwok**; 5 Std.

2. Tag: Vom Ort aus südlich absteigend, kommt man über das kleine Dorf **Kangmang** zurück zum Ausgangspunkt; 4 Std.

Annapurna-Basislager-Trek

Länge: 8–10 Tage.
Tagesetappen: 3–6 Std.
Anspruch: Mittelschwere Bergwanderung mit teilweise großen körperlichen Anstrengungen.
Übernachtung: Lodges; ab Deurali im Zelt.
Ausstattung: Sehr gute Infrastruktur bis ›Himalaya Hotel‹; bei individuellem Trek unterwegs Verpflegung für die beiden oberen Tage einkaufen.
Maximale Höhe: 4130 m.

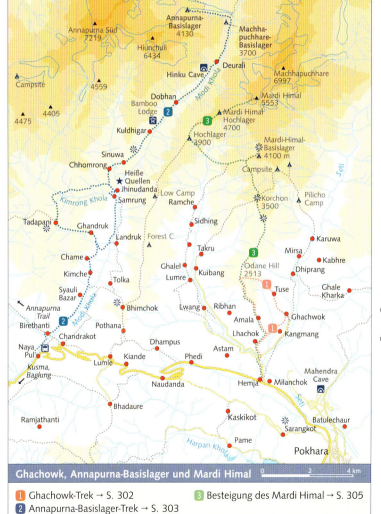

Ghachowk, Annapurna-Basislager und Mardi Himal

1 Ghachowk-Trek → S. 302
2 Annapurna-Basislager-Trek → S. 303
3 Besteigung des Mardi Himal → S. 305

Trekking in der Nähe von Pokhara

Benötigte Genehmigungen: Annapurna Conservation Area Fee, 2000 NRS; TIMS.
Beste Reisezeit: Mitte März–Mai und Okt.–Nov.
Start und Ende: Naya Pul.
Anreise: Mit Taxi (45 Min.) oder Bus (1,5 Std.) von Pokhara.
Abreise: Mit Taxi oder Bus nach Pokhara.
Karte: Annapurna 1:100 000; Nepal Map Publisher.

Von sehr hohen Bergen umgeben zu sein, ohne selbst sehr hoch gehen zu müssen, auf dieser Tour ist das möglich. Ein wunderbares Bergpanorama eröffnet sich, wenn man im Kessel direkt unter Machhapuchhare, Gangapurna, Annapurna und Hiunchuli steht.

■ **Der Weg**
1. Tag: Von **Naya Pul** (1070 m) steigt man hinauf, an kleinen Dörfern vorbeikommend, die Hängebrücke über den Khumnu Khola überquerend, erreicht man **Ghandruk** (1940 m); 6 Std. Das Gurung-Dorf bietet einen schönen Blick auf Machhapuchhare, Annapurna Süd und Hiunchuli.
2. Tag: Nach einem Abstieg bis zum Kimrong Khola steigt man steil auf und kommt nach **Chomrong** (2170 m); 5 Std.
3. Tag: Am nächsten Tag geht es über eine Hängebrücke und hinauf nach **Sinuwa**, wo der Weg wieder flacher wird. Nun durch Bambus- und Rhododendronwälder bis nach **Dobhan** (2600 m); 6 Std.
4. Tag: Durch dichte Eichen- und Rhododendronwälder, zwei kleine Brücken überquerend, am ›Himalaya Hotel‹ vorbei, den Wald hinter sich lassend, erreicht man **Deurali** (3200 m); 5 Std.
5. Tag: Nun geht es in das Machhapuchhare-Basislager. Der Weg führt steil nach oben. Hier sollte man, je nach Witterung, auf etwaige Lawinen achten. Im **Machhapuchhare-Basislager** (3700 m) genießt man ein herrliches Panorama, denn man steht in einem Bergkessel – von Hiunchuli, Machhapuchhare, Annapurna Süd, Annapurna I, Annapurna III, und Gangapurna umgeben. Das ist einmalig schön und lohnt den etwas anstrengenden Aufstieg hier hinauf; 4 Std.
6. Tag: Auf der nächsten Etappe verschwindet die Vegetation vollends, der Weg wird breiter, das Tal weitet sich. Bald schon steht man im **Annapurna-Basislager** (4130 m); 3 Std. Man hat hier eine völlig ungehinderte 360-Grad-Rundumsicht auf die Eisgiganten. Man kann noch am gleichen Tag ins Machhapuchhare-Lager zurückgehen oder aber in dieser herrlichen Szenerie übernachten.
7. Tag: Vom Basislager geht es zurück bis zur **Bamboo Lodge** (2310 m). Wie leicht das doch plötzlich bergab geht! 6 Std.
8. Tag: Der weitere Rückweg führt über das schon bekannte **Chomrong** nach **Jhinudanda** (1780 m); 6 Std. Entspannen kann man gut in den nur 15 Minuten entfernten heißen Quellen.
9. Tag: Der letzte Tag führt im ersten Teil auf einem noch unbekannten Weg durch das Tal des Modi Khola. Bei **Chamje** erreicht man den vom ersten Aufstieg bekannten Weg zurück nach **Naya Pul**; 6 Std.

Der Machhapuchhare

Besteigung des Mardi Himal

Länge: 13–16 Tage.
Tagesetappen: 3–12 Std.
Anspruch: Schwere Bergwanderung mit teilweise sehr großen körperlichen Anstrengungen; einfache Bergbesteigung.
Übernachtung: Zelt.
Ausstattung: Keine Infrastruktur; sämtliche Verpflegung und Ausrüstung aus Pokhara mitnehmen.
Maximale Höhe: 5553 m.
Benötigte Genehmigungen: NMA-Permit für den Mardi Himal; 350 US-Dollar für bis zu vier Personen; Annapurna Conservation Area Fee, 2000 NRS; TIMS.
Beste Reisezeit: April–Mai und Okt.–Nov.
Start und Ende: Hemja.
Anreise: Mit dem Taxi von Pokhara.
Abreise: Mit Taxi nach Pokhara.
Karte: Annapurna 1:100 000; Nepal Map Publisher.
Zur Beachtung: Die Genehmigung für diese Tour bekommt man nur, wenn eine lizenzierte Trekkingagentur die Besteigung organisiert. Man muss mindestens einen Sirdar (Bergführer) mitnehmen.

Einen 5000er besteigen? Warum eigentlich nicht. Diese Tour ist etwas für ambitionierte Bergwanderer, die keine Alpinisten sind und dennoch gern einmal einen solchen Berg besteigen würden. Auf unbekannten Wegen im Süden der Annapurna erreicht man das Basislager. Der Blick vom Gipfel (5553 m) ist einmalig. So nahe ist selten jemand dem heiligsten Berg des Landes, dem **Machhapuchhare**.

■ **Der Weg**
1. Tag: Von **Hemja** (1070 m) bewegt man sich auf äußerst selten begangenen Wegen. Durch einen herrlichen Wald gelangt man zuerst nach **Lhachok** (1300 m); 3 Std.
2. Tag: Zum ersten schönen Aussichtspunkt geht es hinauf zum Zeltplatz auf dem **Odane Hill** (2513 m); 7 Std.
3. Tag: Nun steigt man weiter auf zum nächsten Platz mit herrlicher Sicht in das Gebirge, zum **Korchon** (3500 m); 6 Std.
4. Tag: Am Korchon sollte ein erster **Akklimatisationstag** eingelegt werden.
5. Tag: Weiter auf dem Kamm entlang, zuletzt steil hinauf, erreicht man nun das **Mardi-Himal-Basislager** (4100 m); 7 Std. Hier folgt klugerweise der nächste **Akklimatisationstag**, damit man auch bei bester Gesundheit das Ziel, den Gipfel des Mardi Himal, erreichen kann.
6. Tag: Akklimatisation.
7. Tag: Zur Errichtung des Hochlagers auf etwa 4700 Metern sollte man sehr zeitig aufbrechen. Danach Abstieg in das Basislager; 8–10 Std.
8. Tag: Ruhetag.
9. Tag: Nun sollte man gut genug akklimatisiert sein, um den Gipfel in Angriff nehmen zu können. Aufstieg zum **Hochlager**; 6 Std.
10. Tag: Aufstieg zum **Gipfel des Mardi Himal**. Der Machhapuchhare, genau über einem, ist nun zum Greifen nahe. Aber auch der Blick ringsherum in die Berge und hinab nach Pokhara ist traumhaft schön. Vom Gipfel geht es nun bergab bis ins Basislager; 10–12 Std. An dieser Stelle der Tour sollte zur Sicherheit ein Reservetag eingeplant werden.
11.–13. Tag: Auf dem vom Anmarsch bekannten Weg gelangt man in drei Tagen zurück zum Ausgangspunkt nach **Hemja**.

Andere Aktivitäten in und um Pokhara

Außer den schon genannten Besichtigungen, Ausflügen, Wanderungen und Trekkingtouren gibt es auch noch weitere Möglichkeiten zur Freizeitbeschäftigung im Umfeld der Stadt.

■ **Mit dem Fahrrad**
Gerade die Gegend um Pokhara bietet sich aufgrund der relativ guten Infrastruk-

Leichtflieger bei Pokhara

tur und der – im Gegensatz zum Kathmandu-Tal – sauberen Luftverhältnisse für Fahrrad- beziehungsweise Mountainbike-Touren an. Mit dem Fahrrad kann man relativ schnell und ohne lange, anstrengende Fußmärsche die Lebensweise der Bevölkerung in den Dörfern rund um die Stadt und die herrlichen Aussichtspunkte erkunden. Zahlreiche Geschäfte im Ortsteil Lakeside bieten gute Fahrräder zur Vermietung an. Man kann die Umgebung der Stadt auf einer der zahlreichen von den örtlichen Agenturen angebotenen geführten Tagestouren oder auf eigene Faust erkunden.

Touren für jedwede Schwierigkeit und für jeden Fitnesszustand sind in der Umgebung reichlich vorhanden. Am besten lässt man sich in den Ausleihstationen beraten und mit Hinweisen auf das beste Landkartenmaterial versorgen. Oft bekommt man dort auch fertige Kartenskizzen für die vorgeschlagenen Routen. Die wohl beliebteste Fahrradroute führt über Sarangkot nach Naudanda. Dafür benötigt man am Stück mindestens sieben Stunden. Bequemer ist es, in Sarangkot zu übernachten und dort die phantastische Sicht am Abend zu genießen.

■ **Mit dem Motorrad**

Wenn man am Abend auf einen Drink ins ›Busy Bee‹ geht, fallen einem am Eingang auf der linken Seite sofort eine Reihe toll aussehender Motorräder ins Auge. Sie gehören zur Motorrad-Vermietung und -Fahrschule **Hearts & Tears**. Hat der Anblick der ›coolen‹ Royal-Enfield-Maschinen Lust auf mehr gemacht, sollte man sich eine Ausfahrt auf den kurvenreichen Strecken der Umgebung gönnen. Wer noch gar nicht Motorrad fahren kann, es aber vielleicht gern einmal probieren will, nimmt hier Unterricht. Und ist man im Besitz eines Pkw-Führerscheines, darf man in Nepal auch Motorrad fahren! Das Unternehmen bietet außer dem Verleih und dem Unterricht auch geführte Motorrad-Reisen durch das ganze Land an (Hearts & Tears Motorcycle Club, Busy Bee Café, Lakeside, Baidam 6, Pokhara, Ansprechpartner: Herr Matthew Gardner, Tel. mobil: +977/9818814375, matthewpgardner@yahoo.com.au, www. heartsandtears.com; Vermietung ab 30 Euro pro Tag; Unterricht 90–180 Euro).

■ **Golf**

Pokhara ist weltbekannt für seine beeindruckenden Bergpanoramen, kaum jemand weiß aber etwas vom **Himalaya-Golfplatz**. Golfexperten zählen diesen Platz zu den zehn außergewöhnlichsten Golfplätzen der Welt. Dieser phantastische Neun-Loch-Platz liegt nur sieben Kilometer vom Stadtzentrum entfernt. Das Klubhaus steht, einem Adlerhorst gleich, auf einer natürlichen Terrasse 250 Meter hoch über dem tief eingeschnittenen Canyon des Seti-Flusses. Diese Lage und ein traumhafter Ausblick auf die Annapurna-Kette machen diesen Ort zu einem einzigartigen Golfplatz (Himalaya-Golfplatz, PO BOX 208, Majeri Patan, Pokhara, Ansprechpartner: Herr Bhu Bahadur Gurung, Manager, Tel. +977/61/521882/527204, mobil +977/9856021150, Fax +977/61/521882, www.himalayangolfcourse.com; das Green Fee kostet 50 US-Dollar; Schuhe 5 US-Dollar und der Balljunge 2 US-Dollar pro Tag.

■ **Paragliding, Kajakfahren und Rafting**

Weitere Möglichkeiten zur aktiven Betätigung in Umland Pokharas sind Paragliding, Kajakfahren und Rafting. Paragliding vermittelt und führt durch **Sunrise Paragliding**, Tel. 463174, www.sunrise-paragliding.com oder auch das nepalesisch-schweizerische Unternehmen **Blue Sky Paragliding**, Tel. 463747, www.paragliding-nepal.com.

Kajaks für Fahrten auf dem Phewa-See erhält man zur Miete beim **Ganesh Kayak Shop**, Tel. 462657, www.ganeshkayak.com.

Für geführte Rafting-Touren auf dem Seti bis hinunter zum Narayani Fluss, wendet man sich an **Paddle Nepal**, Tel. 207077, www.paddlenepal.com. Die Preise hierfür liegen bei etwa 55 US-Dollar für einen Tag und 120 US-Dollar für zum Beispiel drei Tage.

Radler auf dem Weg um den Phewa-See

Im Westen liegen das bekannteste Trekkinggebiet der Welt, das Annapurna-Massiv, die spektakuläre, wüstenartige Landschaft des ehemaligen Königreiches Mustang, die berühmte Stadt Gorkha und der Geburtsort Buddhas, Lumbini.

DER WESTEN

Die Entwicklungsregion West (Pachim) liegt geographisch gesehen genau in der Mitte Nepals. Die Region besteht aus den drei Zonen Dhaulagiri, Gandaki und Lumbini.

Die **Dhaulagiri-Zone** mit dem Hauptort Baglung beherbergt viele bekannte Trekkinggebiete. Sie umfasst vier Distrikte: Mustang, Myagdi, Baglung und Parbat. Die östlich gelegene aus sechs Distrikten bestehende **Zone Gandaki** mit ihrem Hauptort Pokhara ist mit dem Solukhumbu das Zentrum des Trekkingtourismus in Nepal schlechthin. Die Distrikte Manang, Kaski, Lamjung, Gorkha, Syangja und Thanau beherbergen eine Vielzahl touristischer Attraktionen. Die dritte, südlich gelegene **Region Lumbini** umfasst ebenfalls sechs Distrikte. Einer davon, der namensgebende Distrikt Lumbini, besitzt mit dem Geburtsort Buddhas einen Ort von höchster religiöser Bedeutung für Buddhisten aus aller Welt. Die anderen fünf Distrikte sind

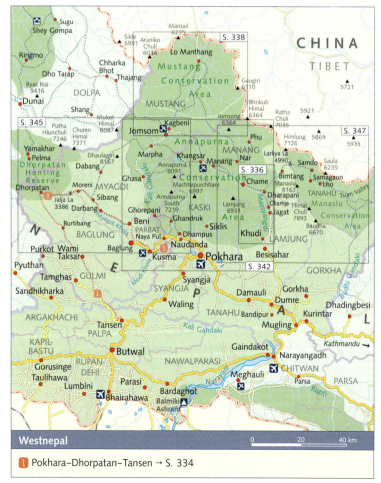

Westnepal

1 Pokhara–Dhorpatan–Tansen → S. 334

Gulmi, Argakhachi, Palpa, Kapilbastu, Rupandehi und Nawalparasi.

Die Zusammensetzung der Bevölkerung im Westen ist noch vielfältiger als in den beiden anderen westlichen Regionen. Auch hier wird das Terai mehrheitlich von Tharu und indischstämmigen Völkerschaften bewohnt, hinzu kommt eine größere Anzahl von Newar im Gebiet von Butwal. Nördlich des Terai, im mittleren Bergland und in den Gebieten des Himalaya und Transhimalaya, gibt es zum Teil in sich abgeschlossene Siedlungsgebiete einzelner Völkerschaften. In Tansen und seiner näheren Umgebung sind vorrangig Newar ansässig. In der Gegend um Dhorpatan bestimmen die Magar das Völkerbild, und das Gebiet südlich des Annapurna-Massivs wird vorranging von Gurung bewohnt. Die Thakali siedeln im unteren Kali-Gandaki-Tal zwischen Dhaulagiri und Annapurna. Der nördliche Teil in den höher gelegenen Siedlungen ist auch hier von Bhotias bewohnt. Im nördlichsten Teil der Region, im oberen Mustang, siedelt das kleine Volk der Lo oder Lopas, während in Pokhara, der Hauptstadt der Entwicklungsregion, ein buntes Völkergemisch besteht.

Der Tourismus ist in den nördlichen Gebieten eine der Haupteinnahmequellen der Bewohner. Insbesondere der Trekkingtourismus, aber auch die vielen, vorwiegend indischen Pilger zum Heiligtum in **Muktinath** spielen dabei eine Rolle. Vor allem das Annapurna-Gebiet zieht die Touristen zu tausenden an. Die **Annapurna-Umrundung** ist wohl die klassischste und bekannteste Trekkingroute weltweit und eine der schönsten dazu. Die touristische Infrastruktur auf den Wegen rings um das Gebirgsmassiv ist die beste im ganzen Land.

Städte im Westen

Die Hauptstadt Pokhara und ihre Umgebung wurde bereits im vorherigen Abschnitt vorgestellt. Eine Auswahl weiterer wichtiger und touristisch bemerkenswerter Orte und Ziele stellen die kommenden Seiten vor.

Tansen

Die Stadt Tansen (oft auch Palpa genannt) liegt 120 Kilometer südlich von Pokhara, auf 1370 Metern Höhe. Sie ist der Hauptsitz des Distrikts Palpa.

Tansen, im 11. Jahrhundert gegründet, war einst die Hauptstadt des mächtigen Magar-Königreichs von Palpa. Es gehörte bis zur Begründung des Gesamtkönigreiches Nepal zu den einflussreichsten Herrschaftsgebieten in der Region.

Der Ort ist ein wahres Labyrinth aus engen, gepflasterten Gassen, in denen man viele wunderbare Details der Kultur der hier ansässigen Newar entdecken kann. Tansen gilt als Ursprungsort für die Herstellung des Dhaka-Stoffes. Aus diesem traditionellen Stoff fertigen die Newar ihre Trachten und auch die typischen Newar-

Bhagawati-Tempel in Tansen

Mützen (Topi). Bei einem Gang durch die Stadt ist das Klappern der Webstühle allgegenwärtig. Des Weiteren ist der Ort für seine Messingwaren bekannt.

Die Hauptattraktion Tansens ist sicher das Gesamtbild der **Altstadt** mit ihrer mittelalterlichen Atmosphäre und den Newar-Häusern, die mit kunstvoll geschnitzten Fenstern und Türen versehen sind. Im Ort findet man zahlreiche Tempel und Skulpturen. Aufgrund der gut erhaltenen authentischen Architektur und der Geschichte des Ortes steht Tansen momentan auf der UNESCO-Tentativliste (Vorschlagsliste zum Welterbe). Die Hauptsehenswürdigkeiten sind der **Marktplatz** mit dem **Sitalpati**, der **Narayan-Tempel**, der **Tansen Durbar** und der **Ranighat Durbar** etwas außerhalb der Stadt.

■ **Marktplatz und Sitalpati**
In der Mitte der Stadt gelegen, wird der Marktplatz von einem eigenartigen achteckigen Pavillon dominiert, dem Sitalpati. Er diente früher den Gouverneuren des Schahs für öffentliche Auftritte. Heute ist er ein beliebter Treffpunkt für die Einheimischen. Auf dem Marktplatz gibt es mehrere Läden, die Stoffe (Dhaka) und die für Tansen typischen Messingkrüge (Karuwa) verkaufen. Eine kleine **Karuwa-Manufaktur** am Platz kann man besichtigen. Passend zu den Händlern auf dem Markt steht im Nordwesten des Platzes ein kleiner Tempel, der **Bhimsen-Mandir**. Er ist dem Gott Bhimsen, dem Schutzgott der Kaufleute, gewidmet.

Weiterhin erwähnenswert ist der **Bhagwati-Tempel**, er befindet sich unweit des Platzes in südwestlicher Richtung und wurde im Jahr 1815 zum Gedenken an den Sieg der Gurkhas über die Briten bei Butwal errichtet.

■ **Narayan-Tempel**
Am unteren Ende der östlich des Sitapalti gelegenen steilen Asan Tole steht der Narayan Mandir. Er gilt als einer der schönsten Tempel Nepals außerhalb des Kathmandu-Tals. Der erste Gouverneur von Tansen ließ ihn 1807 erbauen.
Der klassische dreistufige Holztempel ist Vishnu gewidmet und im Pagodenstil erbaut. Bemerkenswert sind die Darstellungen von Tierköpfen über der Tür und die erotischen Schnitzereien an den Sparren. Hier trifft man jeden Abend eine Vielzahl von Gläubigen an, die Vishnu mit Butterlampen huldigen.

■ **Tansen Durbar**
Der Tansen Durbar ist eines der wichtigsten Wahrzeichen des Ortes und in architektonischer wie historischer Hinsicht Westnepals überhaupt. Der Gebäudekomplex gehört zu den wenigen Bauwerken in Nepal, die in unserer abendländischen Architektur ausgeführt sind. Der Palast wurde im 19. Jahrhundert unter General Pratap Shamsher Rana im neoklassizistischen Baustil errichtet. Er beherbergt mehr als 64 Räume, in denen bis 2006 die Distriktverwaltung untergebracht war. Seine jüngere Geschichte ist allerdings mehr als traurig. In der ›Schreckensnacht von Tansen‹ wurde dieses Gebäude völlig zerstört. Am späten Abend des 31. Januar 2006 wurden die Bewohner der Stadt durch Explosionen und Schüsse jäh aus dem Schlaf gerissen. Über 4000 maoistische Kämpfer lieferten sich mit den Regierungstruppen eine erbitterte Schlacht. Die ganze Nacht hindurch waren das Maschinengewehrfeuer und die Bombenexplosionen zu hören. Der Palast ging in Flammen auf. Nach dem Ende der Auseinandersetzung in den frühen

In der Tempelanlage von Muktinath

Morgenstunden war der Boden mit Patronenhülsen übersät und mit Blut getränkt. Mehr als 30 Menschen hatten ihr Leben verloren, und vom Palast standen nur noch rauchende Ruinen.
Der Palast wird inzwischen unter ministerialer Federführung originalgetreu wiederaufgebaut.

■ **Ranighat Durbar**
Ebenfall in europäischer Bauweise kommt der Ranighat Durbar daher. Die Festung liegt am Ostufer des Kali Gandaki, auf einem Hügel unweit von Tansen. Khadga Shamsher Rana ließ sie 1896 zum Andenken an seine Frau erbauen. Er musste wegen einer Verschwörung gegen den Premierminister 1921 ins Exil gehen. Dadurch verlor der beeindruckende Bau, der auch als das Taj Mahal Nepals bezeichnet wird, leider seine wertvolle Inneneinrichtung.

■ **Shreenagar Danda**
Ein sehr schöner einstündiger Spaziergang führt auf den Shreenagar Danda, einen 1600 Meter hohen Hügel nördlich der Stadt. Der Weg beginnt in der Nähe des kleinen Ganesh Mandir (Tempel) und führt steil auf den Kamm des Hügels. Auf dem Grad angekommen, biegt man rechts ab und erreicht nach etwa 20 Minuten eine modernen Buddha-Statue. Von hier aus hat man einen wundervollen Ausblick in das Kali-Gandaki-Tal und die Berge des Himalaya.

Tansen
Vorwahl: +977/75.

Mit dem Bus von Pokhara (5 Std., 300 NRS), von Kathmandu (11 Std., 500 NRS) oder von Butwal (3 Std., 100 NRS). Der Busbahnhof liegt am südlichen, unteren Ende der Stadt.

Es gibt einen Geldwechsler und einen Geldautomaten der **Nepal Bank Limited**, beide befinden sich östlich am Sitalpati.

Gauri Shankar Guest House (★), Silkhan Tole, Tansen, Palpa, Tel. 520150; Zimmer 350–500 NRS. Das ›Gauri Shankar‹ ist nur wenige Schritte vom Stadtzentrum entfernt. Das Haus verfügt über Zimmer mit und ohne Bad. Im Restaurant serviert man gute nepalesische, indische und chinesische Gerichte.

Hotel Srinagar (★–★★), Tansen, Palpa, Tel. 520045, 520595, 521515, Fax 520590, www.hotelsrinagar.com; Zimmer 30–40 US-Dollar. Das 20 Minuten zu Fuß vom Ort entfernte, auf dem Bergrücken Srinagar Danda gelegene Haus ist die komfortablere Variante. Eine grandiose Aussicht, schöne Zimmer und ein gutes Restaurant sind hier Standards.

Einfache Restaurants und Gasthäuser im Ort.

Einfache Geschäfte für den täglichen Bedarf bieten ihre Waren feil. Ebenso kann man die berühmten Stoffe (Dhaka) und die typischen Messingkrüge der Stadt (Karuwa) hier erwerben.

Palpa Mission Hospital, Tel. 520489.

Bandipur
Zwischen Pokhara und Kathmandu liegt an einer Kreuzung die Stadt Dumre. Hier machen viele Überlandbusse Pausen. Nach Norden zweigt die Straße in Richtung Besisahar, einem der Ausgangspunkte des Annapurna-Trekkings, ab; nach Süden hingegen führt ein acht Kilome-

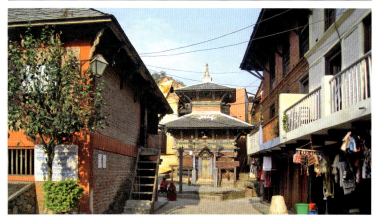

Der Bindebasini-Tempel in Bandipur

ter langes Sträßchen, in vielen Kurven und Kehren, hinauf in den bezaubernden Ort Bandipur.

Ursprünglich lag die Stadt Bandipur an der Haupthandelsroute zwischen Tibet und Indien, mit dem Bau des Highways von Kathmandu nach Pokhara rückte sie etwas ins Abseits. Vielleicht auch deshalb hat sich hier, vom Tourismus noch weitgehend unberührt, eine wunderbare klassische Newar-Architektur bis heute erhalten. Ursprünglich von den Magar (Königreich Palpa) bewohnt, siedelten sich nach der Bildung des geeinten Nepals viele Newar, vor allem aus Bhaktapur, hier an. Das bemerkt man spätestens am **Hauptplatz** des Ortes, man fühlt sich sofort nach Bhaktapur versetzt. Im Unterschied zu dort wirken die Bauten hier aber viel, viel besser erhalten, und es gibt nur sehr wenige Touristen. In dem beschaulichen Ort leben außer den im 19. Jahrhundert eingewanderten Newar unter anderem auch noch die alteingesessenen Magar, Gurung und Chhetri.

Die Lage des Ortes ist ebenso schön wie seine Häuser: Er liegt zwischen zwei Hügeln auf einem schmalen Sattel, dessen Nordseite gut 700 Meter steil abfällt.

Die Hauptsehenswürdigkeiten sind der Bindebasini-Tempel, der Balabazar, der Wasserspeier Tin Dhara, der Khadga-Devi-Tempel sowie der Thani-Mai-Tempel. Dieser befindet sich am **Gurungche Hill (Puranokot)** der, ebenso wie der **Thundilkel**, ein hervorragender Aussichtspunkt ist. Ein lohnender Ausflug ist die Wanderung zur angeblich größten Höhle Nepals, **Siddah Gufa.**

Der **Bindebasini-Tempel** auf dem Hauptplatz des Ortes ist der Göttin Durga geweiht. Der Tempel ist reich mit Schnitzereien verziert, und der Priester öffnet allabendlich die Türen des Heiligtums. Bemerkenswerte Schnitzereien an Fenstern und Balken findet man auch an der benachbarten **Padma-Bibliothek**.

Einige Schritte nordöstlich des Tempels gelangt man zum **Balabazar**, der Haupteinkaufsstraße. Hier steht eine Reihe wunderschöner alter Arkaden-Häuser, in denen früher vor allem die newarischen Tuchhändler ihren Sitz hatten.

Der Weg in südöstlicher Richtung führt vom Bazar zum **Tin Dhara**. Das ist die öffentliche Wasserstelle (Waschplatz), mit drei interessanten Wasserspeiern, die noch heute genutzt wird. Das glasklare Quellwasser kommt aus dem Rani Ban (dem Wald der Königin). Gegenüber befindet sich ein alter **Shiva-Tempel**.

Zum **Khadga-Devi-Tempel** gelangt man vom Hauptplatz des Ortes aus. In nördlicher Richtung führen hinter dem Bindebasini-Tempel Steinstufen zu ihm hinauf. Der heilige Schrein enthält keine Statuen von Göttern oder Göttinnen, sondern ein in mehrere Schichten Tuch eingewickeltes heiliges Schwert. Der Legende nach wurde das Schwert dem König von Palpa, Mukunda Sen, von Shiva persönlich überreicht. Die Khadga (das Schwert) gilt als Symbol der weiblichen Macht (Shakti/Devi), daher der Name Khadga Devi. Der Tempel öffnet seine Türen für die Gläubigen nur einmal im Jahr, während des Dhasain-Festes.

Der Weg zum **Thani-Mai-Tempel** beginnt südwestlich des Hauptplatzes, bei der Schule, und führt über einen mit Schieferplatten belegten Treppenweg in etwa 20 Minuten zum Gurungche Hill. Hier, an dessen oberem Ende, befindet sich der etwas merkwürdige Tempel. Der kleine Thani-Mai-Tempel hat kein Dach. Er ist den Göttern des Lichtes gewidmet, so soll ohne Dach das Licht hinein- und herausstrahlen können. Vom Hügel des Gurungche Hill aus hat man, vor allem am Morgen, eine unbeschreiblich schöne Aussicht. Der Panoramablick reicht von den spektakulären Gipfeln des Dhaulagiri, Machhapuchhare und Manaslu bis hin zu den Bergen des Langtang und Ganesh Himal.

Nordwestlich vom Hauptplatz gelangt man zum **Thundikel**. Auf dem Weg passiert man, kurz vor dem Hügel, fünf gigantische alte Feigenbäume. Der flache Grat war in den alten Zeiten ein beliebter Handels- und Umschlagplatz für Waren von und nach Tibet und Indien. Vor allem in den Abend- und Morgenstunden hat man von hier aus eine ebenso phantastische Aussicht auf die Himalaya-Riesen wie vom Gurungche Hill.

Die **Höhle Siddah Gufa** erreicht man auf einer kleinen Wanderung (drei Kilometer). Durch Senf- und Reisfelder führt der Weg, beginnend an der alten Kaserne am Nordende des Dorfes, auf einem Kamm entlang. Am ersten offensichtlichen Abzweig rechts haltend, durch Felder zu einem Stupa, hier scharf links abbiegend steil absteigen und dem Weg durch den Wald weiter absteigend bis zur Höhle folgen. Die heilige Siddha-Höhle ist mit mehreren hundert Metern Tiefe und bis zu 70 Metern Höhe die wohl größte Kalksteinhöhle des Landes. In ihr gibt es, außer den zu erwartenden unzähligen Stalaktiten und Stalagmiten, mehrere heilige Schreine. In der Höhle werden auch religiöse Feste abgehalten. Vom Eingang aus hat man einen schönen Blick zur Annapurna und in das Marsyangdi-Tal. Von der Höhle führt ein Weg in rund 30 Minuten hinunter zum Highway nach Bimalnagar.

Bandipur

Bandipur Tourist Information Counter, am Hauptplatz, www.bandipurtourism.com. Hier kann man einen Führer durch die Stadt engagieren, halbtags ab 400 NRS.

Mit dem Bus von Pokhara oder Kathmandu nach Dumre, von hier mit dem Jeep nach Bandipur (30 NRS pro Person oder 300 bis 500 NRS pro Jeep).

Zu Fuß erreicht man Bandipur auf einem steilen Anstieg, der einen halben Kilometer westlich von Dumre beginnt (3–4 Std.).

Keine Bank im Ort, Bargeld mitnehmen.

Bandipur Mountain Resort (★★), Kontakt: PO Box 2154, Durbar Marg, Kathmandu, Tel. +977/1/4220162, 4229116,

Fax 4225615, island@mos.com.np, www.islandjungleresort.com.np; Zimmer 40–60 US-Dollar. Das Hotel liegt in einer traumhaften Umgebung. Die zwölf im alten Stil eingerichteten Zimmer bieten einen guten Komfort und schöne Aussichten. Eine Reservierung ist unbedingt erforderlich.
Old Bandiupur Inn (★★), Kontakt: über Kathmandu Guest House, PO Box 21218, Thamel, Kathmandu, Tel. Hotel direkt +977/65/520110 oder +977/1/4700426/4700335 in Kathmandu, www.himalayanencounters.com; Zimmer 50–85 US-Dollar. Herrlich restauriertes altes Herrenhaus mit wunderschönen Zimmern, ausgestattet mit newarischem und buddhistischem Kunsthandwerk. Von der Terrasse hat man einen herrlichen Blick auf die Berge.

Einige Restaurants am Hauptplatz, Restaurants in Hotels und Lodges, **Ke Garne Café** und **Bandipur Café**.

Lumbini

Lumbini liegt etwa 200 Kilometer von Pokhara entfernt im südlichen Zentral-Terai, nahe der Grenze zu Indien. An diesem Ort wurde im Jahr 563 vor Christus Siddhartha Gautama, die historische Gestalt Buddhas, geboren (→ S. 321). Nach jahrelanger archäologischer Arbeit in Lumbini gilt dies mittlerweile als gesichert. Der auf der Liste des UNESCO-Weltkulturerbes verzeichnete denkmalgeschützte Ort ist dadurch von allergrößter Bedeutung für die Buddhisten aus aller Welt.

Das religiöse Herzstück Lumbinis ist der **Maya-Devi-Tempel**. Er steht genau an der Stelle, an der Buddha unter einem Bodhi-Baum geboren wurde. Der Tempel bildet das Zentrum der ›Lumbini Development Zone‹, einer zehn Quadratkilometer großen parkähnlichen Anlage, die Klöster buddhistischer Gemeinschaften aus aller Welt beherbergt und vollständig von Wasser umgeben ist. Die Anlage beruht auf einem Entwurf des japanischen Architekten Kenzo Tange aus dem Jahr 1978.

Figurengruppe in Lumbini

In der Frühzeit nach Buddhas Geburt wurden an dieser Stelle unzählige Stupas und Klöster errichtet, und Lumbini wurde zum Wallfahrtsort. Hierher pilgerten seine Anhänger, so auch der indische Kaiser Ashoka, der 249 vor Christus den Ort besuchte. Er ließ hier eine seiner berühmten Säulen aufstellen. Eine noch immer nicht bekannte Katastrophe hat den Ort irgendwann in den darauffolgenden Jahrhunderten zerstört. Der chinesische Mönch Fa Xian, der zwischen 399 und 412 verschiedene buddhistische Königreiche besuchte, fand im Jahr 403 die neben Lumbini gelegene Stadt Kapilavastu zerstört und die Klöster in Lumbini verlassen vor. Sein Landsmann, der Pilger Xuan Zang, kam auf seiner 17 Jahre langen Reise, während der er nach buddhistischen Schriften forschte, im Jahr 637 nach Lumbini. Er berichtete von mehr als 1000 völlig verfallenen Klöstern und der zertrümmerten auf dem Boden liegenden **Ashoka-Säule**.

Ins Land einfallende muslimische Truppen zerstörten Ende des 14. Jahrhunderts auch noch die Reste der in ihren Augen ›heidnischen‹ Tempel. In der Folge wurde der Ort vollständig von der Natur zurückerobert. Er war jedoch nicht ganz in Vergessenheit geraten und lebte in den Überlieferungen fort. Im Jahre 1896 veranlasste der Gouverneur von Palpa, Khadga Shamsher Rana (der Erbauer des Ranighat Durbar bei Tansen, → S. 314), die Ausgrabung der Ashoka-Säule. Damit begann der Wieder- und Neuaufbau Lumbinis, dessen Werdegang und vielen Details sich das kleine **Lumbini-Museum** nördlich des Klosterkomplexes widmet.

Der Maya-Devi-Tempel

■ Maya-Devi-Tempel

Der Tempel ist der Mutter Buddhas, Maya Devi, gewidmet, die an dieser Stelle ihr Kind unter einem Bhodi-Baum (in Nepal meist als Pipal bezeichnet) gebar. Am Tempel kann man auf einem hölzernen Weg zu einem berühmten Sandsteinrelief gehen (die Schuhe sind auszuziehen). Das Relief ist durch die vielen Berührungen zur Verehrung der göttlichen Mutter schon kaum noch zu erkennen. Es zeigt die Maya Devi bei der Geburt, nach einem Zweig greifend, zusammen mit der Göttin Indra, während Brahma zuschaut. Bei Ausgrabungen im Jahr 1992 wurden hier über 2200 Jahre alte Ruinen gefunden. Der heilige Teich neben dem Tempel soll derjenige sein, in dem Maya Devi nach der Geburt gebadet hat.

■ Ashoka-Säule

Der indische Kaiser Ashoka besuchte Lumbini im Jahr 249 vor Christus und ließ zu Ehren Buddhas eine Säule mit einer Inschrift errichten. Die jahrhundertelang verschollene Säule wurde bei Ausgrabungsarbeiten, veranlasst durch den Gouverneur von Palpa, im Jahr 1896 wiederentdeckt. Unter den 1992 am Maya-Devi-Tempel ausgegrabenen Sandsteinplatten soll sich auch die originale Inschrift vom Fuß der Säule befinden, nachgewiesen ist es indessen noch nicht. Die nicht sehr auffällige sechs Meter hohe Säule wurde an ihrem ursprünglichen Platz wieder aufgestellt und wird, vor allem von den nepalesischen Buddhisten, hoch verehrt.

■ Buddhistische Klöster

In der 1978 gegründeten Lumbini Development Zone sind zum Teil sehr extravagante buddhistische Klöster versammelt, die von Gemeinschaften aus allen Teilen der Erde aufgebaut wurden. Ein in Nord-Süd-Richtung verlaufender Kanal teilt die Klosterzone. Auf der östlichen Seite stehen die Klöster der Theravada-Buddhisten (→ S. 424), unter anderem aus Thailand, Kambodscha und Myanmar; auf der westlichen Seite die der Mahayana-Buddhisten mit Gebäuden aus Vietnam, China, Nepal und Korea.

Für eine ausgiebige Besichtigung der gesamten Anlage bietet sich eine Riksha-Rundfahrt an. Die schon am Eingang wartenden Riksha-Fahrer kennen sich bestens aus in der archäologischen Zone und geben sicher interessante Informationen. Die internationalen Klöster sind täglich geöffnet.

■ Das Lumbini-Museum

Das dem Leben Buddhas gewidmete Museum zeigt Artefakte und Fotos von buddhistischen Standorten auf der ganzen Welt, von Kathmandu bis Ceylon. Das Gebäude besitzt ein modernes Design mit runden Fenstern. Es befindet sich am nördlichen Ende des Kanals der Klosterzone.

Erwähnt sei noch, dass auch hier ein **Weltfriedensstupa** steht. Etwas außerhalb glänzt der eindrucksvolle Stupa, der wie jener in Pokhara von denselben japanischen Buddhisten gestiftet wurde. Die goldglänzende Statue zeigt Buddha bei seiner Geburt.

Kloster in Lumbini

Lumbini

Vowahl: +977/71.
Touristen-Information, am Ticket Schalter (am östlichen Haupteingang); 6–18 Uhr.

Mit dem Green Line Touristenbus oder dem Linienbus von Kathmandu (Gongbu-Busbahnhof) nach Lumbini (8 Std).
Flug (30 Minuten) nach Bhairahawa; weiter mit dem Bus (40 NRS), oder mit dem Taxi (800 NRS) nach Lumbini.
Anreise von Delhi (Indien): Mit der Eisenbahn oder Flug nach Gorakhpur (Indien) und von dort mit dem Bus nach Sunauli an die Grenze; mit dem Taxi (900 NRS) nach Lumbini.

Umtausch in den Hotels möglich, besser Bargeld mitnehmen.

Lumbini Buddha Hotel (★), Tel. 580114, ibuddha@mos.com.np; Zimmer 10–20 US-Dollar. Das Hotel liegt ruhig am Rand des World-Heritage-Geländes. Die sauberen Zimmer sind im Safari-Stil gestaltet.
Buddha Maya Garden Hotel (★★), www.ktmgh.com; info@kghhotels.com; Zimmer 60–80 US-Dollar. Das Hotel liegt in einer ruhigen Gegend des Lumbini-World-Heritage-Gartens. Gemanagt vom Kathmandu Guest House (→ S. 181), bietet es mit dessen Erfahrungen einen rundum guten Service.

The Royal Residency Lumbini (★★★), Lumbini Sacred Garden, Rupandehi, Tel. 580136/580236, Fax 580126, www.theroyalresidency.net/lumbini, subhok ke_btw@wlink.com.np; Zimmer 140–150 US-Dollar. Das gehobene Hotel ist im Stil eines japanischen Dorfs errichtet. Im Lokal wird erstklassige japanische Kost serviert.

Einige kleine Restaurants, Restaurants in den Lodges und Hotels. Empfehlenswert sind das **Three Fox Restaurant**, mit indischen und tibetischen Spezialitäten und das **Peace Land Restaurant** mit leckeren Curries, beide am östlichen Haupteingang des Klosterkomplexes gelegen.

Es gibt im Ort die üblichen lokalen Geschäfte und zahlreiche **Souvenir-Läden** im Zusammenhang mit Lumbini als Geburtsort Buddhas und Wallfahrtsort aller Buddhisten.

Maya-Devi-Tempel; tägl. 6–18 Uhr, 50 NRS; Kamera 70 NRS.
Lumbini-Museum, Mi–Mo 10–16 Uhr, 50 NRS.

Tamghas Hospital, in Tamghas, Tel. 079/20188.

▲ *Mönch in Lumbini*

Siddhartha Gautama – die historische Gestalt

Siddhartha Gautama stammt aus einem Adelsgeschlecht des nordindischen Volkes der Shakya. Vom Namen dieses Volkes stammt auch der in späterer Zeit und bis heute gebräuchliche Name des ›Buddha Shakyamuni‹ ab. Ob seine Eltern Könige waren oder nicht, ist umstritten; festzustehen scheint dagegen, dass sie über das Gebiet des kleinen Shakya-Staates herrschten. Die Stadt, in der sie lebten und in der Siddhartha aufwuchs, heiratete und in der sein Sohn Rahula zur Welt kam, ist Kapilavastu, etwa 20 Kilometer westlich von Lumbini im heutigen Nepal gelegen. Jüngere Ausgrabungen belegen die Existenz der ehemaligen Stadt.

Keine Einigkeit herrscht über das Datum seiner Geburt wie auch das seines Todes. In vielen Quellen ist vom Jahr 563 vor Christus als Geburts- und 483 als Todesjahr die Rede. Einige Forschungen vertreten jedoch auch andere Theorien. Diese beziehen sich meist auf das Todesjahr, ein für die buddhistische Zeitrechnung (zum Beispiel in Myanmar, Thailand oder Sri Lanka) wichtiges Datum. In der Zeitrechnung dieser Länder nimmt man das Jahr 544 vor Christus als Todesjahr an. Neuere Ansätze weichen um mehr als ein Jahrhundert ab und gehen von den Jahren zwischen 420 und etwa 370 als Sterbedatum aus. Wie dem auch sei, Siddhartha hat gelebt, das zumindest gilt als erwiesen.

Die Überlieferung erzählt: Seiner Mutter, die kurz nach seiner Geburt starb, soll vor der Entbindung die Gestalt eines weißen Elefanten erschienen sein. Nach Siddharthas Geburt in einer Vollmondnacht, in den östlich des Herrscherpalastes gelegenen Gärten (oder auch dem Wald) von Lumbini, verkündete der Seher Asita, dass aus ihm einst ein großer König oder Heiliger werden würde. So wuchs der Junge bei seinem Vater Suddhodana und dessen neuer Frau auf. Auf die Weissagung hin wollte der Vater aus ihm einen großen König machen, und die Familie hielt jegliches Leid und jeglichen Schmerz von ihm fern. Aufgewachsen in der Bequemlichkeit eines allgegenwärtigen Luxus, waren ihm Krankheit, Armut und auch der Tod fremd.

Im Alter von 16 Jahren wurde er mit seiner Cousine Yashodhara verheiratet und zeugte mit ihr den gemeinsamen Sohn Rahula.

Mit 29 Jahren, nicht lange nach der Geburt des Sohnes, verließ er erstmals den Palast und unternahm gemeinsam mit seinem treuen Diener Channa vier nächtliche Ausfahrten – die ›Vier Zeichen‹ oder ›Legende des vierfachen Auszugs‹ genannt. Während dieser Ausfahrten begegneten ihm nacheinander ein Alter, ein Kranker, ein Leichenzug und ein Mönch oder Asket.

Siddhartha war schockiert von dem, was er sah. Der ergraute, zahnlose, gekrümmte Alte, der, auf einen Stock gestützt, keinen schönen Anblick bot, ließ ihn erkennen, dass die Jugend vergeht, Alter Leid mit sich bringt und der Tod unausweichlich ist. Der Kranke machte ihm bewusst, dass Luxus und Reichtum die Menschen nicht vor dem Leid durch Krankheit bewahren können. Der Tod, mit dem er durch den Leichenzug konfrontiert wurde, zeigte ihm, wie vergänglich jegliches Leben ist und dass der Tod Unglück und Leid über die Angehörigen bringt.

Fortan war er davon überzeugt, dass alles Leben leidvoll und nichts auf dieser Welt von Dauer, sondern alles der Vergänglichkeit unterworfen sei. Die letzte Begegnung mit dem Mönch bewog ihn, mit 29 Jahren den Palast zu verlassen und einen neuen Lebensweg zu suchen. Beeindruckt von der Würde und der inneren Ruhe des Mönches, strebte er nun wie dieser nach einem Dasein ohne Besitz, Leidenschaft und Hass.

Vorerst war sein weiteres Leben bestimmt von strenger Askese, indem er als Bettler durch Nordindien zog. Er suchte Erleuchtung und Frieden vor allem in der Meditation und nach einem Weg (heute der ›Mittlere Weg‹) zwischen Selbstverleugnung und prallem Überfluss.

Nach sechs Jahren der Wanderschaft gelangte er im Alter von 35 Jahren unter einer Pappel-Feige (auch Bodhi- oder Buddha-Baum, in Nepal Pipal genannt) meditierend zur Erleuchtung. So erhielt er Gewissheit und dreifaches Wissen: die Erinnerung an frühere Geburten, das Gesetz des Karmas (Seelenwanderung) und das Leuchten der ›Vier edlen Wahrheiten‹. Letztere sind: Leben heißt leiden; Ursache allen Leids sind Unwissenheit, Begierde und Neid; Leiden kann durch das Ablegen von Unverständnis und Gebundensein überwunden werden; und schließlich: der Weg zur gänzlichen Vernichtung des Leidens ist der ›Achtfache Pfad‹, der wiederum in verschiedenen Kategorien Folgendes beinhaltet:

In der Kategorie der Erkenntnis: 1. das rechte Denken und 2. die rechten Ansichten.

In der Kategorie des sittlichen Verhaltens: 3. rechtes Reden, 4. rechtes Handeln und 5. rechtes Leben.

In der dritten Kategorie, der Meditation: 6. rechtes Streben, 7. rechte Wachsamkeit und 8. rechte Meditation.

Siddhartha ging, nachdem er die Erleuchtung erlangt hatte, zuerst nach Benares und verkündete dort vor fünf Asketen, die seine ersten Gefährten wurden, diese Erkenntnisse. In der Folge war er 45 Jahre lang als Führer und Lehrer des neuerkannten Dharmas (Gesetzes) tätig. Er sammelte Anhänger um sich und reiste mit seinen Schülern durch das Land. Siddharta sprach vor Frauen und Männern und zu allen Klassen und Schichten der Bevölkerung. In diese Zeit fiel auch die Gründung der ersten Mönchsgemeinden.

Siddhartha starb, so berichtet es die Legende, im Alter von 80 Jahren in Kushinagar im indischen Bundesstaat Uttar Pradesh an einer Lebensmittelvergiftung. Mit seinem Tod durchbrach er den Kreislauf der Wiedergeburten und erreichte das endgültige Nirwana. Die Legende weiß weiter, dass seine Asche und seine Knochen unter acht Erdhügeln (die ersten Formen der Stupas) beigesetzt wurden.

Der indische Kaiser Ashoka (etwa 268–232 vor Christus) besuchte im 3. Jahrhundert Lumbini in Nepal und ließ einen Stupa und eine Säule mit Inschrift zu Ehren des Buddhas errichten (die im Jahre 1896 wiederentdeckte, durch einen Blitz in zwei Teile gespaltene Ashoka-Säule kann noch heute in Lumbini besichtigt werden). Dieser Kaiser verfügte auch, dass sieben der acht Grab-hügel wieder geöffnet werden und die darin befindlichen Überreste Siddharta Gautamas in 84000 Stupas in seinem gesamten Reich verteilt werden sollten – so berichtet die Legende weiter.

Heute gibt es in der asiatischen Welt zahlreiche buddhistische Heiligtümer, von denen behauptet wird, sie beinhalteten originale Überreste Siddharthas.

Näheres zum Buddhismus in Nepal → S. 93.

Gorkha

Die Stadt Gorkha mit ihren etwa 25 000 Einwohnern, auf halbem Weg zwischen Kathmandu und Pokhara, nördlich des Highway gelegen, ist ein bei in- und ausländischen Touristen beliebtes Ziel. Sie ist der Geburtsort des berühmten Königs Prithvi Narayan Shah, der Nepal im 18. Jahrhundert zu einem einzigen Königreich vereinigte und damit den Staat Nepal schuf.

Noch heute (ungeachtet der Ausrufung der Republik vor vier Jahren) sehen viele Nepalesen die Oberhäupter der Shah-Dynastie als lebende Inkarnationen Vishnus an. Der alte **Königspalast Gorkha Durbar**, die **Altstadt** mit vielen kleinen Tempeln und ihrem traditionellen Markt sowie der nahe dem Ort gelegene **Manakamana-Tempel** sind die Hauptattraktionen.

Der Gorkha-Palast

■ Gorkha Durbar

Diese Anlage ist Tempel, Palast und Festung in einem. Sie wird von vielen als die Krönung der Newar-Architektur bezeichnet. Die Anlage thront auf einem Hügel in 1000 Metern Höhe über dem Ort. Hier wurde 1723 der große Schah geboren.

Betritt man die Anlage durch das westliche Tor, erreicht man eine offene Terrasse, auf der der **Kalika-Tempel** steht. Der Tempel ist der Göttin Kali geweiht und stammt aus dem 17. Jahrhundert. Nur dem Brahmanen-Priester und dem König ist es gestattet, ihn zu betreten. Der Tempel ist über und über mit kunstvollen Schnitzereien von Dämonen, Pfauen und Schlangen versehen. An hohen Festtagen werden hier der Göttin Ziegen, Hühner, Tauben und andere Tieropfer zuhauf dargebracht, um der kriegerischen Göttin, einer Inkarnation Parvatis, zu huldigen. Der Ostflügel des Schlosses beherbergt den **Dhuni Pati**, den ehemaligen Palast des Prithvi Narayan Shah. Wie der Tempel ist auch der Palast mit aufwendigen Holzschnitzereien verziert. Es gibt dort ein prachtvolles Fenster in Form des Garuda, des Reittiers Shivas. Leider dürfen nur Hindus zur oberen Etage aufsteigen, die den Thronsaal und das Geburtszimmer des Schahs beherbergt.

Aber nicht nur die Gebäude sind hier sehenswert, von der Anlage aus hat man einen herrlichen Blick über das Trisuli-Tal und in die Berge zur Annapurna und in den Ganesh Himal. Der Weg aus der Stadt hier hinauf ist etwas mühevoll. Von der Bushaltestelle im Süden folgt man der gepflasterten Straße über den Markt. Kurz vor der Post beginnt eine Treppe mit mehr als

Holzschnitzerei am Gorkha-Palast

Im Hof des Palastes

1500 Stufen, die zum Durbar führt. In der Altstadt befinden sich eine ganze Reihe weiterer historischer Bauten. Im Süden oberhalb der Busstation steht der **Ratna-Tempel**.

Der Straße nach Norden folgend, trifft man auf einen zweistufigen **Vishnu-Tempel** und einen **Mavadev-Tempel**, der Shiva gewidmet ist. Gleich östlich des Wassertanks steht ein weißer **Ganesh-Tempel**, noch weiter östlich auf einem Platz findet man in der Mitte einen **Pagoden-Tempel**, der Bhimsen geweiht ist.

Unweit davon steht das **Gorkha-Museum**. Die Zahl der Ausstellungsstücke ist begrenzt, aber es ist interessant, die fein gearbeiteten Holzschnitzereien ganz aus der Nähe zu betrachten. Das Museum ist im ›Tallo Durbar‹, einem ehemaligen Newar-Palast, untergebracht.

■ **Manakamana-Tempel**
Nicht weit in südlicher Richtung von Gorkha entfernt liegt der Manakamana-Tempel. Der aus dem 17. Jahrhundert stammende Tempel ist im Pagodenstil errichtet und der Göttin Bhagwati (einer Inkarnation von Parvati) geweiht. Da die Hindus glauben, die Göttin könne alle Wünsche erfüllen, strömen tausende herhier. Aber Wünsche erfüllen ohne Gegenleistung? Nein – also opfern die Menschen an den Feiertagen so manches Huhn, manche Taube oder Ziege. Es gibt zum Tempel, vom Dorf Cheres aus, eine **Kabinenseilbahn** – erbaut von österreichischen Ingenieuren. Diese besitzt sogar eine spezielle Kabine für die Tieropfer.

Zu Fuß erreicht man den Tempel von Gorkha in etwa vier Stunden oder per Bus vom Highway Kathmandu–Pokhara aus.

Gorkha
Vorwahl: +977/64.

Mit dem Bus von **Kathmandu** (5 Std., 180 NRS) oder von **Pokhara** (5 Std., 150 NRS).

Bargeld mitnehmen.

Gurkha Inn (★–★★), Pokharithok, Gorkha, Nepal, Tel. 420206; Zimmer 25–40 US-Dollar. Das ›Gurkha Inn‹ist das einzige empfehlenswerte Hotel der Stadt. Es liegt in der Nähe der Bushaltestelle und bietet saubere und komfortable Zimmer. Von der Terrasse aus hat man eine wunderbare Aussicht in die Umgebung. Das Essen im hoteleigenen Terrassenrestaurant ist wirklich gut.

Es gibt einige einfache kleine Gasthäuser, die meist Dal-Bhat servieren, und ein gutes Restaurant im **Gurkha Inn**.

Lokale Geschäfte.

Gorkha Durbar; 6–18 Uhr, Eintritt frei.
Gorkha-Museum; 10.30–17 Uhr, im Winter nur bis 16 Uhr, 200 NRS, Kamera 100 NRS.

Amppipal Mission Hospital, Tel. 9846/208709.

Gurkhas – die Krieger des Himalaya

Der Name Gurkha ist abgeleitet von der Stadt Gorkha in Nepal. Die Soldaten aus diesem Fürstentum waren entscheidend an der Eroberung des Kathmandu-Tals und somit an der Herausbildung des nepalesischen Staates beteiligt.

Während des Britisch-Nepalesischen Kriegs von 1814 bis 1816 gelang es einer Übermacht von indischen Kämpfern, gemeinsam mit der East India Company das Königreich Nepal an der weiteren Expansion nach Süden zu hindern. Die englischen Offiziere waren von der Hartnäckigkeit und dem Mut der Gurkha-Soldaten beeindruckt und warben sie ab 1817 für den freiwilligen Dienst in der East India Company an.

Die Gurkhas verhielten sich in allen folgenden Gefechten loyal und wurden Teil der britisch-indischen Armee. Nach der Unabhängigkeit Indiens wurden die Regimenter aufgeteilt. Heute dienen noch etwa 3000 Gurkhas in der britischen und etwa 40 000 in der indischen Armee.

Die Anzahl der Gurkha-Regimenter schwankte im Laufe der Geschichte. Gurkha-Kämpfer dienten England in beiden Weltkriegen und kämpften für die Briten in all ihren Kolonialkriegen, die auf den Zweiten Weltkrieg folgten. Da sie, vor allem im Nahkampf, mit ihren Krummdolchen, den Khukuri, überaus gefürchtet waren, wurden zu dieser Zeit immer alle Einheiten eingesetzt. Sie kämpften zum Beispiel in Indonesien, Brunei und Malaysia.

Gurkhas waren später unter anderem in folgenden Kriegsgebieten im Einsatz: im Falkland-Krieg und auf Zypern, im zweiten und dritten Golfkrieg und in Bosnien. Sie gehörten zu den ersten britischen Truppen im Kosovo; als Teil der ›Task Force Harvest‹ waren sie in Mazedonien eingesetzt, und sie gehörten auch zu den ersten Truppen, die 2002 Kabul erreichten.

Die britische Armee unterhält noch immer Rekrutierungszentralen in Nepal, wo alljährlich ein Ansturm auf die wenigen Plätze in der Truppe einsetzt. Die Bewerber müssen ein sehr strenges und hartes dreistufiges Auswahlverfahren durchlaufen, und nur die wenigsten schaffen es. Manche bewerben sich zwei- bis dreimal. Mehr geht meistens nicht, da das Lebensalter der Bewerber 22 Jahre nicht überschreiten darf.

Die meisten der Gurkhas stammen von den Völkern der Magar und Gurung aus dem Westen und der Rai und Limbu aus dem Osten Nepals ab. Mit dem Sold aus ihrem Dienst können sie die Lebenslage ihrer Großfamilien entscheidend verbessern und ihnen oftmals das Überleben und den Jüngsten in der Familie eine bessere Ausbildung sichern.

Ihre Kampfbereitschaft, ihr Mut und ihre Unerschrockenheit sind legendär. Vom indischen Feldmarschall Sam Bahadur Manekshaw (1914–2008) stammt der Ausspruch: »Wenn ein Mann sagt, er hat keine Angst vor dem Sterben, dann lügt er, oder er ist ein Gurkha.« Der folgende gekürzte Bericht der nepalesischen Zeitung ›República‹ vom 13. Januar 2011 verdeutlicht das:

»Ein einziger nepalesischer Gurkha schlägt mit dem Messer 40 Verbrecher in die Flucht.

Gurkhas sind seit jeher für ihren Mut in der ganzen Welt berühmt. Ein Gurkha-Soldat, der in der indischen Armee gedient hatte, wurde nach seinem freiwilligen Ausscheiden in den verdienten Ruhestand versetzt. Er machte sich auf den Weg nach Hause, nach Pokhara. Er reiste mit dem Maurya-Express nach Gorakhpur, mit einem Zug, der von Banditen gestoppt wurde. Eine Bande von etwa 40 Räubern, von denen einige als Passagiere unterwegs waren, hielt den Zug im Chittaranja-Dschungel in West-Bengalen gegen Mitternacht an. Mit vorgehaltenen Waffen stahlen die Räuber den Fahrgästen Handys, Juwelen, Schmuck, Geld, Uhren, Laptops.

Der Gurkha verhielt sich still. Als die Verbrecher eine neben ihm sitzende 18-jährige vor den Augen ihrer Eltern und ihrer Schwester vergewaltigen wollten, schrie die Schwester: »Du bist doch Soldat, hilf uns!«. Daraufhin hörten die Banditen ihn einen Schrei ausstoßen, den sie zuvor noch nie gehört hatten. Es war das Letzte, was sie hörten, das Letzte, was sie sahen, war sein Messer. Als er drei in die ewigen Jagdgründe befördert hatte, verletzte er mit seinem Khukuri acht weitere, der Rest floh.

Der Zug setzte seine Fahrt nach etwa 20 Minuten fort. Als er den Bahnhof in Chittaranja erreichte, nahm die Polizei die acht verletzten Räuber fest und stellte unter anderem 400 000 indische Rupien in bar, 40 goldene Halsketten, 200 Handys und 40 Laptops sicher, die die flüchtenden Räuber im Zug hatten fallen lassen.

Bishnu Shrestha, so heißt der Mann, konnte es selbst nicht fassen, 40 Räuber, wie Ali Baba, besiegt zu haben. ›Sie mögen befürchtet haben, dass noch Freunde von mir aus meiner Truppe mit im Zug seien, und flüchteten, nachdem sie 20 Minuten mit mir gekämpft hatten‹, erklärte der 35-Jährige.«

Ein nepalesisches Gurkha-Regiment im Dritten Britisch-Afghanischen Krieg 1919

Schutzgebiete im Westen

Auf den folgenden Seiten gibt es einen Überblick und Informationen über die Schutzgebiete der Region sowie eine Auswahl an Trekkingrouten.
Das Dhorpatan Hunting Reserve berührt zwar das Gebiet der Entwicklungsregion West, liegt aber zu einem großen Teil auch in der Region des mittleren Westens und wird auch dort beschrieben (→ S. 363).

Annapurna Conservation Area

Das Annapurna Conservation Area Project (ACAP) kontrolliert und koordiniert in diesem Gebiet die Schutzmaßnahmen zur Erhaltung der Natur und der kulturellen Identität der hier lebenden Bevölkerung (Karte → S. 342). Das 1986 gegründete Schutzgebiet umfasst eine Fläche von knapp 7630 Quadratkilometern. Es reicht von den mittleren Hügelketten bis zum Transhimalaya – von 790 Metern über dem Meeresspiegel bis hinauf auf 8091 Meter, dem Gipfel der Annapurna.

Große biologische Vielfalt zeichnet das Gebiet aus. Hier leben über 1200 Pflanzenarten, darunter 40 verschiedene Orchideen und neun Arten von Rhododendron. Bei **Ghorepani** befindet sich der größte zusammenhängende Rhododendronwald der Erde. Im Schutzgebiet leben etwa 100 verschiedene Säugetierarten, darunter auch der seltene Schneeleopard und Blauschafe. Bisher gezählte 478 Vogelarten sind am Himmel zu sehen, während 39 verschiedene Reptilien und 22 verschiedene Amphibien am Boden zu finden sind.

Die Conservation Area ist voller landschaftlicher Superlative. In ihren Grenzen befindet sich das tiefste Tal der Erde, das **Kali-Gandaki-Tal**, wie auch der höchstgelegene Süßwassersee der Welt – so dicht wie hier stehen nirgendwo zwei voneinander unabhängige 8000 Meter hohe Berge zusammen, und der **Thorung La** ist mit über 5400 Metern der höchste Pass auf einem Wanderweg. In dieser Region finden sich Täler mit Fossilien aus dem urzeitlichen Tethysmeer.

Ebenso groß wie die landschaftliche und biologische Vielfalt der Gegend ist auch die seiner Einwohner. Hier leben mehr als 100 000 Menschen verschiedener Völker. Die Gurung und Magar sind die dominierenden Gruppen im Süden des Gebiets, wogegen der Norden von den Thakali, Bhotias und Lopas bewohnt wird. Jedes dieser Völker spricht seine eigene Sprache und verfügt über eine einzigartige Kultur und Tradition.

All diese Gegebenheiten machen das Gebiet zu dem am meisten besuchten Trekkinggebiet Nepals und vielleicht sogar der Erde. Weit mehr als

Im Kali-Gandaki-Tal

Schutzgebiete im Westen

Blick von Muktinath zum Dhaulagiri

60 000 Besucher kommen jährlich in die Annapurna-Region. Daher hat sich der Tourismus im Laufe der Jahre als fester und wichtigster Zweig der lokalen Wirtschaft etabliert. Es gibt hier mehr als 1000 Lodges und Teestuben. Die steigende Zahl der Besucher bringt natürlich auch Probleme. So sind die Waldbestände stark bedroht. Zwar dürfen nur die Einheimischen mit Holz kochen – aber was ist mit den tausenden von Mahlzeiten, die die Einheimischen auf ihren Holzfeuern für die Touristen und ihr zahlreiches Begleitpersonal kochen? Ein weiteres Problem entsteht mit dem Müll, der durch die Besucher vor allem in den Lodges anfällt. Diesen zu entsorgen ist problematisch. Man hat ermittelt, dass eine Trekkinggruppe mit 15 Personen auf einem zehntägigen Trekking etwa 15 Kilogramm Müll verursacht, der nicht brennbar und nicht biologisch abbaubar ist. Wohin damit? Der neue Fahrweg, der durch das Kali-Gandaki-Tal bis nach Muktinath führt, erlaubt zumindest, dass auf der Westseite des Gebietes der Müll abtransportiert wird.

Es gibt eine Menge an touristischen Höhepunkten in der Annapurna Conservation Area. Der ›Renner‹ schlechthin schon seit Jahrzehnten ist die **Trekkingrunde rund um die Annapurna** (→ S. 341). Der **Poon Hill** bei Ghorepani, einer der besten Aussichtsplätze im Gebirge, die heilige Tempelanlage bei **Muktinath**, das obere **Marsyangdi-Tal** mit seinen buddhistischen Klöstern, die wunderschönen traditionellen **Gurung-Dörfer** im Süden, das ehemals verborgene **Königreich Mustang** im Norden, die vielen traumhaften Berge und Landschaften – man weiß nicht, wo man mit der Aufzählung beginnen und wo enden soll.

Hinzu kommt, dass die touristische Infrastruktur in den meisten Teilen sehr gut ist. Ein in dieser Größenordnung besser ausgebautes Netz an Lodges und Teehäusern, die entlang des Weges Speisen, Getränke und Unterkunft zur Verfügung stellen, gibt es nirgendwo im Land. Wenn Sie das Schutzgebiet besuchen, denken Sie bitte daran, dass Sie kein Lagerfeuer machen (Sie dürfen kein Holz verbrennen!). Wenn Sie selbst kochen, müssen Sie Gas- oder Kerosinkocher benutzen. Nehmen Sie Ihren Müll wieder mit!

Karte S. 342

▲ *Hühnertransport im Kali-Gandaki-Tal*

Annapurna Conservation Area

Anreise: Mit Bus oder Flug nach Pokhara; von Pokhara mit dem Bus (30 Min.) nach Beni im Westen oder mit dem Bus (3 Std.) nach Besishahar im Osten.
Weitere Möglichkeiten sind: mit Bus oder Taxi nach Naya Pul (Birethanti) oder Flug von Pokhara nach Jomsom.
Benötigte Genehmigungen: Annapurna Conservation Area Fee, 2000 NRS; wenn man wandern will, auch TIMS.
Zur Beachtung: Für Mustang und Nar Phu sind spezielle Genehmigungen nötig (→ S. 130, 337).
Ausstattung: Mit Ausnahme der nördlichen Gebiete von Mustang und Nar Phu nördlich von Manang ist die Infrastruktur ausgezeichnet.
Maximale Höhe: 8091 m.
Beste Reisezeit: März–Mai und Sept.–Nov.; im Mustang März–Okt.

Mustang Conservation Area

Die Mustang Conservation Area ist ein Bestandteil der Annapurna Conservation Area (→ Karte S. 338). Sie beginnt im Süden bei Kagbeni und nimmt das ganze obere Tal des Kali Gandaki bis zur tibetischen Grenze ein. Im Westen wird das jenseits des Himalaya-Hauptkamms liegende Gebiet von einer bis zu 6000 Meter hohen Bergkette, im Osten vom Damodar Himal eingegrenzt. Das Klima und die Geographie des oberen Mustang sind nahezu identisch mit denen Westtibets, und geographisch gesehen gehört es auch dazu. Das Klima hier ist sehr trocken und wüstenartig. Die Ökologie dieser Transhimalaya-Region ist äußerst fragil. Brennholz ist praktisch nicht existent, und Wasser gibt es nur sehr begrenzt. Nur auf wenigen, künstlich bewässerten Feldern kann Landwirtschaft betrieben werden. Das wenige, steppenartige Grasland lässt nur eine begrenzte Anzahl an Nutztieren zu. Die Gegend ist andererseits reich an sensationellen Landschaftsbildern und uralten Kulturdenkmälern. Riesige tiefe Canyons wechseln sich mit staubigen, windigen Hochplateaus ab. Es gibt skurrile Felsformationen, die in allen erdenklichen Grau-, Braun- und Rottönen leuchten, und eine unvorstellbare Weite. Alte Chörten stehen an jedem Ortseingang, im alten **Felsenkloster von Luri Gompa** steht der wohl einzige Stupa weltweit in einer Höhle, und in der Bibliothek des **ehemaligen Sommerpalastes** werden uralte Schriften aufbewahrt. Die Hauptstadt **Lo Manthang**, in der die meisten der Lo oder Lopas genannten Bewohner des Gebiets leben, ist die einzige Stadt im gesamten Gebiet des Himalaya, die von einer Stadtmauer umgeben ist. Die Lopas sind tiefgläubige Buddhisten und sprechen einen Dialekt der tibetischen Sprache.

Die Region wurde erst 1992 für Besucher zugänglich gemacht – anfangs noch mit einer streng limitierten Anzahl an Besuchern. Um negative Auswirkungen

Weg vom Kali-Gandaki-Tal nach Mustang

Chörten in Tangge

des Tourismus so weit als möglich auszuschließen, soll das Gebiet als Modell für den Ökotourismus entwickelt werden. Das Tourismusministerium hatte mit der Öffnung des oberen Mustang beschlossen, dass ein Teil der Einnahmen aus den Trekkinglizenzgebühren, früher mindestens 700 US-Dollar, heute 500 US-Dollar pro Person, in das Gebiet selbst fließt, um die Umwelt zu schützen und den Lebensstandard der Bewohner zu erhöhen – ob das so ist?

■ **Mysterium Mustang –
Das verbotene Königreich**
Mustang, von seinen Bewohnern Lo (Süden) genannt, war viele Jahrhunderte lang ein unabhängiges kleines Königreich. Die Gründung des Königreiches durch den legendären Krieger Ame Pal geht auf das Jahr 1380 zurück. Der aus einem tibetischen Adelsgeschlecht stammende Ame Pal – manche Legenden besagen, er wäre ein Bruder des tibetischen Königs gewesen – eroberte die Festungen des oberen Kali-Gandaki-Tales und gründete damit das Königreich. Aufgrund der Lage am Kali Gandaki – das Tal ist einer der leichtesten Übergänge über den Himalaya – kontrollierten die Herrscher von Mustang einen beträchtlichen Teil des Salzhandels von Tibet nach Süden. Dadurch gelangte das kleine Reich zu einem ansehnlichen Reichtum. Das Land hatte regen Kontakt zu vielen großen buddhistischen Gelehrten und Künstlern, vor allem aus Tibet und Ladakh. Ihr Wirken in Mustang brachte eine reiche Kultur und ein vielfältiges Kunstschaffen hervor. Zeugnisse davon kann man noch heute vor allem in den Klöstern Mustangs bewundern. Fast vier Jahrhunderte lang konnte sich das Land behaupten, ehe 1760 der König von Jumla Mustang eroberte. Kaum 30 Jahre später gliederte Prithvi Narayan Shah das Gebiet in seinen Herrschaftsbereich ein. Mit der Entstehung des Königreiches Nepal verlor Mustang vollends seine Unabhängigkeit und wurde ein Teil von Nepal. Der König von Mustang verlor seine politische Macht und damit auch die Einnahmen aus dem Salzhandel. Seit jener Zeit existierte das Königreich Mustang als autonomes Königreich innerhalb des Königreiches Nepal.
Nach der Besetzung Tibets durch China erging es dem Land noch schlechter. Auch der letzte Rest von Handelstätigkeit mit Tibet wurde für lange Zeit unterbrochen, und die Bauern konnten ihre Viehherden nicht mehr auf die Weiden nördlich der Grenze treiben. Das entzog den Lopas ihre traditionelle Lebensgrundlage. Zudem führten tibetische Khampas, die in Lo einen Stützpunkt unterhielten, mit Unterstützung der CIA von hier aus einen Guerillakrieg gegen die Chinesen. Daraufhin sperrte die nepalesische Regierung das Gebiet für alle Ausländer – es entstand das ›verbotene Königreich‹. Als die CIA Anfang der 1970er Jahre die Unterstützung der Khampas einstellte, machte die nepalesische Armee ›kurzen Prozess‹ mit den Khampas.
Erst seit 1992 ist die Region für ausländische Besucher wieder geöffnet. Durch

die Ausrufung der Republik Nepal im Jahr 2008 verlor auch der jetzige König offiziell seinen Titel. Der aktuelle ›König‹, der den Titel ›Raja‹ führt, ist der 1929 geborene Jigme Dorje Trandul. Er ist seit 1964 der Herrscher von Mustang. Er stammt in der 25. Generation in direkter Linie vom Gründer des Reiches Ame Pal ab. Der König musste nach einem 1961 in Nepal verabschiedeten Gesetz, nachdem alle Herrscher Hindus sein müssen, offiziell den hinduistischen Glauben annehmen, um seinen Titel und seine Stellung zu wahren. Er führt seitdem den Namen ›Bista‹ im Familiennamen. Trotzdem ist und bleibt er gläubiger Buddhist. Und auch nach der offiziellen Abschaffung der Monarchie ist und bleibt er für die etwa 12 000 Lopas der König mit allen Rechten und Pflichten.

Aufgrund anhaltender Armut und schlechter Bildungsmöglichkeiten verlassen viele Lopas ihre angestammte Heimat, zumindest zeitweise. Viele versuchen, im Süden Nepals und in Indien Geld zu verdienen, vor allem während der in Mustang harten Wintermonate. Von den Einnahmen aus den Trekkinglizenzgebühren kommt, wie der König dem Autor in einem Gespräch versichert hat, nichts, aber auch rein gar nichts zur Verbesserung der Lebensbedingungen oder für Bildung und Erhalt der Kultur in der Region an. Das versickert an den vielen Schreibtischen der Administration. Gäbe es nicht glücklicherweise den Schweizer ›Schulverein Lo-Manthang‹, der zwei Klosterschulen unterstützt, um Sprache und Kultur zu erhalten und Wissen zu vermitteln, und die ›American Himalayan Foundation‹, die den Erhalt wertvoller Kultur- und Kunstdenkmäler in Mustang unterstützt, würde wahrscheinlich gar nichts dafür getan. Die Lopas der Gegenwart sind hin und her gerissen zwischen Tradition und Moderne, die in ihr Gebiet hineinschwappt. Abgeschnitten von ihren tibetischen Ursprüngen und Lichtjahre entfernt vom modernen Nepal, wie es sich in Kathmandu darstellt, sind sie auf der Suche nach sich selbst. Wer auf der Suche nach einem Reiseziel mit traumhaften Landschaften, einer uralten, noch immer lebendigen tibetischen Kultur und freundlichen Menschen ist, sollte Mustang besuchen.

Blick auf Lo Manthang

Mustang Conservation Area

Anreise: Flug von Pokhara nach Jomsom und zu Fuß zum Eingang nach Kagbeni (3 Std.); mit dem Jeep von Beni das Kali-Gandaki-Tal aufwärts bis nach Eklobhatti und in 30 Minuten zu Fuß nach Kagbeni beziehungsweise als Anschluss-Trekking von einem der möglichen Wege in das Kali-Gandaki-Tal.
Benötigte Genehmigungen: Annapurna Conservation Area Fee, 2000 NRS; TIMS; Mustang Entry Permit, 500 US-Dollar für die ersten 10 Tage, danach 50 US-Dollar pro Tag. Die Genehmigung erhält man nur, wenn eine lizenzierte Agentur (→ S. 405) den Aufenthalt in Mustang organisiert.
Übernachtung: im Zelt.
Ausstattung: Verpflegung und Ausrüstung mitnehmen.
Maximale Höhe: 6390 m.
Beste Reisezeit: März–Okt.

Manaslu Conservation Area

Die Manaslu Conservation Area wurde im Dezember 1998 gegründet. Sie liegt in einer gebirgigen Region im nördlichen Teil des Gorkha-Distrikts. Das Schutzgebiet umfasst 1663 Quadratkilometer und verfügt über große landschaftliche Vielfalt.

Das Areal des Naturschutzgebietes reicht im Norden bis an die Grenze zu Tibet, im Süden fast bis zur Stadt Gorkha. Im Westen wird es vom Marsyangdi-Tal und im Osten vom Ganesh Himal begrenzt. Die Fauna des Himalaya ist hier mit 33 Säugetierarten – darunter der seltene Schneeleopard, das Moschustier und der Himalaya-Tahr –, mit 110 Vogelarten und drei Reptilienarten vertreten. Es kommen mehr als 2000 verschiedene Pflanzenarten vor.

Das Klima reicht von den Subtropen bis hinauf in das arktische Klima auf dem mit 8163 Metern achthöchsten Berg der Erde, dem Manaslu.

▲ *Blick aus dem Marsyangdi-Tal zum Manaslu*

Manaslu Conservation Area

Etwa 9000 Menschen leben in sieben Gemeindeverbänden. Die größte ethnische Gruppe sind die Gurung mit einer starken Bindung zu ihrer traditionellen tibetischen Kultur. Eine ganz kleine Volksgruppe, eine Untergruppe der Bhotias, die Tsum, lebt im nördlichsten Zipfel des gleichnamigen Tals.

Das Manaslu-Gebiet ist ein klassisches Wandergebiet. Der Besucher hat hier noch Gelegenheit, jene Natur und Kultur in Augenschein zu nehmen, die anderswo längst verschwunden ist.

Die Hauptwanderroute folgt der alten Salzhandelsstraße am Budi Gandaki. Das anfangs schmale Tal öffnet sich im Norden. Hier liegen die Dörfer **Lho** (3160 Meter), **Samagaon** (3390 Meter) und **Samdo** (3780 Meter), in denen ein Teil der Einheimischen lebt. An den Manimauern und Chörten kann man den Einfluss der tibetischen Kultur sehr deutlich ablesen. Traumhafte Bergpanoramen werden immer wieder neu sichtbar. Über den **Pass Larkya La** (4990 Meter) gelangt man nach **Bimtang**, wo es einige Lodges gibt. Von dort aus sind es noch zwei Tage bis nach **Dharapani** (1860 Meter), das schon in der Annapurna Conservation Area am Weg der Annapurna-Umrundung liegt.

Ein erst seit ganz kurzer Zeit zugängliches Gebiet ist das oben schon erwähnte **Tsum Valley**. Das ›Hidden Valley of Happiness‹ wurde 2007 für Touristen geöffnet. Es ist ein sehr abgeschiedenes Hochtal an der tibetischen Grenze mit einem schwierigen südlichen Zugang durch ein sehr enges steiles Seitental des Budi Gandaki.

Wer dort unterwegs sind, erlebt noch reine traditionelle Kultur: Frauen spinnen Wolle zu Garn, Männer bestellen in archaischer Handarbeit die kargen Felder, und freundliche Menschen mit lachenden Gesichtern laden Sie zu Tee oder Chang ein. Hier wird das tägliche Leben noch immer von den Traditionen geprägt. Die Menschen im Tsum haben noch Yak-Herden und treiben Handel mit Tibet.

Die Einwohner des Tales sind strenggläubige Buddhisten. Im gesamten Tal ist jegliches Töten verboten. Nach Überlieferungen hat hier im 11. Jahrhundert der heilige Milarepa in einer geheimen Höhle meditiert. Noch heute leben mehr als 200 Nonnen und Mönche im Gebiet des Tsum.

Weitere interessante Informationen zum Tsum Valley findet man auf der Internetseite www.tsumvalley.org, mehr zu organisierten Ausflügen mit dem Zelt oder mit Übernachtungen bei den Bewohnern des Tales auf www.tsumvalley homestay.com.

Manaslu Conservation Area

Anreise: von Gorkha mit dem Bus nach Arughat; zu Fuß von Dharapani im Marsyangdi-Tal, hierher mit dem Bus nach Besisahar und ein dreitägiges Trekking.
Benötigte Genehmigungen: Manaslu Conservation Area Fee, 2000 NRS; TIMS; Manaslu Entry Permit, Sept.–Nov. 70 US-Dollar/Woche, Dez.-Aug. 50 US-Dollar/Woche.
Für das **Tsum Valley** ist zusätzlich noch eine Sondergenehmigung erforderlich: September November 35 US-Dollar für die ersten 8 Tage, Dezember–August 25 US-Dollar für die ersten 8 Tage, danach 7 US-Dollar pro Tag. Die Genehmigung erhält man nur, wenn eine lizenzierte Agentur den Aufenthalt im Gebiet organisiert.
Übernachtung: Zelt.
Ausstattung: Es gibt nur wenige Lodges im Gebiet; daher ist Verpflegung und Ausrüstung mitzunehmen.
Maximale Höhe: 8163 m.
Beste Reisezeit: April–Mai und Mitte Sept.–Mitte Nov.

Trekkingtouren im Westen

In der Region Westnepal konzentrieren sich die meisten Trekkingrouten des Landes. Als Anregung wird an dieser Stelle eine kleine Auswahl davon vorgestellt: Sechs Routen, davon zwei eher unbekannte Touren und zwei ›Klassiker‹.

Pokhara-Dhorpatan-Tansen

Länge: 11-12 Tage.
Tagesetappen: 5-7 Std.
Anspruch: Einfache Bergwanderung mit mittleren körperlichen Anstrengungen.
Übernachtung: Lodges und sehr einfache Gasthäuser.
Ausstattung: Ordentliche Infrastruktur.
Maximale Höhe: 3386 m.
Benötigte Genehmigungen: Dhorpatan Hunting Reserve Fee, 500 NRS; TIMS.
Beste Reisezeit: Sept.-Mai.
Start: Naudanda.
Ende: Tansen.
Anreise zum Start: Mit dem Taxi oder Bus von Pokhara (1 Std.).
Karte: Pokhara-Dhorpatan-Tansen, 1:250 000; Mandala Maps.

Auf einem wunderschönen Trekking durch die dem Himalaya vorgelagerten Hügelketten erlebt man die Vielfalt der nepalesischen Bevölkerung. Es gibt wunderbare Blicke auf die Giganten aus Eis und Schnee, ohne dass man dabei in große Höhen aufsteigen muss. Es ist ein eher unbekannter Weg, der von Pokhara nach Tansen führt (Karte → S. 310).

■ Der Weg

1. Tag: Von **Naudanda** (1450 m) wandert man durch hügeliges Land, vorbei an vereinzelten Gehöften und durch Felder bis nach **Kusma** (1000 m); 5 Std.

2. Tag: Der nächste Tagesabschnitt führt, durch eine trockene und steinige Landschaft, nach **Beni** (900 m) in das Tal des Kali Gandaki; 7 Std.

3. Tag: Nun zweigt der Weg in nordwestlicher Richtung ab und man gelangt vorbei an den Schwefelquellen von **Mayangdi** und den wunderschönen Pipal-Bäumen zum Tagesziel nach **Darbang** (1100 m); 6 Std.

4. Tag: Der nächste Abschnitt führt durch einen schönen Föhrenwald, und fast stetig aufsteigend gelangt man nach **Moreni** (2600 m); 6 Std. Wer will, legt hier einen Ruhetag ein.

5. Tag: Weiter geht es nun zuerst auf den **Pass Jalja La** (3386 m): Von hier aus bietet sich eine phantastische Sicht auf Dhaulagiri und Annapurna und hinunter nach **Dhorpatan** (3000 m), dem

▲ *Dhorpatan*

Tagesziel. Abstieg vom Pass nach **Dhorpatan**; 7–8 Std.
6.–10. Tag: Während der kommenden vier Tagesetappen durch eine urbane Landschaft mit vielen Dörfern und Siedlungen steigt man durch kleine Täler, auf Hangwegen, vorbei an Sommerhäusern und Weiden, durch eine angenehme Landschaft nach Südosten ab. Die Tagesziele auf diesem Weg nach Riria Bazar kann man je nach Lust und Laune frei wählen, da überall einfache Unterkünfte geboten werden. Die Etappenorte könnten sein: **Burtibang** (1800 m), **Bachiti** (1560 m), **Chhorkatna** (1250 m) und zum Schluss **Riria Bazar** (800 m); jeweils 6–7 Std.
11. Tag: Die allerletzte Etappe führt nach Tansen: zuerst hinunter bis zur **Festung Rhani Ghat Durbar** und über den Fluss, dann ein letzter Anstieg in die schöne alte Newar-Stadt **Tansen** (1370 m); 7 Std.
Tipp: Bleiben Sie noch einen Tag in Tansen und besichtigen Sie die prachtvolle Anlage des Tansen Durbar (→ S. 313).

Durch den Lamjung Himal

Länge: 10–13 Tage.
Tagesetappen: 5–11 Std.
Anspruch: Anspruchsvolle, teilweise schwere Bergwanderung mit mittleren bis großen körperlichen Anstrengungen.
Übernachtung: Zelt von Khudi bis Danagyu; Lodges von Danagyu bis Khudi.
Ausstattung: Auf dem ersten Teil ab Ghan Pokhara keine Infrastruktur, Ausrüstung und komplette Verpflegung inklusive Reserven sind mitzuführen. Auf dem zweiten Teil ab Danagyu hervorragende Infrastruktur.
Maximale Höhe: 5560 m.
Benötigte Genehmigungen: Annapurna Conservation Area Fee, 2000 NRS; TIMS.
Beste Reisezeit: April–Mai und Okt.–Nov.
Start und Ende: Khudi.
Anreise: Mit Bus oder organisiertem Transport von Pokhara nach Khudi.
Karte: Annapurna 1:100 000; Nepal Map Publisher.

Auf nur sehr selten begangenen Wegen im südöstlichen Teil des Annapurna-Massivs erlebt man nahezu unberührte Dörfer in der großartigen Kulisse des Lamjung Himal. Herrliche Rhododendronwälder und grandiose Bergsichten lassen auf dieser erlebnisreichen Rundtour das Herz höher schlagen.

■ **Der Weg**
1. Tag: Ab **Khudi** (790 m) verlässt man die Hauptroute der Annapurna-Umrundung. Aufstieg in nordwestlicher Richtung durch Kulturland und kleine Weiler auf einen Bergrücken nach **Ghan Pokhara** (2200 m); 7 Std.
2. Tag: Nun verlässt man auch die Zivilisation, und der Weg führt durch Rhododendronwald auf die **Sommerweide Telbrong** (3300 m); 6 Std. Nach den relativ anstrengenden beiden ersten Tagen und aufgrund der rasch erreichten Höhe ist hier ein **Akklimatisation- und Ruhetag** erforderlich.
3. Tag: Akklimatisation.
4. Tag: Von Telbrong geht es hügelig immer noch durch Wald auf die **Hochalm Dharamshala** (3600 m); 6 Std.
5. Tag: Nun weiter über steile Halden zu einer kleinen Ebene mit einer Chautara und über zwei kleinere Pässe (4300 m) bis nach **Bhero Kharka** (4150 m), einer riesigen Schafweide mit Felsenhöhlen; 8 Std. Hier ist ein zweiter Akklimatisationstag vonnöten, zum einen der Höhe wegen, andererseits zum Kraftschöpfen. Der morgige Weg über den Pass ist weit, und der Pass ist hoch. Die Königsetappe steht an.
6. Tag: Akklimatisation.

336 Trekkingtouren im Westen

Lamjung Himal

[1] Durch den Lamjung Himal → S. 335

Durch den Lamjung Himal

Auf dem Weg in den Lamjung Himal

7. Tag: Der Pfad führt nun auf Wegspuren durch steile Flanken, Geröll- und Schneefelder aufwärts zum **Namun La Bhanjyang** (5560 m). Nach einer Pause mit einem grandiosen Blick in die Berge – direkt westlich grüßt der Lamjung Himal herunter – geht der Abstieg nun schneller, und man erreicht den Lagerplatz bei einer großen Höhle auf der **Weide Danphe Kharka** (4200 m); 9–11 Std.
8. Tag: Die nächste Etappe führt nun wieder in wärmere Gefilde und zurück in die Zivilisation. Am Ziel wartet eine gemütliche Lodge in **Danagyu** (2300 m) oder in **Bagarchhap** (2150 m); 6–8 Std.
9. Tag: Man befindet sich nun auf der Annapurna-Runde. Viele andere Trekker werden einem entgegenkommen, denn man geht ›verkehrt herum‹, bis hinunter nach **Jagat** (1300 m); 5–6 Std.
10. Tag: Auf einem herrlichen Weg genießt man die wiedergewonnene Leichtigkeit auf der letzten Etappe zurück zum Ausgangspunkt in **Khudi** (790 m) und der schönen Lodge direkt über dem Fluss; 5 Std.
Anmerkung: Es kann in manchen Jahren vorkommen, dass der **Pass Namun La Bhanjyang** noch oder bereits wieder so tief verschneit ist, dass er nicht oder nur mit Schwierigkeiten zu überschreiten ist. Gehen Sie in diesem Fall keinerlei Risiko ein! Kehren Sie um bis **Ghan Pokhara** und setzen Sie das Trekking einfach in der anderen Richtung fort, auf einem ebenfalls schönen und selten begangenen Weg, von dort über die Ortschaften **Ghalegaon** (2050 m), **Baglungpani** (1595 m), **Nalma** (1240 Meter), **Karputar** (490 m) zum **Begnas-See** und nach **Begnas Tal Bazar** (610 m). Dort nimmt man ein Taxi oder den Bus nach Pokhara.

Durch das ›Königreich‹ Mustang

Länge: 10–13 Tage.
Tagesetappen: 6–10 Tage.
Anspruch: Mittelschwere Bergwanderung mit teilweise großen körperlichen Anstrengungen.
Übernachtung: Zelt, bis zu 3 Personen auch in einfachen Lodges möglich.
Ausstattung: Wenig Verpflegung erhältlich, alle Verpflegung und Ausrüstung bei Gruppen ab 4 Personen mitnehmen.
Maximale Höhe: 4230 m.
Benötigte Genehmigungen: Annapurna Conservation Area Fee, 2000 NRS; TIMS; Mustang Entry Permit, 500 US-Dollar für die ersten 10 Tage, danach 50 US-Dollar pro Tag. Die Genehmigung erhält man nur, wenn man mit einer lizenzierten Agentur in Mustang unterwegs ist.
Beste Reisezeit: März–Nov.
Start: Kagbeni.
Ende: Muktinath.
Anreise: Flug von Pokhara nach Jomsom und in drei Stunden zu Fuß nach Kagbeni oder Akklimatisationswanderung von Beni durch das Kali-Gandaki-Tal nach Kagbeni oder Anschlussprogramm an die Annapurna-Runde nach dem Thorung La.
Abreise: Mit dem Jeep von Muktinath nach Jomsom und Flug nach Pokhara oder beliebige Fortsetzung der Tour zu Fuß.
Karte: Mustang 1:70 000; Nepal Map Publisher.

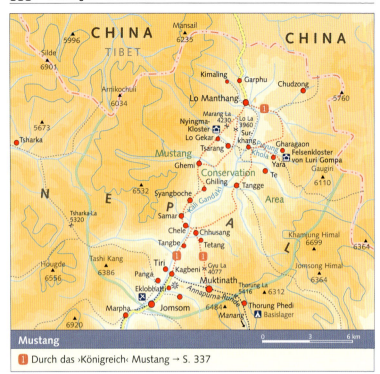

Mustang

1 Durch das ›Königreich‹ Mustang → S. 337

Faszinierende, einmalige Landschaften, grüne Oasen, weiße Berge, wüstenartige Canyons und eine der ältesten noch lebendigen tibetischen Kulturen mit einzigartigen kulturhistorischen Zeugnissen des Buddhismus – all dies erwartet Wanderer im Lande Lo mit seinen freundlichen Menschen.

■ **Der Weg**
1. Tag: Von **Kagbeni** (2800 m) aus betritt man den Bereich des oberen Mustang, das ehemals verbotene Königreich. Durch eine bizarre Felsenlandschaft führt der Weg über den Ort **Tangbe** nach Norden. Den Kali Gandaki überquerend, führt er hinauf nach **Chele** (3100 m); 7 Std.
2. Tag: Weiter wandert man durch eine Landschaft mit tiefen Canyons, deren Felsen in allen Farben leuchten. Über vier Passhöhen gelangt man zum nächsten Tagesziel in **Ghiling** (3570 m); 9 Std.
3. Tag: Der dritte Wandertag führt über drei Pässe. Hinter dem Ort **Ghemi** geht es auf dem unteren, östlichen Weg nach **Tsarang** (3560 m); 7 Std. Hier befindet sich im alten Königspalast die älteste und größte Bibliothek Mustangs, die man unbedingt besuchen sollte. Lassen Sie sich von dem einzelnen Mönch die alten Schriften zeigen.

Von Tsarang aus hat man nun zwei Möglichkeiten, die nächste Etappe nach Lo Manthang zurückzulegen. Entweder über den unteren kürzeren Weg über den **Lo-La-Pass** (3960 m), oder man wählt den westlich oberhalb verlaufenden längeren Weg über den **Marang La** (4230 m) und stattet unterwegs (etwa eine Stunde von Tsarang) dem wunderbaren und uralten **Nyingma-Kloster bei Lo Gekar** einen Besuch ab.

4. Tag: Auf dem unteren Weg erreicht man **Lo Manthang** (3840 m); 5–6 Std. Auf dem oberen Weg biegt man noch in der Ortschaft westlich in ein kleines Tal ab und steigt auf bis nach **Lo Gekar**. Von hier führt der Weg über den Marang La nach **Lo Manthang**; 8 Std.

5.–6. Tag: In Lo Manthang, der Hauptstadt, sollte man mindestens einen, wenn nicht zwei Tage verbringen. Es bieten sich Ausflüge (zum Beispiel zu Pferd) nach Norden nach **Kimaling** oder **Garphu** (Höhlenkloster) an.

7. Tag: Man kann nun denselben Weg zurückgehen oder aber den interessanteren, aber auch anstrengenderen Weg auf der anderen Seite des Tales nehmen. Auf der nächsten Etappe dieses Weges geht es zunächst zurück bis über den Lo-La-Pass. Kurz danach hält man sich in südöstlicher Richtung. Über einen herrlichen Höhenweg erreicht man den Abstieg zum Kali Gandaki, den man bei **Surkhang** überquert. Nun noch ein Stück den Puyung Khola aufwärts bis nach **Yara** (3300 m) – eine Traumwanderung; 8 Std. Hier sollte man auch zwei Nächte einplanen und noch eine Wanderung zum alten **Höhlenkloster Luri Gompa** unternehmen.

8. Tag: Das Tal aufwärts führt der Weg von Yara nach **Luri Gompa** (viele Ammomiten). Nach der Besichtigung des alten Felsenklosters, mit dem weltweit einzigen Stupa, der sich in einer Höhle befindet, geht es erst leicht auf- und nach **Gharagaon**, wieder absteigend zurück nach **Yara**; 6 Std.

9. Tag: Von Yara führt der Weg nun wieder südlich durch Flusstäler und über Felsplateaus bis nach **Tangge** (3240 m); 7 Std.

10. Tag: Es folgt die Königsetappe der Tour nach Tetang. Ein zwar langer, aber

Tangge

an landschaftlichen Eindrücken kaum zu überbietender Weg über viele kleine Pässe führt durch die beeindruckende Landschaft nach **Tetang** (3200 m); 10 Std.

11. Tag: Der darauffolgende Abschnitt führt in südöstlicher Richtung zum letzten Pass, den **Gyu La** (4077 m). Hier verlässt man alsbald das Königreich Lo und steigt nach **Muktinath** (3760 m) ab; 8 Std. Das Yak-Steak am Abend in der ›Bob Marley Lodge‹ hat man sich nun redlich verdient. Auch hier kann man ruhig noch bleiben und Muktinath und seine Heiligtümer besichtigen, oder man setzt die Reise fort.

Hinweis: Man kann, wenn man freundlich fragt, eigentlich immer die Küchen und Esszimmer in den Wohnhäusern der Lopas gegen ein kleines Entgelt nutzen. Das macht das Zelttrekking etwas komfortabler, und vor allem aber kommt man so sehr gut mit der einheimischen Bevölkerung in Kontakt.

Der König von Mustang

Nach fünf Wanderetappen erreichten wir die Hauptstadt Lo Manthang. Bis dahin ging der Weg immer links des Kali Gandaki entlang. Aufgrund der geringen Niederschlagsmenge (nur 250–400 mm pro Jahr) ist außerhalb der wenigen Ortschaften bis auf einige Dornensträucher keine Vegetation vorhanden. Trotz dieser zum Teil wüstenähnlichen Gegend kann ich sagen, dass ich eine so eindrucksvolle Landschaft bisher noch nicht gesehen habe. Man steigt in schmalen Tälern auf Bergrücken und hat von dort einen grandiosen Ausblick auf die umliegenden, zum Teil stark zerklüfteten Täler und gigantischen schneebedeckten Berge. Wir entdeckten immer wieder neue ›Überraschungen‹: farbige Schichtformationen, bizarre Felsen und viele Felsbehausungen in den umliegenden Bergen. Aber auch die kleinen Ortschaften entlang der Strecke mit ihren Chörten, Manimauern und Gebetsmühlen waren äußerst sehenswert.

In Lo Manthang angekommen, unternahmen wir noch am Abend einen Bummel durch die Stadt, die auf der ›Ebene der Sehnsucht‹ liegt und von einer sieben Meter hohen Steinmauer umgeben ist. Verwinkelte Gassen und alte Gemäuer vermitteln einen mittelalterlichen Eindruck, als wäre die Zeit hier stehen geblieben. Am nächsten Tag besichtigten wir die Stadt genauer. Lo Manthang beherbergt etwa 1000 Menschen. Hier gibt es drei Klöster und jede Menge Stupas und Chörten. Im ›Zentrum‹ der Stadt befindet sich der Königspalast, der als solcher auf den ersten Blick gar nicht zu erkennen ist. Ein glücklicher Zufall ließ uns in einer Ortschaft, die wir auf unserem Weg passierten, mit einem Enkel des Königs zusammentreffen. Dieser hat uns in Lo Manthang zu einem weiteren Verwandten des Königs vermittelt. Somit kamen wir ganz unverhofft zu einer Audienz beim König von Mustang. Wir betraten den Königspalast. Zuerst führte uns, in fast vollkommener Dunkelheit, eine steile Holztreppe in den ersten Stock, wo uns ein kläffender tibetischer Mastiff empfing. Zum Glück lag er an der Leine, und wir erreichten den zweiten Stock.

Der König von Mustang

In einem für unsere Begriffe sehr schlicht gehaltenen Raum begann die etwa halbstündige Audienz. Jeder von uns bekam vom König einen gelben Glücksschal (Kata) überreicht. Bei einer Tasse Tee konnten wir dem König dann Fragen stellen. Aber was fragt man einen König?

Wie wir später erfahren sollten, war dies die letzte Audienz des Königs als offizieller Herrscher, denn die Monarchie in Nepal wurde am 28. Mai 2008 mit der Ausrufung der Republik beendet. So kam es, dass wir in ein Königreich ein- und aus einer Republik ausreisten.

Auszug aus einem Reisebericht von Andreas Vogt.

Um die Annapurna

Länge: 16–18 Tage.
Tagesetappen: 2–10 Std.
Anspruch: Mittelschwere Bergwanderung mit teilweise hohen körperlichen Anforderungen.
Übernachtung: Lodges.
Ausstattung: Perfekte Infrastruktur an allen Wegabschnitten.
Maximale Höhe: 5416 m.
Benötigte Genehmigungen: Annapurna Conservation Area Fee, 2000 NRS; TIMS.
Beste Reisezeit: März–Mai und Mitte Sept.–Nov.
Start: Karputar.
Ende: Tiplyang.
Anreise: Busfahrt von Pokhara nach Karputar oder organisierter Privattransport nach Kar putar.
Abreise: Mit dem Jeep von Tatopani nach Beni und mit Bus oder organisiertem Privattransfer nach Pokhara.
Karte: Annapurna 1:100 000; Nepal Map Publisher.

Hier wurde das Trekking geboren: Die Annapurna-Runde ist der Trekkingklassiker schlechthin. Hier wird eine Routenführung vorgestellt, die von den gängigen ein bisschen abweicht – im Positiven natürlich. Die Tour beginnt mit Etappen auf einsamen Wegen und beendet die Wanderungen in Tiplyang. Der Höhepunkt am **Thorung La** bleibt bestehen. Auf dieser Traumtour sieht man zahlreiche große Berge, die aufgereihten Gipfel von Lamjung bis Annapurna im gleichnamigen Massiv und den Dhaulagiri auf der anderen Seite des Kali-Gandaki-Tals. Man wandert durch Bambus-, Rhododendron- und Nadelwälder, durch karge Hochtäler und über hohe Pässe.

■ Der Weg

1. Tag: Nach der relativ langen Anfahrt startet man am besten mit einer Kurzetappe von **Karputar** (490 m) nach **Syaule Bazar** (550 m); 2–3 Std. Hier gibt es eine Rettungshundestation und eine herrliche Lodge.

2. Tag: Nun führt der Weg durch subtropische Landschaft und durch einen schönen Wald, relativ steil hinauf nach **Nalma** (1250 m); 6 Std.

3. Tag: Über den Ort **Baglungpani**, vorbei an selten besuchten Dörfern steigt man nun herunter bis zum Khudi Khola

Heiße Quellen in Tatopani

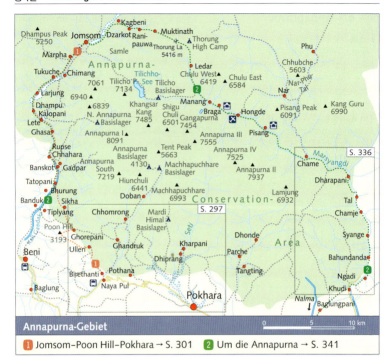

Annapurna-Gebiet

① Jomsom–Poon Hill–Pokhara → S. 301   ② Um die Annapurna → S. 341

und erreicht über die neue Hängebrücke den Ort **Khudi** (800 m); 6 Std. Tipp: Die Lodge rechts am Ortseingang, direkt über dem Fluss, ist herrlich gelegen.

4. Tag: Nun befindet man sich auf der Hauptroute und folgt dem Marsyangdi-Tal, hoch über dem Fluss, bis nach **Syange** (1100 m); 6 Std.

5. Tag: Immer weiter geht es bergauf. In der zweiten Tageshälfte steigt man durch eine Schlucht auf einem traumhaft schönen Weg nach oben. Plötzlich weitet sich das Tal und man befindet sich im Ort **Tal** (1700 m); 7 Std.

6. Tag: Nach **Chamje** (2650 m) wandert man auf dem folgenden Abschnitt das Marsyangdi-Tal immer weiter aufwärts; 6 Std.

7. Tag: Wenn man diesen Tag etwas kürzer plant und nur bis nach **Pisang** (3200 m) geht, bleibt am Nachmittag genügend Zeit, um die Gompa im 100 Meter höher gelegenen Ortsteil Upper Pisang zu besichtigen; 4–5 Std.

8. Tag: Der weitere Weg eröffnet herrliche Blicke in die Bergwelt. Ein lohnender Abstecher ist der Besuch des **Klosters in Braga**, ehe man den Hauptort des Tales, **Manang** (3550 m) erreicht; 5–6 Std. Ein Akklimatisationstag ist hier notwendig.

9. Tag: Zur besseren Akklimatisation sollte man unbedingt ein Stück aufsteigen, zum Teehaus oberhalb des Gletschersees zum Beispiel, und den Ort besichtigen.

10. Tag: Nach **Ledar** (4250 m) führt die nächste Etappe; 4 Std. Auch hier kann man gut noch einen Akklimatisationsaufstieg auf einen hinter der Lodge gelegenen Hügel unternehmen.

11. Tag: Langsam nähert man sich nun dem Pass. Von der Lodge geht es hinauf zum **Thorung High Camp** (4800 m).

Stetig an Höhe gewinnend, mit herrlichen Ausblicken, erreicht man das Tagesziel nach einem anstrengenden, steilen Aufstieg; 5 Std.

12. Tag: Zum absoluten Höhepunkt der Tour: Über den **Thorung La** (5416 m) nach **Muktinath** (3800 m)! Steigen Sie zeitig auf (aber nicht zu zeitig – manche Leute verbreiten unnötig früh Hektik)! Steil ist es nur am Anfang, dann geht es gleichmäßig über die alten Gletschermoränen bis in den Pass hinauf. Ein Traumblick belohnt für die Mühen des Weges. Auf dem langen Abstieg hat man herrliche Blicke auf den Dhaulagiri, ehe man die Lodge in **Muktinath** erreicht; 8–10 Std. Wer will, macht hier einen Ruhetag und besichtigt ausgiebig den Ort.

13. Tag: Man kann nun von hier auf zwei verschiedenen Routen nach Jomsom laufen; 6 Std. Oder man verlängert die Pause und fährt mit dem Linien-Jeep nach **Jomsom** (2700 m) hinab.

14. Tag: Nach **Kalopani** (2530 Meter, immer das Kali-Gandaki-Tal abwärts, geht es zum nächsten Tagesziel; 6 Std.

15. Tag: Von Kalopani geht es bis nach **Tatopani** (1190 m). Auf den Weg achten: Man muss nicht die ganze Strecke auf der staubigen Fahrstraße verbringen. Nach etwa eineinhalb Stunden wechselt man bei **Ghasa** auf die östliche Flussseite – bis nach **Gadpar** und quert dort den Fluss wieder. Nun ist es nicht mehr weit bis Tatopani. Hier kann man eine der schönen Lodges und die heißen Quellen im Ort genießen; 8 Std.

16. Tag: Ein letztes ganz kurzes Stück Weg führt nach **Tiplyang** (1040 m), wo man an der Jeep-Haltestelle einen Wagen nach Beni mieten kann.

Der Höhepunkt der Annapurna-Runde: Im Thorung La

Um den Dhaulagiri

Länge: 12–15 Tage.
Tagesetappen: 3–9 Std.
Anspruch: Schwere Bergwanderung mit teilweise sehr großen körperlichen Anstrengungen.
Übernachtung: Zelt.
Ausstattung: Kaum Infrastruktur bis nach Marpha, Verpflegung und Ausrüstung sind komplett mitzunehmen.
Maximale Höhe: 5360 oder 6012 m.
Benötigte Genehmigungen: TIMS; Annapurna Conservation Area Fee, 2000 NRS.
Beste Reisezeit: April und Mai und Ende Sept.–Mitte Nov.
Start: Darbang.
Ende: Jomsom.
Anreise: Mit Bus, Taxi oder organisiertem Transport von Pokhara nach Darbang.
Abreise: Flug von Jomsom nach Pokhara oder mit dem Jeep von Marpha nach Beni und mit Bus oder Taxi nach Pokhara.
Karte: Dhaulagiri 1:85000, Nepal Map Publisher.

Die abgelegenen Täler im Norden des Dhaulagiri zählen nach dem oberen Mustang und dem oberen Dolpo zu den trockensten Gegenden des Landes. Herrliche Aussichten, Bergeinsamkeit im Hidden Valley und die Überschreitung zweier über 5000 Meter hoher Pässe sind wohl die Höhepunkte dieser zwar bekannten, aber nicht sehr oft begangenen Runde. Das liegt zum einen sicher an den Anstrengungen, die man auf den Wanderungen bewältigen muss, und zum anderen wohl auch an den Entbehrungen, die der Weg abverlangt. Der Lohn dafür ist allerdings das Erlebnis einer absolut großartigen Gebirgslandschaft.

■ Der Weg

1. Tag: Von **Darbang** (1200 m) aus führt der Weg zunächst nach **Dharapani** (1550 m) und nun steil aus der Schlucht des Myagdi Khola hinauf nach **Sibang** (1750 m); 6 Std.

2. Tag: Über eine Hängebrücke steigt der Weg stetig an bis in das Dorf **Muri** (1800 m) und führt dann wieder hinab zum **Myagdi Khola**, wo man gute Zeltplätze findet; 6 Std.

3. Tag: Der Weg führt weiter am Fluss entlang über das Dorf **Naura** und eine 2300 Meter hohe Anhöhe bis nach **Boghara** (2100 m); 4 Std.

4. Tag: Weiter geht es in stetigem Auf und Ab durch einen Urwald und über den Myagdi Khola. Nach einem Auf-

▲ *Der Dhaulagiri*

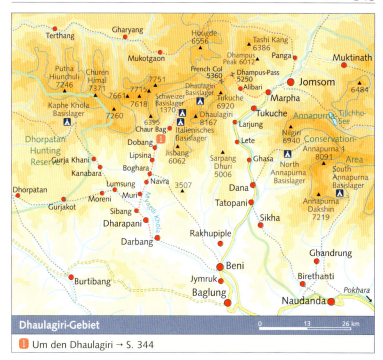

Dhaulagiri-Gebiet

① Um den Dhaulagiri → S. 344

stieg erreicht man die Waldlichtung bei **Dobang** (2500 m), wo man das Lager aufschlagen kann; 6 Std.

5. Tag: Eine neue Brücke führt wieder auf die andere Seite des Flusses. Nun durch einen ›Zauberwald‹ aufsteigend, im letzten Teil ziemlich steil, erreicht man den Zeltplatz bei **Chaur Bag** (3400 m); 7 Std. Zur besseren Höhenanpassung sollte man hier einen Akklimatisationstag einlegen.

6. Tag: Akklimatisation.

7. Tag: Eine kurze Etappe führt nun weiter hinauf bis zum **Schweizer Basislager** (3750 m) auf eine Wiese direkt unter der grandiosen Dhaulagiri-Westwand. Zur Beachtung: Möglicherweise sind einige Stellen des Weges hier schwierig zu passieren und müssen versichert werden; 3 Std.

8. Tag: Auf dem weiteren Weg nach oben steigt man durch eine felsige Engstelle (alte Fixseile), ehe sich das Tal wieder weitet. Weiter geht man am besten über die Seitenmoräne des Gletschers bis zu einer jener Stellen in etwa 4150 bis 4250 Metern Höhe, wo man ein Lager errichten kann; 5–6 Std.

9. Tag: Nun geht es weiter hinauf in das **Dhaulagiri-Basislager** (4750 m). Umgeben von Schnee und Eis, befindet man sich in einer herrlichen Gebirgsszenerie mit Blick auf die gewaltige Nordwand des Dhaulagiri; 4 Std. Hier in dieser wunderbaren Landschaft kann man sich noch einen Ruhe- und Akklimatisationstag gönnen, bevor die anstrengende Überquerung des French Passes ansteht.

10. Tag: Akklimatisation.

11. Tag: Der erste Pass wird überquert. Nach vier bis fünf Stunden erreicht man die Passhöhe des **French Col** (5360 m). Hier hat man ein herrliches Bergpanorama. Vom Pass führt der Weg hinab ins **Hidden**

Valley zum Lagerplatz zwischen French- und Dhampus-Pass; 7 Std. Von hier aus kann man an einem Tag den **Dhampus Peak** (6012 m) besteigen und ins Lager zurückkehren.

12. Tag: Es folgt nun eine lange Etappe. Aufstieg zum **Dhampus-Pass** (5250 m) und langer Abstieg am sogenannten **Elevation Camp** vorbei bis zur **Hochalm von Alibari** (3900 m); 9 Std.

13. Tag: Man verlässt nun endgültig die Hochgebirgsregion und erreicht durch Wacholderwälder den zauberhaften Thakali-Ort **Marpha** (2670 m); 3 Std. Entweder man verbringt zum Ausklang die Nacht hier oder wandert das Kali-Gandaki-Tal aufwärts nach **Jomsom** (2710 m); 2 Std.

Um den Manaslu

Länge: 14–18 Tage.
Tagesetappen: 4–9 Std.
Anspruch: Schwierige Bergwanderung mit teilweise sehr großen körperlichen Anstrengungen.
Übernachtung: Lodge, einfaches Gasthaus, Zelt.
Ausstattung: Mittlere Infrastruktur bis nach Samdo, von Samdo bis Bimtang keine Verpflegung, hier Zelt-Ausrüstung und Verpflegung mitführen, ab dem Marsyangdi-Tal sehr gute Infrastruktur.
Maximale Höhe: 5106 oder 5140 m.
Benötigte Genehmigungen: TIMS; Manaslu Conservation Area Fee, 2000 NRS; Annapurna Conservation Area Fee, 2000 NRS; Manaslu Restricted Area Entry Permit, 70 US-Dollar beziehungsweise 50 US-Dollar pro Woche, je nach Jahreszeit.
Beste Reisezeit: April und Mai und Ende Sept.–Mitte Nov.
Start: Arughat.
Ende: Khudi.
Anreise: Mit Bus, Taxi oder organisiertem Transport nach Arughat.
Abreise: Mit Bus oder Taxi nach Pokhara.
Karte: Around Manaslu, 1:125 000, Nepal Map Publisher.

Die Umrundung des Manaslu ist eine absolut spektakuläre Trekkingroute. Das Manaslu-Gebiet ist offiziell erst seit 1991 für Touristen zugängig und gehört zu den sogenannten Restricted Areas. Die Tour startet im subtropischen **Arughat,** hier gibt es zu Beginn des Weges noch Bananen und Zuckerrohr, und führt hinauf in die Dörfern

Weber in Bhulbhule

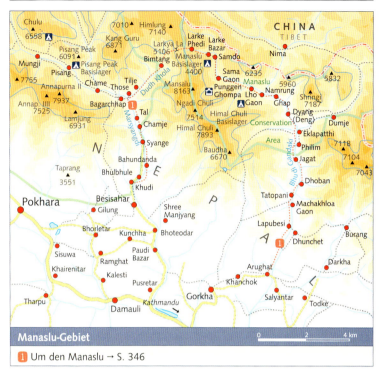

Manaslu-Gebiet

1 Um den Manaslu → S. 346

Lho, **Samagaon** und **Samdo**, in denen der Einfluss der tibetischen Kultur deutlich wird. Traumhafte Blicke unter anderem auf die Annapurna, den Lamjung Himal, den Himal Chuli, den Ganesh Himal und natürlich auf den Manaslu selbst eröffnen sich auf dieser grandiosen Runde.

Zur Beachtung: Eine Genehmigung für die Manaslu-Runde erhält man nur, wenn das Trekking von einer registrierten und lizenzierten Trekkingagentur organisiert wird.

Anmerkung: Man kann die Wanderungen auch von Gorkha oder Udipur beginnen und über den Rupina La (4720 Meter) in das obere Bhudi-Gandaki-Tal gelangen. Dann muss man die Runde komplett als Zelttrekking durchführen.

■ **Der Weg**

1. Tag: Von **Arughat** (570 m) aus führt der Weg in einem stetigem Auf und Ab durch Newar- und Magar-Dörfer, immer am Bhudi Gandaki entlang, teilweise hoch über dem Fluss, bis in das Gurung-Dorf **Lapubesi** (880 m); 6 Std.

2. Tag: Weiter bergan führt der schönen Höhenweg an einem Wasserfall vorbei bis nach **Machakhloa Gaon** (heiße Quellen; 930 m); 6 Std.

3. Tag: Weiter geht es, dem Weg am Fluss folgend, zuerst nach **Tatopani** (990 m), und weiter durch die nun enge Schlucht des Bhudi Gandaki. Plötzlich öffnet sich das Tal und wird wieder breiter. Nun geht es bis in die Siedlung **Jagat** (1410 m); 7 Std.

4. Tag: Nach den ersten drei relativ langen Tagen führt der heute absichtlich kurz gehaltene Abschnitt – mit Ausblicken zum Ganesh Himal – in den von Tamang bewohnten Ort **Philim** (1590 m); 4 Std.

5. Tag: Den östlichen Weg über **Eklapatthi** (1600 m) einschlagend, führt er weiter durch das oft enge Tal und, immer den östlichen Weg benutzend, über mehrere Brücken hinauf bis nach **Dyang** (Deng) (1800 m). Hier gibt es einen Chörten mit einem bemerkenswerten Stein-Mandala; 6 Std.

6. Tag: Zuerst führt der Weg bis nach **Ghap** (2160 m) und weiter hinauf nach **Namrung** (2660 m); 7 Std.

7. Tag: Manimauern und Chörten säumen den Weg durch verstreut liegende Gehöfte in das Dorf **Lho Gaon** (3180 m); 5 Std.

8. Tag: Auf dem weiteren Weg durch schönen Nadelwald erreicht man schon bald das Hochtal von Sama. Hier nun weiter bis in das Dorf **Samagaon** (3550 m); 4 Std. Es empfiehlt sich, hier einen Ruhe- und Akklimatisationstag einzulegen. Möglich ist zum Beispiel ein Akklimatisationsaufstieg in das **Punggen-Kloster** (3950 m) und zu den dortigen heißen Quellen – hin und zurück etwa vier bis fünf Stunden. Ebenso ist ein Besuch des **Manaslu-Basislagers** (4400 m) möglich.

9. Tag: Akklimatisation.

10. Tag: Weiter das Hochtal nach Norden aufsteigend – links grüßt der Manaslu-Gletscher herab – gelangt man nach **Samdo** (3700 m) mit seiner großen Manimauer. Von hier aus ist die Besteigung des **Sama** oder **Samdo Peak** (5140 m) möglich. Der einfache Aufstieg über Geröllhänge dauert etwa vier Stunden. Von oben hat man eine grandiose Sicht auf den Manaslu und die umliegenden Bergketten.

11. Tag: Von Samdo geht es nun in westlicher Richtung über **Larke Bazar** (4100 m) weiter bis zum Lager vor dem Pass nach **Larke Phedi** (4470 m).

12. Tag: Die anstrengendste Tagesetappe steht an. Erst hinauf bis zum **Larkya La** (5106 m). Von hier genießt man einen traumhaften Ausblick auf den Himlung Himal im Norden und den Manaslu im Süden. Hinab geht es nun zum Dudh Khola und nach **Bimtang** (3720 m); 9 Std.

13. Tag: Im Fluss Tal südwärts absteigend, mit Blicken auf die Manaslu-Westwand, führt der Weg durch Rhododendronwälder, in das von Gurung bewohnte Dorf **Tilje** (Tilche) (2300 m); 7 Std.

14. Tag: Weiter dem Dudh Khola folgend, erreicht man nach kurzer Zeit dessen Mündung in den Marsyangdi. Nun befindet man sich auf der klassischen Annapurna-Runde. Mehrfach über Brücken geht es weiter talabwärts bis nach **Chamje** (1430 m); 7 Std.

15. Tag: Nun immer das Tal absteigend, auf einem herrlichen Höhenweg, nach **Syange** (1100 m) und noch einmal hinauf bis in den Ort **Bahundanda** (1310 m); 7 Std.

16. Tag: Die letzte Etappe führt nun endgültig wieder in subtropisches Gebiet; über **Nadi Bazar** und **Bhulbhule** erreicht man **Khudi** (800 m); 4 Std.

Weitere Trekkingrouten

Da hier nur eine Auswahl an Routen vorgestellt wird, sei an dieser Stelle noch auf die vielen anderen ebenso schönen und lohnenswerten Touren in Westnepal hingewiesen. Im **Manaslu-Gebiet** zum Beispiel gibt es noch mehrere traumhafte Varianten, von einem Abstecher in das Tsum Valley oder zum Ganesh-Himal-Basislager bis zu den Trekkingvarianten von Gorkha aus. Auch im **Annapurna-Gebiet** gibt es noch viele lohnende Trekkingvarianten.

In Tangge

In den abgeschiedenen westlichen Landesteilen erwarten den Besucher eine vielfältige, noch sehr ursprüngliche Lebensweise der Bevölkerung und faszinierende Naturerlebnisse an rauschenden Flüssen, in dichten Urwäldern, wüstenartigen Gegenden und eine grandiose Berglandschaft.

DER MITTLERE WESTEN

Im mittleren Westen

Die Entwicklungsregion Mittel-West (Madhya Pashchim) ist eines der sehr wenig bekannten und erforschten Gebiete Nepals. Vieles gibt es hier noch zu entdecken. Mythos und Aberglaube sind in diesem Landstrich auch heute noch im Alltag der Menschen weit verbreitet.

Das Leben in den Distrikten des mittleren Westens spielt sich am unteren Ende der wirtschaftlichen und sozialen Entwicklung Nepals ab. Diejenigen, die sich auf die oftmals mühevolle Reise in diese abgelegenen Winkel des Landes macht, erwartet eine unglaubliche Vielfalt: sehr alte Urwälder, grüne Hügel, die höchstgelegenen Reisfelder, die größten und schönsten Bergseen des Landes, eine üppige Flora und Fauna, die ihresgleichen sucht, selten besuchte Nationalparks und freundliche, neugierige Menschen. Die Zeit scheint hier an vielen Orten stehen geblieben zu sein. Die Region des mittleren Westens besteht aus den Zonen Karnali, Bheri und Rapti.

Die **Karnali-Zone** im hochgebirgigen Norden ist eine der entlegensten und ärmsten Regionen Nepals, der Verwaltungssitz befindet sich in Jumla. Die Karnali-Zone ist faktisch nicht an das Straßennetz angebunden. Nur mit dem Flugzeug oder zu Fuß ist das Gebiet erreichbar. Karnali ist die flächenmäßig größte Zone des Landes. Die Karnali-Zone ist in die fünf Distrikte Humla, Jumla, Mugu, Kalikot und Dolpa unterteilt.

Die **Zone von Bheri** reicht vom mittleren Hügelland nach Süden in das Terai. Hier wohnen die meisten Menschen, und hier ist auch das wirtschaftliche Zentrum.

Flugplatz in Westnepal

Kleiner Bergsee im mittleren Westen

Diese Zone setzt sich aus den Distrikten Banke, Bardia, Dailekh, Jajarkot und Surkhet zusammen. Der Verwaltungssitz ist Nepalgunj.

Die **Rapti-Zone** besteht aus den Distrikten Deukhuri (Dang), Pyuthan, Rolpa, Rukum und Salyan. Der Verwaltungssitz hier ist die Stadt Tulispur.

Im Terai besteht die Bevölkerung mehrheitlich aus Tharu und indischstämmigen Völkerschaften, die Mitte wird von Bahun und Chhetri bewohnt, in der Gegend von Birendranagar wohnen einige Magar, und bei Dailekh einige Newar. Der hohe Norden wird auch hier von tibetischstämmigen Menschen bewohnt. Der Tourismus spielt im hohen Norden der Region schon eine größere Rolle, da einer der Wege zum Mount Kailash in Tibet hier in der Region beginnt und der mittlere Westen über eine Reihe Nationalparks und interessanter Trekkingziele verfügt. Allerdings ist die Infrastruktur auch hier nicht mit der in den touristischen Hochburgen des Landes zu vergleichen.

Städte im mittleren Westen

Nepalgunj ist der zentrale Ausgangspunkt für Reisen in den fernen und mittleren Westen und Jumla der Startpunkt für mehrere Trekkingrouten in der Region.

Nepalgunj

Es wäre mehr als übertrieben, Nepalgunj als interessante Stadt und Tourismusziel zu bezeichnen. Es ist eine große hektische Grenzstadt, in der mehr Hindi als Nepali gesprochen wird. Nepalgunj hat etwa 70 000 Einwohner und ist ein sehr wichtiger Verkehrsknotenpunkt. Hier, in der nur 150 Meter hoch gelegenen Stadt, ist es heiß und staubig – fast nirgendwo ist Schatten zu finden. Nepalgunj ist die heimliche Hauptstadt Westnepals. Allerdings ist sie mit ihrem Flughafen das Tor zum Westen, alle Wege in die beiden westlichen Regionen führen, bis auf wenige Ausnahmen, über Nepalgunj. So wird der Aufenthalt in der Stadt von den meisten Touristen als notwendiges Übel hingenommen.

Wenn man schon einmal hier ist, lohnt sich ein Besuch auf dem **alten Markt** im Zentrum des Ortes – dabei kann man hervorragend die Mentalität und den Charakter des Lebens im Terai beobachten. Hier lohnt es sich, nach dem silbernen Schmuck der Tharu zu schauen. Eine weitere Sehenswürdigkeit ist der wichtige **Hindu-Tempel Bageswory Mata**. Neben dem Haupttempel gibt es, von einem kleinen Teich umgeben, eine ungewöhnliche **Shiva-Statue**. Sie zeigt den Gott mit einem Schnauzbart. Das ist äußerst selten, wenn nicht sogar einmalig. Ansonsten verbringt man die Zeit im Ort bis zur Weiterreise am besten im Hotel, an der Bar – unter dem Ventilator mit einem kühlen Getränk.

Der mittlere Westen

Städte im mittleren Westen 355

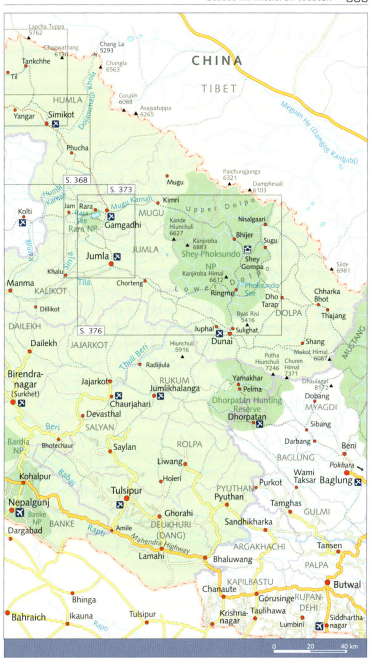

Nepalgunj
Vorwahl: +977/81.
Sneha Travel & Tours, an der Hauptstraße, Tel. 522507. Hier kann man sich informieren und auch Flugtickets erwerben.

Es gibt an der Hauptstraße einige Geldautomaten der **Nabil Bank**, bei der auch Bargeld getauscht werden kann.

Flug von **Kathmandu**, mehrmals täglich von verschiedenen Airlines (1 Std., ab 180 US-Dollar).
Mit dem Bus von **Kathmandu** oder **Pokhara** (12 Std., 900 NRS).

In Nepalgunj, dem zentralen Umsteigepunkt für Reisen in den fernen und mittleren Westen, gibt es mehrere sehr einfache Hotels für den völlig anspruchslosen Reisenden. Wer sich in der Hitze des Terai etwas angenehmer aufhalten möchte, dem seien das Hotel ›Sneha‹ und das Hotel ›Batika‹, etwas außerhalb des Zentrums gelegen, empfohlen.
Hotel Sneha (★★), PO Box 43, Nepalgunj, Tel. 520119, Fax 522573, hotel@sneha.wlink.com.np; Zimmer 30–40 US-Dollar. Das Hotel bietet klimatisierte Zimmer, eine Bar und ein Restaurant. Der oft aufgeführte Swimmingpool ist derzeit nicht zu benutzen und soll rekonstruiert werden. Seit neuestem gibt es im Hotel ein kleines Casino für die Spielwütigen der Gegend.
Hotel Batika (★★), Herr Prem Bahadur Bhandari, 13, Surkhet Road, Tel. 521360, Fax 522318, hotel_batika@wlink.com.np, www.hotelbatika.com; Zimmer 20–38 US-Dollar. Das Hotel bietet ebenfalls klimatisierte Zimmer. Hier kann der Pool zurzeit benutzt werden.
Beide Hotels bieten auch Touren ins Land an, vor allem in den nahe gelegenen Bardia-Nationalpark.
Kitchen-Hut (★★), Karkando-7, Tel. 55123-2, -3, -4, -5, Fax -1, www.kitchenhut.com.np; Zimmer 2200–3500 NRS. Das Haus mit angeschlossenem gutem Restaurant bietet saubere gute Zimmer.
Traveller's Village (★), Frau Candy Sherchan, 13 Surkhet Road, Karkando-Nepalgunj, Tel. 550329, travil@wlink.com.np; Zimmer 700–1600 NRS. Dies ist ein – zum Beispiel bei UN-Mitarbeitern – beliebtes Hotel in der Region. Es bietet geräumige Zimmer mit eigenem Bad und warmem Wasser. Vorherige Reservierung wird empfohlen.

▲ *Landschaft kurz hinter Jumla*

Hungary Guest House (★), Gurudwara Road, Tel. 52+977, hungaryguesthouse@yahoo.com; Zimmer 500–1500 NRS. Gasthaus mit teilweise klimatisierten Räumen und angeschlossenem Restaurant.

Bheri Zonal Hospital, Tel. 201-58, -83, -93

Jumla

Der Ort wird nicht wegen seiner Größe, sondern wegen seiner Bedeutung als Ausgangspunkt für Reisen in das Karnali-Gebiet besucht.

Jumla, am Fluss Tila in einer Höhe von 2730 Metern gelegen, ist der Hauptort des Distriktes.

Die etwa 10 000 hier lebenden Menschen sind größtenteils Thakuri. Die Thakuri, von denen es etwa 460 000 Menschen gibt, gehören zu den indoarischen Volksgruppen und sind Hindus. Die meisten leben in Nepal, aber etwa 40 000 auch in Indien und einige wenige, etwa 500, in Bangladesch. Sie sprechen zumeist Nepali.

In der Gegend um den Ort befinden sich die höchstgelegenen Reisfelder Nepals. Hier wächst der einmalige, wegen seines herausragenden Geschmacks besonders begehrte rote Reis.

 Jumla

Vorwahl: +977/87.
Rural Community Development Service (RCDS), Tel. 520227. Wer nicht organisiert anreist, erhält hier Informationen und kann sich auch Träger vermitteln lassen.

Der Flug von **Nepalgunj** (45 Min., 90 US-Dollar) ist, von mehrtägigen Wanderungen abgesehen, die einzige Möglichkeit, Jumla zu erreichen.

Keine Geldwechselmöglichkeit.

Gute Restaurants in den Hotels und viele typische Lokale entlang der Hauptstraße.

In Nepalgunj gibt es viele lokale Geschäfte sowie den alten Markt im Herzen der Stadt.

Jumla ist Ausgangsort für verschiedene Trekkingtouren im mittleren Westen (→ S. 372, 375).

Zu Beginn der neunziger Jahre hat man versucht, an den Trekkingrouten eine Infrastruktur mit Lodges für Übernachtungen aufzubauen. Es wurden einige ›Hotels‹ und Hütten errichtet, die am Ende des Jahrzehnts noch in Betrieb waren. Die Auseinandersetzungen der vorwiegend dieses Gebiet beherrschenden Maoisten mit der Regierung kurbelten nicht gerade den hiesigen Tourismus an. Bis dahin schon eher seltene Besuche blieben ganz aus. Als ich im Jahr 2005 das erste Mal in der Gegend unterwegs war, sagten uns Einheimische, dass wir seit zehn Jahren die erste größere Trekkinggruppe seien! So ist von den ehemaligen Gebäuden kaum noch etwas übrig geblieben. Zumindest gibt es keine geöffneten Lodges mehr.

Kleine Restaurants und typische lokale Gasthäuser.

Typische lokale Geschäfte befinden sich im Zentrum des Ortes.

Ebenfalls im Zentrum gibt es einen **Souvenirladen**, der einheimische Produkte, handgewebte Teppiche und Apfelschnaps verkauft.

In Jumla existiert ein ganz einfaches Hospital.

Nationalparks im mittleren Westen

Rara-Nationalpark

Der Rara-Nationalpark befindet sich im Nordwesten Nepals. Der Park wurde im Jahr 1976 gegründet, um die Einmaligkeit des **Rara-Sees** und der Fauna und Flora dieser Landschaft zu schützen. Mit nur 106 Quadratkilometern ist er der kleinste aller nepalesischen Nationalparks.

Bei der Gründung des Parks wurden die Bewohner der beiden Dörfer, die in seinem heutigen Terrain lagen, umgesiedelt. Den See umgeben herrliche Nadelwälder. Wie ein blau schimmernder Juwel liegt er eingebettet zwischen hohen Bergen auf einer Höhe von fast 3000 Metern. Er ist der größte See Nepals, etwa fünf Kilometer lang und drei Kilometer breit. Wenn man ihn von weitem sieht, könnte man glauben, er befände sich in einem riesigen Vulkankrater. Wie er genau entstanden ist, ist zwar unbekannt, doch es gilt als gesichert, dass er älter ist als das Gebirge und während der Gebirgshebung immer weiter mit nach oben gehoben wurde. Der 167 Meter tiefe See ist Heimat der Schneeforelle.

Der Gipfel des **Chuchemara** südlich des Sees ist mit 4039 Metern die höchste Erhebung im Park. Von ihm aus hat man einen Traumblick auf den Rara-See. Zu den häufigsten Bäumen im Schutzgebiet gehören Tannen, Kiefern, Birken, Rhododendren, Eichen, Wacholder und Fichten.

Der Park ist Heimat von rund 20 verschiedenen Säugetierarten. Dazu gehören Moschustier, Himalaya-Schwarzbären, Leoparden, Schakale und Wildhunde, der Himalaya-Tahr sowie der seltene Rote Panda.

Im Park gibt es keinerlei Übernachtungs- oder Verpflegungsmöglichkeiten.

> **ℹ Rara-Nationalpark**
>
> **Anreise**: Flug von Nepalgunj nach Jumla und drei Tage Trekking zum Park oder ein zehn- bis zwölftägiges Trekking von Surkhet (Birendranagar) aus. Surkhet ist über die Straße erreichbar.
>
> **Benötigte Genehmigungen**: Rara National Park Fee, 3000 NRS; TIMS.
>
> **Übernachtung**: Zelt.
>
> **Ausstattung**: Keinerlei Versorgungsmöglichkeiten; Verpflegung und sämtliche Ausrüstung sind mitzubringen.
>
> **Maximale Höhe**: 4039 m.
>
> **Beste Reisezeit**: Der Besuch ist ganzjährig möglich, da der Park etwas im Monsunschatten liegt. Die allerbeste Zeit ist im Frühjahr (April–Mai) und Herbst (Sept.–Nov.).
>
> Von Dezember bis März wird es sehr kühl, im Juni ist es sehr warm, und im Juli und August tritt der abgeschwächte Monsun ein.

Shey-Phoksundo-Nationalpark

Der Shey-Phoksundo-Nationalpark, gelegen in der nördlichen Bergregion des mittleren Westens, ist mit einer Größe von 3555 Quadratkilometern der größte Nationalpark Nepals. Der 1984 gegründete Park erstreckt sich von **Juphal** im Süden bis an die tibetische Grenze im Norden. Eine 1349 Quadratkilometer große Pufferzone wurde 1998 eingerichtet. Große Teile des Parks befinden sich im Trans-Himalaya nördlich des Hauptkammes. Die Region, in der der Park liegt, wird Dolpo genannt und in das ›Obere‹ – Upper – und das ›Untere‹ – Lower – Dolpo eingeteilt.

Im Nationalparkgebiet finden sich absolut spektakuläre Landschaften. Der zweitgrößte und tiefste See des Landes, der **Phoksundo-See** in 3660 Metern Hö-

Der Rara-See

he, befindet sich ebenso hier wie auch der höchste Wasserfall Nepals. Dieser Wasserfall mit einer Höhe von etwa 150 Metern entwässert den See. Der Phoksundo-See ist bekannt für seine einmalige türkisblaue Farbe, er ist eingebettet in eine grandiose Berglandschaft. Der Höhenunterschied im Shey-Phoksundo-Nationalpark beträgt fast 5000 Meter von seiner niedrigsten Stelle bis zum Gipfel des 6883 Meter hohen **Kanjiroba**. Aufgrund seiner Lage südlich und nördlich des Himalaya (Unteres und Oberes Dolpo) entfaltet sich hier ein breites klimatisches Spektrum. Während im südlichen Zipfel bei **Sulighat** immerhin noch etwa 1500 Millimeter Niederschlag im Jahr fallen, sind es nördlich der Barriere gerade einmal noch etwa 500 Millimeter. Der Grund dafür sind die Gebirgszüge des Kanjirobi Himal im Westen und des Dhaulagiri im Osten. Sie sorgen für einen stark abgeschwächten Monsun und das zu einem großen Teil trockene Klima im Park. Die Winter sind hier hart und lang. Häufig schneit es bis in Lagen von 2000 Metern, und in der meisten Zeit des Winters herrscht in Höhenlagen über 3000 Meter Dauerfrost.

Ebenso groß wie die klimatische Vielfalt ist auch diejenige von Fauna und Flora. In den kargen nördlichen Regionen des oberen Himalaya und Trans-Himalaya bestimmen Zwergrhododendren und Salix-Weiden die Pflanzenwelt. Weiße Himalaya-Birken und gelegentlich einige Weißtannen finden sich auf den Bergwiesen. Ganz anders dagegen im Süden: Im Tal des Suligad Khola finden sich Blaukiefern, Fichten, Zedern, Tannen, Pappeln, große Rhododendren und sogar Bambus. Allerdings sind nicht einmal fünf Prozent des gesamten Areals bewaldet. Die im Park vorkommende Tierwelt reicht von jener Schmetterlingsart, die weltweit einzigartig in den höchstgelegenen Gegenden beheimatet ist – dem endemischen Paralasa nepalaica –, über sechs Reptilienarten und über 200 verschiedene Vogelarten bis hin zu den bedrohten Säugetieren. Zu denen zählen hier Blauschafe, das Große Tibetschaf – Tibet-Argali –, Moschustiere, Gorale, Tahre, Schwarzbären und der ganz seltene Schneeleopard.

Im Nationalpark leben in mehreren Siedlungen die Angehörigen der Dolpas. Im Upper Dolpo, das nur durch die Überquerung von mehr als 5000 Meter hohen Pässen zu erreichen ist, liegen die höchsten bewohnten Täler der Erde, fast 90 Prozent davon in einer Höhe von über 3500 Metern. In diesen Tälern leben knapp 5000 Menschen. Das Upper Dolpo gehört zu den am dünnsten besiedelten Gebieten des Landes. Insgesamt leben etwa 10 000 Einwohner im Parkgebiet. Die Bewohner des Dolpo leben von ein bisschen Handel, Ackerbau, Viehzucht. Manche der Bauern leben noch als Halbnomaden und ziehen während der Sommermonate mit ihren Herden auf die Hochweiden. Auf den Feldern werden Kartoffeln, Buchweizen, Senf, Bohnen und etwas Gerste angebaut. Kaum mehr als zehn Prozent der Dolpas leben oberhalb der Armutsgrenze. Der Bildungsstand ist extrem niedrig, denn bei der schweren, außerordentlich zeitintensiven Feldarbeit müssen alle Familienmitglieder helfen – auch die Kinder –, um die Nahrungsversorgung zu sichern. So bleibt keine Zeit für einen Schulbesuch in den wenigen, zudem noch schlecht ausgestatteten Schulen. Die durchschnittliche Lebenserwartung liegt, auch aufgrund der unvorstellbar schlechten hygienischen Bedingungen, bei nur etwa 50 Jahren.

Die sehr gläubigen Bewohner des Gebietes sind fast ausschließlich Buddhisten. Die Dörfer des Nationalparks haben fast alle eine eigene Gompa. Das berühmteste Kloster ist wohl das **Kloster Shey Gompa** aus dem 11. Jahrhundert. Es liegt in einer Höhe von 4160 Metern nördlich des Phoksundo-Sees. Die Kultur und Lebensweise der hier lebenden Dolpas ist so stark tibetisch geprägt, dass man hier ein ›lebendigeres Tibet‹ vorfindet als im Stammland. Das geistige Oberhaupt der Dolpas ist der Dolpo Tulku (→ Vorwort

▲ *Chörten im Shey-Phoksundo-Nationalpark*

S. 13 und S. 362). Zusammen mit dem Khenpo Pema Dorje hat er 2007 die Dolpo Tulku Charitable Foundation gegründet. Diese Organisation versucht in verschiedenen Projekten, die Lebensumstände der Menschen zu verbessern. Die Aktivitäten reichen von medizinischen Projekten – die Gesundheitsversorgung ist hier katastrophal – über solche zum Umweltschutz und Erhalt der Kultur bis zu Bildungsprojekten.

Der Tourismus im Nationalpark lebt von den wenigen Besuchern, die zum Trekking hierherkommen. Einfache Unterkünfte in Lodges gibt es nur in Dunai, Chhepka und Ringmo. Plätze zum Zelten mit eingerichteten Schutzhütten, Toiletten und Abfallgruben finden sich im Park verteilt. Büros der Nationalparkverwaltung sind in **Sulighat**, **Chhepka**, **Ringmo** und **Polam**. Am Hauptsitz der Verwaltung im Polam gibt es ein kleines Besucherzentrum. Individuelle Wanderungen sind nur im südlichen Teil des Nationalparks, im Lower Dolpo, gestattet. Das Upper Dolpo gehört zu den sogenannten ›resticted Areas‹ – hier muss das Trekking mit einer lizenzierten Trekkingagentur durchgeführt wer-

Der Phoksundo-See

den. Hinzu kommen wesentlich höhere Genehmigungskosten.

In der Dunkelheit darf man sich nicht im Park bewegen. Die Benutzung von Brennholz ist strengstens untersagt. Organische Abfälle können eingegraben werden, der Rest ist an den dafür vorgesehenen Stellen zu entsorgen oder – besser noch – wieder mitzunehmen.

Shey-Phoksundo-Nationalpark

Anreise: Flug von Pokhara oder Nepalgunj nach Juphal. Von da aus ist es eine kurze Tageswanderung zum südlichen Parkeingang.
Ein etwa zehn- bis zwölftägiges Trekking von Jumla führt ebenso zum Nationalpark wie ein Trekking von Jomsom oder Dhorpatan.
Benötigte Genehmigungen: Shey Phoksundo National Park Fee, 3000 NRS; TIMS; Permit für den Lower-Dolpo-Distrikt, 10 US-Dollar pro Woche; und/oder den Upper-Dolpo-Distrikt, 500 US-Dollar für die erste Woche, 50 US-Dollar für jeden weiteren Tag.
Übernachtung: Zelt.

Ausstattung: Fast keine Versorgungsmöglichkeiten; Verpflegung und sämtliche Ausrüstung sind mitzubringen.
Maximale Höhe: 6883 m.
Beste Reisezeit: Mai–Sept., mit Einschränkungen eventuell noch April und Oktober. Die allerbeste Zeit ist im Sommer.

Hotel Mt. Putha (★), Juphal, Tel. +977/87/670029 oder Herr Tarak Shahi: +977/9848303645, tarakshahi@yahoo.com; Bett 150–300 NRS. Das Hotel verfügt über neun einfache Mehrbettzimmer mit 26 Betten, über einen Campingplatz im Garten sowie einen Laden für Lebensmittel und Trekkingzubehör.

Der mittlere Westen

Der Dolpo Tulku

Der Dolpo Tulku, auch Tulku Sherap Zangpo genannt, wurde 1982 in Dho Tarap, im Dolpo, geboren. Im Alter von zehn Jahren wurde er Mönch im Kanying-Shedrub-Ling-Kloster, in der Nähe von Boudhanath/Kathmandu. Dort erkannte ihn der Dilgo Khyentse Rinpoche als Reinkarnation des dritten Dolpo Nyingchung Rinpoche Drubthob. Daraufhin wurde der Tulku zur Ausbildung nach Südindien in das Namdroling-Kloster geschickt.

Im Jahre 1994 wurde er in einer großen Zeremonie im Schechen-Kloster in Kathmandu inthronisiert. Mit dieser Zeremonie hat er, im Alter von zwölf Jahren, die Führung der Hauptklöster, dreier Klausur-Zentren und der Menschen des Dolpo übernommen. Während der heutige Dolpo Tulku im indischen Kloster noch die tantrischen Riten und Rituale lernte, übernahm er schon die Verantwortung eines Vajracharya (buddhistischer Lehrer und Priester).

Im Alter von nur 15 Jahren begann er die höheren buddhistischen Studien am Nyingma-Ngagyur-Institut, der hochangesehenen Universität des Namdroling-Klosters. Dort studierte, debattierte und forschte er zehn Jahre lang zu allen Sutra- und Tantra-Lehren des Buddhismus unter der Führung von mehr als 40 Lehrern und Meistern, einschließlich Seiner Heiligkeit Penor Rinpoche (1932–2009). Er studierte auch tibetische Poesie, Literatur, Geschichte und die Geschichte des Buddhismus. Bei den folgenden Prüfungen war er immer einer der Besten. Aufgrund seiner hohen Gelehrsamkeit wurde er im achten Studienjahr zum Junior-Lehrer ernannt und Mitglied des Rigzod Editorial Committee. Es ist verantwortlich für alle Publikationen des Klosters.

Penor Rinpoche unterrichtete den Dolpo Tulku in den Übungen des Namchö-Zyklus, in dem die Übungen des Dzogchen und des Mahamudra vereint sind. Diese Übungen gibt der Tulku nun, je nach den Fähigkeiten seiner Schüler, weiter. Er schloss seine höheren buddhistischen Studien im Jahre 2007 ab und wurde Lehrer am Ngagyur-Nyingma-Institut. Damit erreichte er einen Status, der mit dem eines europäischen Universitätsprofessors gleichzusetzen ist.

Im Jahr 2008 reiste der Dolpo Tulku zum ersten Mal nach 17 Jahren wieder in seine Heimat, das Dolpo, um seine Klöster zu besuchen und um auch in seiner Heimat inthronisiert zu werden. Seine Heimkehr wurde von einem deutschen Filmteam begleitet. Dabei entstand der mehrfach preisgekrönte Dokumentarfilm ›Dolpo Tulku – Heimkehr in den Himalaya‹. Seither reist er durch Asien und Europa, um die buddhistische Philosophie zu lehren, öffentliche Vorträge zum Thema Geistestraining zu halten, Seminare zu Stress und Burn-out abzuhalten und um auf die Situation in seiner Heimat, dem Dolpo, aufmerksam zu machen.

Im Januar 2010 wurde die ›Dolpo Tulku Charitable Foundation‹ von der nepalesischen Regierung anerkannt, deren Hauptaugenmerk auf den Umweltschutz, die Gesundheitsversorgung und eine effektive Verbindung von traditioneller und moderner Bildung gerichtet ist. Im Sommer 2012 war der Dolpo Tulku wieder im Dolpo, um die Feierlichkeiten und Zeremonien zum Fest des Drachens am Kloster von Shey Gompa zu leiten, das nur alle zwölf Jahre stattfindet.

Nähere Informationen zur Dolpo Tulku Charitable Foundation und zum Dolpo Tulku e. V. auf → S. 360, 415.

Dhorpatan Hunting Reserve

Südwestlich des Shey-Phoksundo-Nationalparks liegt das Dhorpatan Hunting Reserve. An seiner nördlichen Grenze befinden sich die eindrucksvollen 7000er des **Putha Hiunchuli** und des **Churen Himal**.

Das Dhorpatan Hunting Reserve wurde 1983 gegründet und hat heute eine Fläche von 1325 Quadratkilometern. Das Reservat ist einer der wichtigsten Lebensräume für die Blauschafe, Himalaya-Tahre, Schwarzbären und Gorale im Land.

Die Flora wird durch alpine, subalpine und gemäßigte Vegetationszonen geprägt. In den Wäldern herrschen Tannen, Kiefern, Birken, Rhododendren, Eichen, Wacholder und Fichten vor.

Im Dhorpatan Hunting Reserve

Anders als in allen anderen Schutzgebieten erteilt das ›Department of National Parks and Wildlife Conservation‹ in diesem Gebiet Jagdscheine für Tiere, deren Population absolut nicht bedroht ist. Dazu gehören Fasane, Rebhühner und Wildschweine.

Die hohen Lagen des Gebietes sind ganzjährig von Schnee bedeckt. Die Höhenlagen des Areals reichen von 3000 Metern auf weit mehr als 7000 Meter hinauf. Die flachen Wiesen oberhalb der Baumgrenze, die Patanen, sind für Tiere wie die Blauschafe und andere Pflanzenfresser immens wichtig.

Im Reservat wird intensive Weidewirtschaft betrieben. Jedes Jahr zwischen Februar und Oktober fressen sich mehr als 80 000 Tiere auf den guten Weideflächen satt.

Die Mehrheit der hier lebenden Bevölkerung sind Magar, Thakali und Gurung. Gemeinsam mit den tibetischen Flüchtlingen in Dhorpatan bilden sie hier ein buntes Völker-Mosaik. Die ansässigen Bewohner dürfen in regulierten Mengen Brennholz für ihren Eigenbedarf im Reservat sammeln.

Das Reservat bietet in faszinierender Natur herrliche Ausblicke auf den östlich gelegenen Dhaulagiri und andere Berge. Eine touristische Infrastruktur ist so gut wie nicht vorhanden. Es gibt nur zwei kleine Lodges in der Nähe von Dhorpatan, wo sich auch die Verwaltung befindet. Hier ist es auch möglich, in begrenztem Umfang einheimische Lebensmittel zu erwerben.

Dhorpatan Hunting Reserve

Anreise: Mit dem Bus vom Kathmandu nach Tansen (→ S. 311) und eine dreitägige Wanderung über Burtibang nach Dhorpatan; mit dem Bus von Pokhara nach Baglung (3 Std, 150 NRS) und in 4 Tagen zu Fuß zum Gebiet.
Benötigte Genehmigungen: Dhorpatan Hunting Reserve Entry Fee, 500 NRS; TIMS.
Übernachtung: Zelt.
Ausstattung: Sehr wenige Versorgungsmöglichkeiten; Verpflegung und sämtliche Ausrüstung am besten mitnehmen.
Maximale Höhe: 7371 m.
Beste Reisezeit: Nov.–Mai. Die allerbeste Zeit ist im März und April.

Elefant im Nationalpark

Bardia-Nationalpark

Dieser Nationalpark, zwischen Butwal und Mahendranagar im Terai gelegen, umfasst gegenwärtig eine Fläche von 968 Quadratkilometern. Damit ist er der größte Park im Terai. Zunächst wurde ein kleinerer Bereich als Karnali Wildlife Reserve im Jahr 1976 gegründet. Etwa 1500 Haushalte aus dem Babai-Tal wurden aus dem heutigen Gebiet, das 1988 den Nationalparkstatus erhielt, ausgesiedelt. In den Jahren 1991 bis 2002 wurden im mehreren Aktionen Nashörner aus dem Chitwan hierher umgesiedelt, um der bedrohten Population neue Lebensräume zu eröffnen. Im Jahr 1997 wurde eine Fläche von 327 Quadratkilometern rund um den Park zur Pufferzone deklariert. Die Bewirtschaftung der natürlichen Ressourcen in den Pufferzonen wird gemeinsam von den Community Developments und der Parkverwaltung koordiniert. Der Bardia-Park, so kann man sagen, ist heute das, was früher der Chitwan-Nationalpark war, ehe er vom Massentourismus überrollt wurde. Er ist die größte und noch ungestörte Wildnis im Terai und bildet unter anderem den Lebensraum für folgende gefährdete Arten: Nashorn, Elefant, Tiger, Blackbuck, Gharial-Krokodil und Ganges-Delfin. Insgesamt bevölkern mehr als 30 verschiedene Säugetierarten und über 250 Vogelarten den Park. Häufig zu entdecken sind von den Letzteren zum Beispiel Fliegenschnäpper, Schwätzer, Grasmücken, Spechte, Bienenfresser, Eisvögel, Schwarz- und Weißstörche, Pfauen, Reiher und Kormorane. Von den Säugetierarten kann man vor allem Languren- und Rhesus-Affen, Leoparden, Dschungel-Katzen, große und kleine indische Schleichkatzen, Hyänen, Wildhunde, Schakale, Faultiere, Beutelratten, Hirsche und Wildschweine beobachten. Die Höhenunterschiede im Park betragen etwa 1300 Meter vom tiefsten Punkt im Süden mit 150 Metern bis zum höchsten im Norden bei **Sukarmala** auf einem Bergkamm der Hügelketten. Etwa drei Viertel des Parks sind überwiegend mit Sal-Wald (Shorea robusta) bedeckt, der Rest ist eine Mischung aus Grasland, Savanne und Auwald.

Es gibt gewissermaßen drei Jahreszeiten im Terai. Von Juli bis September herrscht Monsun, dann ist es unangenehm feucht und heiß. Ab Oktober bis in den April hinein ist es trocken, tagsüber warm, und

▲ *Affen im Bardia-Nationalpark*

Gharial-Krokodil

die Nächte werden angenehm kühl. Ende April bis Juni schließlich wird es sehr heiß, die Temperaturen können bis auf 45 Grad Celsius steigen. Die Bewohner des Gebietes sind hauptsächlich Tharu. Sie sind traditionell Kleinbauern und üben ihre eigene Religion aus (→ S. 73). Das Hauptquartier der Verwaltung befindet sich in **Thakurdwara**. Dort gibt es ein Informationszentrum zum Nationalpark und ein Museum über die Tharu-Kultur. Ein zweiter Verwaltungssitz hat sich am westlichen Eingang in **Chisapani** etabliert.

Der Park lässt Raum für ganz unterschiedliche Aktivitäten: von der Tierbeobachtung zu Fuß über ein kleines Trekking zum Gipfel des Churia Hill, von Radtouren und Jeep-Safaris bis zum Elefantenreiten und Rafting. Mit dem Boot den Karnali hinunterzufahren bietet die wirklich einmalige Gelegenheit, eventuell einige der letzten Flussdelfine unserer Erde zu sehen. Interessant ist auch eine Führung durch die traditionellen Tharu-Dörfer und ein Besuch des Elefantenaufzucht-Zentrums etwas südlich des Verwaltungsgebäudes (10–16 Uhr, 50 NRS).

Bardia-Nationalpark

Anreise: Mit Flugzeug oder Bus nach Nepalgunj; von hier mit dem Taxi oder den regelmäßigen öffentlichen Busverbindungen zum Parkeingang.

Benötigte Genehmigungen: Bardia National Park Fee, 3000 NRS. Eine Angelgenehmigung für den Karnali erhält man im Verwaltungshauptsitz. Sie kostet für SAARC-Angehörige 200 NRS, für Ausländer 500 NRS.

Übernachtung, Ausstattung: Gute Infrastruktur um den Park herum; Übernachtung und Verpflegung in Lodges oder Hotels bei Thakurdwara. In den meisten Hotels kann man auch die Aktivitäten im Park buchen.

Maximale Höhe: 1450 m.

Beste Reisezeit: Okt.–April. Wer vor Hitze und feuchtheißer Hitze nicht zurückschreckt, kann den Park das ganze Jahr über besuchen.

Nashörner im Banke-Nationalpark

Banke-Nationalpark

Der Banke-Nationalpark ist einer der jüngsten des Landes, er wurde am 12. Juli 2010 gegründet. Er grenzt im Westen direkt an den Bardia-Nationalpark. Im Süden ist er grenzüberschreitend mit dem indischen ›Katerniaghat Wildlife Sanctuary‹ verbunden. Ziele bei seiner Gründung waren: Stärkung des grenzüberschreitenden biologischen Korridors; Erhaltung gefährdeter Arten freilebender Tiere und Pflanzen und ihrer Lebensräume; Förderung der Ökotourismus und Förderung des Lebensunterhalts der Bewohner der umliegenden Pufferzone. Etwa 35 000 Menschen leben am Rande des Schutzgebietes – größtenteils Tharu, aber auch Brahmanen, Chhetri, Magar, Tamang und Gurung. Der 550 Quadratkilometer große Park reicht wie sein Nachbar, der Bardia-Nationalpark, von den grünen Ackerflächen im südlichen Tiefland bis hinauf in die Hügel der Churia Hills. Auch Klima und Vegetation sind vergleichbar mit denen im Bardia-Park. In den verschiedenen Ökosystemen des Banke-Nationalparks haben 124 verschiedene Pflanzen, 34 Säugetierarten, mehr als 300 Vogelarten, 24 Reptilien, sieben Amphibien, darunter die Python, sowie 58 Fischarten ihr zu Hause.

Banke-Nationalpark

Anreise: Mit Flugzeug oder Bus nach Nepalgunj; von hier etwa 1 Std. mit dem Taxi oder gemieteten Bus zum Parkeingang. Von Westen gelangt man in 7–8 Std. mit dem Linienbus von Mahendranagar oder Dhangadhi zum Park.
Benötigte Genehmigungen: Banke National Park Fee, 3000 NRS.
Übernachtung, Ausstattung: Wenig Infrastruktur; Übernachtung und Verpflegung in Lodges oder Hotels am Bardia-Nationalpark oder in Nepalgunj.
Maximale Höhe: 1405 m.
Beste Reisezeit: Okt.–April. Wer vor Hitze und feuchtheißer Hitze nicht zurückschreckt, kann den Park das ganze Jahr über besuchen.

Blackbuck Conservation Area

Der Blackbuck ist eine auf dem indische Subkontinent heimische Antilopenart. Sie steht seit 2003 auf der roten Liste der bedrohten Arten.
Das mit nur knapp 16 Quadratkilometern sehr kleine Schutzgebiet wurde im März 2009 gegründet. Ziel ist es, die Erhaltung der bedrohten Antilopenspezies (Antelope cervicapra) zu gewährleisten. Diese hier lebende Population ist die letzte nördliche Population überhaupt. Der Blackbuck zieht sich gern in flaches bis leicht hügeliges Gelände zurück.
Während der allmählichen Zersiedelung seines Lebensraumes war der Bestand in den neunziger Jahren des 20. Jahrhunderts stark zurückgegangen. Heute leben im Gebiet, das sich direkt südöstlich des Bardia-Nationalparks befindet, wieder etwa 215 Tiere.
Der Verwaltungssitz für die Schutzzone ist in **Gulariya**, der Hauptstadt des Bardia-Distriktes. Anreise und Organisation → S. 365.

Trekking im mittleren Westen

Im mittleren Westen gibt es im Gegensatz zum fernen Westen eine Vielzahl an bekannten Trekkingrouten. Genau wie dort ist allerdings auch hier die touristische Infrastruktur sehr wenig ausgeprägt, und alles, was an Ausrüstung und Lebensmitteln für die Wandertage gebraucht wird, muss mitgenommen werden. Auf den Wanderungen in diesem Landesteil wimmelt es nur so von unglaublich schönen und völlig unterschiedlichen Landschaften. Ob bei den tibetischen Nomaden im einsamen **Limi-Tal** im nordwestlichsten Zipfel Nepals direkt an der tibetischen Grenze, auf den Wegen zum **Saipal** oder am **Rara-See** und auch bei den freundlichen Dolpas am **Phoksundo-See** – Man wird überall fasziniert sein von einzigartigen Erlebnissen und überwältigenden Eindrücken. Man kann davon ausgehen, dass man auf diesen Pfaden wenn überhaupt, nur gelegentlich auf andere Touristen stoßen wird.

Simikot–Saipal–Simikot

Länge: 14–17 Tage.
Tagesetappen: 5–10 Std.
Anspruch: Mittelschwere, anspruchsvolle Bergwanderung.
Übernachtung: Zelt.
Ausstattung: Kaum Verpflegungsmöglichkeiten; Verpflegung und komplette Ausrüstung am besten von Kathmandu mitnehmen; Träger oder Tragtiere sowie Begleitpersonal sind möglicherweise in Simikot anzuwerben, gegebenenfalls auch sie aus Kathmandu mitnehmen.
Maximale Höhe: 4800 m.
Benötigte Genehmigungen: Trekking Permit für den Humla District (Areas of Simikot and Yari) für die ersten 7 Tage pro Person 50 US-Dollar; jeder weitere Tag 7 US-Dollar; Trekking Permit für den Baihang District (Areas of Kanda, Saipal, Dhuli) für die ersten sieben Tage pro Person 90 US-Dollar, jeder weitere Tag 15 US-Dollar; TIMS.
Beste Reisezeit: April–Mai und Okt.–Nov.
Start und Ende: Simikot.
Anreise: Flug nach Nepalgunj und Weiterflug nach Simikot.
Karte: Far West 1:150 000; Himalayan Map House NP110.

Auch bei dieser Strecke wird schwerlich jemand aufzutreiben sein, der den Weg schon einmal gegangen ist. Achtung: Dieses Trekking kann nicht individuell unternommen werden! Da Teile der Strecke (Simikot) eine der ›Restricted Areas‹ berühren, bekommt man eine Genehmigung nur, wenn das Trekking von einer registrierten und lizenzierten Trekkingagentur durchgeführt wird. Man sollte sich mit einer erfahrenen Trekkingagentur (→ S. 405) in Kathmandu in Verbindung setzen und sich diesen Trek organisieren lassen.

Von **Simikot** aus, wo die meisten Touristen ihren Weg zum Mount Kailash beginnen, begibt man sich auf ganz andere Pfade. Diese Trekkingrunde führt zuerst in südliche, später dann in nordwestliche Richtung zum Fuße des **Saipal**.

Wer die Einsamkeit in den Bergen, eine noch unberührte Natur und eine sehr ursprüngliche Lebensart der Menschen sucht, der ist hier genau richtig. Auch in dieser Gegend scheint die Zeit stehen geblieben zu sein, und man fühlt sich in ein lebendiges Mittelalter versetzt.

■ **Der mögliche Weg**
1. Tag: Die Tour startet in **Simikot** (2950 m). Anfangs am Fluss entlang und in Kehren durch Felder, führt der Weg zuerst nach **Chhipra** (2350 m); 5 Std.

Trekking im mittleren Westen

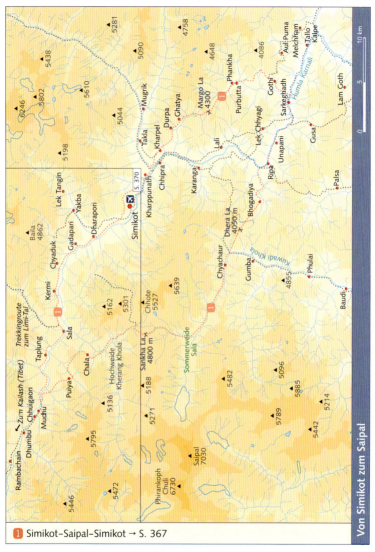

1 Simikot–Saipal–Simikot → S. 367

2. Tag: Nun in einem Bergnadelwald aufsteigend, hinauf in das Dörfchen **Ghatya** (3200 m); 5 Std.

3. Tag: Hier in Ghatya bietet sich ein Akklimatisationstag mit einem kleinen Aufstieg zum 350 Meter höher gelegenen Ort **Durpa** an, da man auf der nächsten Etappe den ersten über 4000 Meter hohen Pass überqueren muss.

4. Tag: Von **Ghatya** führt der Weg ziemlich steil zum **Pass Margo La** (4300 m) hinauf, nun Abstieg zum Lagerplatz bei **Pankha** (Phucha, 3450 m); 8 Std.

5. Tag: Zuerst auf einen Bergrücken und danach Abstieg über die Ortschaft **Ghoti** in das Tal des Humla Karnali nach **Sarkegadh** (2600 m); 8 Std.
6. Tag: Durch Felder und an Pfirsichbäumen vorbei gelangt man an einen wunderschönen Lagerplatz am Fluss, vor der Ortschaft **Ripa** (2400 m); 6 Std.
7. Tag: Nun folgt eine kurze, aber steile Etappe, die in das Bergdorf **Bhogadiya** (3000 m) hinaufführt; 5 Std.
8. Tag: Ein anstrengender Tag, aber einer mit grandioser Aussicht wartet heute. Über den **Pass Dhera La** (4050 m) mit herrlicher Sicht auf Api und Saipal und die Berge Tibets erreicht man den **Kuwadi Khola** (2600 m); 10 Std. Nun bleiben auch die letzten Anzeichen von Zivilisation zurück.
9. Tag: In ständigem Auf und Ab steigt man im Tal des Kuwadi bis zur **Sommerweide Sala** (Sain, 4000 m) auf. Sie liegt direkt am Fuß des Saipal; 8 Std. Hier in dieser grandiosen Berglandschaft sollte man auf alle Fälle einen Ruhetag einlegen.
10. Tag: Ruhetag.
11. Tag: Man verlässt die Sommerweide und steigt zum höchsten Punkt der Tour auf, zum **Pass Sankha La** (4800 m). Eine traumhafte Aussicht, mit etwas Glück bis zum Kailash in Tibet, belohnt für die Mühen des Weges. Abstieg zum Camp auf der **Hochweide Kherang Khola** (4000 m); 8 Std.
12.–14. Tag: Die nächsten drei Tagesabschnitte bringen die Rückkehr in die Zivilisation, in Dörfer und in warme Gefilde. Zuerst nach **Puiya** (3400 m), dann nach **Sali** (2800 m), und schließlich führt der Weg durch Walnuss- und Pfirsichhaine nach **Kermi** (2600 m); jeweils 6–7 Std.
15. Tag: In Kermi hat man die Trekkingroute, die von Simikot nach Norden zur tibetischen Grenze führt, erreicht. Nun geht es südwärts durch bewohntes Gebiet zurück. Zuerst führt der Weg nach **Majgaon** (2300 m); 5 Std.
16. Tag: Von Majgaon durch urbane Landschaft zurück nach **Simikot** (2950 m), dem Ausgangspunkt der Tour; 5 Std.

Simikot–Limi-Tal–Simikot

Länge: 14–16 Tage.
Tagesetappen: 4–10 Std.
Anspruch: Mittelschwere, anspruchsvolle Bergwanderung.
Übernachtung: Zelt.
Ausstattung: Nach dem Verlassen der Hauptroute keinerlei Verpflegungsmöglichkeiten mehr; Verpflegung und komplette Ausrüstung am besten von Kathmandu mitnehmen. Träger oder Tragtiere und Begleitpersonal sind möglicherweise in Simikot anzuwerben; gegebenenfalls auch sie aus Kathmandu mitnehmen.
Maximale Höhe: 5001 m.
Benötigte Genehmigungen: Trekking Permit für den Humla District (Areas of Simikot and Yari), für die ersten 7 Tage pro Person 50 US-Dollar, jeder weitere Tag 7 US-Dollar; TIMS.
Beste Reisezeit: April–Mai und Sept.–Nov.
Start und Ende: Simikot.
Anreise: Flug nach Nepalgunj und Weiterflug nach Simikot.
Karten: Far West 1:150 000; Himalayan Map House NP110.

Eine ganz wundervolle Runde führt in das nordwestlichste Tal Nepals, zu den noch immer archaisch lebenden Bewohnern des Limi-Tales. Schon nach den ersten Trekkingtagen verlässt man die Haupttrekkingroute zum Kailash und biegt nach Osten ab. Durch eine einsame Berglandschaft, vorbei an kleinen Seen und über den fast 5000 Meter hohen **Pass Nyalu La** wird das **Limi-Tal** erreicht. Dieses Tal ist der wohl entlegenste Ort in ganz Nepal. Um zur nächsten Straße in Nepal zu gelangen, brauchen die

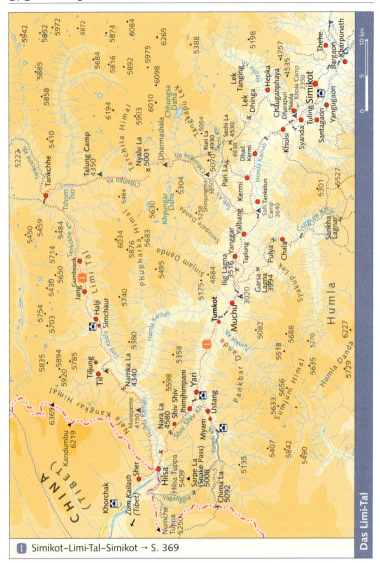

1 Simikot–Limi-Tal–Simikot → S. 369

Einheimischen 16 bis 17 Tage zu Fuß, der nächstgelegene Flughafen in Simikot ist fünf bis sechs Tagesmärsche entfernt. Im Tal leben in drei Dörfern und auf den Sommerweiden etwa 800 tibetischsprachige Menschen. Von anderen Bewohnern der Gegend werden sie ›Lama‹ genannt. Sie leben von der kargen Landwirtschaft und Viehzucht (Yaks), von etwas Handel mit Tibet. Im Tal gibt es keinerlei touristischen Einrichtungen, keine Geschäfte und keine Gasthäuser.

Das Nahrungsangebot ist so begrenzt, dass die Leute auch keinerlei Nahrungsmittel verkaufen, nicht einmal ein Ei! Ein wunderschönes Dorf, hoch oben über dem Limi-Tal in einem Seitental versteckt, ist **Til**. Das Dorf, auf 4050 Metern Höhe gelegen, ist einer der höchstgelegenen ganzjährig bewohnten Orte in Nepal. Im Hintergrund prangt der Nalakangkar Himal – einige seiner spektakulären Gipfel sind vom Dorf aus sichtbar. Hier oben werden noch Gerste, Weizen und Kartoffeln angebaut. Die Menschen sind überaus freundlich und zeigen ihr Dorf bereitwillig. Aus eigener Erfahrung kann ich sagen, dass im Ort ein ganz hervorragender Chang zusammengebraut wird.

Auch auf dieser Strecke kann man nicht individuell unterwegs sein. Man benötigt auch hier die Unterstützung von einer registrierten und lizenzierten Trekkingagentur.

■ Der Weg

1. Tag: In **Simikot** (2950 m) beginnt auch hier das Trekking. Zunächst über einen kleinen Pass (3150 m), dann stetig bergab, erreicht man das **Lager am Humla Karnali** (2350 m); 4 Std.

2. Tag: Der zweite Tag führt, immer oberhalb des Humla Karnali wandernd, nach **Kermi** (2650 m); 5 Std.

3. Tag: Etwa zwei Stunden nach dem Ort Kermi muss man die Hauptroute an einem kleinen Pass in östlicher Richtung verlassen. Nun steigt man durch einen Wald zum Salli Khola ab. Nun durch den dichten Wald wieder aufsteigen bis zur **Alm Chhungsa** (3400 m); 7 Std.

4. Tag: Weiter geht es durch ein breites Tal aufwärts, bis zur **Sommerweide Dharmashala** (3800 m). Das große, von rechts kommende Tal, in das ein Weg hineinführt, ignoriert man und geht geradeaus zum Lagerplatz bei ein paar alten Schutzmauern; 6 Std. Hier könnte ein Tag zur Akklimatisierung nicht schaden.

5. Tag: Nun geht es steil bergan, an kleinen Bergseen vorbei. Über den **Pass Nyalu La** (5001 m) erreicht man einen wirklich grandiosen Lagerplatz bei **Talung** (4350 m) in einem herrlichen Tal am Talung Khola; 10 Std.

6. Tag: Nach dem Abstieg über eine bemerkenswerte, riesige Sanddüne erreicht man bei dem Sommerdorf **Tankchhe** (4450 m) das Limi-Tal; 6 Std.

7. Tag: Der weitere Weg führt nun in westlicher Richtung durch den Ort **Jang** (3900 m) nach **Halji** (3650 m); 6 Std.

8. Tag: Weiter dem Flusslauf folgend, erreicht man nach kurzer Zeit schon den Lagerplatz am Fluss (3700 m) unterhalb des Ortes **Til**; 4 Std. Ein weiterer Ruhetag und ein Aufstieg zur Erkundung des Dorfes bieten sich hier unbedingt an.

9. Tag: Der vorletzte Tag im Limi-Tal führt noch einmal über einen Pass, den **Namka Lagna** (4340 m). Auf ausgesetzten Pfaden hoch über dem sich canyonartig verengenden Tal wandert man zum Zeltplatz bei **Manepeme** (4150 m); 6 Std.

Bewohnerin des Limi-Tals

Fest im Limi-Tal

10. Tag: Von Manepeme immer westwärts aus dem Tal laufend, erreicht man nach einem steilen Abstieg den Grenzort **Hilsa** (3600 m), der schon von weitem unten im Tal zu sehen ist; 7 Std. In Hilsa kann man, so man mag, nach den vielen Tagen im Zelt wieder einmal in einem Haus übernachten.

11.–15. Tag: Von Hilsa geht es nun in südlicher Richtung zurück in Richtung Simikot. Noch einmal geht es am **Pass Nara La** auf über 4500 Meter hinauf. Auf dem Weg von Hilsa zurück nach Simikot gibt es viele Zeltplätze und einige Gasthäuser. Hier kann man sich die Tagesetappen nach seiner eigenen Fasson einteilen. Über die Orte **Yari** (3720 m), **Yanggar** (3920 m), **Yalbang** (2860 m) und **Kermi** (2790 m) erreicht man in fünf Tagen den Ausgangspunkt in Simikot; jeweils 5–7 Std.

Variante: Von Hilsa aus kann man die Grenze nach **Tibet** überschreiten und die Reise dort fortsetzen. Zuvor sollte man sich aber nach den Einreiseformalitäten erkundigen, die sich ständig ändern. Oft wird die Einreise nach Tibet von den chinesischen Behörden willkürlich ausgesetzt.

Jumla–Rara-See–Jumla

Länge: 8–10 Tage.
Tagesetappen: 5–11 Std.
Anspruch: Mittelschwere Bergwanderung.
Übernachtung: Zelt.
Ausstattung: Keinerlei Verpflegungsmöglichkeiten nach Jumla mehr; Verpflegung und komplette Ausrüstung am besten von Kathmandu mitnehmen; Träger oder Tragtiere sowie Begleitpersonal sind in Jumla anzuwerben. **Vorsicht**: Manchmal streiten sich Maultiertreiber und Träger um den Job, das kann zu Handgreiflichkeiten führen – also geschickt verhandeln.
Maximale Höhe: 4039 m.
Benötigte Genehmigungen: Trekking Permit für den Mugu-Distrikt, für die ersten 7 Tage 90 US-Dollar, für jeden weiteren Tag 15 US-Dollar; Rara National Park Fee 3000 NRS; TIMS.
Beste Reisezeit: Mitte März–Mitte Nov. (wenig Niederschlag in der Monsunzeit).
Start und Ende: Jumla.
Anreise: Flug nach Nepalgunj und Weiterflug nach Jumla.
Karten: Far West 1:150 000; Himalayan Map House NP110 oder Rara Jumla 1:125 000; Nepal Map Publisher.

Dorf im Limi-Tal

Jumla–Rara-See–Jumla 373

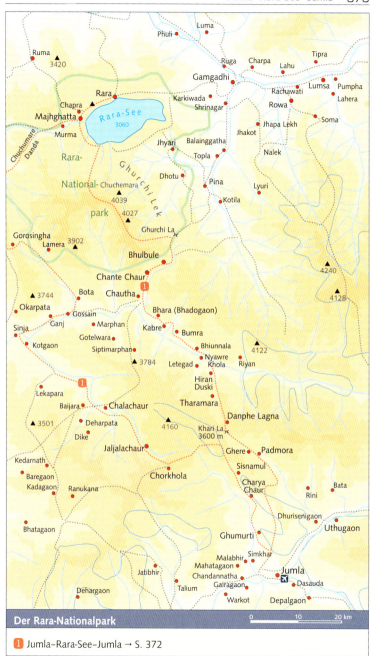

Der Rara-Nationalpark

1 Jumla–Rara-See–Jumla → S. 372

Der mittlere Westen

Selbst für den ausgewiesenen Nepalkenner ist eine Reise hierher eine Überraschung: Von Bergrücken hinunter geht der Blick zum **Rara-See**, einem schimmernden blauen Juwel, umgeben von schneebedeckten Bergen. Die Tour führt im einsamen Westen Nepals durch absolut abgeschiedene Dörfer. Die Menschen dort leben wie in einer längst vergessenen Zeit. Das fordert Entbehrungen auch auf dem Weg, aber man wird mit Erlebnissen belohnt, die bekanntere Touren nicht mehr bieten können. Der Blick in den Himalaya von seiner sanften Seite über die grünen 4000er und auf die fast 7000 Meter hohen Berge des **Kanjirobi Himal** wird jeden begeistern.

Man ist in einer Gegend unterwegs, die sehr selten von Trekkinggruppen besucht wird. Die Einheimischen, überwiegend Hindus, reagieren neugierig, aber zurückhaltend. Die Tour bietet ein ursprüngliches Trekking. Die Annehmlichkeiten von Hütten gibt es nicht, dafür viele naturbelassene Landschaften, Nächte im Zelt auf Hochalmen, auf Waldlichtungen und am Seeufer.

■ Der Weg

1. Tag: Der erste Abschnitt führt von **Jumla** hinauf auf eine Almwiese (3050 m) mit schönen Blicken auf die Berge und das Tal von Jumla; 6 Std.

2. Tag: Von der Wiese am Waldrand geht es weiter geht über den ersten Pass. Den **Khari La** (3600 m) überschreitend, kommt man an der kleinen Ansiedlung **Tharamara** (3300 m) vorbei zum Lagerplatz am **Nyawre Khola** (2700 m); 6 Std.

3. Tag: Der nun folgende Weg führt nach **Chautha** (2800 m) und noch ein Stück weiter zu einer Ansammlung von Almhütten (3300 m); 7 Std.

4. Tag: Die Hauptroute folgt nun dem Weg über den **Ghurchi La**. Diese lässt man rechts liegen und steigt westwärts auf den **Kamm des Ghurchi Lek**

Auf dem Weg nach Nyawre

Auch die Maultiere brauchen mal eine Pause

(4039 m) auf. Das ist die landschaftlich reizvollere Variante mit einem wesentlich besseren Blick auf den See. Nun steigt man zu einem breiten Weg ab, der zum Westufer des Sees und weiter zum Zeltplatz am Nordufer des **Rara-Sees** (3000 m) führt; 9–11 Std. Hier gibt es auch eine ganz einfache Lodge.

5. Tag: Ein **Ruhetag** am Rara-See zum Baden und für Wildbeobachtungen im Nationalpark ist eigentlich ein Muss.

6. Tag: Von Rara ein kleines Stück den Weg, auf dem man gekommen ist, zurück und dann Aufstieg zum **Pass am Chuchumare Danda**, am Wegabzweig südöstlich halten und bis nach **Bota** oder **Gossain** (3200 m); 8 Std.

7. Tag: Nun geht es durch ein Tal mit vielen uralten Wassermühlen bis zum Zusammenfluss des Laha und Jaljaha Khola. Von hier Aufstieg nach **Chalachaur** (3050 m); 7 Std.

8. Tag: Weiter führt der Weg nun durch einen Bergurwald und über drei Pässe zum Lager auf eine Alm (3500 m) kurz nach dem letzten Pass; 8 Std.

9. Tag: Der letzte Abschnitt führt durch hügeliges Gelände und auf einem letzten steilen Abstieg zurück nach **Jumla**; 5 Std.

Mögliche Fortsetzung des Trekkings zum **Phoksundo-See**.

Jumla–Phoksundo-See–Juphal

Länge: 11–13 Tage.
Tagesetappen: 5–11 Std.
Anspruch: Mittelschwere, anspruchsvolle Bergwanderung.
Übernachtung: Zelt.
Ausstattung: Nur sehr wenige Verpflegungsmöglichkeiten unterwegs; Verpflegung und komplette Ausrüstung am besten von Kathmandu mitnehmen; Träger oder Tragtiere und Begleitpersonal sind in Jumla anzuwerben. **Vorsicht**: Manchmal streiten sich Maultiertreiber und Träger um den Job, das kann zu Handgreiflichkeiten führen – also geschickt verhandeln.
Maximale Höhe: 5120 m
Benötigte Genehmigungen: Trekking Permit für den Lower Dolpo-Distrikt, 10 US-Dollar pro Woche; Shey Phoksundo National Park Fee, 3000 NRS; TIMS.
Beste Reisezeit: Möglich Mitte März–Okt. (weniger Niederschläge in der Monsunzeit als sonst im Land). Die allerbesten Zeiten sind Mitte April–Mitte Juni und Oktober.
Start: Jumla.
Ende: Juphal.
Anreise: Flug nach Nepalgunj und Weiterflug nach Jumla.
Abreise: Flug von Juphal.
Karten: Dunai Jumla Rara 1:125 000; Nepal Map Publisher.

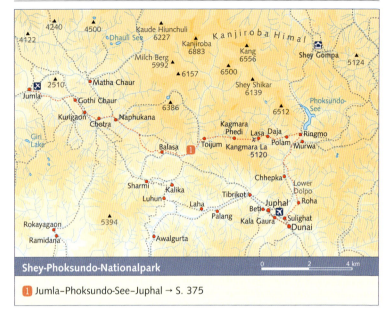

Shey-Phoksundo-Nationalpark

① Jumla–Phoksundo-See–Juphal → S. 375

Viele Touristen wird man auch auf diesem Weg nicht antreffen. Dafür aber eine sehr ursprüngliche Landschaft, eine reichhaltige Flora und Fauna und eine unverfälschte Kultur. Das Trekking führt in das südliche Dolpo zum **Phoksundo-See**. Hier findet man eine noch lebendige tibetische Kultur und auch eine Landschaft, die teilweise stark an Tibet erinnert.

■ **Der Weg**

1. Tag: Auf von Touristen nur selten begangenen Wegen startet die Tour von **Jumla** aus. Die erste Etappe führt nach **Gothi Chaur** (2800 m); 7 Std.

2. Tag: Von Ghoti Chaur aus wandert man durch eine noch besiedelte Gegend bis nach **Chotra** (3000 m); 7 Std.

3. Tag: Die Landschaft wird nun immer karger, und die Gegend ist zunehmend buddhistisch geprägt. Der Weg führt über einsame Pfade in den Ort **Balasa** (3050 m); 6 Std.

4. Tag: Von Balasa dem Weg weiter folgend und an der auffälligen Weggabelung nach Nordosten abzweigend, erreicht man das Dorf **Toijum** (2920 m); 6 Std.

5. Tag: An Manimauern und Chörten vorbei, windet sich der Pfad immer höher bis zum Lager **Kagmara Phedi** (4250 m) unterhalb des Kagmara-Passes; 8 Std. Hier sollte man einen Ruhe- und Akklimatisationstag einlegen.

6. Tag: Akklimatisation.

7. Tag: Der höchste Punkt der Tour wird bei der Überschreitung des Passes **Kangmara La** (5120 m) erreicht. Hinauf auf die Passhöhe mit einem atemberaubenden Ausblick und Abstieg bis nach **Lasa** oder **Daja** (3550 m); 9–11 Std.

8. Tag: Der Weg führt nun in einer grandiosen Gebirgskulisse zum türkisblauen **Phoksundo-See** und nach **Ringmo** (3730 m); 7 Std. Hier gibt es die Möglichkeit, in einer Lodge zu übernachten. Ein weiterer Ruhetag am See zur Erkundung der Umgebung ist sicher eine Bereicherung der Tour.

9. Tag: Der Weg führt nun am Fluss entlang nach Süden und man erreicht auf der Strecke als nächstes den Ort **Chhepka** (2840 m); 6 Std.

10. Tag: Durch eine Schlucht und uralte Zedernwälder geht es weiter in südlicher Richtung bis nach **Dunai** (2140 m); 6 Std.

11. Tag: Nette Magar-Dörfer durchwandernd, erreicht man den Zielort **Juphal** (2475 m); 5 Std.

Kloster am Phoksundo-See

Egal! Das ist mein Tal – Begegnung mit einem Maoisten

Es war im Spätsommer des Jahres 2005, als wir in Westnepal unterwegs waren. Unser Ziel: der Rara-See, Nepals größtes Binnengewässer auf zirka 3000 Metern Höhe. Nach Aussagen der Einheimischen im Hauptort des Distriktes – um Jumla nicht als Stadt zu bezeichnen – waren wir die erste westliche Touristengruppe seit zehn Jahren.

Was das heißt, kann man sich vorstellen, wenn man an all die Kinder zwischen zwei und zwölf Jahren denkt – dort haben die Familien im Schnitt vier bis fünf Kinder –, die noch nie zuvor einen Weißen gesehen haben. Wir kamen uns manchmal vor, als wären wir im Zoo ausgestellt, und hatten schon seit dem ersten Abend, den wir in der Nähe des Flugplatzes zeltend verbrachten, in einem unserer nepalesischen Begleiter, Nima Sherpa, einen ›Children Commander‹. Er hielt die äußerst neugierigen, zum Teil leider auch sehr aufdringlichen Kinder während der gesamten Tour so gut es ging auf Distanz. Das funktionierte zwar mit ihm und den Kindern prima, mit den Maoisten leider nicht.

So wurde es meine Aufgabe, mit ihnen zu kommunizieren, sie uns weitestgehend vom ›Hals‹ zu halten und ihnen so wenig wie möglich ›Wegezoll‹ zu überlassen. Da die Ankunft einer so großen Gruppe wie der unseren in einem solch einsamen Gebiet nicht unbemerkt bleibt – zumal man sich an allen möglichen und unmöglichen Stellen registrieren lassen muss und seine Genehmigungen vorzuzeigen hat –, rechnete ich schon ziemlich bald mit der ersten derartigen Begegnung.

Richtig, gerade den zweiten Tag nach Jumla unterwegs, kurz vor dem ersten Pass, sprach mich auf dem Weg ein älterer Herr an. Ob ich der Führer der Gruppe sei, wo wir herkämen, wie viele Sherpas und wie viele Maultiere wir insgesamt dabeihätten, wo wir hingingen und was wir hier überhaupt wollten. Erst hatte ich es gar nicht ›geschnallt‹, aber im Gespräch wurde mir bald klar: Das ist ein Maoist, der die Angaben brauchte, um den ›Wegezoll‹ zu errechnen. Der Mann war überaus freundlich, unbewaffnet, und als ich ihm klarmachen konnte, dass ich den Forderungskatalog der Maoisten kenne und die Forderungen durchaus verstehen könne – nur mit den Mitteln, mit denen sie in dieser Zeit eingefordert wurden, nicht einverstanden sei – ließ er sich recht schnell ›herunterhandeln‹. Wir zahlten einen ›Wegezoll‹ von umgerechnet einem Euro pro Tourist und 50 Cent pro nepalesischen Begleiter. Ich war stolz auf mich, hatte ich doch vor der Reise von 50 bis 150 Euro pro Person in diesem Distrikt gehört. Da ich von ihm eine handgeschriebene Quittung erhielt, war ich der Überzeugung, dass das Problem jetzt für die weitere Tour erledigt sei. Wenn der Nächste kommt, zeige ich schön artig meine Quittung – und gut ist, dachte ich!

Nach einigen traumhaften Wanderungen, einem phantastischen Blick auf den See und zwei Nächten an dessen Südufer machten wir uns auf einer anderen Route auf den Rückweg nach Jumla. Kurz vor dem kleinen Dorf Rotgaon erreichten wir am nächsten Tag einen wunderbaren Zeltplatz auf einer herrlichen Wiese am Waldrand. Hier richteten wir das Lager her: Die Sonne schien, unsere Mannschaft kochte ein vorzügliches Abendessen, satt und zufrieden rollten wir uns in unsere Schlafsäcke.

Egal! Das ist mein Tal – Begegnung mit einem Maoisten

Noch vor dem Aufstehen hörte ich Lhakpa ängstlich vor meinem Zelt rufen: »Ray Dhai, Ray Dhai, Maoist with bomb, Maoist with bomb, Ray Dhai!!!« – »Schei...«, dachte ich, hoffentlich hat das niemand von den anderen gehört und verstanden, sprang aus dem Schlafsack, in meine Sachen, aus dem Zelt und ging mit Lhakpa zu dem Maoisten. Als ich ihm gegenüberstand, konnte ich gerade noch so ein lautes Lachen verschlucken.

Da stand ein junger, grimmig dreinblickender Mann in einer Märchen-Uniform. Unter der offenen Jacke trug er eine Art gehäkelte Schärpe, in die, auf Höhe seiner Brust, eine Handgranate eingearbeitet war, welche sich nicht entnehmen ließ, ohne die Schärpe zu zerschneiden. Also ungefährlich – es sei denn, er hätte sich selbst in die Luft gejagt. Aber die Maos hier führen keinen Dschihad, und von einem Selbstmordattentat in Nepal habe ich bis heute nichts gehört. Ich musste mir wohl keine großen Sorgen machen, außerdem besaß ich ja die Quittung. Die holte ich hervor und hielt sie dem jungen Mann unter die Nase mit einer Geste, die besagte: Hier, unser Ticket! Das war's dann, mein Freund, wir haben schon bezahlt. Doch falsch gedacht! »Tja«, meinte mein Maoist forsch, »da habt ihr zwar schon einmal etwas bezahlt, aber das gilt hier nicht!« Auf meine Frage, warum denn nicht, es sei doch an seinen Kollegen bezahlt worden, antwortete er: »Egal, das ist mein Tal!«

Der Bursche wurde recht unverschämt, sogar unsere Küchen- und Aufenthaltszelte wollte er als Wegezoll konfiszieren. Das aber war schlichtweg unmöglich, die brauchten wir noch! Was tun? Geld sollte er keins bekommen, also erst einmal Zeit schinden und diskutieren. Wer er sei, was er wolle, schließlich: wer wir sind, woher, wohin, warum und so weiter und so weiter – die alte Leier mit dem maoistischen Forderungskatalog.

Das Gespräch dauerte sehr lange. Mittlerweile war das Frühstück fertig, er beobachtete unsere Gruppe beim Essen – und erspähte meine Uhr. »Woher?« Er hätte ja gern eine gute deutsche Uhr. Was die in Deutschland koste? In meinen Hirnwindungen arbeitete es angestrengt – ob der mitkriegt, dass es eine billige japanische Uhr ist, gekauft bei einem deutschen Discounter? Nee – kann er nicht wissen! Also: »Diese Uhr ist eine ganz besonders gute deutsche Uhr mit Höhenmesser und Kompass, die hat 500 Euro gekostet! Die kann ich auf keinen Fall hergeben!« Das hat geklappt, er will sie unbedingt! So druckse ich noch eine Weile herum, unmöglich, nein, da bekäme ich Ärger zu Hause, wie solle ich das erklären, und lasse dann doch mit mir reden – für eine Quittung, mit der wir unbehelligt zurück nach Jumla wandern dürften, könne er sie haben. Er stellt noch eine Bedingung – wir sollen am Frühstückstisch alle die rechte Faust ballen (so wie einst die rote Front), und er wolle von uns in dieser Pose ein Foto für die Zeitung machen.

Das tat er auch, mit einem uralten Fotoapparat, und bemerkte zum Glück nicht, dass einige von uns, warum auch immer, da nicht mitspielten. Für mich war das der brenzligste Moment, es hätte ihn verärgern und meine ganze bisherige Verhandlung zunichtemachen können. Ob das Bild jemals entwickelt und veröffentlicht wurde – wir wissen es nicht. Was zählt: Er erhielt die Uhr, wir die Quittung, mit der wir, fortan ohne weitere Forderungen, den Ausgangsort der Trekkingtour in Jumla erreichten!

Der ferne Westen lockt mit dem Unbekannten – hier findet man gänzlich unbekannte Berge, höchst selten bestiegene 7000er und eine grandiose Landschaft, durch die kaum je zuvor ein Tourist gewandert ist.

DER FERNE WESTEN

Im fernen Westen

Der Bevölkerung in diesem noch immer von fast jeglicher Infrastruktur abgeschnittenen Landesteil fehlt es nicht nur an Einkommen, Ausbildung und medizinischer Versorgung. Hier gibt es, vor allem in den bergigen Distrikten, immer noch Hunger. Frauen und die sogenannten niederen Kasten werden in manchen Gebieten nach wie vor stark benachteiligt und diskriminiert.

Im Auftrag des deutschen Bundesministeriums für wirtschaftliche Zusammenarbeit und Entwicklung laufen in der Region des ›fernen Westens‹ noch bis Juli 2013 Projektmaßnahmen der ›Deutschen Gesellschaft für Internationale Zusammenarbeit‹ (GIZ), die diesen Missständen, vor allem in den Distrikten Baitadi und Bajhang, entgegenwirken sollen. Mit ihnen sollen unter anderem der Hunger bekämpft, die landwirtschaftliche Produktivität und das Einkommen erhöht und der Zugang zu Bildung durch Schulen vor Ort erleichtert werden. Die benachteiligten und diskriminierten Bevölkerungsgruppen werden dabei gezielt in die Projekte integriert.

Im Gegensatz zu all diesen Beschwernissen besitzt der Landstrich des fernen Westens etwas, das in den touristisch schon lange erschlossenen Gebieten wie in denen am Everest und an der Annapurna längst verflogen ist – den Reiz des Unbekannten. Hier findet man eine nahezu unberührte Landschaft vor, in die der Mensch noch kaum eingegriffen hat.

Die Region liegt westlich des Karnali, einem der Hauptflüsse des Landes und der längste Fluss Nepals. Die Wasser des Karnali haben ihren Ursprung am heiligen Berg Kailash in Tibet.

Die Region setzt sich aus den beiden Zonen **Mahakali** und **Seti** zusammen. Zur Mahakali-Zone gehören die vier Distrikte Darchula, Baitadi, Dadeldhura und Kanchanpur. Die Zone Seti umfasst die fünf Distrikte Bajhang, Bajura, Doti, Achham und Kailali.

Die Bevölkerung der fernwestlichen Region setzt sich im Süden, im Terai, mehrheitlich aus Tharu und indischstämmigen Völkerschaften zusammen. Die Mitte wird von Bahun und Chhetri bewohnt, in den Gegenden von Baitadi und Silghari sind einige Newar ansässig. Der Norden hingegen ist von Bhotias und der äußerste Nordwesten der Region von Garhwahli besiedelt.

Vorrangig im Südosten der Region leben die letzten Angehörigen des vom Aussterben bedrohten Volks der Raute (→ S. 81). Sie sind, mit Ausnahme einiger weniger Tibeter im Limi-Tal die letzten Nomaden Nepals.

Die Bevölkerungsdichte ist sehr gering und liegt in fünf der neun Distrikte unter 100 Einwohnern pro Quadratkilometer, in den restlichen vier Distrikten beträgt sie zwischen 100 und 200 Einwohnern pro Quadratkilometer.

Der Tourismus spielt hier kaum eine wirtschaftliche Rolle. Die Gegend wird von Ausländern nur sehr selten bereist. So verwundert es nicht, dass die Anreise etwas langwierig ist.

Ausgangspunkte für Touren in diesen Gebieten sind die Städte **Nepalgunj** und **Dhangadhi**, die mehrmals täglich von verschiedenen Fluglinien (zum Beispiel Sita Air, Buddha Air, Yeti Airlines), aus Kathmandu angeflogen werden. Von da aus setzt man, meistens nach einer Übernachtung, seine Reise entweder ebenfalls per Flug zu einem der kleineren Flughäfen der Region oder per Bus und Jeep zum jeweiligen Ausgangspunkt fort. So muss man mit einer Anreise von zwei bis drei Tagen von Kathmandu aus rechnen.

Städte im fernen Westen 383

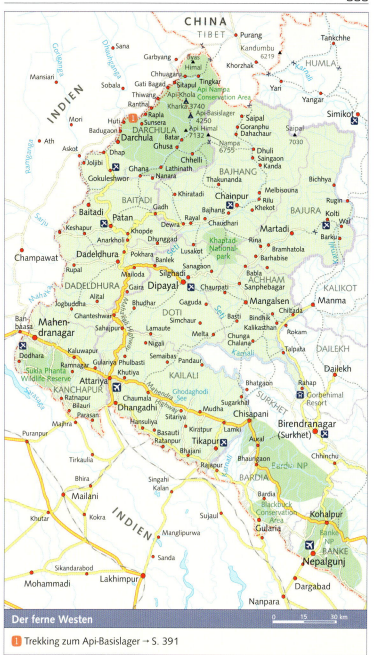

Der ferne Westen

1 Trekking zum Api-Basislager → S. 391

Städte im fernen Westen

Die drei wichtigsten und größten Städte der Region sind **Mahendranagar** und **Dhangadhi** im Terai sowie **Dipayal** im mittleren Bergland, nahe dem Khaptad-Nationalpark.

Mahendranagar

Mahendranagar ist die westlichste große Stadt des Landes. Heute heißt sie offiziell Bhim Dutta, der auf den früheren König Mahendra zurückgehende ehemalige Name wurde nach der Ausrufung der Republik im Jahr 2008 geändert. Im Sprachgebrauch wird der Ort aber weiterhin Mahendranagar genannt. In der achtgrößten Stadt Nepals leben etwa 85 000 Menschen. Die Stadt liegt direkt am **Mahendra Highway**, der das gesamte Terai in Ost-West-Richtung auf einer Gesamtlänge von gut 1000 Kilometern durchzieht. Somit verfügt sie über eine für nepalesische Verhältnisse ausgezeichnete Straßenanbindung. Mahendranagar ist das wirtschaftliche Zentrum der Mahakali-Zone und das Bildungszentrum von West-Nepal. Viele Menschen kommen hierher, um an den verschiedenen Hochschulen zu lernen. Der Grenzübergang nach Indien, nahe der Stadt, ist wohl der Übergang des Landes, an dem es am lockersten zugeht. Wer über Land von Delhi, der indischen Hauptstadt, nach Nepal reisen möchte, hat den kürzesten Weg, wenn er hier in Mahendranagar einreist. Die Grenzstadt in Indien ist **Banbaasa**. Mahendranagar bietet sich als idealer Ausgangspunkt für den Besuch des **Sukla Phanta Wildlife Reserve** (→ S. 386) an.

Leider wird der örtliche Flughafen nicht mehr angeflogen. Die nächsten Flughäfen sind der etwa 50 Kilometer östlich gelegene bei Dhangadhi und der Airport von Nepalgunj, etwa 200 Kilometer östlich.

Mahendranagar

Vorwahl: +977/99.
Büro des Nepal Tourism Board; So-Fr 9.30–17 Uhr. Kleines Informationsbüro am Grenzübergang.

Geldwechsel: Filiale der **Nabil Bank und Geldautomat** im Ortszentrum.

An- und Weiterreise: Mit Bus oder Auto (organisierter Transport, Mietwagen mit Fahrer) über den Mahendra Highway. Der **Busbahnhof** befindet sich am Ortseingang auf dem Mahendra Highway, von hier fahren folgende lokale Busse:
Nach Dhangadhi: alle halbe Stunde (90–100 NRS); **nach Nepalgunj**: alle halbe Stunde (5 Std., 380 NRS). Die Busse halten am Abzweig zum Bardia-Nationalpark (→ S. 364); **nach Kathmandu**: um 2, 3 und 4 Uhr (15 Std., 1050 NRS); **nach Pokhara**: um 2.30 Uhr (16 Std., 1100 NRS). Busse und Rikschas fahren regelmäßig zum Grenzposten.

Hotel Opera (★–★★), Tel. 522101, Fax 522547, www.operahotelnepal.com; Zimmer 14–50 US-Dollar. Das beste Hotel im Ort, mit dem ebenfalls besten Restaurant der Stadt. Wenn man in Mahendranagar übernachten will, dann hier.

Einfache lokale Gasthäuser und die Restaurants im **Hotel Sweet Dreams** und im **Hotel Opera**.

Landestypische Läden, Geschäfte und Straßenbasar.

Mahakali Zonal Hospital, Tel. 21111.

Dhangadhi

Wie Mahendranagar ist auch Dhangadhi ein wirtschaftliches und ein Bildungszentrum in diesem Landesteil. Etwa 70 000 Menschen leben hier. Nach der Einstellung der Flüge nach Mahendranagar und dem gleichzeitigen Ausbau des hiesigen Flughafens könnte sich die Stadt zu einem wichtigen Ausgangspunkt für Reisen in den fernen Westen entwickeln. Dank der guten Straßenanbindung und der nahe gelegenen Kreuzung des Mahendra und Mahakali Highway kann man mit Fahrzeugen von hier aus zu den Nationalparks der Region gelangen. Außerdem besteht eine Verbindung zum Ausgangspunkt der Trekkingrouten in der Api Nampa Conservation Area, nach Darchula.

Die wenigen erwähnenswerten Sehenswürdigkeiten der Stadt sind ein kleiner See (Jhokar Tal), der **Bandevi-Tempel** und der **Dhangadhi-Park**. Momentan ist Dhangadhi einer der wichtigsten Einreisepunkte für indische Touristen nach Nepal.

Dhangadhi
Vorwahl: +977/91.

Es gibt mehrere Geldautomaten in der Stadt.

An- und Weitereise: Mit Bus oder Auto von und nach verschiedenen Orten über den Mahendra Highway.
Mit dem Flugzeug von und nach Kathmandu, Flüge werden mehrmals täglich von verschiedenen Airlines angeboten (1 Std., 180 US-Dollar)
Mit der indischen Eisenbahn zu dem auf der indischen Seite gelegenen Bahnhof von Gauriphanta/Paliya.
Busse fahren alle 30 Min. von Mahendranagar (90–100 NRS).

Hotel Devotee (★–★★), Dhangadhi-5, Hasanpur, Kailali, Tel. 521618, 523918, 525931, Fax 524409, www.hoteldevoteenepal.com; Zimmer 25–80 US-Dollar. Das Hotel bietet moderne saubere Zimmer und zwei Restaurants (eines auf dem Dach) mit indischen, nepalesischen und kontinentalen Speisen sowie eine Bar.

Einfache lokale Gasthäuser und die **Restaurants im Hotel Devotee**.

Landestypische Läden im Ort.

Seti Zonal Hospital, Tel. 211-71, -11.

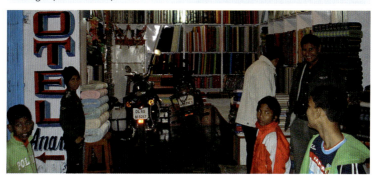

Laden im Mahendranagar

Nationalparks im Fernen Westen

Sukla Phanta Wildlife Reserve

Im abgelegenen äußersten Westen von Nepal, im Tiefland des Terai nahe der indischen Grenze, befindet sich das Sukla Phanta Wildlife Reserve. Es umfasst 305 Quadratkilometer, die vor allem aus Grünland und Sal- und Auenwald bestehen. Das Reservat wurde als geschütztes Jagdgebiet 1969 gegründet und erhielt 1976 seinen jetzigen Status. Es beherbergt eine der weltweit größten Populationen der vom Aussterben bedrohten Bengal-Tiger. Der Bestand wird auf über 20 Tiere geschätzt. Weiterhin wurden hier mehr als 400 Vogelarten gezählt. Darunter fast die Hälfte aller in Nepal bedrohten Arten. Die vier kleinen Seen des Gebietes – **Rani Tal**, **Salghaudi Tal**, **Kalikitch Tal** und **Shikari Tal** – tragen erheblich zur Erhaltung der Artenvielfalt, auch unter den andere Tieren, bei. Im Reservat anzutreffen sind unter anderem: Leoparden, asiatische Elefanten, indische Nashörner, Schakale, Sumpfhirsche, Krokodile und 15 verschiedene Fischarten. Das Reservat verfügt über ungewöhnlich viele Wach- und Beobachtungstürme, von denen aus man das Geschehen im Blick hat. Man kann im Park mit Jeeps fahren, aber – das ist in den indischen Parks zum Beispiel nicht erlaubt – man kann ihn auch zu Fuß erkunden. Im Park darf nicht übernachtet werden, es gibt jedoch einen Zeltplatz außerhalb der Grenze. Ein Informationszentrum befindet sich in der Parkverwaltung bei **Majhagaon**.

ℹ️ Sukla Phanta Wildlife Reserve

Anreise: Als organisierte Tour von Kathmandu oder Pokhara.
Mit dem Taxi von Mahendranagar, etwa 4500 NRS als Tagestour.
Mit dem Linienbus von Dhangadhi, 2 Std., 90–100 NRS.
Benötigte Genehmigungen: Sukla Phanta Wildlife Reserve, 500 NRS (Nepalis 20 NRS, SAARC-Angehörige 200 NRS, Einfahrtsgenehmigung für Fahrzeuge 2000 NRS).
Übernachtung: In Mahendranagar; im eigenen Zelt oder im Zelt-Camp der Parkverwaltung.
Ausstattung: Keine Einkehrmöglichkeiten; Verpflegung und Kochausrüstung sind mitzubringen.
Beste Reisezeit: Frühjahr (März–Mai) und Herbst (Okt.–Nov.).

▲ *Bewässerungskanal im fernen Westen*

Khaptad-Nationalpark

Der Khaptad-Nationalpark, im mittleren Bergland der fernwestlichen Entwicklungsregion gelegen, wurde 1984 gegründet. Er verfügt über eine Fläche 255 Quadratkilometern, die eine fast ebenso große Pufferzone umgibt. Benannt ist er nach Khaptad Swami, einem, inzwischen verstorbenen berühmten Gelehrten und Asketen, der hier seit 1940 über fünf Jahrzehnte lebte.

Im Park existieren verschiedene Vegetationszonen. In den tieferen Lagen beherrscht subtropische Vegetation die Landschaft. Hier besteht der Wald hauptsächlich aus Sal-Bäumen und Pinien. Die gemäßigte Zone wird von gemischten Laub- und Nadelgehölzen, zum Beispiel Fichte, Tanne, Eiche, Ahorn, Birke und Rhododendron, beherrscht. Es gibt in diesem Naturschutzgebiet offene Stellen – eine Art Weiden –, Patanen genannt. Vor allem hier blühen die 135 verschiedenen Blumenarten und finden sich viele der mehr als 200 verschiedenen Heilkräuter. Die Baumwipfel und Büsche werden von 266 Vogelarten bewohnt, unter anderem von Fasanen, Rebhühnern, Fliegenschnäppern und Adlern. Die Säugetiere sind zum Beispiel mit Rehen, Wildschweinen, Leoparden, Wildhunden, Schakalen, Himalaya-Schwarzbären, Affen, Leoparden und Wildhunden vertreten. Das seltenste hier vorkommende Lebewesen ist wahrscheinlich das Moschustier.

Im Park gibt es einige Sehenswürdigkeiten. Der **Khaptad Baba Ashram**, zum

Im Khaptad-Nationalpark

Andenken an den Einsiedler, der dem Park seinen Namen gab, befindet sich unweit der Nationalparkverwaltung, und südlich davon liegt der **Tribeni-Tempel**. Es gibt einen kleinen See, den **Khaptad Daha**, im Nordosten. Von den Aussichtspunkten auf dem Bergkamm des Parks und vom Aussichtsturm an der Hauptverwaltung kann man den nördlich gelegenen Gebirgszug des Saipal Himal gut sehen.

Wer auf seinen Wanderungen die Natur in Ruhe genießen wollen und dabei keinen anderen Touristen begegnen möchten, ist hier genau richtig. Zurzeit gibt es allerdings weder Lodges noch Hotels im und um den Park, Besucher müssen zelten.

Khaptad-Nationalpark

Anreise: Flug von Nepalgunj nach Dipayal und Busfahrt nach Silghadi, weiter zu Fuß in etwa 6 Std. zum Nationalparkeingang oder von Dipayal in einer zweitägigen Wanderung. Das **Gorbehimal Ressort** bietet organisierte Touren zum und im Nationalpark an, wie auch einige Agenturen in Kathmandu.

Benötigte Genehmigungen: Khaptad-Nationalparkpermit, 3000 NRS; TIMS.

Übernachtung: Zelt. Es gibt drei ausgewiesene Zeltplätze: **Jhingrana** (2250 m) direkt an der südlichen Grenze, das **Bichpani Camp** (2900 m), etwa fünf Kilometer nördlich davon, und den **Campingplatz** nahe dem Nationalpark-Office im nordöstlichen Teil (3020 m).

Ausstattung: Keine Einkehrmöglichkeiten; Verpflegung und Koch-Ausrüstung sind mitzubringen.
Maximale Höhe: 3200 m.
Beste Reisezeit: Frühjahr (März–Mai) und Herbst (Okt.–Nov.).

Gorbehimal Resort (★), Rahap, Achham, Tel. Herr Miquel Luque +977/ 9751001262, gorbehimal@yahoo.com, www.gorbehimalresort.com. Ganz in der Nähe des Khaptad-Nationalparks, etwa 70 Kilometer nordwestlich von Sur-khet (Birendranagar) entfernt, liegt das Resort auf 1200 Metern Höhe inmitten einer wunderbaren Natur. Es ist ein perfekter Ort für Reisende zur Erkundung der unbekannten und unerschlossenen Gebiete Westnepals. Nette kleine Steinhäuser mit ordentlichen Zimmern stehen idyllisch am Hang über dem Fluss. Von Surkhet gibt es einen öffentlichen Bus (4 Std.) nach Talo Dhungeswor, mit dem Auto braucht man zwei Stunden. Auch die Anreise von Nepalgunj ist möglich (170 km, 7–8 Std. mit dem Bus, 5 Std. mit dem Auto).

Api Nampa Conservation Area

Die Api Nampa Conservation Area (ANCA) ist das jüngste Schutzgebiet Nepals. Es wurde am 12. Juli 2010 gegründet und liegt im äußersten Westen des Landes, im Distrikt Darchula. Ziel des Schutzgebietes ist es, die natürlichen Ressourcen zu schützen, um den Lebensraum der hier vorkommenden Pflanzen und Tiere sowie der hier ansässigen Menschen zu bewahren. Das Gebiet umfasst 1903 Quadratkilometer des Distriktes. Durch verschiedene Maßnahmen, unter anderem der Förderung des ›sanften Tourismus‹, soll die sozioökonomische Lage der Bewohner verbessert werden.

In der Schutzzone gestaltet sich das Klima vielfältig: es reicht von den Subtropen im südlichen Tiefland bis hin zu arktischen Verhältnissen in den nördlichen Gebieten des hohen Himalaya.

Der Hauptteil der Niederschläge, etwa 80 Prozent, fällt in den Monsunmonaten zwischen Juni und Septem-

Blick auf Darchula von der indischen Seite

ber. In den Bergen und Wäldern des Gebietes tummelt sich eine ganze Reihe verschiedenster zum Teil sehr seltener Säugetiere, angefangen vom Himalaya Thar über Blauschafe und Moschustiere bis hin zu den Himalaya Schwarzbären, den Roten Pandas und den sehr, sehr seltenen Schneeleoparden.

Eine ethnische Besonderheit in der Conservation Area sind die Angehörigen des Volkes der Byansi oder Sauka. Es leben etwa 3500 Menschen dieses den Bothia zugehörigen Völkchens hier. Die allermeisten davon leben im äußersten Norden des Gebietes in den beiden Dörfern **Chhuagaru** und **Tinkar**. Die Dörfer, in einer Höhe von 3500 Metern gelegen, befinden sich südlich des 6713 Meter hohen **Byas Himal**. Ihre buddhistisch geprägte Religion mischt sich mit Einflüssen des Bön, des Hinduismus und einem alten Ahnenkult. Jeder Clan hier verehrt seinen eigenen Clan-Gott – ›Simi Thuma‹. Das ist ein sehr wichtiger Bestandteil ihrer Kultur. Sie sprechen ihre eigene, tibetobirmanische, Sprache und tragen eigene tibetisch beeinflusste Trachten. Ihre Häuser sind schon von weitem an den Dharchyo genannten Gebetsfahnen zu erkennen. In umliegenden Höhlen wurden Sauka-Schriften aus dem 12. Jahrhundert gefunden – eine Schriftsprache, die heute nicht mehr verwendet wird. Weitere Angehörige dieses kleinen Volkes leben noch in fünf anderen Dörfern jenseits der Grenze in Indien.

In der Api Nampa Conservation Area in **Darchula** beginnt oder endet auch der Große Himalaya Trail (GHT, → S. 278). Ebenfalls hier beginnt die Trekkingroute zum Api-Basislager (→ S. 391). Im Schutzgebiet liegen die beiden höchsten Berge im Westen des nepalesischen Himalaya, Api und Saipal.

Api Nampa Conservation Area

Anreise: Flug nach Nepalgunj und Fahrt nach Mahendranagar, Weiterfahrt nach Darchula (1–2 Tage).
Flug nach Dhangadhi und Busfahrt nach Darchula (2 Tage).
Einige Agenturen in Kathmandu bieten organisierte Touren in das neue Schutzgebiet an.
Benötigte Genehmigungen: Api Nampa Conservation Area Fee, 1000 NRS, TIMS.
Übernachtung: Einfache Unterkünfte in Darchula und einfachste Gasthäuser in einigen Dörfern, ansonsten im Zelt.
Ausstattung: Kaum Infrastruktur, Lebensmittel am besten mitführen.
Maximale Höhe: 7132 m.
Beste Reisezeit: Frühjahr (März–Mai) und Herbst (Okt.–Nov.).

Berge im fernen Westen: Api und Saipal

Mit den beiden Bergen **Api Himal** (7132 Meter) und **Saipal Chuli** (7025 Meter) stehen hier zwei sehr hohe, kaum bekannte und sehr selten besuchte Himalaya-Gipfel. Noch seltener, als sie besucht werden, sind die beiden ›kleinen‹ Riesen bestiegen worden. Der Api ist die höchste Erhebung des Gurans Himal und der westlichste Siebentausender des Landes. Der unbekannte Berg ragt gewaltig über seine oft mehrere tausend Meter tiefer liegende Umgebung hinaus. Dieser große Höhenunterschied ist ungewöhnlich. Die Täler, welche die anderen Eisgiganten des Himalaya umgeben, liegen meist deutlich höher als jene am Api. Dadurch und durch seine separierte Lage erscheint dieser Berg so überaus eindrucksvoll. Seit 1960 eine japanische Expedition erstmals den Berg bestiegen hatte, wobei ein Bergsteiger die Spitze erreichte, standen insgesamt erst 17 Menschen auf seinem Gipfel. Ganze sechs Expeditionen waren in den Jahren

1960, 1976, 1983, 1991, 1996 und im Jahr 2001 an diesem Berg erfolgreich. Der Saipal, die höchste Erhebung des gleichnamigen Saipal Himal, steht einige Kilometer weiter östlich an der Grenze der fernwestlichen Entwicklungsregion. Er ist ebenso unbekannt wie der Api, ähnlich eindrucksvoll und auch sehr selten besucht. Der Saipal ist zwar etwas leichter zu erreichen als sein höherer Bruder, aber wahrlich nicht einfacher zu besteigen. Dem Saipal aufs Haupt stiegen bisher erst acht Bergsteiger bei vier verschiedenen Expeditionen in den Jahren 1963, 1985, 1990 und 1998. Hierbei ist bemerkenswert, dass die vier Expedition über vier verschiedene Wege auf den Gipfel gestiegen sind. In der Liste der höchsten Berge Nepals nehmen sie die Plätze 34 (Api) und 43 (Saipal) ein – ein lustiger Zahlendreher!

Einen Berg möchte ich noch kurz namentlich erwähnen, den **Nampa Chuli** (6755 Meter). Dieser Gipfel ist mit dem Api Namensgeber des neuen Schutzgebietes Api Nampa Conservation Area. Am Nampa waren erst zwei Expeditionen in den Jahren 1972 und 1996 erfolgreich. Weitere eindrucksvolle, weit über 6000 Meter hohe Berge bilden die wilde und geheimnisvolle Bergkulisse in diesem Landesteil. Hier finden Bergsteiger gewiss noch einige lohnende neue Ziele.

Trekking im fernen Westen

Viele Trekkingrouten gibt es in diesem Gebiet noch nicht, obwohl es sicher genügend lohnenswerte Ziele gäbe. Kaum jemand kommt hierher, also kundschaftet auch niemand etwas aus. Zudem steht der Trekking- oder Wandertourismus hier noch ganz am Anfang. Routen, die bereits bestehen, sind zum Beispiel:
- ein Trekking von Dipayal aus zum und im Khaptad-Nationalpark
- ein etwa sechstägiger Trek von Deura nach Seri im mittleren Bergland

▲ *Hügellandschaft im fernen Westen*

▶ der Saipal Trek (→ Mittlerer Westen, S. 367), der den fernen Westen tangiert.

In Darchula beginnt wie schon erwähnt der Große Himalaya Trail (→ S. 278) und der Weg zum Api-Basislager. Dieses Trekking wird im Folgenden vorgestellt.

Zum Api-Basislager

Länge: 14–18 Tage.
Tagesetappen: 6–8 Std.
Anspruch: Mittelschwere, anspruchsvolle Bergwanderung.
Übernachtung: Zelt.
Ausstattung: Kaum Verpflegungsmöglichkeiten; Verpflegung und komplette Ausrüstung am besten von Kathmandu mitnehmen; Träger und Begleitpersonal sind schwer anzuwerben, ebenfalls am besten aus Kathmandu mitnehmen (s.u.).
Maximale Höhe: 4250 m.
Benötigte Genehmigungen: Trekking Permit für den Darchula Distrikt ›Areas of Byas Village Development Committee‹, für die ersten 7 Tage 90 US-Dollar, für jeden weiteren Tag 15 US-Dollar; Api Nampa Conservation Area Fee, 2000 NRS; TIMS (Infos dazu auf → S. 130).
Beste Reisezeit: Frühjahr (März–Mai) und Herbst (Okt.–Nov.).
Start und Ende: Darchula.
Anreise: Flug nach Nepalgunj und Fahrt nach Mahendranagar; Fahrt nach Darchula (1–2 Tage) oder Flug nach Dhangadhi und Fahrt nach Baitadi, am nächsten Tag Fahrt nach Darchula bzw. ein viertägiges Trekking von Baitadi nach Darchula.
Abreise: wie Anreise.
Karte: Far West 1:150 000; Himalayan Map House NP110.

Es wird sehr schwer sein, jemanden zu finden, der diesen Weg schon einmal gegangen ist. Ebenso schwierig wird es sein, Träger und anderes Personal vor Ort im fernen Westen anzuwerben. Wer mit dem Gedanken spielt, diesen Weg zu gehen, setzt sich im Vorfeld am besten mit einer erfahrenen **Trekkingagentur in Kathmandu** (→ S. 405) in Verbindung und organisiert dieses Trekking mit ihr gemeinsam. Meines Wissens hat momentan kein deutschsprachiger Reiseveranstalter diese Tour im Angebot. Auf alle Fälle muss man beim Wandern in dieser Gegend viel Zeit haben und bereit sein, zu improvisieren.

Der Weg führt durch ein mittelalterlich anmutendes Land, mit pittoresken Dörfern, vorbei an alten Orangen- und Zitronenbäumen, hinauf in die wilde Berglandschaft des westlichen Himalaya, in einen noch fast unberührten Teil Nepals. Vom Bergrücken am Basislager hat man eine traumhafte Aussicht auf den Gipfel des Api und den auf indischem Staatsgebiet liegenden Nada Devi.

■ Der mögliche Weg

1. Tag: Am möglichen Start in **Darchula** (925 m) beginnt die Tour mit dem ersten Abschnitt bis nach **Badugaon** (1300 m). Ständig leicht ansteigend, folgt man dem Pfad, der, wie auf fast dem gesamten Weg, dicht an der indischen Grenze entlangführt; 6 Std.

2. Tag: Auf der nächsten Etappe lässt man die Reisfelder hinter sich und kommt nun in ein gemäßigteres Klima. Orangen- und Zitronenbäume säumen den weiteren Weg durch die Ortschaften **Huti**, **Syaku** und **Dhar**, ehe das Tagesziel in **Sunsera** (1810 m) erreicht wird; 7 Std.

3. Tag: Der dritte Tagesabschnitt führt hinauf nach **Ranthal** (1865 m). Schmalen Pfaden am Flusslauf des Mahakali Nadi River folgend – hier kann es während des Monsuns gelegentlich zu Erdrutschen kommen –, erreicht man den schönen Zeltplatz kurz hinter dem Ort; 6 Std.

Hier in der Gegend wird im Juni und Juli der Yarchagumba gefunden – ein äußerst kostbarer Pilz, der in der traditionellen Medizin einen hohen Stellenwert einnimmt. Er wird unter anderem als Aphrodisiakum und zur Krebsbehandlung eingesetzt. Das Sammeln dieser Pilze wurde in Nepal erst im Jahr 2001 legalisiert. Der Kilopreis liegt in Nepal bei etwa 3500 Euro! In Europa zahlt man dafür (ungefähr) unglaubliche 14 000 Euro. Da man aber kaum in der Monsunzeit hier vorbeikommt, wird einen die Jagd nach dem Pilz auf der Trekkingtour auch nicht ablenken.

4. Tag: Weiter geht es von Ranthal nach **Gati Bagad** (1900 m). Der Weg beschert herrliche Ausblicke in den indischen Himalaya, bevor man den Lagerplatz bei Gati Bagad erreicht; 7–8 Std.

5. Tag: Von Gati Bagad folgt man weiterhin dem Mahakali-Fluss aufwärts. Der Pfad bringt einen zu einem herrlichen Platz nahe am Fluss bei **Buddhi** (2600 m); 8 Std.

6. Tag: Nun biegt man aus dem Tal ostwärts ab und folgt dem Api Khola. Ein größerer Anstieg führt zum Lagerplatz **Api Khola Kharka** (3740 m); 7 Std. Auf dem Weg dorthin kann man zum ersten Mal den weißen Gipfel des Api sehen. An dieser Stelle bietet sich ein **Akklimatisationstag** an.

7. Tag: Akklimatisation.

8. Tag: Vom Lagerplatz aus weiter hinauf zum **Api-Basislager** (4250 m) aufsteigen; 5 Std.

9. Tag: Der Abstieg vom Basislager nach **Buddhi** an einem Tag ist kein Problem; 8 Std. Von hier aus bietet sich ein Abstecher nach Norden in das Dorf **Tinkar** zu Füßen des Byas Himal an, um die Menschen vom Volk der Byansi (→ S. 389) zu besuchen. Dafür sollte man mindestens zwei, besser drei Tage einplanen.

10.–16. Tag: Von Buddhi führt nun derselbe Weg, allerdings mit völlig anderen Aus- und Ansichten, zurück zum Ausgangspunkt.

Auf dem Jhokar-See in Dhangadhi

Sprachführer

Außerhalb der touristisch erschlossenen Gebiete, auf dem Land und in abgelegenen Regionen, kann dieser kleine Sprachführer eine große Hilfe sein. Schon wenige gesprochene Worte Nepali werden, nicht nur sprichwörtlich, Türen öffnen. Man sollte sich nicht scheuen, zu versuchen, etwas Nepali zu sprechen, auch wenn es nicht ganz korrekt ist. Die Einheimischen werden sich über die Versuche garantiert freuen. Durch die Anwendung der Sprache werden sich Begegnungen und Erlebnisse mit den Menschen des Landes ergeben, die man ohne diese ganz sicher nicht haben würde. Der Sprachführer verwendet eine vereinfachte phonetische Beschreibung des ›Dewanagari‹, der nepalesischen Schriftsprache. Die Buchstaben werden dabei so ausgesprochen wie im Deutschen. Abweichungen von der deutschen Aussprache stehen in der folgenden Auflistung.

Der Sprachführer erhebt keinen Anspruch auf eine völlig korrekte Grammatik oder die Wiedergabe sprachwissenschaftlicher Erkenntnisse. Er soll lediglich zur einfachen und schnellen Verständigung dienen. Sollte man die Sprache erlernen wollen, empfehle ich, vor Ort einen Sprachkurs zu belegen, zum Beispiel in Thamel im Kathmandu Institute of Nepali Language.

**Kathmandu Institute
of Nepali Language**
Bhagawan Bahal, Thamel,
Kathmandu, Nepal
Tel. +977/1/4437454, mobil
+977/9841698631
www.ktmnepalilanguage.com
sudharai@mail.com.np
munnarai@live.com

Zum Nepalilernen vor der Reise seien auch die beiden Wörter- beziehungsweise Lehrbücher Deutsch–Nepali (→ S. 426, 427) empfohlen.

Buchstaben/Aussprache

a	wie das deutsche ›o‹ in Protz
aa	wie das lange deutsche ›a‹ in Vase
ch	wie das deutsche ›tsch‹ in Matsch
chh	wie ›tsch‹ mit einem im Anschluss getrennt ausgesprochenen ›h‹
j	wie das deutsche ›dsch‹ in Handschuh
kh	man spricht ein ›k‹ mit einem darauffolgenden ›h‹, hörbar, als einen Laut aus
kk	wie das deutsche ›ck‹ in Bock
o	wie das lange deutsch ›o‹ in Sofa
oi	wie das deutsche ›eu‹ in Heu
ph	wie das deutsche ›f‹ in laufen
s	wird immer deutlich und scharf gesprochen
sh	einem scharfen ›s‹ folgt ein weiches, gut hörbares ›h‹
y	wie das deutsche ›j‹ in Januar

Zahlen

0	sunna
1	ek
2	dui
3	tin
4	chaar
5	paath
6	cha
7	saath
8	aath
9	naau
10	das
11	eghaara
12	baara
13	tera
14	chandha
15	pandhra
16	sora
17	satra
18	athaara
19	unnais
20	bis
21	ekaais
22	baais
23	teis
24	chaubis
25	pachis
26	chhabis
27	saathis
28	aathis
29	naauis
30	tis
31	ektis
32	baatis
33	tettis
34	chautis

35	paaitis
36	chhattis
37	saatis
38	attis
39	unauchalis
40	chaalis
50	paachas
60	saathis
70	sattari
80	asi
90	nubbe
100	se
200	dui se
300	tin se
400	chaar se
500	paach se
1000	haajaar
2000	dui haajaar
3000	tin haajaar

Redewendungen und Vokabeln

Allgemeine Redewendungen	
Guten Morgen/Tag/Abend/Hallo/Tschüss!	Namaste!
O.K./in Ordnung	Tik chhaa
Alles in Ordnung	Sabei tik chhaa
Super/Spitzenmäßig!	Ekdam!
ja	ho
nein	hoinaa
Es ist ...	Chha
Es ist nicht...	Chhainaa
Entschuldigen Sie!	Maaph garnus!
Danke!	Dhanyaabaad!
Wie bitte/ja bitte?	Haajur?
Wie heißen Sie?	Aapukho naam ke ho?
Ich heiße ...	Mero naam ... ho
Wie geht es Ihnen?	Tapaai lai kosto chha?

Mir geht es gut.	Mallai sanchai chha.
gut	raamro
Das ist gut/schön.	Raamro chha.
Das ist besonders gut/schön.	Ekdam raamro chha.
Das ist schlecht.	Raamro chhainaa.
Woher bist du? (Land)	Tapaaiko des kun ho?
Ich komme aus Deutschland/Österreich/der Schweiz.	Ma Germany/Austria/Switzerland baato.
Darf ich fotografieren?	Ma foto kichne sakne?
Das brauche ich nicht.	Chhain daina.

Anreden

Nepalesen sprechen sich meist mit ›jüngere/ältere Schwester‹ oder ›jüngerer/älterer Bruder‹ an, je nachdem, ob sie älter oder jünger sind als man selbst. Viele ältere Menschen können, wiederum abhängig vom eigenen Alter, auch mit Mutter oder Vater angesprochen werden.

jüngere Schwester	bhaini
ältere Schwester	didi
jüngerer Bruder	bhai
älterer Bruder	dhai
Mutter	ama
Vater	baa

Unterwegs

Westen	Pashchim
Norden	Uttar
Osten	Purba
Süden	Dakshin
links	baaya
rechts	daaya
geradeaus	sidhaa
hinter	pachhaadi
Wo ist der Weg nach …?	… jannu baato (kun) ho?
Wie weit ist es noch bis …?	… pugnu kati laagchha?
Ist der Weg schwierig?	Baato gaaro chha?
Wo gibt es eine Übernachtung?	Sutnu taau kahhaa chha?
Gibt es eine Lodge?	Lodge chha?

Gibt es etwas zu essen?	Khanaa chha?
Wo ist die Bushaltestelle nach …?	… bus stop kahaa chha?
Fahren Sie zum Chhetrapati!	Chhetrapati jaane!

Im Restaurant und auf dem Markt

Hallo, Herr Ober, bitte die Speisekarte.	Oh Dhai, menu dinnus.
Ist das Essen scharf?	Khaanaa piro chha?
Das Essen ist lecker/sehr lecker.	Khaanaa dherei/mihto chha.
Hallo, Herr Ober, Zucker/Salz bitte.	Oh Dhai, chhini/nun dinnus?
Herr Ober, bitte zahlen.	Dhai, paaisa linnus.
Die Rechnung bitte.	Bill dinnus.
Wie viel kostet das?	Yo kati rupie parchaa? (Kosto chha?)
Oh, das ist teuer.	Oh kosto mahango.
Gib es mir ein wenig billiger.	Ali sato dinnus.
Ich nehme ein Kilo.	Malaai ek kilo dinnus.
Wie viel, alles zusammen?	Sabei, kati ho?

Essen und Trinken

abgekocht	umaaleko
Apfel	syaau
Ei	phul
Essen	khaanaa
Fisch	maachha
Fleisch	massu
gebraten	tareeko
gekocht	usineko
Gemüse	tarkaari
Hirsebier	tomba
heiß	taato
Huhn	kukhuraa
Honig	mahaa
kalt	chiso
Kartoffeln	aalu
Knoblauch	lasun
Linsen	dhaal
Milch	dudh

Milchtee	(dudh) chiyaa
Reis (ungekocht)	chaamal
Reis (gekocht)	bhat
Reisbier	chang
Saft	ras
Salz	nun
Schwein	sungur
scharf	piro
süß	guliyo
sauer	omilo
Tee (schwarz)	kalo Chiyaa
trinken	piunu
Wasser	pani
Ziege	baakraa
Zwiebel	pyaaj

Zeit

Wie spät ist es?	Kati bajyo?
Es ist sechs Uhr.	Ahile cha bajyo.
viertel vor …	paaune …
viertel nach …	saawa …
halbe Stunde nach …	saade …
Es ist Viertel nach sechs Uhr.	Ahile saawa cha bajyo.
Morgen	bihaana
Mittag	diuso
Abend	beluka
Nacht	raati
langsam	bistaari
schnell	chito

Monate und Wochentage

Der nepalesische Kalender Bikram Sambat rechnet seit dem Jahr 57 vor Christus. Man schreibt in Nepal also momentan das Jahr 2069. Der Kalender ist nach dem König Bikramaditya Samvat benannt und richtet sich nach den Mondphasen. Deshalb wird das neue Jahr in Nepal auch erst Mitte April gefeiert. Der Kalender gilt noch heute im Alltag, in Zeitungen und im öffentlichen Dienst. Das Jahr hat ebenfalls zwölf Monate, die jedoch nicht mit unseren Monaten deckungsgleich sind.

Monat im Bikram Sambat	Monat im Gregorianischen Kalender
baishak (31 Tage)	April/Mai
jesth (31 Tage)	Mai/Juni
ashad (32 Tage)	Juni/Juli
sawan (32 Tage)	Juli/August
bhadau (31 Tage)	August/September
ashwin (30 Tage)	September/Oktober
kartik (30 Tage)	Oktober/November
mangshir (29 Tage)	November/Dezember
poush (30 Tage)	Dezember/Januar
magh (29 Tage)	Januar/Februar
falgun (30 Tage)	Februar/März
chaitra (30 Tage)	März/April

Die Woche dauert im Bikram Sambat ebenfalls, wie bei uns, sieben Tage. Die Wochentage sind nach Planeten benannt.

somabar (Mond)	Montag
mangalbar (Mars)	Dienstag
budhabar (Merkur)	Mittwoch
brihapatibar (Jupiter)	Donnerstag
sukrabar (Venus)	Freitag
shanisharbar (Saturn)	Samstag
Aityabar (Sonne)	Sonntag

Krankheit

Wo ist ein Arzt?	Doktor kaahaa chha?
Ich bin krank.	Malaai biraami chhu.
Ich habe Durchfall.	Malaai disaa lagchaa.
Ich bin erkältet.	Malaai chiso chhu.
Apotheke	ausaadhi paasaal
Arm	paakhura
Auge	aakha
Bein	khutta
Blut	ragat
bluten	ragat aaunu
Brust	chaati
Durchfall	disaa

Fieber	joro
Hand	haat
Husten	kokhnu
Knochen	haad
Kopf	taauko
-schmerzen	dhuknu
Zähne	daat

Weitere nützliche Vokabeln

Abreise	prastaan
Adresse	thegaana
alles	sabei
allein	eklai
Ankunft	aagaman
Bach	khola
Bambus	baas
Banane	keraa
Baum	vriksha
bergab	oraalo
bergauf	ukaalo
Bett	ochyan
Blume	phul
Blumenkohl	phulkopi/kaauli
Blutegel	sukaa (Litchhi)
Brennholz	daura
Brief	cithi
Brücke	pul/sangu
Büro	karyalaya
Dach	chhaana
Damm	baadh
Dieb	cor
dunkel	adhyaaro
Elefant	hatti
erschrecken	thaarkaunu
Fahrer	chaalak

Familie	pariwaar
Farbe	rang
Fenster	jhyal
Feuer	agni
Flugzeug	hawaai jahaaj
Frau	mahila
Freund	sahti
Garten	bagainchaa
Gebetsfahne	dhajaa
gefährlich	kathaara
Geld	paisaa
Gepäck	bhaari
Geschenk	najaraana
Glück	rhija
Gras	ghaas
Haare	kapaal
Hahn	bhaale
Haut	chhalaa
heilige Schnur	janaai
Heft	kaapi
Herd	chhulo
Höhe	uchhai
Jahr	barsha
Junge	baabu
Kautabak	khaaini
Kerze	mainbatti
Kind	nani
Koch	bhaanchhe
König	raaja
Königin	raani
Küche	bhaansa
Kultur	sanskriti
kurz	chhoto
Laden	pasal
lang	laamo

Laus	jumraa
Mädchen	kethi
Mais	makai
Mann	logne maanchhe
Messer	chhakku
Mönch	lama/bhikshu
Mond	chandraama
Müll	pohor mailaa
Mutter	ama
Mütze	topi
Nase	naak
Nebel	kuhiro
nett	bhadra/sundar
niemals	kahilepani
normal	samaanya
Nudeln	chauchaau
Obst	phalphul
Park	udhyaan
Pferd	ghodaa
Priester	purohit
Problem	samashyaa
Ratte/Maus	musaa
Rauch	dhuwaa
Regen/es regnet	pani/pani paatiho
Richtung	nirdeshan
Ring	authi
Sand	baaluwa
Schere	kaichhi
Schirm	chhaata
Schlamm	hilo
Schlange	sarpa
Schlucht	ghalchi
Schmiergeld	ghus
Schmutz	mailo
Schnee	hiun

Schule	bidyalaya
schwarz	kalo
See	tal/kund
singen	gaaunu
Sohn	chhora
Sonne	surya
spät	aber
Spiegel	ainaa
Stab	lauro
Staub	dhulo
Stein	dhunga
Stift	kaalam
Streichhölzer	salaai
Stunde	ghantaa
Sturm	huri
Tag	din
Tal	khaaldo
Tanz	naach
Teich	pokhari
Teich, heiliger	kunda
Teller	thaal
Teppich	galainchaa
Terrasse	pindhi
Tisch	tebul
Tochter	chhori
Tomate	ggolbhenda
Ufer	bagar
Uhr	ghaadi
Unfall	dhurgatana
Urin	pishaab
Verlust	nokshaan
verrückt	baulaaha
Verrückter	paagal
Versammlung	sangh
Versicherung	bhima

viele	dherei
Vogel	charaa
Waage	taraju
Wald	bhanjangal
Wand	gaaro
warm	nyaano
waschen (sich)	nuhaunu
Wasserfall	chhahara
weiter	lagataar
Weizen	gahun
Welt	sansaar
wenig	thorai/kham
Wind	haava
Winter	jaado
Wolle	un
Zahnbürste	burus
Zeit	belaa
Zelt	paal
Ziel	udeshya
Zigarette	chhurot
Zimmer	kotha
Zitrone	kaagati
Zoll	mahaasul

Reisetipps von A bis Z

Agenturen in Nepal

Reiseagenturen, die eine große Breite an Aktivitäten anbieten – das reicht von Kulturausflügen über Trekking bis hin zu Bergexpeditionen, Rafting, Canyoning und Klettern –, gibt es in Kathmandu und Pokhara wie den sprichwörtlichen Sand am Meer. So hoch wie in Kathmandu ist die Dichte an Veranstalteragenturen wohl in keiner anderen Stadt der Welt. Man sollte bei der Auswahl einer Agentur darauf achten, dass sie unbedingt staatlich registriert ist. Eine Mitgliedschaft der Agentur in der TAAN (Trekking Agents Association of Nepal; www.taan.org.np) und möglichst auch in der NMA (Nepal Mountaineering Association; www.nepalmountaineering.org) sollte vorhanden sein.

Im Folgenden Empfehlungen für renommierte, absolut zuverlässige und vertrauenswürdige Unternehmen:

Aktivferien Treks & Expedition
Travels & Tours (P) Ltd.
G.P.O. Box 12057
Lainchour-29, Kathmandu, Nepal
Ansprechpartner: Mingmar Sherpa
Tel. +977/01/4257791, 4267880
Tel. mobil: +977/9841205294
Mingmar@aktivtreks.com
www.aktivtreks.com

Amadablam Adventure Group
PO Box 3035, Kamalpokhari, Kathmandu
Direktor: Herr Rabi Chandra Hamal
Tel. +977/1/441537-2, -3, 4429500, 4414644
Fax 4416029
himalaya.sales@amadablam.wlink.com.np
http://adventure-himalaya.com

Asian Trekking
PO Box 3022, Thamel, Kathmandu
Direktor: Herr Ang Tshering Sherpa
Tel. +977/1/4424249, 4426947, 4419265
Fax 4411878
asianadv@mos.com.np
www.asian-trekking.com
Spezialist für Bergsteigerexpeditionen.

Multi Adventure
PO Box 10338 Kaldhara, Kathmandu
Direktorin: Herr Chenga Sherpa
Tel. +977/1/4257791, 4267880
Fax 4257792
info@multiadventure.com
www.multiadventure.com

Shiva Holidays and Shiva Treks & Expeditions
GPO Box 9764, Baluwatar, Kathmandu, Nepal
Direktorin: Frau Srijana Malakar-Maharjan
Tel. +977/1/4429848
Fax 4439904
shivatreks@shivaholidays.com; info@shivaholidays.com
www.shivaholidays.com

Nepal Social Treks & Expedition
GPO Box 25580, Thamel, Seven Corner, Kathmandu, Nepal
Direktor: Herr Nima Lama
Tel. +977/1/470157-3, -4
Fax 4439904
info@nepalsocialtreks.com; nepalsocial@wlink.com.np
www.nepalsocialtreks.com

Aktivitäten

Vielerlei Formen der aktiven Erholung und andere Unternehmungen sind außer dem schon ausführlich beschriebenen Trekking, Wandern und Bergsteigen in Nepal möglich.

Angeln: Das lohnt sich vor allem in den Flüssen im Terai. Eine besondere Empfehlung dabei ist der Karnali im Bardia-Nationalpark. Hier ist der Fluss berühmt für die riesigen südasiatischen Mahaseer-Flusskarpfen, die bis zu 80 Kilogramm auf die Waage bringen können. Angelscheine für 500 bis 1000 NRS gibt es in der Nationalpark-Hauptverwaltung (→ S. 365).

Ballonfahren: Für 195 US-Dollar pro Person kann man eine morgendliche Ballonfahrt über dem Kathmandu-Tal unternehmen. Der Preis beinhaltet den Transfer vom und zum Hotel und ein Frühstück. Kurz nach Sonnenaufgang startet der Heißluftballon. Buchen kann man das Ganze in einer der vielen Agenturen in Kathmandu oder beim Unternehmen ›Balloon Sunrise Nepal‹ selbst. Der Preis bleibt gleich.

Balloon Sunrise Nepal
PO Box 1273, Lazimpath, Kathmandu, Nepal
Tel. +977/1/4424131
balloon@sunrise.mos.com.np
www.catmando.com/balloon

Bungeejumping: Am Bhote Koshi kurz vor der Grenze zu Tibet können Sie sich an einem der tiefsten Bungee-Sprünge der Welt ausprobieren – 152 Meter von der Brücke in Richtung der tosenden Wasser des Bhote Koshi. Organisiert wird das vom ›Borderlands Eco Adventure Resort‹. Das Resort ist gleichzeitig ein perfekter Platz für Canyoning und Ausgangspunkt für Rafting- oder Kajak-Touren auf dem Fluss sowie für Mountainbike-Touren in der Umgebung.

The Borderlands
Thamel, Kathmandu, Nepal
Tel. +977/1/4701295
Fax 4701933
info@borderlandresorts.com
www.udnepal.com
www.borderlandresorts.com

Fahrrad/Mountainbike
Viele Hotels und Agenturen im Land bieten eine Ausleihe sowohl ›normaler‹ Fahrräder als auch von Mountainbikes an. Auf den meisten Touristen-Landkarten sind die Mountainbike-Wege mittlerweile eingezeichnet. Für denjenigen, der nicht sein eigenes Rad mitbringt, empfiehlt sich eine geführte Tour, die in vielen der Reise-Agenturen in Kathmandu und Pokhara angeboten wird. So muss man nicht nach dem Weg suchen und kann sicher sein, auch wieder anzukommen. Den Individualisten, die auf eigene Faust mit dem Bike unterwegs sein möchten, empfiehlt sich eine gute Planung. Einer der renommierten Anbieter für Mountainbike-Touren im Land ist – in Anlehnung an einen Filmtitel – ›Dawn till Dusk Nepal‹.

Dawn till Dusk Nepal
PO Box 19375, Thamel (Kathmandu Guest House)
Kathmandu, Nepal
Tel. +977/1/4700286, 4700617
Fax 4700617
info@nepalbiking.com
dtd@wlink.com.np
www.nepalbiking.com

Gleitschirmfliegen: Mit dem eigenen Schirm kann man an zahllosen Startplätzen in Nepal starten. Gleitschirmflug-Unternehmen befinden sich vor allem in Pokhara.
Weitergehende Informationen zum Fliegen in Nepal, zur Ausbildung und zu Tandemflügen erhält man bei einer der drei folgenden Firmen aus Lakeside, Pokhara:

Blue Sky Paragliding
info@paragliding-nepal.com
www.paragliding-nepal.com

Frontiers Paragliding
frontiers@nepal-paragliding.com
www.nepal-paragliding.com

Sunrise Paragliding
www.sunrise-paragliding.com

Rafting: Mit seinen vielen Flüssen ist Nepal ein Rafting-Paradies. Zahlreiche Agenturen und Hotels bieten Raftings an. Man kann wählen zwischen den

verschiedenen Flüssen – von der eintägigen bis zur fünftägigen oder gar noch längeren Tour – sowie zwischen verschiedenen Schwierigkeitsgraden.
Direktveranstalter sind unter anderem:
Mountain River Rafting
www.mountainriverrafting.com
White Water Nepal
www.raftnepal.com
Man kann sich dort oder in einem der vielen Reiseveranstalterbüros in Kathmandu oder Pokhara beraten lassen.

Anreise
Die Anreise aus Europa nach Nepal erfolgt zum allergrößten Teil mit dem **Flugzeug nach Kathmandu**. Leider gibt es im Moment keine Nonstop-Verbindung aus dem deutschsprachigen Raum nach Nepal. Die einzige mir bekannte Nonstop-Verbindung aus Europa ist mit Arkefly von Amsterdam nach Kathmandu. Die angenehmsten Flüge aus Europa finden mit Qatar Airways ab Berlin, Frankfurt, München und Wien über Doha statt. Weitere Möglichkeiten sind Flüge mit Ethiad Airways von Frankfurt und München über Abu Dhabi nach Nepal oder mit Gulf Air über Bahrain nach Kathmandu. Weitere Varianten, aber bei weitem nicht so angenehm, sind Flüge mit Indian Airlines nach Delhi und von hier mit verschiedenen Gesellschaften weiter nach Kathmandu. Flüge mit Thai Airways über Bangkok (länger und meist teurer) oder die früher ›beliebte‹ Variante mit Biman Bangladesh Airlines über Dhaka nach Nepal stehen auch noch zur Auswahl.

Wenn man sich unsicher fühlt, wendet man sich für eine fachlich kompetente Beratung an das Reisebüro oder den Reiseveranstalter seines Vertrauens.
Die Airlines, die Reisende von Europa nach Nepal bringen, in alphabetischer Reihenfolge:
Arkefly (OR), www.arkefly.nl.
Biman Bangladesh Airlines (BG), www.biman-airlines.com.
Etihad Airways (EY), www.etihadairways.com.
Gulf Air (GF), www.gulfair.com.
Indian Airlines (IC), www.indian-airlines.in.

Das Flugfeld von Jomsom

Qatar Airways (QR),
www.qatarairways.com.
Oman Air (WY), www.omanair.com
Thai Airways (TG), www.thaiair.com.
Turkish Airlines (TK),
www.turkishairlines.com
Die Flugpreise in der Economy-Class liegen – je nach Fluggesellschaft und Termin – derzeit bei etwa 850 bis 1350 Euro.
Die **Anreise auf dem Landweg** ist über Indien, den Süden und Osten des Landes, und am einzigen offiziellen Straßenübergang von Norden, von Tibet, ebenfalls möglich. Die entsprechenden Grenzübergänge für Ausländer findet man weiter unten unter dem Punkt Einreise → S. 412. So kommt man am besten auf dem Landweg nach Kathmandu:
Aus Indien mit dem Zug nach Gorakhpur. Weiter mit dem Bus nach Sunali und Grenzübertritt. Weiter per Bus oder Flug von Bhairahawa nach Kathmandu.
Von Siliguri (Indien) mit dem Bus nach Kakarbhitta und Grenzübertritt. Weiter mit dem Bus nach Chandraghadi/Bhadrapur oder Biratnagar und von dort Flug nach Kathmandu.
Kommt man über Land **aus Tibet**, muss man zuerst am chinesischen Grenzposten vor der ›Friendship-Bridge‹ ausreisen. Hierher gelangt man am einfachsten mit einem Taxi vom letzten Ort, Zhangmu (acht Kilometer). Dann geht es zu Fuß über die Brücke nach Kodari auf nepalesischem Gebiet. Der Grenzübertritt hier kann sich erfahrungsgemäß (vor allem am chinesischen Posten) etwas in die Länge ziehen. Vor 10 Uhr Pekingzeit braucht man nicht da zu sein – dann wird erst geöffnet.

Ausrüstung

Die Ausrüstung für Wandertouren wird auf → S. 144 beschrieben. Für reine Kultur- und Städtereisen braucht man keine besondere Ausrüstung. Hier genügt es, der landesspezifischen Witterung Rechnung zu tragen → S. 416.

Begrüßung und Abschied

Das Reichen der Hand oder eine Umarmung zur Begrüßung sind in Nepal prinzipiell überhaupt nicht üblich. In Kathmandu allerdings kann man mittlerweile immer öfter beobachten, dass sich vor allem die jungen Leute auf diese Art und Weise begrüßen.
In Nepal begrüßt und verabschiedet man sich, indem man die Handflächen vor der Brust wie zum Gebet aneinandergelegt und ›Namaste‹ (die ganz höfliche Form ist ›Namaskar‹) sagt – egal zu welcher Tageszeit, zur Begrüßung wie zum Abschied.

Benehmen

Die folgenden Grundregeln bei der Begegnung mit den in Nepal lebenden Völkern sollte man unbedingt einhalten. Nepalesen sind großenteils offen, tolerant und Fremden gegenüber sehr freundlich.
Trotzdem gibt es einige Tabus in der nepalesischen Gesellschaft, die strikt beachtet werden sollten. Diese sind:

Gut ausgerüstet unterwegs

Heilige Kuh in Kathmandu

▶ Man betritt nie das innere Heiligtum eines Hindu-Tempels. Beim Betreten buddhistischer Heiligtümer ist in der Regel alles, was aus Leder ist, an der Tür abzulegen.

▶ Man umgeht buddhistische Heiligtümer (Chörten, Manimauern, Klöster, Stupas) immer linksherum. Es sei denn, man ist bekennender Anhänger der alten Bön-Religion – dann darf man rechtsherum gehen.

▶ Feuer, vor allem in der Küche, ist heilig – keine Abfälle hineinwerfen. Und man betritt niemals unaufgefordert eine Küche, man steigt nicht über zubereitete Speisen, sondern geht immer darum herum.

▶ Wenn möglich, achtet man darauf, mit der linken Hand keinen Speisen oder Menschen zu berühren. Sie gilt als unrein, da sie auf nepalesischen Toiletten zur Reinigung benutzt wird.

▶ Beim Sitzen darf man mit den Fußsohlen auf niemanden zeigen. Das ist eine Beleidigung des Gegenübers.

▶ Man sollte sich nicht zu freizügig kleiden und sich Nepalesen gegenüber niemals nackt zeigen.

▶ Man sollte auf keinen Fall irgendeine Art von Zärtlichkeit in der Öffentlichkeit austauschen.

▶ Wenn man in ein Haus eingeladen wird, zieht man vor dem Eintreten die Schuhe aus.

▶ Kühe sind den Hindus heilig – sie haben Narrenfreiheit. Wer nach ihnen schlägt oder Steine wirft, kann sich unter Umständen viel Ärger einhandeln.

▶ Fotografieren Sie Menschen nur, nachdem Sie sich, sei es durch Fragen oder Gesten, vorher ihrer Zustimmung versichert haben.

Bettler

Die Bettler sind eines der wenigen unerfreulichen Vorkommnisse, denen sich der Besucher in Nepal gegenübersieht. Vor allem in Kathmandu sind sie häufig anzutreffen. Einige sind ›echt‹, andere

Rikscha in Kathmandu

wiederum sind organisiert und müssen das Geld bei ihren Chefs abgeben. Hier zu differenzieren ist sehr schwierig. Geben Sie denjenigen etwas, die sich ganz offenbar nicht mehr selbst ernähren können (Krüppel, Kranke), hierbei müssen Sie sich auf Ihr Gefühl verlassen. Geben Sie bettelnden Kindern grundsätzlich überhaupt kein Geld! Sonst könnten diese annehmen, Betteln sei ein Beruf und damit leicht Geld zu verdienen. Ich handhabe es oft so, dass ich den Bettelnden anbiete, mit ihnen in ein Geschäft zu gehen, um ihnen etwas zum Essen zu kaufen. Da trennt sich sofort ›die Spreu vom Weizen‹. Viele wollen das dann gar nicht, sondern bestehen auf Bargeld – somit ist klar, dass derjenige keinen Hunger hat.

Diplomatische Vertretungen
In Deutschland:
Nepalesische Botschaft
Guerickestr. 27
10587 Berlin
Tel. 030/343599-20, -21, -22, Fax -06
berlin@nepalembassy.de
www.nepalembassy-germany.com

Honorarkonsulate gibt es außerdem in Frankfurt am Main, Hamburg, Köln, München und Stuttgart.
In Österreich:
Nepalesisches Honorarkonsulat
Akaziengasse 30
1230 Wien
Tel. 01/288001-00, Fax -11
consulat@nepal.at
www.nepal.at
In der Schweiz:
Nepalesische Botschaft
Rue de la Servette 81
1202 Genf
022/7332-600, Fax 722
mission.nepal@bluewin.ch
In Nepal:
Botschaft der Bundesrepublik Deutschland
PO Box 226, Gyaneshwar
Kathmandu, Nepal
Tel. +977/1/4412786, 4416527
Fax 4416899
info@kathmandu.diplo.de
Honorarkonsulat der Republik Österreich
PO Box 4416, Manakamana Marg 22
Nagpokhari, Naxal, Kathmandu, Nepal
Tel. +977/1/44346-48, -90, 4434860
Fax 4434515
autconktm@wlink.com.np
Botschaft der Schweizerischen Eidgenossenschaft
PO Box 113, Jawalakhel, Ekanta Kuna, SDC-Compound
Lalitpur, Kathmandu, Nepal
Tel. +977/1/5549225
Fax 5549224
kat.vertretung@eda.admin.ch

Drogen
Drogen aller Art (Rauschmittel) sind in Nepal offiziell verboten. Es ist nur den Sadhus gestattet, Haschisch zu rauchen. Hanf wächst fast überall im Land wild und in großen Mengen. Dennoch kann

es vorkommen, dass man vor allem in Kathmandu und Pokhara Drogen angeboten bekommt. Finger weg! Die Dealer sind oftmals von der Polizei bezahlt und schwärzen einen nach dem Verkauf bei dieser an. Die Polizeizellen in Kathmandu sind nicht nett!

Einkaufen
In Nepal kann man außer Souvenirs und kunsthandwerklichen Waren auch noch einiges andere günstig erstehen. So sind zum Beispiel Uhren, Schmuck, Kameras, Objektive und weiteres Fotozubehör sehr oft wesentlich preiswerter zu haben als in Europa. Beachten Sie bitte die jeweiligen Grenzen für zollfreie Einfuhren in ihrem Herkunftsland. Am besten kauft man in Kathmandu auf der New Road und in Pokhara Lakeside ein. Generell gibt es vieles, was man brauchen kann: vom Trekking- und Bergsteigerzubehör über Wollpullover bis hin zu den guten nepalesischen Tees aus Ilam. Als Andenken sehr beliebt sind die Khukuri-Messer der Gurkhas und die von den Exiltibetern hergestellten tibetischen Teppiche. Die Ausfuhr von Antiquitäten, die älter als 100 Jahre sind, ist strengstens verboten.

Hanfplanzen in den Bergen

Einladungen und Besuche
Wird man in Nepal von Einheimischen nach Hause eingeladen, gilt es, einige Grundregeln zu beachten. Kleiden Sie sich angemessen – keine kurzen Hosen oder knappen T-Shirts. Betreten Sie Häuser oder Wohnungen niemals unaufgefordert. Vor dem Betreten der Wohnräume zieht man die Schuhe aus, man betritt keine Räume unaufgefordert (die Küche und der Raum mit dem Hausaltar sind, zumindest bei Hindus, tabu), man fasst nichts an.

Beim Essen sollten Sie sich nicht darüber wundern, wenn die Frauen in hinduistischen Haushalten das Essen zwar servieren, aber nicht daran teilnehmen – das ist Tradition und normal! Sollten Sie einmal die Gelegenheit haben, Hindus in Ihr Haus einzuladen, werden Sie sehen, dass die Eingeladenen dann Ihre Sitten respektieren und die Frauen selbstverständlich am gemeinsamen Essen teilnehmen. Bei den buddhistischen Völkern gilt dieser Brauch nicht – alle essen zusammen.

Einreise
Zur Einreise nach Nepal wird ein Visum benötigt. Man erhält es entweder vor der Reise bei den nepalesischen Konsulaten im Heimatland oder – und das ist viel einfacher – direkt bei der Einreise. Dafür benötigt man zwei Passbilder, das ausgefüllte Visumformular, das man ebenfalls bei Einreise erhält, einen noch mindestens sechs Monate gültigen Reisepass und die fällige Visumgebühr in konvertierbarer Währung. Das Visum für Touristen kostet momentan 40 US-Dollar für 30 Tage (15 Tage = 25 US-Dollar, 90 Tage = 100 US-Dollar).

Nach Nepal einreisen kann man an folgenden Grenzübergängen und Einreisepunkten: **Kathmandu,** Internationaler Flughafen.

Übergänge von und nach Indien in Mahendranagar, Dhangadhi, Nepalgunj, Siddharthanagar, Birgunj und Kakadbhitta.

Außerdem noch **von Tibet** auf dem Friendship Highway von Zhangmu nach Kodari.

Das Visum kann beim Department of Immigration einmalig verlängert werden (hier bekommt man auch Trekkingpermits).

Department of Immigration
Kalikasthan, Dillibazar
Kathmandu, Bagmati, Nepal
Tel. +977/1/4433934, 4429660, 44388-62, -68, Fax 4433935
www.immi.gov.np

Öffnungszeiten: So–Do 10–17 Uhr im Sommer und 10–16 Uhr im Winter (Nov.–Jan.), Fr 10–15 Uhr; Visa-Angelegenheiten: So–Do 10–15, Fr 10–13 Uhr.

Da sich die Einreisebestimmungen (vor allem die Gebühren) jederzeit ändern können, sollte man sich vor Reiseantritt über die gerade geltenden Vorschriften informieren. Dies ist zum Beispiel möglich auf der Internetseite des Department of Immigration, www.immi.gov.np/touristvisa.php, oder bei der nepalesischen Botschaft in Berlin, www.nepalembassygermany.de.

Zur Beachtung: Seit dem 26. Juni 2012 benötigen **alle Kinder ein eigenes Reisedokument**. Der Eintrag im Pass der Eltern ist nicht mehr ausreichend.

Elektrizität

In Nepal herrscht 220 Volt Wechselspannung. Mittlerweile sind fast alle größeren Ortschaften an das Stromnetz angeschlossen. Man benötigt einen Adapter, da die meisten Steckdosen dreipolig sind. Es kommt seit längerem immer wieder

Kabelsalat

zu Stromausfällen oder Abschaltungen – auch planmäßigen. In den Hotels wird meistens über diese Zeiten informiert. Beim Trekking kann man davon ausgehen, nach zwei, drei Tagen immer wieder mal an einer Steckdose ›vorbeizukommen‹. Ausgenommen hiervon sind die entlegenen Trekkinggebiete im fernen Westen und Osten.

Geld

Die nepalesische Währung ist die nepalesische Rupie. Eine Rupie (NRS – Nepal Rupies) ist in 100 Paisa (das gebräuchliche Wort für Geld) unterteilt. Diese gibt es in Münzen zu 10, 25 und 50 Paisa. Die sind allerdings im normalen Leben kaum noch anzutreffen, da ihr Gegenwert so gering ist, dass Sie damit nicht einmal dem Ärmsten der Armen eine Freude machen können. Weiterhin gibt es Münzen zu 1, 2, 5, und 10 Rupies – auch diese sind nicht gebräuchlich. Geldscheine gibt es in der Wertstückelung von 1, 2, 5, 10, 20, 25, 50, 100, 500, und 1000 Rupies. Zurzeit, September 2013, beträgt der offizielle Wechselkurs: 1 Euro=138 NRS, 1 CHF=112 NRS

Der Kurs schwankt täglich etwas, da er an den Dollar gebunden ist. Nur der Kurs zur indischen Rupie (IR) ist festgeschrieben. Mit den indischen Rupies kann man in größeren Städten ohne Weiteres bezahlen. Hier ist zu beachten, dass die Einfuhr von 500er und 1000er Noten verboten ist.

Bargeld erhält man in einer der vielen Wechselstuben oder an den mittlerweile in Kathmandu, Pokhara und größeren Grenzstädten genügend vorhandenen Geldautomaten mit EC- oder Kreditkarte. Man muss darauf achten, genügend kleine Scheine zu bekommen, da auf dem Land noch immer niemand auf einen 1000er Schein herausgeben kann.

Gepäckaufbewahrung

Wer von Kathmandu oder von Pokhara zu einer Trekkingtour aufbricht, kann in den meisten Unterkünften das benötigte Gepäck dort aufzubewahren.

Gesundheit

Die medizinische Versorgung ist in den meisten Landesteilen unzureichend und entspricht nicht dem europäischen Standard. Eine einigermaßen solide Grundversorgung besteht nur in Kathmandu und Pokhara sowie im Everest- und Annapurna-Gebiet.

Wenn man einige hygienische Grundregeln einhält, wird man in Nepal sicher keine gesundheitlichen Probleme bekommen. Vielleicht ein bisschen Magengrummeln an den ersten Tagen aufgrund der Nahrungsumstellung, aber das gibt sich schnell.

Die Hinweise im Folgenden stellen keinerlei Ersatz für eine reisemedizinische Beratung durch einen Arzt dar und erheben auch keinen Anspruch auf Vollständigkeit. Sie resultieren vielmehr aus den über Jahre im Land gesammelten Erfahrungen:

Niemals **Wasser** aus einer Leitung oder einem Brunnen trinken (auch wenn die nepalesischen Begleiter das tun – die vertragen das). Man darf nur abgekochtes oder Wasser aus verschlossenen und versiegelten Flaschen benutzen – auch zum Zähneputzen.

Man sollte sich so oft als möglich die Hände waschen und frisches Obst nur essen, wenn man es selbst gepflückt und gewaschen oder selbst geschält hat. Al-

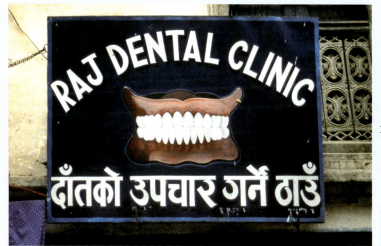

Zahnarztpraxis in Kathmandu

les Frische und Ungekochte, besonders rohes oder halbgares Fleisch und Eier sind zu meiden.

Man muss für ausreichenden **Sonnenschutz** sorgen, also eine Kopfbedeckung tragen und Sonnenschutzmittel mit mindestens Lichtschutzfaktor 20 verwenden. Diese kann man auch in Kathmandu kaufen.

Malariarisiko besteht ausschließlich in den südlichen Landesteilen des Terai – die Gebiete nördlich der mittleren Bergkette und Höhen über 1200 Meter gelten als malariafrei. Vorbeugen kann man mit konsequentem Mückenschutz: Langärmlige Bekleidung tragen und ein gutes Mückenschutzmittel verwenden; wenn man sich dann noch in der Dunkelheit in mückengeschützten Räumen oder unter einem Moskitonetz aufhält, hat man das Risiko schon sehr, sehr deutlich verringert. Wenn man zur Chemo-Prophylaxe (Einnahme von verschreibungspflichtigen Medikamenten) neigt, sollte man mit einem kompetenten Arzt darüber sprechen (z.B. beim Tropeninstitut).

In Nepal ist kein **Impfschutz** vorgeschrieben. Dennoch sollte man wenigstens über Tetanus-, Polio-, Hepatitis-A- und Diphtherie-Impfschutz verfügen. Wenn man sich lange und vielleicht auch noch zu Fuß im Land aufhält, kann ein weiterer Schutz gegen Hepatitis B, Tollwut, Typhus und eventuell noch Japanische Enzephalitis keinesfalls falsch sein. Auch hierzu sollte man sich von einem Mediziner fachmännisch beraten lassen!

Mehr zum Thema **Höhenkrankheit** → S. 142.

Auch eine kleine Reiseapotheke mit Desinfektionsmitteln, Pflastern, eine paar Binden und sterilen Kompressen, Fieber-, Schmerz- und Durchfallmedikamenten, einer Pinzette sowie individuell benötigten Medikamenten sollte man mitnehmen. In den Apotheken und Arzneimittelshops Kathmandus erhält man fast alle Medikamente (einschließlich Antibiotika) rezeptfrei und oft viel preiswerter als in Europa. Hier ist es wichtig, dass Sie den Wirkstoff Ihres Medikamentes wissen. Die Bezeichnungen der Tabletten und

Körperpflege in Kathmandu

Mittel sind in Nepal oft andere als von zu Hause gewohnt.

Sollte trotz aller Vorsicht und Bedachtsamkeit doch der Fall eintreten, dass man medizinische Hilfe benötigt, empfehle ich die Ciwec Clinic in Kathmandu. Die jeweilige Botschaft des Heimatlandes hat eine Liste von Vertrauensärzten. Zum notwendigen **Versicherungsschutz** → S. 421.

Ciwec Clinic
PO Box 12895,
British-Indian Embassy Road,
Lainchaur
Kathmandu, Nepal
Tel. +977/1/4424111, 435232
Fax 4412590
info@ciwec-clinic.com; für Termine: bookings@ciwec-clinic.com
www.ciwec-clinic.com

Informieren Sie sich bitte vor dem Antritt Ihrer Reise beim Reisemedizinischen Dienst des Gesundheitsamtes Ihrer Stadt oder bei einem der Tropeninstitute über die augenblicklichen Gesundheitshinweise für Nepal (www.tropeninstitut.de; www.tropenmedizin.de; www.gesundes-reisen.de; www.fit-for-travel.de; www.crm.de).

Hilfsprojekte

Es gibt sehr, sehr viele Hilfsprojekte für die nepalesische Bevölkerung. Manchmal ist man etwas überfordert, wenn man helfen und alle überblicken möchte: Wer tut was und womit, warum und weshalb. Das gelingt auch mir nicht wirklich. Denjenigen, die mit dem Gedanken spielen, in Nepal zu helfen, möchte ich die folgenden Projekte besonders ans Herz legen. Die genauen Details dazu kann man den jeweiligen Internetauftritten entnehmen.

Dolpo Tulku Charitable Foundation
Daniela Hartmann
PO Box 2541, Tinchuli 145/55
Kathmandu, Nepal
Tel. +977/9813767672
daniela@dolpotulku.org

Dolpo Tulku e. V.
c/o Michaela Perkounigg
Hubertusstr. 98
82131 Gauting
muc@dolpotulku.org
www.dolpotulku.org

Freundeskreis Nepalhilfe e. V.
Alexander Schmidt
Flurstraße 6
35080 Bad Endbach
Tel. 06464/911780
info@nepalhlfe.de
www.nepalhilfe.de

Govinda Entwicklungshilfe e. V.
Julius-Leber-Str. 28
73430 Aalen
Tel. 07361/375079
Tel. +43/333/5622
www.waisenkind.de
govinda@waisenkind.de

LiScha Himalaya e.V.
Hugo-Jentsch-Str. 10
03172 Guben
Tel. 03561/550196
lischa@lischa-himalaya.org
www.lischa-himalaya.org

Hygiene

Die hygienischen Umstände im Land entsprechen zum größten Teil nicht denen, die man von zu Hause her kennt. In den gehobenen Hotels herrschen landesweit normale und gewohnte Bedingungen vor. In einfachen Unterkünften wie billigen Hotels, Lodges und anderen muss man dagegen Abstriche machen. Zwar ist es oft sauber, dafür aber ungewohnt ›einfach‹. Die Toiletten in den Gasthäusern sind mit Vorsicht zu genießen, und öffentliche Toiletten, soweit man sie überhaupt vorfindet, sind unbedingt zu meiden. Unterwegs empfiehlt sich noch immer das ›WC – Wald-Closet‹. Natürlich unter Einhaltung der Maßgabe, dass die Hinterlassenschaften in einer kleinen Grube verschwinden.

Internet

In dieser Beziehung ist Nepal längst in der Moderne angekommen. Internetcafés gibt es in den Zentren reichlich, und das Surfen kostet dort fast nichts. Mittlerweile bieten auch alle möglichen Hotels Wi-Fi-Zugang an, die meisten gratis. Allerdings ist die Geschwindigkeit mitunter sehr langsam oder das Netz bricht zusammen. Man sollte auch hier Geduld haben.

Klima und Reisezeit

Das Klima in Nepal ändert sich mit der Topographie des Landes. Es reicht vom tropischen Klima im Terai bis zum arktischen Klima auf den Gipfeln des Gebirges.

Klima-Tabelle für Kathmandu (Werte gerundet)			
Monat	Mind. (°C)	Max. (°C)	Regentage
Januar	3	18	1
Februar	2	22	5
März	7	26	2
April	9	30	6
Mai	16	30	10
Juni	19	30	15
Juli	20	30	21
August	19	30	20
September	19	29	12
Oktober	13	28	4
November	6	24	1
Dezember	2	21	0

Die beste Reisezeit variiert von Gebiet zu Gebiet und ist in den vorangegangenen Kapiteln jeweils genauer angegeben. Ganz allgemein kann man sagen, dass das Frühjahr von März bis Mai und der Herbst von September bis November die besten Zeiten für eine Reise nach Nepal sind. Aber auch der Winter hat seinen Reiz, wenn man nicht in zu großer Höhe unterwegs ist. Im regenreichen Sommer kann man sehr gut die Gebiete des Transhimalaya nördlich des Himalaya-Hauptkammes besuchen.

Notfälle

In dringenden Notfällen, zum Beispiel bei einem Verlust der Reisedokumente, wendet man sich an jeweilige Auslandsvertretung des Heimatlandes → S. 410.

Post

Selbst im entlegensten Ort findet sich oft noch ein Post-Office. Am besten fragt man danach. Die **Hauptpost** in Kathmandu (General Post Office) befindet sich am Kantipath in der Nähe des Bhimsen Tower, Tel. +977/1/4223512/4223521. Hier im Hauptpostamt gibt es einen **Postlagerdienst**, zu dem man sich Post schicken lassen kann (poste restante). **Briefmarken** erhält man fast immer überall da, wo es Postkarten gibt. Bewährt hat es sich – vor allem, wenn man viele Karten auf einmal abzuschicken hat –,

Postkarten nach Europa an der Hotelrezeption oder in einem der Buchläden in Thamel abzugeben. Manchmal verschwinden Postkarten. Bedenkt man, dass das Porto von zehn Karten nach Hause in etwa dem Tageslohn eines einheimischen Trägers entspricht, verwundert das nicht. **Pakete** kann man auf der Post mit dem ›Express Mail Service‹ oder mit einem der privaten Kurierdienste (DHL; Fedex, UPS) nach Hause schicken.

Reisen im Land

Die bequemste Art der Fortbewegung im Land sind Flüge, die unbequemste die öffentlichen Überlandlinienbusse. In Nepal gibt es ein gut ausgebautes Netz an Inlandflügen, die von verschiedenen Airlines und zu verschiedenen Zielen angeboten werden. Zwar sind die Preise in letzter Zeit stark gestiegen, doch ist das Fliegen für Touristen immer noch erschwinglich. Die wichtigsten Airlines werden im Folgenden aufgelistet. Auf deren Websites kann man zum Teil online buchen und findet dort auch recht schnell einen Überblick über das Streckennetz.

Agni Air, www.agniair.com.
Buddha Air, www.buddhaair.com.
Gorkha Airlines, www.gorkhaairlines.com.
Nepal Airlines, www.nepalairlines.com.np.
Sita Air, www.sitaair.com.np.
Tara Air, www.taraair.com.
Yeti Airlines, www.yetiairlines.com.

Wenn man in Nepal nicht fliegen will, gibt es außer den Überlandbussen noch die Möglichkeit, mit dem Taxi oder mit dem Mietwagen mit Fahrer durch das Land zu reisen. Vor allem, wenn mehrere Reisende zusammen unterwegs sind, eine gute, nicht zu teure Alternative. Wagen mit Fahrer kann man zuverlässig bei einer der vielen örtlichen Agenturen anmieten. Der Preis schwankt je nach Wagen zwischen 2000 und 10 000 NRS pro Tag zuzüglich Treibstoff. Zu den Touristenzielen über Land fahren aus Kathmandu auch Touristenbusse. Die sind im Vergleich zu den Linienbussen zwar teuer, verglichen mit den hiesigen Verhältnissen in Europa aber noch immer sehr billig. Empfehlenswert sind die Busse von Greenline.

Ein Regentag in Boudhanath

Flug nach Jomsom

Greenline Tours
Kathmandu: PO Box 1307, Tredevi Marg, Kathmandu
Tel. +977/1/4257544, 4253885
Fax 4253885
greenline@mail.com.np
Pokhara: Lakeside, Pokhara
Tel. +977/61/464472, 465794
Chitwan: Sauraha
Tel. +977/56/60267
Eine Routen- und Preisübersicht findet sich auf der Website, www.greenline.com.np.
Ein weiterer Anbieter für Touristenbusse ist zum Beispiel **Loyal Travel**. Informationen dazu unter www.loyaltravel.com.np/tourist_bus.htm.
Der normale Linienbus kann nicht empfohlen werden. Unbequem, meist schmutzig und laut, mit enorm langen Fahrzeiten und oft stundenlangen Verspätungen, ist er statt Fortbewegungsmittel eine Abenteuerreise für sich. Sollte man sich dennoch dieses Erlebnis gönnen wollen, findet man hier die Angaben zu den Busbahnhöfen in Kathmandu:

Fernbusse fahren an der Haltestelle in **Balaju an der Ring Road** ab. Der riesige, auch **Gongbu-Busbahnhof** genannte, unübersichtliche Platz liegt nördlich des Stadtzentrums. Eine Ausschilderung der Fahrziele ist fast nicht vorhanden. Man muss die Ticketverkäufer fragen! Die Tickets sollten mindestens einen Tag im Voraus erworben werden – das kann man auch bei einem der Reisebüros in Thamel (gegen eine kleine Gebühr) tun. Für Ziele im **Kathmandu-Tal** und an die **tibetische Grenze** nach Kodari und andere Orte am Arniko Highway (Jiri) fahren die Busse am **Busbahnhof Ratna Park** ab. Es herrscht für Mitteleuropäer ein chaotisches Durcheinander. Da hier kaum jemand Englisch spricht, ist es am besten, wenn man sich ein kleines Schild mit dem Namen des Zieles anfertigt. Dieses hochhaltend und den Zielort laut rufend, stürzt man sich einfach ins Getümmel. Dann wird einem schon bald eine nette Nepalesin/ein netter Nepalese den Weg zum richtigen Bus weisen. Es funktioniert!

Reiseveranstalter

Auf und Davon Reisen
Lebrechtstr. 35
51643 Gummersbach
Tel. 02261/50199-0, Fax -16
www.auf-und-davon-reisen.de

Chili Reisen
Hünenburg 5
29303 Bergen
Büro in Bremen:
Pappelstr. 82
28199 Bremen
Tel. 05051/7564
Fax 03221/1349849
www.chili-reisen.de

DAV Summit
Am Perlacher Forst 186
81545 München
Tel. 089/64240-0, Fax -100
www.dav-summit-club.de

Diamir Erlebnisreisen
Berthold-Haupt-Straße 2
01257 Dresden
Tel. 0351/3120-77, Fax -76
www.diamir.de

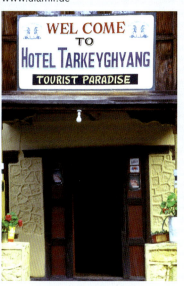

Lodge im Helambu-Gebiet

Gebeco
Holzkoppelweg 19
24118 Kiel
Tel. 0431/5446-0
www.gebeco.de

Geoplan Touristik
Mohriner Allee 70
12347 Berlin
Tel. 030/79742279, Fax -80
www.geoplan-reisen.de

Haase Touristik
Dickhardtstr. 56
12159 Berlin
Tel. 030/8418322-6, Fax -7
www.haase-touristik.de

Hauser Exkursionen
Spiegelstr. 9
81241 München
Tel. 089/235006–0, Fax -99
www.hauser-exkursionen.de

Himal Spezialreisen
Haldenberg 8
88400 Biberach/Rißegg
Tel. 07351/7978020
www.himal.de

Ikarus Tours
Am Kaltenborn 49–51
61462 Königstein/Ts.
Tel. 06174/29020, Fax 22952
www.ikarus.com

Moja Travel
Am Marktplatz 7
77652 Offenburg
Tel. 0781/932297-0, Fax -29
www.moja-travel.net

Travel Service Asia
Riedäckerweg 4
90765 Fürth
Tel. 0911/979599-0, Fax -11
www.tsa-reisen.de

Trekking Welten
Wehlener Str. 26
01279 Dresden
Tel. 0351/30995059
Fax 30927052
www.trekking-welten.de

Schwule und Lesben

Homosexualität war bis 2007 in Nepal noch strafbar. Homosexuelle Paare sind in der nepalesischen Öffentlichkeit aber bis heute kaum als solche zu erkennen und von einem großen Teil der Bevölkerung – allen voran den Maoisten – werden sie nicht toleriert. Deswegen scheuen wohl viele von ihnen die öffentliche Demonstration ihrer Sexualität. Dennoch findet auch hier eine allmähliche Öffnung der Gesellschaft statt. Die homosexuellen Bürger des Landes haben sogar zwei Abgeordnete in der Verfassungsgebenden Versammlung. Näher Informationen zur Situation von Schwulen und Lesben in Nepal findet man auf der Homepage der 2001 gegründeten Blue Diamond Society – den Vorreitern für die Gleichstellung homosexueller Menschen in der nepalesischen Gesellschaft (www.bds.org.np).

Sicherheit

Nepal ist als Reiseland, entgegen oft verbreiteter Hinweise, sehr sicher, und Touristen haben hier nichts zu befürchten. Dennoch sollte man einige normale Grundregeln beachten.

► Gehen Sie nachts nicht allein auf die Straße.
► Verwahren Sie Ihr Geld in einem Brustbeutel oder Geldgürtel und zeigen Sie nie zu viel davon.
► Bewahren Sie Ihre Ausweispapiere, Flugtickets und Genehmigungen getrennt vom Bargeld auf, ebenso Kredit- und EC-Karten.
► Schicken Sie sich Kopien Ihrer wichtigsten Dokumente als PDF-Datei an die eigene E-Mail-Adresse. Das kann unter Umständen die Beschaffung von Ersatzpapieren sehr erleichtern.
► Lassen Sie nichts Wichtiges unnötig offen im Hotelzimmer oder in Ihrer Unterkunft liegen.

Sollte doch einmal etwas passieren oder gestohlen werden, wenden Sie sich an die Touristenpolizei – die Tourist Police.
In Kathmandu:
Tel. +977/1/4412780/4411549
policetourist@nepalpolice.gov.np
In Pokhara:
Tel. +977/61/462761
www.nepalpolice.gov.np/en/tourist police.html
touristpolicepokhara@nepalpolice.gov.np
Aktuelle Sicherheitshinweise gibt das Auswärtige Amt heraus, www.auswaertiges-amt.de.

Telefon

Auch in Nepal ist die ›Handy-Manie‹ ausgebrochen. Ob ein Mönch bei der Stupa-Umrundung oder der Sherpa auf Trekkingtour, fast jeder hat ein Mobiltelefon am Ohr. Die Nutzung des eigenen Handys zum Telefonieren sollte man sich für Notfälle aufsparen, weil Nepal in der Weltzone vier liegt und die Gebühren dafür unverschämt hoch sind. Wenn man über ein nicht gesperrtes Gerät verfügt, kann man sich eine nepalesische Prepaid-Karte kaufen, das ist preiswert. Ansonsten telefoniert man in einem der vielen Call-Shops oder über das Internet, was ebenfalls nicht teuer ist. Für die wichtigsten Notfallnummern und Vorwahlen siehe → S. 16.

Trinkgeld

In den meisten Restaurants werden heutzutage automatisch schon zehn Prozent Serviceleistung auf die Rechnung aufgeschlagen. In diesem Fall rundet man einfach nur bis zum nächsten 50er oder 100er auf. Wenn diese zehn Prozent nicht auf der Karte erwähnt sind oder es gar keine Karte gibt, dann sind rund zehn Prozent angebracht, je nachdem wie zufrieden man war. Bei Riksha- und Taxifahrten rundet man den Rechnungsbetrag einfach leicht auf. Trinkgeld für die nepalesischen Begleiter bei Trekkingtouren (Führer, Träger etc.) → S. 135.

Unterkunft und Essen

Bei den in den einzelnen Kapiteln angegebenen Unterkünften und Restaurants handelt es sich um Vorschläge. Es kommt in Nepal vor, dass das eine oder andere Hotel oder Restaurant innerhalb einer sehr kurzen Zeitspanne plötzlich nicht mehr existent ist, sich der Standard oder auch der Standort ändert.

Auch die Einstufung in **Preiskategorien** beruht zu einem großen Teil auf meinen subjektiven Einschätzungen. Man sollte außerdem beachten, dass ein Mittelklassehotel in Nepal nicht mit einem Mittelklassehotel in Europa zu vergleichen ist. Die angegebenen Preise in US-Dollar oder NRS sind Zimmerpreise. Es sind die offiziellen Angaben der Hotels, die zum Redaktionsschluss vorlagen. Die tagesaktuellen Preise muss man direkt in den Hotels erfragen. Einige Hotels bieten bei Internetbuchung Rabatte bis zu 30 Prozent an. In vielen Fällen (vor allem in der Nebensaison) lohnt sich auch ein Verhandeln vor Ort! Die angegebenen Preise verstehen sich in Kathmandu meistens zuzüglich zehn Prozent Service-Entgelt und 13 Prozent Steuern.

Vegetarier

Vegetarier haben sicher nirgendwo im Land ein Problem – Pokhara und Kathmandu können sich ganz im Gegenteil einiger hervorragender vegetarischer Restaurants rühmen. Es gibt also für Vegetarier keine Schwierigkeiten mit der Ernährung, da in Nepal traditionell sehr viele fleischlose Gerichte angeboten werden. Das Nationalgerichte Dhal Bhat und Momos zum Beispiel sind hervorragende und sehr delikate vegetarische Speisen.

Etwas anders sieht es für **Veganer** aus, diese sollten sich vor einer Nepalreise genauer informieren.

Versicherung

Der Abschluss einer **Reise-Krankenversicherung** ist für eine Reise nach Nepal dringend notwendig.

Wenn Sie sich dort auf eine Trekkingtour begeben, achten Sie bitte unbedingt auf eine Versicherung, welche die im Unglücksfall anfallenden Such- und Bergungskosten abdeckt. Vor allem die eventuellen Bergungskosten einer Hubschrauberrettung (etwa 10 000 US-Dollar) und ein eventuell notwendiger Rücktransport ins Heimatland müssen versichert sein. Ohne nachgewiesene Versicherung fliegt der Rettungshubschrauber gar nicht erst los! Teilnehmer an Expeditionen und von geführten Trekkingtouren wenden sich zur Beratung in Versicherungsfragen am besten an den jeweiligen Reiseveranstalter.

Wäsche

Es gibt in Kathmandu und Pokhara mehrere Wäschereien, in denen man seine Wäsche für wenig Geld, auch Express, reinigen lassen kann. Des Weiteren bieten die meisten Hotels diesen Service, etwas teurer, ebenfalls an. Man kann natürlich seine Sachen unterwegs auch selbst waschen. Wer auf den Wanderungen seine Sachen an Flüssen oder den öffentlichen Wasserstellen wäscht, sollte darauf achten, ein ökologisches, biologisch abbaubares Waschmittel (erhältlich in den meisten Ausrüsterläden) zu benutzen.

Zeitzone

Die Nepalzeit liegt der Mitteleuropäischen Zeit (MEZ) um vier Stunden und 45 Minuten voraus. In der MEZ-Sommerzeit reduziert sich der Vorsprung auf drei Stunden und 45 Minuten.

Glossar

Amithaba Der transzendente Buddha, der, meist auf einem Pfau reitend, die westliche Himmelsrichtung verbildlicht.
Avalokiteshvara Bodhisattva der Gegenwart und des universellen Mitgefühls, gilt als der Beschützer Tibets. Die Nepalesen verehren ihn oft als Machhendranath.
Ayurveda Traditionelle, ursprünglich hinduistische Heilkunst, die noch immer, vor allem in Nepal und Indien, praktiziert wird.
Bahal Oft doppelstöckige buddhistische Klosteranlage.
Bhagavad Gita Wichtige hinduistische Schrift (das Lied des Erhabenen), in der Krishna seinen Mitkämpfer Arjuna belehrt. Es wird von den meisten Hindus als Kernstück der Veden angesehen.
Bhairav Die in Nepal oft verehrte, furchterregende Inkarnation Shivas.
Bodhisattva Im Mahayana-Buddhismus ein erleuchtetes Wesen, das für sich selbst auf das Nirwana verzichtet und auf der Erde bleibt, um anderen zur Erleuchtung zu verhelfen.
Bön-Religion Bekannteste vorbuddhistische Religion Tibets.
Brahma Schöpfergottheit des Hinduismus, sein Reittier ist der Schwan.
Chörten Kleiner, oft glockenförmiger, buddhistischer Schrein auf einem gestuften Sockel.
Devi Bedeutet im Sanskrit ›die Göttin‹.
Dharma im Buddhismus bedeutet Dharma das von Buddha erkannte Gesetz von der Lehre der ›Vier edlen Wahrheiten‹. Dharma ist auch die hinduistische Ethik. Sie bestimmt das Leben eines Hindu in allen Lebensbereichen.
Draviden So werden heute die vor allem in Südindien lebenden Volksgruppen (zum Beispiel die Tamilen) der dravidischen Sprachfamilie bezeichnet. Sie wurden ab etwa 2500 vor Christus von den einwandernden indogermanischen Völkern aus Nordindien verdrängt oder vermischten sich dort mit ihnen.
Durga Andere Bezeichnung für Kali, die Göttin der Zerstörung.
Endemisch Tiere oder Pflanzen, die nur in einem bestimmten Gebiet vorkommen.

Buddhistisches Kloster in Westnepal

Ganesh Sohn von Shiva und Parvati, besitzt einen Elefantenkopf. Er gilt als der Bewahrer des Glückes und Beseitiger aller Hindernisse.
Garuda Halb Adler, halb Mensch, das Reittier Vishnus.
Gelugpa Auch Gelbmützen-Sekte genannt, eine der vier Hauptschulen des tibetischen Buddhismus.
Gurkha Nach der Stadt Gorkha benannter nepalesischer Soldat.
Hanuman Affengott, gilt als das Symbol der Kraft und ist ein Held des Ramayana-Epos.
Indra Gott des Regens.
Jatadhari Lokeshvara Inkarnation des Padmapani Avalokiteshvara, er ist der ›Halter des Lotos‹, einer der acht wichtigen Bodhisattva des Mahayana-Buddhismus.
Karmapa Oberhaupt der der Karma-Kagyü-Schule des tibetischen Buddhismus.
Kagyü Neben den Nyingmapa, Sakya und Gelugpa eine der vier großen Hauptschulen des tibetischen Buddhismus. Bekanntester Vertreter dürfte der dem Gründer Marpa nachfolgende Führer Milarepa sein.
Kali Göttin der Zerstörung. Der meist schwarz und mit vielen Armen dargestellten Göttin – eine andere Form der Durga – werden oft Tieropfer dargebracht.
Krishna Der oft als Hirte mit einer Flöte abgebildete Krishna ist eine Inkarnation von Shiva und die Hauptgottheit der Bhagavad Gita.
Kumari Bedeutet im Sanskrit ›Jungfrau‹. Die Kumaris im Kathmandu-Tal werden als Inkarnationen Kalis betrachtet.
Lakshmi Die Göttin des Geldes, des Wohlstandes und des Glücks.
Lama Geistlicher Lehrer im tibetischen Buddhismus.
Lingam Das in einer Yoni stehende Phallus-Symbol Shivas.
Linienhalter Bezeichnet einen Lama einer Schule des tibetischen Buddhismus, der ermächtigt ist, alle tantrischen Lehren der jeweiligen Schule an seine Schüler weiterzuleiten.
Machendranath Schutzgottheit des Kathmandu-Tales und wie Lakshmi für den Wohlstand und wie Indra für den Regen verantwortlich.
Mahabharata Das wohl bekannteste indische Heldenepos, beinhaltet unter anderem die Bhagavad Gita.
Mahakala Der zornige Aspekt von Avalokiteshvara, dem Buddha des Mitgefühls.
Mahayana Als ›Großes Fahrzeug‹ bezeichneter Zweig des Buddhismus.
Mandala Rundes oder quadratisches Gebilde, kann aus verschiedenen Materialien bestehen (zum Beispiel Stein, Sand oder Papier). Es ist sowohl im Hinduismus als auch im Buddhismus verbreitet und steht eigentlich in einem religiösen Zusammenhang. Mit dem Aufkommen des Buddhismus ist es auch zum Meditationsobjekt geworden.
Manimauer Eine aus Manisteinen – mit Gebetsformeln oder Buddha-Abbildungen versehene Steine – errichtete Mauer. Man findet sie oft an Aus- und Eingängen von Ortschaften.
Marpa Bedeutender tibetischer Lama und Übersetzer, Begründer der Kagyü-Schule.
Mantra Spirituelle Formeln oder Worte, die von den Gläubigen gesprochen, gesungen oder auch in Gedanken aufgesagt werden. Das bekannteste buddhistische Mantra ist das ›Om mani padme hum‹. Die Deutung dieses Mantras ist umstritten und wohl nicht eindeutig zu klären. Gemeinhin sagt man, es bedeutet ›Oh, du Juwel in der Lotosblüte‹.
Milarepa War ein tantrischer Meister und Begründer der Kagyü-Schule des tibetischen Buddhismus. Er gilt als einer der größten Yogis und Dichter Tibets.
Narayan Meistverehrte Inkarnation Vishnus in Nepal.

Marginalisiert An den Rand der Gesellschaft gedrängte Bevölkerungsschichten.

Orientalische Arten Arten von Tieren und Pflanzen, die in der orientalischen Region – alle Gebiete Eurasiens und Afrikas südlich der Sahara und des Himalaya – vorkommen.

Padmapani Avalokiteshvara ›Halter des Lotos‹, einer der acht wichtigen Bodhisattva des Mahayana-Buddhismus.

Paläarktische Arten Arten von Tieren und Pflanzen, die in der paläarktischen Region – Eurasien und Afrika bis zum Südrand der Sahara und bis zum Himalaya – vorkommen.

Parvati Gemahlin Shivas.

Pavana Auch Vayu genannt, der Vater Hanumans (der durch ihn das Fliegen lernte) und der vedische Gott der Luft und des Windes.

Pipal In Nepal ein heiliger Baum (Ficus religiosa), er wird auch als Bhodi- oder Bo-Baum bezeichnet.

Puja Gebetszeremonie.

Puranas Bedeutet im Sanskrit ›alte Geschichten‹, sind zu den wichtigsten religiösen Schriften des Hinduismus zu zählen.

Ramayana Das am weitesten verbreitete Hindu-Epos berichtet vom gottgleichen König Rama und seiner Frau Sita.

Rinpoche Vorsteher eines Klosters (Abt) des tibetischen Buddhismus.

Rishi Agastya Figur aus dem Mahabharata und ein in Südindien als Held verehrter vedischer Seher, dem viele mythische Wundertaten zugeschrieben werden.

Sadhu Im Hinduismus ein heiliger Mann, der sein weltliches Leben aufgegeben und in Askese ein der Religion gewidmetes Leben führt.

Sal Baumart (Shorea robusta) mit äußerst widerstandsfähigem Holz, die vor allem im Terai vorkommt.

Samsara Bezeichnet den immerwährenden Kreislauf der Wiedergeburten.

Saraswati Schutzpatronin der Künste und Göttin des Wissens im Hinduismus.

Shakti Im Hinduismus Name für die weibliche Seite göttlicher Macht und Sinnbild für Energie und spirituelle Stärke.

Shaktismus Eine der Formen des Hinduismus, die sich auf die weiblichen Gottheiten bezieht und mit dem Vishnuismus und dem Shivaismus die drei Hauptströmungen des Hinduismus darstellt.

Shiva Eine der Hauptgottheiten im Hinduismus. Er ist der Gott der Zerstörung und der Erneuerung und hat angeblich mehr als 1000 Namen.

Shivaismus Hier ist Shiva der alle anderen Götter überragenden Über-Gott. In dieser Richtung des Hinduismus, die keine einheitliche Ausübung der Religion kennt, ist Shiva ist der alleinige Erschaffer des Universums.

Stupa Buddhistisches Monument (früher nur ein Erdhügel), das buddhistische Reliquien enthält.

Taleju Eine eigentlich südindische Göttin, wird in Nepal als eine der Erscheinungsformen der Durga oder Kali verehrt.

Thankga Buddhistisches Gemälde aus Stoff, auf dem religiöse Motive, oft Götter oder Mandalas, abgebildet werden.

Theravada Der Theravada ist die älteste Schule des Buddhismus. Der Theravada ist heute vor allem in Kambodscha, Laos, Myanmar, Sri Lanka, Thailand und zum Teil in Vietnam und der Provinz Yunnan (China) verbreitet.

Tibetischer Buddhismus Wird als Vajrayana (oft auch als Lamaismus) bezeichnet und ist eine Richtung des Mahayana-Buddhismus. Er wurde wahrscheinlich von König Songtsen Gampo im 7. Jahrhundert in Tibet eingeführt und ist auch in der Mongolei verbreitet. Im Vajrayana selbst gibt es wiederum verschiedene Strömungen und Schulen.

Tika Roter Punkt – Farbpulver oder Paste –, von den Hindus zu den verschie-

Manistein bei Lukla

densten religiösen Anlässen auf die Stirn aufgetragen, dorthin, wo sich das Energiezentrum des magischen ›dritten Auges‹ befindet.

Tulku Buddhistischer Meister (Lama), den man als von seinem Vorgänger selbst bestimmte Wiedergeburt (Reinkarnation) des früheren Meisters erkannt hat.

Upanishaden Hinduistische Sammlung philosophischer Schriften.

Vajracharya Im Buddhismus ein hochverehrter Lehrer und Priester.

Veden Sehr frühe Sammlung religiöser hinduistischer Texte (Gesänge). Ursprünglich mündlich überliefert, sollen sie um 1200 vor Christus entstanden sein. Es gibt vier Veden (von Veda=Wissen), deren exakte Rezitation sehr wichtig ist. Die Tradition der vedischen Gesänge wurde von der UNESCO zum ›Meisterwerk des mündlichen und immateriellen Erbes der Menschheit‹ ernannt.

Vedische Religion Die frühe Religion der um etwa 2500 vor Christus in den Norden Indiens eingewanderten indoarischen (indogermanischen) Stämme.

Vishnu In Indien auch Rama oder Krishna, in Nepal oft als Narayan bezeichnet, ist einer der drei hinduistischen Hauptgötter. Er steht für den Erhalt des Universums.

Vishnuismus Im Vishnuismus, der dritten der drei Hauptströmungen des Hinduismus, steht Vishnu über allen anderen. Brahma, Shiva und all die anderen Götter sind seinen Diener. Er kann in ungezählten spirituellen Erscheinungen als Einundderselbe auftreten – er ist der eine allesumfassende Gott.

Yeti Schneemensch, das Fabelwesen, über den im Himalaya immer wieder berichtet wird und dessen Existenz nie bewiesen wurde, an die zumindest viele Sherpas allerdings fest glauben.

Yogi Praktizierender des tantrischen Vajrayana-Buddhismus, der die inneren Yogas praktiziert.

Yoni Symbol weiblicher Energie sowie des weiblichen Geschlechtsorgans; wird oft zusammen mit einem Lingam dargestellt.

Nepal im Internet

Nepal ist äußerst vielfältig im Internet vertreten. Hier einige Hinweise auf offizielle Seiten der Demokratischen Bundesrepublik Nepal auf andere nepalesische und auf Seiten aus Deutschland, die über das Land informieren.

www.nepalgov.gov.np
Die Regierung Nepals (engl.).
www.tourism.gov.np
Das Tourismusministerium Nepals (engl.).
www.dnpwc.gov.np
Die Nationalparkverwaltung Nepals (engl.).
www.ntnc.org.np
National Trust for Nature Conservations (verantwortlich für einige der Conservation Areas, englisch).
www.welcomenepal.com
Nepal Tourism Board (engl.).
www.nepalmountaineering.org
Nepal Mountaineering Association (engl.).
http://www.taan.org.np
Trekking Agencies Association of Nepal (engl.).
www.himalayanrescue.org
Himalayan Rescue Association Nepal (engl.).
www.nepalnews.com
Neues aus Nepal (engl.).
www.auswaertiges-amt.de
Auswärtiges Amt.
www.kathmandu.diplo.de
Deutsche Botschaft in Kathmandu.
www.nepalboard.de
Das Nepal Board – ein deutschsprachiges Internet-Forum.
www.bilder-aus-nepal.de
Bilder und viele Informationen aus Nepal.
www.berichte.himatrek.de
Reiseberichte aus Nepal.
http://greathimalayatrail.com
Infos und Reiseberichte zum Great Himalaya Trail.
www.taan.org.np
Seite der Trekking Agencies' Association of Nepal.
www.himalaya-info.org
Informationen über die Berge des Himalaya.

Literatur

So vielfältig wie die Internetauftritte über Nepal, sind auch die Publikationen in Buchform über das Land. Auch hier wieder nur eine kleine, willkürliche Auswahl des Vorhandenen.

Banzhaf, Bernhard Rudolf: Trekking in Nepal. Bruckmann Verlag 2004.
Baumann, Bruno: Das verborgene Königreich Mustang: Expedition in ein unbekanntes Land. Frederking & Thaler 2004.
Benedikter, Thomas: Krieg im Himalaya – Die Hintergründe des Maoisten-Aufstandes. LIT-Verlag 2003.
Donner, Wolf: Nepalkunde, Menschen, Kulturen und Staat zwischen Monsunwald und Bergwüste. Edition Kathmandu 2008.
Dressler, Gisela/Baumann, Angela: Nepal – Traum und Wirklichkeit. Edition Braus 2006.
Friedrich, Georgia: Wörterbuch Deutsch-Nepali. VVB Laufersweiler 2004.
Glogowski, Dieter: Nepal – Wo Shiva auf Buddha trifft. Bruckmann Verlag 2007.
Gruber, Ulrich: Reiseführer Natur – Nepal, Sikkim und Bhutan. Tecklenborg Verlag 2007.

Lodge im Everest-Gebiet

Haase-Hindenberg, Gerhard: Göttin auf Zeit – Amitas Kindheit als Kumari in Kathmandu. Heyne Verlag 2006.
Hagen, Steve: Buddhismus kurz und bündig. Goldmann Verlag 2000.
Harrer, Heinrich: Die Götter sollen siegen – Wiedersehen mit Nepal. Ullstein 1978.
Roberts-Davis, Tanya: Kinder Nepals – Stimmen der Rugmark Kinder. Blauburg Verlag 2002.
Schmitt, Edwin: Nepal. Bergverlag Rother 2005.
Scholz, Werner: Hinduismus – Ein Schnellkurs. DuMont Verlag 2008.
Thapa, Manjushree: Geheime Wahlen – Ein Roman aus Nepal. Übersetzt ins Deutsche von Philipp Pratap Thapa; Edition Kathmandu 2007.
Voßmann, Hans G.: Nepali Wort für Wort. Kauderwelsch-Reihe; Reise Know-How Verlag Peter Rump, Bielefeld 2009.
Warth, Dietlinde: Der lange Abschied – 2000 Kilometer zu Fuß durch Nepal. Rosenheimer 1987.

Über den Autor

Ray Hartung, Jahrgang 1962, ist als Bergsteiger seit mehr als 30 Jahren in den verschiedensten Gebirgen der Welt unterwegs. Nach dem ›Mauerfall‹ arbeitete er unter anderem als Produktmanager Nepal für einen Dresdner Spezialreiseveranstalter. Als selbstständiger Reiseleiter und Bergführer lebte er von 2004 bis 2010 auf Madeira, führte aber auch von dort eigenorganisierte Trekkingreisen in den Himalaya-Staat durch. Seit seiner ersten Begegnung mit Nepal lässt ihn das Land mit der vielfältigen Landschaft und seinen liebenswürdigen Menschen nicht mehr los. Mittlerweile hat er in Nepal mehrere tausend Kilometer zu Fuß zurückgelegt. Vom Limi-Tal im äußersten Nordwesten des Landes bis zur indischen Grenze am Kanchenjunga im Osten hat er fast alle Gebiete des Landes bereist.

Ray Hartung

Danksagung

Mein Dank gilt allen Freunden, Bekannten und Kollegen, die mich, besonders während der letzten Monate, in allen möglichen Belangen so sehr unterstützt haben. Mein ganz besonderer Dank richtet sich zuerst an meine Frau Regina, die mich ertragen, meine Launen und Müdigkeit erdulden und lange ohne mich auskommen musste. Ich danke von Herzen Gisela Streufert für ihre tolle und unermüdliche Arbeit. Ich möchte mich bei Srijana Malakar-Maharjan und Paras Rai Joshi von ›Shiva Treks & Expeditions‹ für ihre Unterstützung bedanken. Bei Dinesh Prasad Thanju, der mir einen tieferen Einblick in das politische Leben Nepals ermöglicht hat, und bei meinen seit vielen Jahren treuen nepalesischen Begleitern Lakpa Sherpa, Ngima Chhiri Sherpa und Gelu Sherpa, ohne die ich das Land nie so gut kennengelernt hätte. Ich danke dem Dolpo Tulku Rinpoche für sein Vorwort und schließlich, nicht minder herzlich, dem Trescher Verlag für seine Geduld.

Im Gedenken an meine Freunde Bernd und Mangal

Ortsregister

A

Aalechauki Danda 298
Achham-Distrikt 382
Alibari 346
Amphu-Labtsa-Pass 278
Anda Phedi 276
Annapurna 87, 119, 341–343
Annapurna-Basislager 304
Annapurna Conservation Area 32, 327–329
Annapurna-Gebiet 121, 122
Api-Basislager 391
Api Himal 389
Api Khola 392
Api Nampa Conservation Area 29, 31, 388
Argakhachi-Distrikt 311
Arughat 347
Arun 273, 274

B

Bachiti 335
Badugaon 391
Bagarchhap 337
Baglung-Distrikt 310
Baglungpani 337, 341
Bagmati-Zone 216
Bahundanda 348
Baitadi 391
Baitadi-Distrikt 382
Bajhang-Distrikt 382
Bajura-Distrikt 382
Balasa 376
Bamboo Lodge 304
Banbaasa (Indien) 384
Bandipur 314
Banepa 29, 213
Banke-Distrikt 353
Banke-Nationalpark 29, 31, 366
Bara-Distrikt 216
Bardia-Distrikt 353
Bardia-Nationalpark 31, 41, 364
Barun Bazar 274
Barun-Gletscher 278
Barun La (Shipton-Pass) 273
Baruntse 257
Basantapur 271
Bat's Cave 293
Beding 229, 244
Begnas-See 294–295, 296, 299, 301, 337
Begnas Tal Bazar 299, 301, 337
Beni 334
Betrawati 244
Bhairahawa 320
Bhairav Kund 244
Bhaktapur 29, 51, 53, 99, 163, 203–208
Bhalamchaur 299
Bhandar 242
Bheri-Zone 352
Bhero Kharka 335
Bhogadiya 369
Bhote Koshi 216, 229, 235, 255
Bhudi Gandaki 347
Bhujung 299
Bhulbhule 348
Bijalpura 226
Bimtang 333, 348
Biratnagar 250
Birendranagar (Surkhet 353
Blackbuck Conservation Area 31, 366
Boghara 344
Borlang Bhaniyang 239
Bota 375
Braga 342
Buddhi 392

Budhanilkantha 103, 197, 211, 212
Bung 270
Bungamati 163
Bungkhulung 275
Burtibang 335
Byas Himal 389

C

Chahare Kharka 235
Chainpur 268, 274
Chalachaur 375
Chamje 304, 342, 348
Chamlang 254
Changme La 242
Changu Narayan 48, 51, 199–200, 213
Charikot 229
Chaubhari 270
Chauki 271
Chaukibhanjyang 212
Chaulakharka 242
Chaur Bag 345
Chautha 374
Chele 338
Chepuwa 274
Chhepka 361, 377
Chheplung 264
Chhipra 367
Chhorkatna 335
Chhuagaru 389
Chhukhung 266
Chhukhung-Ri 266
Chhungsa 371
Chichila 272
Chipling 239
Chirwa 275, 276
Chisapani 239, 301, 365
Chisapani Tar 234
Chisopani 212
Chitram-Wasserfall 235
Chitre 242
Chitwan-Distrikt 216

Chitwan-Nationalpark 29, 32, 230
Chomrong 304
Cho Oyu 255
Chotra 376
Chuchemara 358
Chuchumare Danda 375
Chukung-Tal 255
Churen Himal 363
Churia-Berge 26, 233
Churia Hill 365
Chutok 243
Chyamtang 274

D
Dadeldhura-Distrikt 382
Dailekh-Distrikt 352
Daja 376
Dalphedi 235
Daman 223
Danagyu 334
Dandathok 293
Danphe Kharka 334
Darbang 334, 344
Darchula 389, 391
Darchula–Distrikt 382
Darjeeling (Indien) 249, 253, 254
Deboche 265, 266
Deukhuri-Distrikt (Dang) 352
Deura 390
Deurali 304
Devi's Falls 291
Devi Tang 276
Dhadhing Besi 244
Dhampus Peak 346
Dhangadhi 382, 385
Dhanusa-Distrikt 216
Dhar 391
Dharamshala 335
Dharan 251
Dharapani 333, 344
Dharmashala 371
Dhaulagiri 119, 120, 344
Dhaulagiri-Basislager 345
Dhaulagiri-Massiv 33
Dhaulagiri-Zone 310
Dhera La 369
Dhoban 270
Dholaka 244
Dhorpatan 334, 335, 363
Dhorpatan Hunting Reserve 32, 363
Dhulikel 29, 201
Dhunche 235, 236, 239, 241
Dingboche 266, 278
Dipayal 390
Doban 276
Dobang 345
Dobhan 304
Dolkha 216
Dolpa-Distrikt 352
Dolpo 95, 358
Doti-Distrikt 382
Dudh Koshi 51, 255, 264
Dudh Kund 243
Dumre 314
Dunai 377
Durpa 368
Dyang 348

E
Eklapatthi 348
Ekuwa 274
Elevation Camp 346

F
French Col 345

G
Gadpar 343
Gahate 299
Gandaki-Zone 310
Ganesh Himal 235, 244
Ganja La 228, 244
Garhwal 55
Garphu 339
Gati Bagad 392
Gatlang 235
Gauriphanta/Paliya (Indien) 385
Gaurishankar 85, 228
Gaurishankar Conservation Area 29, 32, 228
Ghachwok 302
Ghadi Danda 275
Ghalegaon 299, 337
Ghandruk 304
Ghangyul 239
Ghanpokhara 299
Ghan Pokhara 335, 337
Ghap 348
Gharagaon 339
Ghasa 343
Ghatichhina 298
Ghatya 368
Ghemi 338
Ghiling 338
Ghorepani 302
Ghoti 369
Ghunsa 276
Ghurchi La 374
Ghurchi Lek 374
Giddhe Danda 271
Gokarna 198
Gokyo-See 255
Golphu Bhanjyang 239
Gorakhpur (Indien) 178, 320
Gorak Shep 266
Gorkha 323–325, 347
Gorkha-Distrikt 310
Gosainkund 111, 176, 228, 237
Gossain 375
Gothi Chaur 376
Goyam 242

Ortsregister 431

Great Himalaya Trail 278
Gudel 270
Gulariya 366
Gulmi-Distrikt 311
Gupha Pokhari 271
Gursha 276
Gurungche Hill (Puranokot) 315
Gurunggaon 294
Guthi Gompa 274
Gyalche 244
Gyu La 339

H
Halji 371
Hatiya 274
Hattibang 234
Helambu 228, 237, 239, 244
Hemja 291, 302, 305
Hetauda 220
Hetauda-Distrikt 216
Hidden Valley 345
Hile 252
Hile Danda 237
Hilsa 372
Hinku 269
Hinku und Hunku 269
Hugdi Bazar 234
Humla-Distrikt 352
Humla Karnali 369, 371
Hunku 269
Hunku Khola 270
Huti 391

I
Ilam 253, 278
Indrawati 240
Island Peak 119

J
Jagat 244, 337
Jajarkot-Distrikt 353
Jalbire 244
Jalja La 334
Jaljale Himal 271
Jamacho 195
Janakpur 223
Janakpur-Zone 216
Jang 371
Jhinudanda 304
Jhule 212
Jiri 242
Jogini Danda 239
Jomsom 301, 343, 346
Jorsale 264
Jubhing 243
Jugal Himal 244
Jumla 51, 80, 330, 357, 372, 374, 375, 376
Jumla-Distrikt 352
Juphal 358, 375, 377
Jyandala 234

K
Kabru Dome 118
Kabug 244
Kagbeni 338
Kagmara Phedi 376
Kagyü-Schule 95
Kailali-Distrikt 382
Kailash 85, 352, 367, 382
Kakadbhitta 254
Kakani 240
Kala Pattar 255, 266
Kali Gandaki 25, 338, 339
Kali-Gandaki-Tal 301, 327, 343
Kalikasthan 301
Kalikitch Tal 386
Kalikot-Distrikt 352
Kalopani 301, 343
Kalo Pokhari 243
Kambachen 276
Kanchanpur-Distrikt 382
Kanchenjunga 40, 86, 259, 267, 273, 276
Kanchenjunga-Basislager Nord 275
Kanchenjunga Conservation Area 32, 259
Kangmang 303
Kangmara La 376
Kangra 55
Kanjirobi Himal 33, 359, 374
Kanun Danda 294
Kapilavastu 321
Kapilbastu-Distrikt 311
Kari La 243
Karnali 39, 352, 365, 382, 405
Karnali-Zone 352
Karputar 337, 341
Kaski-Distrikt 310
Kaskikot 294
Kathmandu 29, 47, 49, 51, 112, 152–188
 Altstadt 158
 Anreise 178
 Banken 177
 Basantapur Square 162
 Boudhanath 99, 103, 111, 115, 169–175
 Chhauni-Museum 166
 Chhetrapati 155
 Durbar Marg 164
 Durbar Square 160
 Einkaufen 185
 Freak Street 164
 Freak Street (Jhochhen Tole) 164
 Garten der Träume 166
 Gastronomie 183
 Gyanendra 165
 Haus Kasthamandap 47, 160

Kantipath 164
Kathmandu-Informationen 177
Klöster in und um Boudhanath 171
Königspalast 162
Kopan 173
Kultur 185
Kumari Bahal 162
Medizinische Versorgung 188
Narayanhiti-Palastmuseum 165
New Road (Juddha Sadak) 164
Pashupatinath 50, 112, 115, 175, 176
Post 177
Rani Pokhari 164
Ratna-Park 164
Seto-Machhendranath-Tempel 158
Swayambhunath 47, 99, 111, 167–169
Thamel 154
Unterkunft 179
Unterwegs in Kathmandu 179
Kathmandu-Tal 189
Kattike 212
Kattike Danda 212
Kauma 273
Keke La 273
Kermi 369, 371, 372
Khajuri 226
Khandbari 272
Khaptad Baba Ashram 387
Khaptad Daha 387
Khaptad-Nationalpark 31, 387–388, 390
Khare Bhanjyang 276
Kharikhola 243
Khari La 374
Kharka Teng 270
Kharte 243
Khatike Ghat 270, 273
Kherang Khola 369
Khongma La 273
Khopa Khola 298
Khudi 299, 335, 337, 342, 348
Khudi Khola 341
Khumjung 264
Khumnu Khola 304
Kimaling 339
Kinja 242
Kiritpur 29, 53
Kloster Tengboche 265
Kodari 408
Kongde 265
Korchon 305
Koshi Tappu Wildlife Reserve 32, 262
Koshi-Zone 248
Kotgaon 234
Kusaha 262
Kushinagar 322
Kusma 334
Kusum Khola 264
Kutumsang 239
Kuwadi Khola 369
Kwa Bahal 163
Kyangjing Gompa 240

L

Lalitpur (Patan) 29, 49, 51, 53, 99, 100, 111, 163, 189–194
Lama Hotel 240
Lamichhanethar 294
Lamite Bhanjyang 276
Lamjung-Distrikt 310
Lamjung Himal 335
Lamjura La 243
Lampang 298
Langtang 240, 244
Langtang-Nationalpark 32, 227
Lapubesi 347
Larke Bazar 348
Larke Phedi 348
Larkya La 333, 348
Lasti Khola 302
Laurebina La 237
Ledar 342
Lhachok 302, 305
Lho 333
Lho Gaon 348
Lhonak 276
Lhotse 255
Limi-Tal 369
Lingkhim 275
Lingling 235
Lobuche 266
Lo Gekar 339
Lo La 338
Lo Manthang 329, 339
Lukla 243, 244, 264, 265, 266, 270, 278
Lumbini 48, 111, 317–320
Luri Gompa 339

M

Machakhloa Gaon 347
Machhapuchhare 85, 284
Machhapuchhare-Basislager 304
Mahabharat-Berge 26, 27, 234
Mahakali Highway 385
Mahakali-Zone 382, 384
Mahendra Cave 293
Mahendra Highway 384
Mahendra Malla 162
Mahendranagar 384
Mahottari-Distrikt 216
Majgaon 369
Majhagaon 386
Makalu 257, 273, 277
Makalu-Barun-Nationalpark 32, 257

Makalu-Basislager 258, 272, 273, 277
Makanpur 298
Makwanpur-Distrikt 216
Malla, Ranajit 205
Mamangkhe 276
Manang 342
Manang-Distrikt 310
Manaslu 346
Manaslu-Basislager 348
Manaslu Conservation Area 32, 332
Mane Bhaniyang 272
Manepeme 372
Mangengoth 239
Marang La 338
Mardi Himal 121, 305
Margo La 371
Marpha 80, 301, 346
Mayangdi 334
Mechi-Zone 248
Melamchi Bazar 237
Melamchigaon 237, 239
Melamchi Khola 240
Melamchi Pul Bazar 240
Mendaphu Hill 244
Mera La 270
Mera Peak 257, 258
Mewa Khola 275
Midim Khola 299
Milke Danda 271, 276
Mirgin La 276
mittleres Hügelland 26
Modi Khola 304
Monjo 255, 266, 278
Morba Kharka 235
Moreni 334
Mount Everest 119, 255
Mount-Everest-Basislager 266
Mount-Everest-Gebiet 122
Mudhe 273
Mugu-Distrikt 352
Muktinath 339, 343
Mulgaon 273
Mulkharka 239
Mumbuk 273
Muri 344
Mustang 79, 95, 111, 337, 340
Mustang Conservation Area 32, 329
Mustang-Distrikt 310
Myagdi-Distrikt 310
Myagdi Khola 344

N
Nadi Bazar 348
Na Gaon 244
Nagarjun 63, 194
Nagarjun Stupa 195
Nagarkot 201, 210, 213
Nagidhar 299
Nagi Gompa 172, 198, 212
Nakotegaon 239
Nala 210, 213
Nalma 337, 341
Namcha Barwa (Tibet) 23, 278
Namche Bazar 244, 264, 265, 278
Namka Lagna 371
Namobuddha 203
Nampa Chuli 390
Namun La Bhanjyang 337
Nanga Parbat (Pakistan) 23, 278
Nara La 372
Narayani-Zone 216
Nationalpark-Gebühren 128
Naudanda 306, 334
Naura 344

Nawalparasi-Distrikt 311
Naya Pul 302, 304
Nehyeaal Danda 293
Nepalgunj 356, 354–357, 382
Nok-Höhle 235
Num 273, 274
Nundaki 271, 276
Nunthala 243
Nurning 264
Nuwakot 53, 220
Nyalu La 369, 371
Nyawre Khola 374

O
Odane Hill 305

P
Pakhagaon 298
Pakhurikot 299
Paldor Peak 235
Pame 293
Panchase 297
Panchase-Bhanjyang 298
Panch Pokhari 278
Panitanki (Indien) 255
Pankha 368
Parangbu 273
Parbat-Distrikt 310
Parchamo Peak 244
Parsa-Distrikt 216
Parsa Wildlife Reserve 32, 233
Parsebhati 298
Pasgaon 299
Patan 163
Patan (Lalitpur) 29, 49, 51, 53, 99, 100, 111, 163, 189–194
Pati Bhanjyang 239
Phakding 244, 264, 265
Phedi 237
Phewa-See 284, 291

Philim 348
Philuwa Khola 271, 277
Phoksundo-See 358, 375, 376
Piguti 244
Pisang 342
Pokhara 29, 284–290
Polam 361
Poon Hill 302
Puiya 369
Punggen-Kloster 348
Punjab (Indien) 55
Putha Hiunchuli 363
Puyung Khola 339
Pyuthan-Distrikt 353

R
Ramara 273
Ramche Danda 298
Ramechhap-Distrikt 216
Ramtang Peak 276
Rani Tal 386
Rapti 231
Rapti-Zone 353
Rara-Nationalpark 31, 356
Rara-See 356, 372, 374, 375, 378
Lumbini-Distrikt 310
Rhani Ghat Durbar 335
Ringmo 361, 376
Ringmu 243
Ripa 369
Riria Bazar 335
Rolpa-Distrikt 353
Rolwaling 228, 243
Rukum-Distrikt 353
Rupandehi-Distrikt 311
Rupa-See 294, 301
Rupina La 347

S
Sado Pokhari 275
Sagarmatha-Nationalpark 30, 255
Sagarmatha-Zone 248
Saipal Chuli 367, 389
Sala 369
Salghaudi Tal 386
Sali 369
Salpa La 270
Salpha Phedi 270
Salung 243
Salyan-Distrikt 353
Samagaon 333, 348
Sama (Samdo Peak) 348
Samdo 333
Sanam 270
Sangkhuwa Khole 273
Sanjen Khola 235
Sankha La 369
Sapahi 64
Sapt Koshi 262
Sarangkot 293, 306
Sarkegadh 372
Sarlahi-Distrikt 216
Sauraha 231
Schweizer Basislager 345
Seduwa 273
Sele La 276
Seri 390
Sete 242
Seti-Zone 382
Shaktikhor 217, 234
Shermatang 237, 240
Sherpani Col 277
Shershon 273
Shey Gompa 360
Shey-Phoksundo-Nationalpark 31, 358, 376
Shikari Tal 386
Shin Gompa 238, 241
Shipton-Pass (Barun La) 273
Shivalaya 242
Shivapuri 197, 211, 212
Shivapuri-Nagarjun-Nationalpark 32, 194, 197, 211, 239
Shukepokhari Danda 278
Sibang 344
Siddah Gufa 315
Siddartha Highway 298
Sikha 302
Sikkim (Indien) 25, 55, 78, 86, 254
Siliguri (Indien) 178
Simigaon 244
Simikot 367, 369, 371
Sindhuli-Distrikt 216
Sing La 244
Sinion La 276
Sinuwa 304
Siraichuli 234
Sisna Khola 275
Siwalik-Berge 26
Solukhumbu 76, 78, 243, 248, 255, 265
Somdang 235
Sukarmala 364
Suketar 275, 276, 278
Sukla Phanta Wildlife Reserve 31, 386
Sulighat 359, 361
Sunauli 320
Sundarijal 239
Sunkoshi 216, 227, 229
Sunsera 391
Suri Dobhan 244
Surke 243
Surkhang 339
Surkhet-Distrikt 353
Surya Peak 228, 237
Sutlej 55
Syabru Besi 235, 236, 240
Syaklung 301
Syaku 391
Syange 342, 348
Syangja-Distrikt 310

Syangjing Khola 275
Syaule 244
Syaule Bazar 341

T

Taksindu La 243
Tal 342
Talung 371
Tal von Thame 255
Tamakoshi 229
Tamur-Tal 259
Tangbe 338
Tangge 339
Tangnang 270
Tankchhe 371
Tansen (Palpa) 311–315, 334, 335
Taplejung 275, 278
Tashi Dingam 270
Tashigaon 273
Tashi-Ling 291
Tashi-Palkhel 291
Tatopani (Annapurna-Gebiet) 301, 343
Tatopani (Ganesh Himal) 235
Tatopani (Manaslu-Gebiet) 347
Telbrong 335
Tembewa 276
Tengboche 278
Terai 26, 34, 39
Tesi Lapcha La 244
Tetang 339
Thakurdwara 365
Thambuchet 236
Thame 244, 265
Thanau-Distrikt 310
Thangla Bhanjyang 275
Thangla Pokhari 275
Thaple Hill 298
Tharamara 377
Tharepati 237, 239
Tharkeghyang 237, 239
Thokla 266
Thorung High Camp 342
Thorung La 327, 343
Thudam 275
Thulo Syabru 239, 241
Thumsikot 299
Thundilkel 315
Thyangbo 244
Til 371
Tilahar 294
Tilje 348
Tilman's Pass 244
Tingri (Tibet) 274
Tinjure Danda 271
Tinkar 389, 392
Tiplyang 343
Toijum 376
Tokha 163
Toktok 265
Topkegola 275
Tortong 276
Tribeni-Tempel 387
Trisuli 227, 234
Tseram 276, 278
Tsho Rolpa 229
Tsum Valley 333
Tukuche 301
Tulispur 353
Tumlingtar 258, 268, 270, 273
Tutu La 273

U

Udipur 347
Ulleri 298, 302
Upardangadhi 234
Upper Dolpo 358, 361

W

Walung Phedi 273
West Col 278
World Peace Stupa 291, 293

Y

Yak Kharka 273
Yala 275
Yalbang 372
Yalung Kang 276
Yamphudin 276, 278
Yanggar 372
Yangpang 276
Yara 339
Yari 372

Z

Zatrwa La 270
Zhangmu (Tibet) 408

Trekkingrouten

Annapurna-Basislager-Trek 303
Besteigung des Mardi Himal 305
Budhanilkantha–Shivapuri–Chisopani–Nagarkot 211
Changu Narayan–Nagarkot 213
Chepang-Hill-Trek 234
Die kleine Helambu-Runde 239
Durch das Helambu zum Gosainkund-See 237
Durch das ›Königreich‹ Mustang 337
Durch den Lamjung Himal 335
Eine Runde im Ganesh Himal 235
Ghachowk-Trek 302

Gurung-Kultur-Trek 298
Hinku und Hunku 269
Im Langtang-Tal 240
In das Makalu-Basislager 272
Jomsom–Poon Hill–Pokhara 301
Jumla–Phoksundo-See–Juphal 375
Jumla–Rara-See–Jumla 372
Kurzer Everest-Trek 264
Milke-Danda-Trek 270
Nagarkot–Banepa 212
Panchase-Trek 297
Pokhara–Dhorpatan–Tansen 334
Royal Trek 299
Simikot–Limi-Tal–Simikot 369
Simikot–Saipal–Simikot 367
Über die Eis-Pässe vom Makalu zum Everest 277
Um den Dhaulagiri 344
Um den Manaslu 346
Um die Annapurna 341
Unbekanntes Gebirge zwischen Makalu und Kanchenjunga 273
Vom Rolwaling in das Solukhumbu 243
Von Jiri nach Lukla 241
Wanderung auf den Shivapuri 211
Zum Api-Basislager 391
Zum Kanchenjunga-Basislager Nord 275
Zum Kanchenjunga-Basislager Süd 278
Zum Mount-Everest-Basislager 265

Personen- und Sachregister

A
Agenturen 405
Akklimatisation 140
Aktivitäten 405
Ame Pal 330
Amphibien 41
Amsuvarman 49
Angeln 405
Animisten 84, 97
Anreise 15, 407
Architektur 98
Arier 87
Ashoka 93, 318, 322
Ausrüstung 144, 408
Avalokiteshvara 93

B
Bahun (Brahmanen) 70, 90, 111, 217, 323
Baikuntha-Chaturdasi-Fest 197
Baisakh Poornima 111
Baisi-Reich 51
Ballonfahren 406
Basant Panchami 115
Begrüßung und Abschied 408
Benehmen 137, 408
Bettler 409
Bhagavad Gita 89
Bhattarai, Baburam 63
Bhotias 311, 327, 333, 382
Bikram Sambat 50, 110
Birendra Bir Bikram Shah 56, 57, 165, 172, 203
Bisket Jatra 111
Bodhisattvas 93
Bön-Glauben 75, 79, 84, 86, 169, 389
Brahmanen (Bahun) 70, 90, 111, 217, 323
Britisch-Nepalesischer Krieg 55, 325
Buddhismus 93, 322
Bungeejumping 216, 406
Bush, George W. 59
Busse 418
Byansi (Sauka) 389

C
Chaubise-Reich 51
Chepang 217, 234
Chhaang 107, 260
Chhetri 70
Chinya Lama 171
Christen 97
Cooke, Conrad Reginald 119

D
Dahal, Pushpa Kamal (Pachandra) 63, 165
Dalai Lama 96
Deuba, Shaer Bahadur 58, 59
Devanagari-Schrift 83
Dhasain-Fest 46, 112, 113
Diemberger, Kurt 119
Diener, Peter 119
Dilgo Khyentse Rinpoche 172, 362
Dipendra, Bir Bikram Shah Dev 57
Diplomatische Vertretungen 410
Dolpas 80, 360

Personen- und Sachregister 437

Dolpo Nyingchung Rinpoche Drubthob 362
Dolpo Tulku Rinpoche 13, 80, 360, 362
Dorf-Architektur 100
Dorje, Khenpo Pema 361
Dorje, Nawang und Nyama 119
Dorje, Thaye 95
Dorje, Urgyen Trinley 95

E
East India Company 55, 325
Einkaufen 185, 411
Einladungen und Besuche 411
Einreise 15, 411
Eiselin, Max 119, 120
Elektrizität 412
Erdbeben 25
Eun-Sun, Oh 120, 267
Exil-Tibeter 171, 193, 252, 291, 363

F
Fahrrad 179, 305, 406
Fa Xian 318
Forrer, Ernest 119
Friedensvertrag von Sagauli 55

G
Gai Jatra 112
Gampopa 95
Gangai 249
Garhwahli 382
Geld 15, 412
Gelugpa-Schule 173
Genehmigungen 15
Gepäckaufbewahrung 413
Gesundheit 413
Gesundheitswesen 67

Gleitschirmfliegen 307, 406
Golf 306
Graham, William Woodman 118
Gurkhas 53, 55, 251, 325
Gurung 55, 85, 298, 325
Gyanendra, Bir Bikram Shah Dev 58, 61, 63, 195

H
Habeler, Peter 119
Heilpflanzen 37
Helambu-Sherpas 217, 227, 237, 239
Herzog, Maurice 119
Hilfsprojekte 415
Hillary, Edmund 119
Himalaya 23
Hinayana-Buddhismus 93
Hinduismus 87
Höhenkrankheit 142
Holi 115
Humboldt, Wilhelm von 116
Hygiene 415

I
Impfungen 15
indigene Völker 69
indoarische Völker 69
Indra-Jatra-Fest 53, 112, 161, 162
Inlandflüge 417
Insekten 44
Internet 416

J
Janai-Purnima-Fest 111, 176, 189, 228

K
Kagyü-Schule 172
Kajakfahren 307, 406
Kami 229
Kasten 90, 91
Kha 71
Khanal, Jhala Nath 63
Khaptad Swami 387
Knigge, Adolph Freiherr von 268
Khön Könchog Gyelpo 95
Kiranti-Völker 77
Kirata 48
Klima und Reisezeit 125, 416
Koirala, Bishweshwar Prasad 56, 64
Koirala, Girija Prasad 59, 60
Kshtriya 250
Kublai Khan 95
Kumari 163, 193

L
Lachenal, Louis 119
Lepcha 249
Licchavi 48, 49, 102, 152, 197
Limbu 48, 77, 260, 325
Literatur 105
Lo (Lopas) 327, 329
Losar 115

M
Madhesis 250
Magar 51, 55, 72, 315, 325
Magh Sankranti 115
Mahabharata 89
Mahayana-Buddhismus 93
Mahendra Bir Bikram Shah 56
Malerei 103
Malla, Ari 51

Malla, Bhupatindra 206
Malla-Dynastie 51, 98, 152
Malla, Jaya Prakash 52, 53
Malla, Jaya Ratna 51
Malla, Jayastathi 95
Malla, Jaya Sthiti 51
Malla, Jaya Yaksha 51
Malla, Prakash 163
Malla, Pratap 161
Mallory, George Leigh 119
Manadeva I. 48
Manekshaw, Sam Bahadur 325
Manjushri 47
Maoisten 57, 58, 60, 63, 378
Marpa 95
Marwari 250
Mata Tirtha Puja 111
Maya Devi 318
Messner, Reinhold 119
Milarepa 86, 95, 333
Monsun 26, 27, 33, 125
Motorrad 306
Mountainbike 305, 406
Murmu, Raghunath 81
Muslime 97, 216

N
Nara Bhupal Shah 53
Nationalparks 29
Navavarsha 111
NEFIN 234
Nepali 83
Nepali-Kongress-Partei 55, 56, 59
Nepal, Madhav Kumar 63
Nepal Sambat 49
Nepal-Tibet-Kriege 54
Newar 48, 51, 75, 91, 163, 199, 201, 203, 210, 311, 315
Newar-Architektur 100, 323
Ngawang Künga 95
Norgay, Tenzing 119
Norton, Edward Felix 119
Notfälle 416
Nutz- und Haustiere 45
Nyingma-Schule 95, 171, 172

O
Orchideen 38

P
Pachandra (Pushpa Kamal Dahal) 63, 165
Padmasambhava 86
Pagoden-Stil 99
Panchayat-System 56
Paragliding 307, 406
Pasaban, Edurna 120, 267
Penor Rinpoche 362
Post 416
Prithvi Narayan Shah 52, 53, 54, 77, 154, 221, 323, 330
Puranas 89

R
Rafting 216, 307, 365, 406
Rai 48, 76, 325
Rajbansi 249
Raji 249
Ramayana 89, 90, 224
Rana-Dynastie 55, 154
Rana, Khadga Shamsher 314, 318
Rana, Pratap Shamsher 313
Rana, Shamsher Jang Bahadur 166
Raute 81, 382
Reisen im Land 16, 417
Reiseveranstalter 419
Reptilien 41
Reservate 29
Rhododendron 35, 222
Roberts, James 85, 121
Röder, Franz-Josef 203

S
Sachen Künga Nyingpo 95
Sadhus 176
Sanskrit 48, 75, 83, 89
Satar 81, 249
Säugetiere 39
Sauka (Byansi) 389
Schelbert, Albin 119
Schlangen 42
Schmetterlinge 43
Schneeleopard 40, 261
Schutzgebiete 31
Schwule und Lesben 61, 420
Shah-Dynastie 54
Shaktismus 89
Shakyamuni 93
Shamsher, Kaiser 166
Shamsuddin Ilyas Shah 51, 97
Sherpas 78, 217, 255, 257, 259
Shikhara-Stil 99
Shipton, Eric 119
Shivaismus 89
Shiva-Ratri-Fest 115, 176
Sicherheit 420
Siddhartha Gautama 48, 317, 321
Songtsen Gampo 49
Spinnentiere 44

Stupa-Stil 99
Sunwar 249

T
Tag der Republik 111
Tamang 69, 75
Tange, Kenzo 317
Tee 188, 253
Teej 112
Telefon 16, 420
Tempel-Knigge 158
Thakali 79, 284
Thakuri 49, 357
Thapa, Manjushree 105
Thapa, Phillip 105
Tharu 73, 365
Thrangu Rinpoche 171
Thubten Zopa Rinpoche 174
tibetischer Buddhismus 95, 171
tibetobirmanische Völker 69
Tihar 112
Tiji 111
Trandul, Jigme Dorje 331
Trekkinggebiete 127
Trekkinggipfel 132
Trekkingpermits 15, 128, 130
Tribhuvan Bir Bikram Shah 55, 56
Trinkgeld 420
Tsongkhapa 95
Tsum 333
Tulku Urgyen Rinpoche 172

U
Umweltschutz 68
UNESCO-Welterbe 30, 99, 160, 167, 169, 199, 204, 221, 231, 255, 313, 317
Unterkunft 16, 421
Unterwegs mit dem Auto 16
Upanishaden 89

V
Veden 89
Vegetarier 421
Versicherung 421
Verständigung und Verhalten 16
Vishnuismus 89
Vögel 42

W
Wäsche 421
Wegener, Alfred 23

X
Xuan Zang 318

Y
Yadav, Ram Baran 63, 64, 224
Yaks 45
Yogis 176

Z
Zeitzone 421

Bildnachweis

Ray Hartung: Titelbild, hintere Klappe, S. 17, 18, 23, 25, 27, 28, 30, 33, 34, 35, 36, 39, 42, 45, 46, 48, 50, 58, 60, 61, 66, 67, 68, 71, 76, 77, 78, 79, 82, 85, 86, 88, 90, 93, 94, 96, 99, 101, 102, 104, 106, 109, 110, 113, 114, 116/117, 118, 120, 121, 125, 126, 127, 128, 131, 134, 136, 138, 139, 140, 142, 143, 149, 150/151,154, 161, 164, 167, 172, 174, 178, 179, 183, 184, 187, 188, 191, 195, 196, 198, 199, 200, 203, 205, 207, 210, 211, 212, 213, 214/215, 222, 223, 239, 240, 246/247, 249, 250, 252, 253, 254, 258, 262, 268, 271, 272, 274, 275, 277, 280, 281, 282/283, 284, 285, 287, 290, 294, 295, 298, 299, 302, 304, 306, 308/309, 312, 319, 323, 324, 327, 328, 329, 330, 331, 332, 337, 339, 340, 344, 349, 352, 353, 356, 359, 371, 372 u., 380/381, 390, 407, 410, 411, 412, 413, 418, 419, 428
Regina Hartung: S. 374, 386
Frank Fischer: S. 41
Anna Goth: S. 87
Maik Kirsch: S. 346
Grit Komar: S. 168
Karl Krogner: S. 107, 236
Martin Kunze: S. 40, 73, 233, 293, 341
Frank Nimsch: S. 94, 229, 241, 243, 245, 256, 264, 266, 425, 427
Ute Nimsch: S. 216, 217, 227, 279
Shiva Treks: S. 165o., 166, 220, 221, 224, 315, 317, 318, 320, 334, 360, 361, 363, 364, 365, 366, 377, 385, 387, 392
Sophie Streck: S. 4, 74, 100, 202
Kami Sherpa: S. 343
Visit Tansen, Navin Govind Shresta: S. 311
Andreas Vogt: vordere Klappe, S. 12, 20/21, 52, 65, 84, 98, 122, 145, 155, 160, 162, 171, 173, 193, 260, 350/351, 372 o., 375, 408, 409, 414, 417, 422

Titelbild: Auf der Annapurna-Runde
Vordere Klappe: Holztransport im Limi-Tal
Hintere Klappe: Stupa in Boudhanath
S. 20/21: In Boudhanath
S. 116/117: Im Kanchenjunga-Massiv
S. 150/151: Blick auf Kathmandu von Swayambunath
S. 214/215: Im Helambu
S. 246/247: Brücke in Ostnepal
S. 282/283: Blick auf Pokhara-Lakeside
S. 308/309: Blick zum Dhaulagiri vom Poon Hill
S. 350/351: Fluss im mittleren Westen
S. 380/381: Landschaft im fernen Westen

©Santorini#18181615/Fotolia: S. 307
Wikimedia: S. 53, 54, 55, 225, 232
Wikimedia/Indiver Badal: S. 64
Wikimedia/Bhutri: S. 176
Wikimedia/Cohen Fritz: S. 56
Wikimedia/Sigismund von Dobschütz: S. 57
Wikimedia/Karratul: S. 49
Wikimedia/Qeqertaq: S. 226
Wikimedia/rajkumar1220: S. 388
Wikimedia/Hans Stieglitz S. 43
Wikimedia/Sundar1: 165
Wikimedia/Yurgan Vishujoyshe: S. 72

NEPAL *...hautnah erleben*

Nepal im Spannungsfeld zwischen alter Kultur und Eisgiganten, buddhistischen Festen und touristischem Puls – entdecken Sie mit Trekking Welten, dem Reiseveranstalter des Autors dieses Buches, ein Land, in dem die Kontraste größer nicht sein könnten.

Kathmandu, Nepals Hauptstadt, geprägt von Tradition und Moderne, ein Ort zum Ankommen und Weiterreisen, die „Wegkreuzung" schlechthin.

Wo sich Himmel und Erde zu berühren scheinen, lockt der Himalaya mit den höchsten Gipfeln der Welt – nicht nur ambitionierte Bergsteiger. Mit Trekking Welten entdecken Sie neben den Hauptrouten die Pfade in die Einsamkeit, kommen Sie der Natur und den Menschen nahe.

Demnächst!

Trekking Welten hat für jede Reiselust das passende Ziel! Aus unserem Katalogprogramm:

- ▶ **Nepal - Eine Reise für Neugierige** 18 Tage Kultur, Geschichte und Wandern am Dach der Welt — ab 2.590 €
- ▶ **Der Nepal-Klassiker** 22 Tage Annapurna-Umrundung — ab 2.330 €
- ▶ **Mysterium Mustang** 24 Tage Erlebnistrekking durch das Kali-Gandaki-Tal in das ehemalige Königreich — ab 3.700 €
- ▶ **Nepal – Eine andere Reise** 24 Tage Kultur- und Wander-Rundreise im unbekannten Nepal — ab 3.290 €
- ▶ **Die fünf Schätze des großen Schnees** 28 Tage Ein traumhaftes Trekking zum Kanchenjunga-Nordwand-Basislager — ab 3.990 €

Sie reisen in kleinen Gruppen und werden bei jeder Reise wandern. Kultur- und Naturerlebnisse verbinden sich zu einem bleibenden Eindruck.

Trekking Welten – Reiseveranstalter & Reisebüro

Reicker Str. 82
01237 Dresden
Inhaber: Ray Hartung

Telefon: +49 (0)3 51 / 21 86 71 44
Fax: +49 (0)3 51 / 21 86 71 46
E-mail: info@trekking-welten.de

NEPAL – AM THRON DER GÖTTER

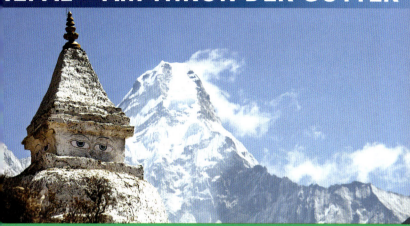

Ihr Spezialist für Reisen nach Nepal – seit über 40 Jahren

rleben Sie die großartigen kulturellen Höhepunkte und Landschafts-
aradiese im bezaubernden ehemaligen Königreich Nepal. Wir zeigen
nen die einzigartige Himalaya-Hochgebirgswelt und begegnen hier
iner religiösen, überaus liebenswürdigen Bevölkerung. Nepal begeis-
ert Teilnehmer an Studien- und Erlebnisreisen gleichermaßen wie an
ktiv- und Trekkingreisen interessierte Menschen.

itte bestellen Sie kostenlos
nseren umfassenden Jahreskatalog
SIEN – CHINA – NAHOST
m Reisebüro oder bei:

KARUS TOURS GmbH
el. 06174 - 290 20 · Fax 06174 - 229 52
-Mail: info@ikarus.com · Internet: www.ikarus.com

ERFAHRUNG, QUALITÄT, KOMPETENZ AM BERG.

DIE BERGE SIND UNSER ZUHAUSE. ZU JEDER ZEIT.

Mehr als ein Gefühl: Daheim sein heißt für uns, die schönsten Momente gemeinsam geniessen.

Bergreisen weltweit – der neue Katalog ist da! Jetzt anfordern unter:
www.dav-summit-club.de

Beratung und Buchung:
DAV Summit Club GmbH – Bergsteigerschule des Deutschen Alpenvereins
Am Perlacher Forst 186 – 81545 München – Deutschland
Telefon +49 89 64240-0 | info@dav-summit-club.de | www.dav-summit-club.de

Nepal für den kleinen Geldbeutel

ausgewählte Touren zu besonders günstigen Preisen

Komfort-Trekking in Nepal

Lodge-Touren im Everest-und Annapurna-Gebiet

Great Himalaya-Trail

Weitwanderweg am Fuße der 8.000er-Kette

Trekking-Touren

organisierte Gruppenreisen

Details im Web oder anfordern unter Telefon: 089 / 23 50 06 - 0

Wandern • Trekking • Bergtouren • weltweit
hauser-exkursionen.de

Namasté Nepal

Informationen & Programme: www.tsa-reisen.de
Katalog anfordern: info@tsa-reisen.de

* Geheimnisvolles Kathmandu und Mustang
* ehem. Königsstadt Patan, Stupa von Swayambunath
* Rundflug zum Mount Everest
* Individuelle Ausarbeitung Ihres Wunschprogramms nach Ihren Vorgaben

TSA - Travel Service Asia Reisen e.K.
Inhaber: Hans-Michael Linnekuhl
Riedäckerweg 4 * D 90765 Fürth
Tel.: 0911-979599-0 * Fax: 0911-979599-11

Reisen nach Maß

HAASE TOURISTIK

Ihr Spezialist für
Individualreisen nach
Nepal

www.haase-touristik.de
info@haase-touristik.com

fon 030 84 183 226
fax 030 84 183 227

Dickhardtstr. 56
12159 Berlin

 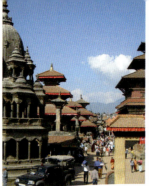 

Privatreisen nach Nepal von Geoplan
Die individuelle Art des Reisens

Seit mehr als 20 Jahren ist Geoplan Privatreisen Ihr Spezialist für privat geführte und individuell für Sie zusammengestellte Fernreiseerlebnisse nach Asien, Arabien, Lateinamerika, Ozeanien und in das südliche Afrika.

Fordern Sie unseren Katalog an oder lassen Sie sich für Ihr persönliches Reiseangebot von unseren Spezialisten beraten.

Geoplan Touristik · Mohriner Allee 70 · 12347 Berlin
Telefon: 030 / 79 74 22 79 · team@geoplan.net
www.geoplan-reisen.de

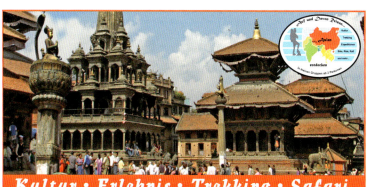

Kultur • Erlebnis • Trekking • Safari
• Nepal • Jordanien • Vietnam • Myanmar • Sri Lanka •
• Tibet • Bhutan • Indien • Usbekistan • Mongolei •
• Thailand • China • Laos • Kambodscha •

Katalog & Info: Tel. 02261-501990, reisen@auf-und-davon-reisen.de
www.auf-und-davon-reisen.de

Tibet
Mit Lhasa, Mount Everest, Kailash und Osttibet

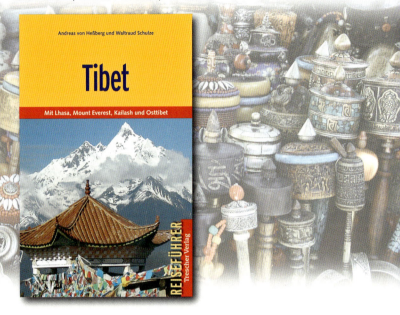

3., aktualisierte Auflage 2012
372 Seiten, 200 Farbfotos,
18 Stadtpläne und Übersichtskarten,
ISBN 978-3-89794-209-7
19.95 Euro

Tibet mit seiner einzigartigen Kultur fasziniert Menschen aus aller Welt. Auch die landschaftliche Vielfalt vom Chang-Tang-Hochplateau über die Berge des Himalaya bis zu den subtropischen Tälern im Osten machen das Land zu einem reizvollen Reiseziel.
Dieser Reiseführer bietet neben ausführlicher Landeskunde viele Tipps und Informationen, besonders für Individualreisende. Reportagen schildern die Erlebnisse einer Reise auf dem ›Dach der Welt‹.

Trescher Verlag
Der Spezialist für den Osten

Kamtschatka

Zu den Bären und Vulkanen im Nordosten Sibiriens

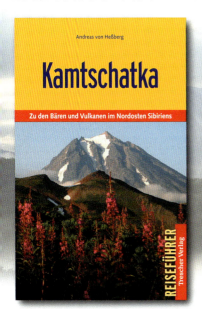

2., aktualisierte und
erweiterte Auflage 2012
336 Seiten, 200 Farbfotos,
16 Stadtpläne und Übersichtskarten
ISBN 978-3-89794-195-3
18.95 Euro

Die 1000 Kilometer lange und bis zu 500 Kilometer breite Landzunge an der Beringsee beherbergt eine einzigartige Fülle an Tieren, Pflanzen und Ökosystemen. Nachdem die phantastische Vulkanlandschaft lange militärisches Sperrgebiet war, ist sie nun dank des politischen Wandels in Russland für Reisende zugänglich.
Ein Schwerpunkt dieses Reiseführers liegt auf umweltverträglichem Trekkingtourismus. Zudem gibt es Informationen zu Land und Leuten, zu den Traditionen der Ureinwohner, zu Flora und Fauna sowie zum Umwelt- und Artenschutz. Vor allem Individualtouristen finden zahlreiche Hinweise auf die nötige Ausrüstung und mögliche Routen durch die Wildnis Kamtschatkas.

www.trescher-verlag.de

ZENTRALASIEN

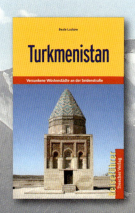
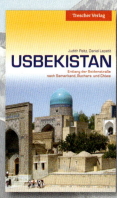
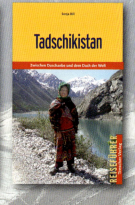

Turkmenistan
2. Auflage, 240 Seiten
16.95 Euro
ISBN 978-3-89794-210-3

Usbekistan
9. Auflage, 300 Seiten
18.95 Euro
ISBN 978-3-89794-251-6

Tadschikistan
1. Auflage, 276 Seiten
17.95 Euro
ISBN 978-3-89794-160-1

Trescher Verlag
Der Spezialist für den Osten

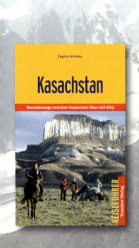
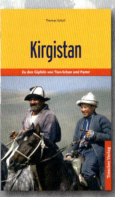
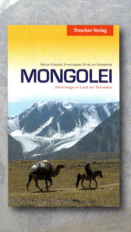

Kasachstan
4. Auflage, 432 Seiten
19.95 Euro
ISBN 978-3-89794-196-0

Kirgistan
3. Auflage, 252 Seiten
16.95 Euro
ISBN 978-3-89794-139-7

Mongolei
3. Auflage, 408 Seiten
19.95 Euro
ISBN 978-3-89794-268-4

www.trescher-verlag.de

DIE SEIDENSTRASSE
REISEFÜHRER AUS DEM TRESCHER VERLAG

Osttürkei
396 Seiten
18.95 Euro

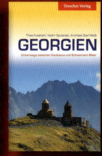

Georgien
352 Seiten
18.95 Euro

Aserbaidschan
336 Seiten
18.95 Euro

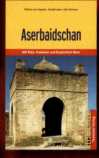

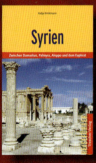

Syrien
360 Seiten
19.95 Euro

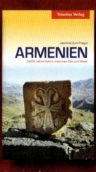

Armenien
432 Seiten
21.95 Euro

Turkmenistan
248 Seiten
16.95 Euro

Iran
576 Seiten
21.95 Euro